中国银行业协会
CHINA BANKING ASSOCIATION

pwc | 普华永道

2018 中国银行家调查报告

CHINESE BANKERS SURVEY REPORT

十周年特辑

中国金融出版社

前　言

欢迎大家阅读由中国银行业协会和普华永道联合发布的《2018 中国银行家调查报告》。这份报告站在银行家的视角聚焦中国银行业的发展动向，已持续到第十年。

本次调查主要呈现五个特点：一是“点面结合”。由中国银行业协会负责组织银行家的问卷调查，由巴曙松研究员带领课题组成员选择有代表性的金融机构对银行家进行专题访谈。二是平行展开。问卷调查在全国 31 个省级行政区域（不包括港澳台）平行展开，基本覆盖了各类中国银行业机构，全面保证了工作高质量高效率。三是形式多样。调查不仅有面向银行家的电子问卷调查，而且还有面对面访谈、电话访问、书面函询。四是针对性强。调查紧跟国内外经济发展形势，着重对行业热点、重点、难点问题进行了有针对性的专题调研。五是内容翔实。通过长达八个月的有序工作，共回收有效问卷 2380 份，获取了大量真实、准确、有价值的数据信息。

2018 年，是全面贯彻十九大精神的开局之年，是改革开放 40 周年，是决胜全面建成小康社会、实施“十三五”规划承上启下的关键一年。中央经济工作会议指出，“要看到经济运行稳中有变、变中有忧，外部环境复杂严峻，经济面临下行压力。”这也在此次调查中得以印证。与往年相比，银行家对 2018 年以来宏观经济政策效果的总体评价得分有所下降，平均分为 4.04 分（满分为 5 分），比 2017 年的平均分低 0.11 分。尽管如此，但多数银行家对经济发展仍持乐观态度，多数银行家认为未来三年经济增速稳定在 6.5% 左右。

防范和化解金融风险一直备受银行家们关注。本次调查仍然把风险管理和内部控制作为重点，综合对比 10 年调查数据可知，“全面提升风险管控能力”一直是中国银行业的经营核心和战略重心。在 2018 年调查中，超六成的银行家认为不良贷款集中爆发的风险将会是银行业面临的主要风险，超五成的银行家认为地方政府债务风险需要重点关注。多数银行家认为，2018 年银行业面临的主要风险仍然是信用风险，必须不断加强贷前审查、贷中监控和人防、制防、技防建设，真正消除风险预期、阻断风险传递。

2018 年以来，中美贸易摩擦不断加剧。调查显示，超六成银行家认为中美贸易摩擦势必对金融市场提出一定的影响和挑战，具体体现在，贸易摩擦将不断增大人民币贬值的压力，加剧中国资本市场波动，影响中国稳健中性货币的政策效果甚至带来经济增速下降。

调查显示，银行家们对两个方面抱有特别乐观肯定态度：一是小微企业健康快速发展。一项针对银行业公司金融业务发展的调查显示，小微企业贷款以 75.2% 的占比连续第七年位居首位，不仅反映出银行业积极支持小微企业发展，而且也充分展现了小微企业自身的适应性、灵活性、创新性优势。二是金融科技为银行业带来巨大机遇。银行家们普遍认为，金融信息化建设对业务发展驱动日益明显，实现了降低成本、提高效率和增强用户体验。多数银行家表示，未来将在大数据、云计算、人工智能等科技领域加大投入，坚信在中央的统一领导下，一定能够打破业务和技术壁垒，实现经营深度融合、数据深度融合、制度深度融合。

借此机会，我们向所有接受本次调查的银行家表示感谢。他们在繁忙的工作之余填写问卷、接受访谈，无私奉献他们的专业见解、敏锐观察与宝贵经验。我们希望通过阅读本报告，读者能够比较全面透彻地了解中国银行业的现状与前景，以及中国银行家的心声。同时，我们感谢社会各界对这份报告的广泛关注与厚爱，诚挚期待读者提出宝贵意见与建议。读者的支持与关注必将是我们不懈努力的动力源泉。

如需更多相关信息，请与中国银行业协会、普华永道或项目主持人联系。

中国银行业协会专职副会长　潘光伟

普华永道北京首席合伙人　李　丹

项目主持人　巴曙松

2019 年 2 月　北京

目 录

第五部分　人力资源与财务管理　83

第六部分　金融科技与信息化　99

第七部分　公司治理与社会责任　117

附录

导　语

党的十九大报告提出要守住不发生系统性金融风险的底线。银行业资产规模占我国金融资产总量的 80% 以上，是防范系统性金融风险攻坚战的主战场。国际环境错综复杂、宏观经济下行压力加大、金融监管的持续加强等因素，对中国银行业的风险管理工作产生了巨大影响，连续第十年出版发布的《中国银行家调查报告》将继续为您全方位解读银行家对当前阶段银行业发展的看法与思考。

宏观环境

中美贸易摩擦将对宏观经济产生一定影响。虽然 2018 年中国外部宏观经济形势充满不确定性，但银行家对整体经济增长较有信心，多数银行家认为经济增速稳定在 6.5% 左右。“一带一路”背景下，中国银行业面临创新能力不足的挑战。关于中国经济金融领域的热点问题，近六成银行家最关注科技创新与技术进步。银行家对宏观经济政策评价整体较高，期待未来更积极的财政政策。2018 年中共中央政治局定调“坚决抑制房价上涨”，银行家认为长期而言将平稳发展房地产市场。防范化解重大风险，被放在了三大攻坚战的首要位置，近八成银行家认为金融稳定发展委员会的成立有利于加强对金融乱象的整治。防风险、去杠杆仍是主旋律，银行资产负债规模增长将趋于平稳。

发展战略

近七成银行家认为全面提升风险管控能力是银行战略转型的首要选择。小微企业客户仍受青睐，县域和小城镇首成最受银行家关注的重点区域。随着宏观经济形势的变化、客户金融需求的变迁以及资本充足率监管的趋严，84.2% 的银行家认为应稳步推进综合化经营发展战略。多数银行家选择依托金融科技深化银行轻型化发展（65.3%）。在我国建设和完善多层次资本市场体系的背景下，做强基础类投行业务、践行大投行战略、发展交易银行成为大部分银行的关注点。超过七成银行家认为服务“一带一路”建设是中国银行业进行海外发展的首要关注点，大多数银行家认为海南自贸区及自贸港的设立给商业银行国际贸易金融、离岸金融等业务带来发展机遇。

业务发展

随着银行业各项业务创新发展，同业竞争日趋激烈，大型商业银行各项业务发展较为均衡，传统的资产业务和负债业务被认为是未来三年的核心业务；股份制商业银行因其经营机制相对灵活，金融创新能力较强，表外业务和中间业务被认为是其未来竞争力提升最快的两类业务。各项业务重点稳中有变，城市基础设施业连续四年成为信贷支持的首选行业；房地产业成为银行重点限制行业榜首。在公司金融业务中，小微企业贷款、供应链融资和集团客户贷款受到银行家广泛重视；个人消费贷款仍然是个人金融业务的重点，个人经营性贷款发展态势良好，跃居个人业务重点发展的第二位；同业业务回归本源，基础业务成其首要发展方向；住房租赁金融发展得到银行的普遍关注。

风险管理和内部控制

受国内外宏观经济金融环境的影响，经济面临下行压力，经济结构调整及供给侧结构性改革仍在持续推进，同时，《商业银行理财业务监督管理办法》等监管政策纷纷出台，商业银行在配合国家政策以及优化自身结构的同时，如何进一步加强风险管理及内部控制需要引起银行业的整体关注。

超过六成银行家认为当前面临的最主要风险仍然是信用风险，具体表现在部分产能过剩行业、小微企业的信贷风险等。同时在强监管、重合规、严问责的背景下，银行家对合规风险关注度显著上升。另外，不良贷款率反弹、地方政府债务风险也受到银行家的广泛关注。

人力资源

中国银行业员工数量增长预期持续弱化，认为未来三年员工数量基本不变或会有减少的银行家占比从 2014 年的 12.4% 逐年增加到 2018 年的 45.2%。各家银行都十分重视专业技术序列的建设，将其作为拓宽员工职业发展渠道的重要手段，仅有 14.9% 的银行家表示尚未启动专业技术序列建设。而且，专业技术序列建设已经较为广泛地应用于银行各业务条线之中。不过，目前专业技术序列建设仍存在较多问题，其中，“人才培养力度不够”（51.8%）较为突出。

财务管理

中国银行业资产负债管理面临多重压力，主要包括：资管新规（32.4%）、MPA 考核（20.4%）、流动性监管政策（19.7%）、资本充足率（15.4%）、市场乱象整治（11.4%）等。在此背景下，银行资产负债管理回归本源，贷款和存款在资产负债来源中的占比提升。银行面临的资本补充压力主要源于自身规模扩张（68.3%），而且主要集中于核心一级资本（77.0%）。留存收益（68.3%）是资本补充的最主要渠道，但受利润增速放缓影响，自我积累、自我补充能力差（52.8%）也成为资本补充面临的最主要困难。大部分银行家主张通过提高资产质量控制能力（69.7%）、把握好资产规模增长与资本消耗之间的平衡（61.4%）、促使业务结构向轻资本转变（53.4%）等措施来减轻资本补充压力。

金融科技与信息化

2018 年，金融科技（FinTech）概念进一步普及。金融与科技的进一步融合，不仅催生了蚂蚁金服、京东金融等众多金融科技公司，更是推动了金融机构尤其是银行对科技的开发与应用。伴随金融科技的迅猛发展，中国银行业积极在大数据、云计算、区块链等领域探索金融业务发展的新路径、新模式，但在创新过程中也面临市场、技术、法律环境等方面的挑战与困难。一方面，通过降低成本、提高效率、增强用户体验，迅猛发展的金融科技为银行业带来了巨大的机遇；另一方面，科技的发展也使得金融风险及其传播更加复杂、竞争更加激烈，为银行经营管理带来了挑战。总体而言，银行家对发展金融科技与信息化建设的态度比较积极、普遍认为金融科技浪潮中的机会多于挑战，且对金融科技与信息化建设的要求逐渐提高、投入持续增加。未来，中国银行业与信息科技企业将采取多样化的方式加强合作，共同协作推动金融科技发展。

公司治理与企业社会责任

在公司治理方面，数据治理和党建工作取得了显著的成绩，但是股权管理、激励约束机制与独立董事制度方面仍是短板，风险内控也存在不足。在履行社会责任方面，小微金融服务和扶贫工作依然是重点领域。产品创新仍是社会责任履行中最亟待改进的问题。

银行家群体

2018年，中国银行家需要面对响应服务实体经济号召、处理复杂的金融局面和应对强监管格局等诸多任务和挑战。银行家对工作方面的满意程度降低，对生活方面各指标的满意程度则各有升降但趋于接近。其中，中部地区的银行家满意度近一年来出现了明显的下滑。银行家认为，绩效指标对管理能力的反映有一定程度的弱化，银行家群体本身的职业化程度也有所下降；除激励约束机制和经营自主权以外，学习交流和培训、考核评价不足对银行家成长的阻碍逐渐显现。银行家预期银行高管离职趋势将保持平稳（59.5%），但个人如有到其他银行业金融机构就职的机会时，超过三分之一的银行家愿意前往其他机构发展。

监管评价

随着我国金融体制改革的持续深入，备受瞩目的金融监管体系改革终于落下帷幕。银行家普遍认可本轮金融监管体制改革的举措，认为银保监会成立能够有效防范化解系统性金融风险。在强监管、重处罚的监管新常态背景下，虽然银行家认为“合规”压力进一步加大，资本充足率持续承压，但超半数的银行家对此评价积极，认可强监管措施对治理金融乱象和去杠杆等方面取得的初步成效。同时，银行家感受到不良贷款率压力显现，认为“资产质量恶化”或成为银行业经营与发展中潜在的风险并可能引发系统性风险问题，呼吁加强对高风险机构的早期识别和干预。银行家对放宽外资准入限制评价积极，近六成银行家认为适当引入竞争可激发银行业活力。另外，金融控股公司亟待加强监管，超六成银行家认为首要是把好准入关口。

发展前瞻

2018年以来，银行家对未来三年银行业经营状况更加乐观，预期营业收入和税后利润增长高于10%的群体比例不断扩大，七成以上银行家预期未来三年银行不良贷款率将低于2.0%，且将逐年下降。超五成银行家认为2018年末银行预期拨备覆盖率为150%以上，同时超六成的银行家认为2018年末银行资本充足率高于10.5%。

2018 年，中央经济工作会议指出我国发展仍处于并将长期处于重要战略机遇期，要加快经济结构优化升级，变压力为加快推动经济高质量发展的动力。同时，还要坚持结构性去杠杆的基本思路，防范金融市场异常波动和共振，这也要求银行业增强自身监管，做好风险防控，从而推动银行业健康发展。银行家对未来三年的预期有所回升，拨备覆盖率预期有所好转，然而，银行业资产质量依旧是改善银行资产状况的关键点。

第一部分

宏观环境

进入2018年，从世界范围内来看，全球经济走势产生分化，美国、欧洲、日本继续复苏，发展中国家增长乏力。从中国面临的外部环境来看，中美贸易摩擦、美联储持续缩表、人民币汇率波动等不确定因素将对中国经济带来不利影响。放眼国内，金融步入“稳杠杆阶段”，货币政策维持稳健基调，强监管、防风险依然是主旋律。

一、多数银行家认为未来三年经济增速稳定在6.5%左右

对未来三年中国GDP增长区间的调查结果显示：多数银行家认为未来三年经济增速稳定在6.5%左右（39.4%的银行家预期6.5%~7.0%，39.7%的银行家预期6.0%~6.5%）。与前三年经济增长预期的调查结果对比（2015年85.1%的银行家选择6.5%~7.5%，2016年78.7%的银行家选择6.0%~7.0%，2017年81.3%的银行家认为经济增长率区间为6.0%~7.0%），可以看出，在中国经济处在从高速增长向高质量发展转型的时期，银行家对经济增速的预期并没有出现大起大落的现象，体现出预期从高速增长过渡到稳步增长的变化。

稳增长的过程同时也是充分释放中国经济风险、解决经济发展更深层次问题的阶段。2017年全国金融工作会议将防控金融风险作为三大任务之一，提出要把主动防范化解系统性金融风险放在更加重要的位置，科学防范，早识别、早预警、早发现、早处置，着力防范化解重点领域风险。关于中国经济目前面临的主要风险，调查结果显示，40.9%和36.6%的银行家分别认为中国经济目前面临的主要风险是地方政府债务偏高和资产价格泡沫。紧随其后的是经济增幅放缓、资金脱实向虚以及金融体系杠杆过高，分别为35.1%、34.0%和29.5%。

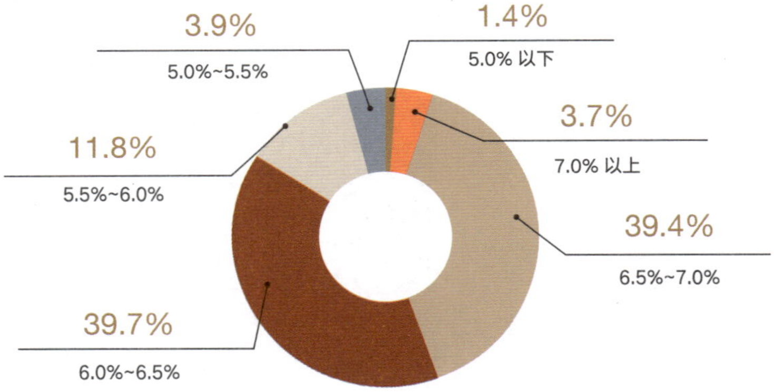

图1-1　银行家对未来三年中国GDP增长率的区间预测[①]

① 由于调查统计数据保留小数位数和四舍五入的原因，可能各选项占比数据相加不等于100%，但对调查结论和报告内容没有影响。下同。

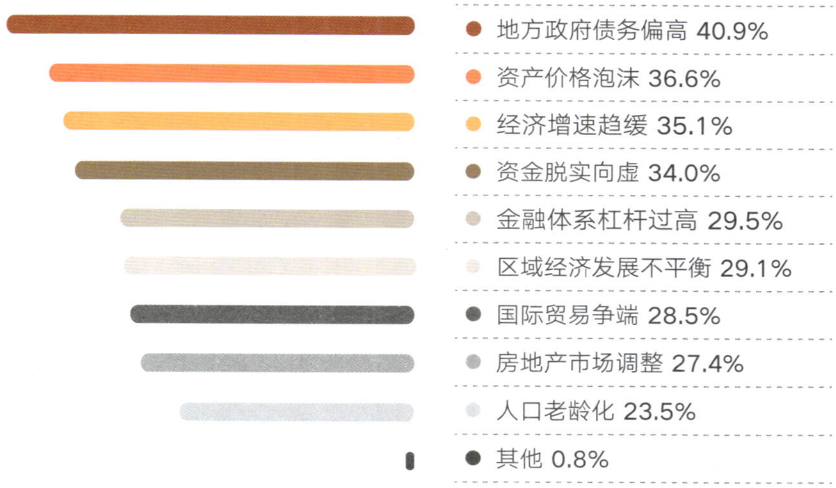

图1-2　银行家对当前中国经济面临的主要风险的看法

二、近六成银行家最关注科技创新与技术进步

在各类社会经济发展趋势中，科技创新与技术进步（62.0%）最受银行家关注。从过往三年来看，银行家对于科技创新与技术进步关注度每年都有所提升（2015年41.4%，2016年44.7%，2017年59.1%），并且2017年、2018年连续两年都是银行家最为关注的社会发展趋势。科技创新已经成为现代经济竞争的核心，更是新常态下中国经济实现高质量发展的动力引擎。金融是现代经济的“血液”，是实现科技创新驱动的一个重要条件。实现科技与金融的有效融合，完善金融支持科技创新的新途径，有利于科技型企业赢得更大的发展机遇，推动科技创新型企业从经济发展的生力军成长为主力军。产业结构调整（54.4%）、居民财富收入结构变化、消费观念转变（30.0%）和区域经济发展格局的变化（29.3%）也受到银行家的关注，这与金融服务实体经济以及金融改革深化的背景相适应。

关于金融领域热点问题的调查结果显示，在日常经营中银行家最关注的是防范和化解重大风险（50.6%），其次为强监管与监管体制改革（47.4%）；紧随其后的是金融科技（43.6%）、普惠金融（43.0%）和金融去杠杆（40.8%）。2017年以来，随着金融监管进一步强化，一些监管制度短板得到有效弥补，监管处罚力度明显加大。银监会数据显示，2017年，银监会系统共作出行政处罚决定3452件，其中处罚机构1877家，罚没29.32亿元。2018年，严监管之下金融业稳增长、促改革、防风险仍是贯穿全年的“主线任务”。总的来看，近两年的金融监管取得了明显效果，宏观杠杆率得到有效控制，金融服务实体经济能力增强。

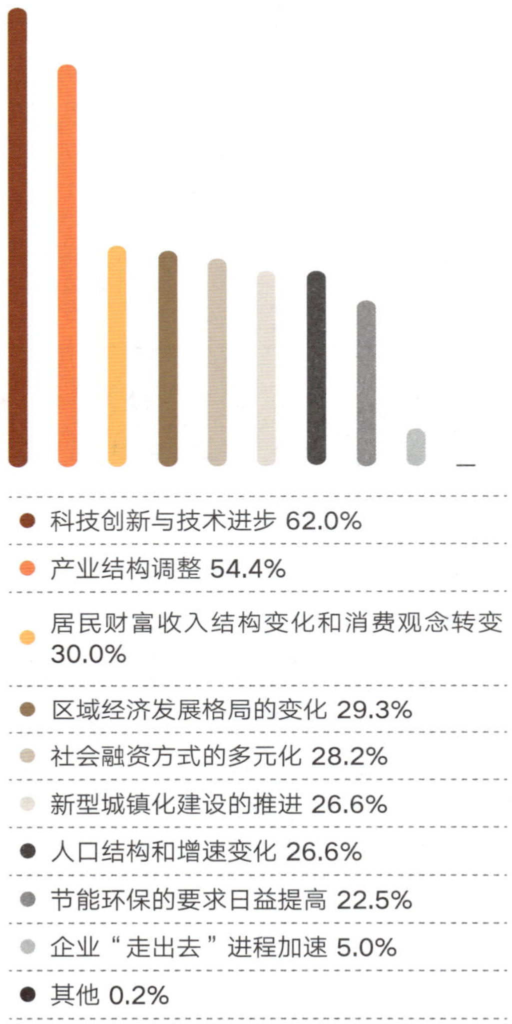

图1-3　银行家对社会经济发展趋势的看法

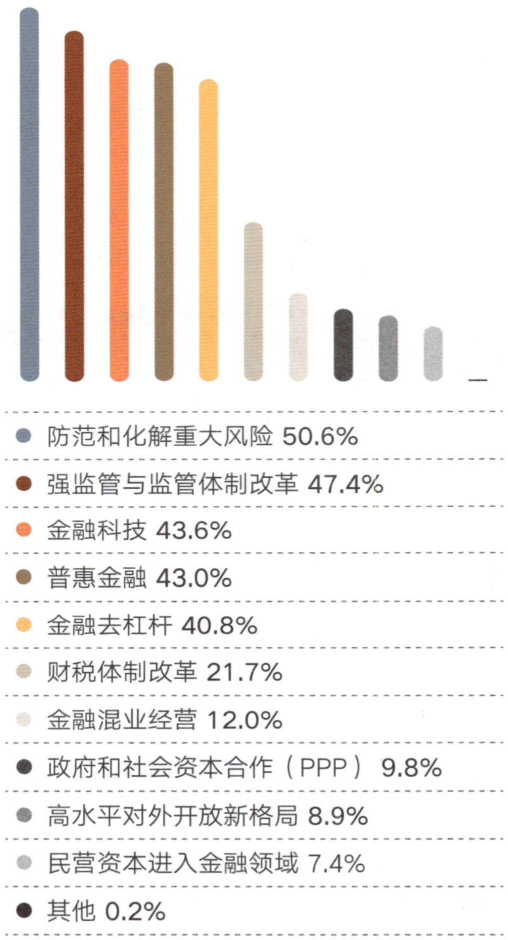

图1-4　银行家最关注的中国经济金融领域的热点问题

三、银行家对宏观经济政策整体评价发生变化

与往年的调查结果相比，银行家对2018年以来宏观经济政策效果的总体评价得分有所下降，平均分为4.04分（满分为5分），比2017年的平均分低0.11分（4.15分）。其中，货币政策、财政政策、产业政策和监管政策的得分分别为4.16、3.89、3.96和4.14分。就单项政策效果而言，货币政策效果的评价最高，这表明，央行以"稳杠杆"和"防风险"为目标的稳健中性的货币政策仍得到大部分银行家的认可。财政政策较2017年下降了0.24分，银行家期待未来更积极的财政政策，未来财政政策应发挥更加积极的作用。

表1-1 银行家对宏观经济政策效果的评价

政策类型	2018	2017	2016	2015	2014	2013	2012	2011
货币政策	4.16	4.24	4.11	4.06	3.85	3.89	3.38	3.28
财政政策	3.89	4.13	4.03	3.9	3.66	3.71	3.25	3.25
产业政策	3.96	4.02	3.92	3.8	3.59	3.54	3.1	3.15
监管政策	4.14	4.2	4.04	3.93	3.78	—	—	—
平均得分	4.04	4.15	4.02	3.92	3.72	3.74	3.24	3.23

四、银行家对房地产市场的看法稳中有变

对房地产市场未来走势的调查结果显示，超过七成的银行家认为房地产价格和销量将上升或持平。按城市类型来看，对于一线城市超过七成的银行家认为房地产市场的销量会上升或持平，超过八成的银行家认为房地产市场的价格会上升或持平。而对于二线城市房地产市场，近九成的银行家认为房地产市场的销量和价格会上升或至少持平。由于北京、上海、深圳等一线城市房地产市场限购政策严格，部分购房需求向二线城市

发生了转移，其人口、产业和资源的集聚效应也对周边郊区和次中心城市产生“溢出效应”，从而出现从中心向外围扩散的趋势。对于三、四线城市，超过六成的银行家认为房地产市场的销量（65.6%）和价格（66.7%）会上升或持平，较2017年这两项数据分别下降3.6和6.2个百分点。

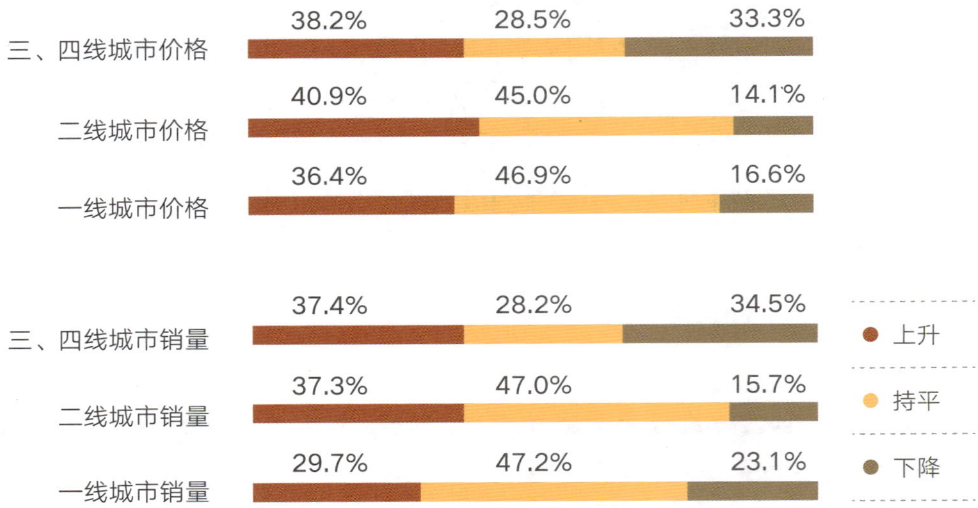

图1-5 2018年银行家对未来一年房地产市场走势的看法

五、近八成银行家认为金融稳定发展委员会的成立有利于整治金融乱象

对于国务院金融稳定发展委员会成立的意义，近八成银行家认为，这有利于加强对金融乱象的整治，更好地防范系统性金融风险（78.9%）。当前金融改革的任务众多，其中混业经营与分业监管的矛盾尤为突出。超过半数的银行家认为金融稳定发展委员会的成立还将有利于消除金融分业监管的盲点和套利现象（64.6%）、促进金融服务实体经济（59.6%）。金融稳定发展委员会通过加强金融部门与财政、发展改革部门的协调配合，加大政策精准支持力度，能更好地促进实体经济发展。

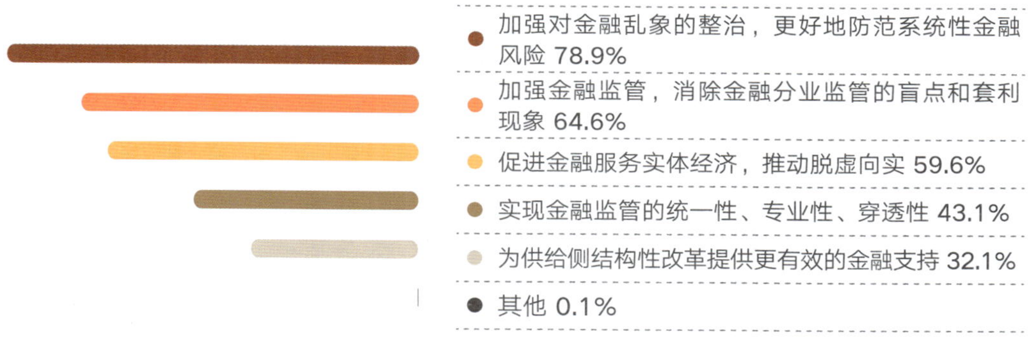

图1-6　国务院金融稳定发展委员会的成立对当前宏观经济的主要影响

六、我国进入稳杠杆阶段，银行资产负债规模增长趋于平缓

近年来，金融业的高杠杆、资金空转、“脱实向虚”等现象已引起了社会的诟病。在流动性过剩、资产荒背景下，金融“脱实向虚”带来股市震荡、债市震荡、房地产泡沫等金融市场风险事件，也加剧了中小企业融资难问题，资金更多流向了产能过剩、杠杆率本就偏高的国有大型企业，从而加剧了非金融企业的杠杆风险，阻碍了实体经济稳杠杆进程。2018年，结构性去杠杆稳步推进，我国进入稳杠杆阶段，调查结果显示，银行家普遍认为稳杠杆使银行总资产、总负债等规模指标的增速较上年进一步放慢，是金融稳杠杆对银行业最主要的影响（50.2%）。除此之外，流动性管理压力加大（46.4%）、同业业务压缩（45.3%）、利差收窄（45.3%）等也都被认为是较为重要的影响。

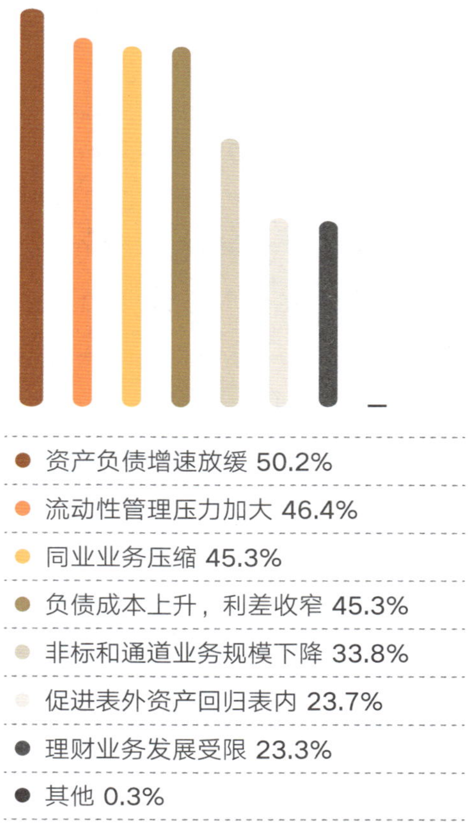

图1-7　金融稳杠杆对未来银行业的影响

七、八成银行家认为流动性管理仍为央行应当重视的重要部分

2018年以来，在外部美联储维持“快加息+慢缩表”、内部配合推动经济稳杠杆的背景下，关于央行应当如何开展货币政策操作的问题，80.8%的银行家认为央行应该增强流动性管理的灵活性和有效性，保持银行体系流动性合理稳定。72.2%的银行家认为，央行应该完善利率走廊机制，疏通政策利率向金融市场及实体经济的传导路径。此外，由于面临中美贸易摩擦的压力，防范跨境资本流动风险也成了银行家关注的方向。55.1%的银行家认为央行应该优化跨境资本流动宏观审慎政策，对资本流动进行调节。

美联储货币政策调整进程将会对全球经济产生巨大影响。其中，货币市场流动性将保持偏紧局面是银行家认为美联储货币政策正常化速度加快对中国银行体系的最大影响（32.3%）；其次是人民币汇率的变动会进一步加大中国商业银行的汇率风险（29.4%）；此外，20.6%的银行家认为美联储货币政策调整会导致金融市场利率走高，不利于银行服务实体经济。

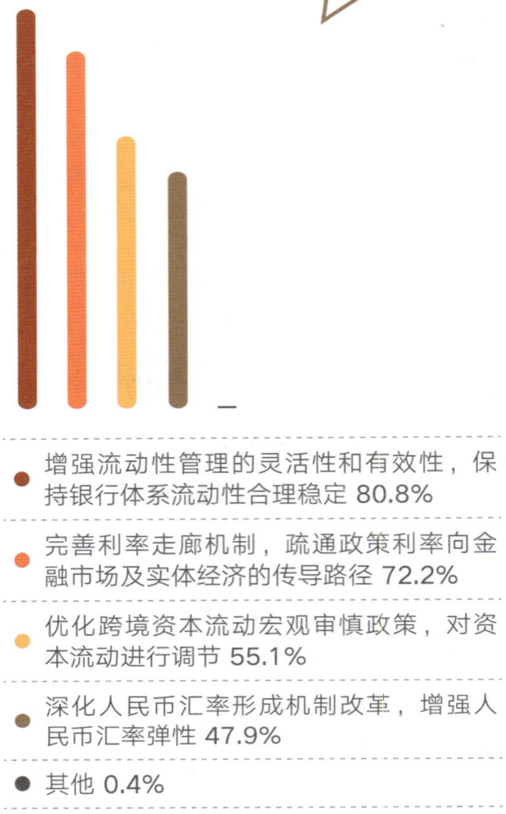

图1-8　在稳健中性的货币政策背景下，银行家最关心的央行政策措施

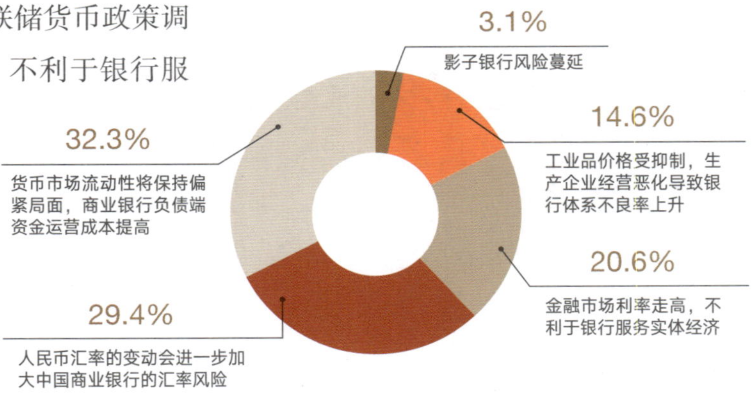

图1-9　银行家认为美联储货币政策对中国银行体系产生的最主要影响

八、发展金融科技与支持涉农特色产业并重，助力乡村振兴

十九大报告首次提出的乡村振兴战略，强调“必须始终把解决好‘三农’问题作为全党工作重中之重”。2018年，中央农村工作会议再次明确指出“普惠金融重点要放在乡村”，进一步强调发展普惠金融对乡村振兴战略的重要作用，也对银行如何服务乡村振兴战略提出了具体要求。对此，32.4%的银行家认为一方面应该通过发展金融科技，来解决信息不对称等问题，另一方面应该重点支持农副产品、乡村旅游和文化等涉农特色产业。21.4%的银行家认为应该从优化涉农业务流程处着手，下放涉农贷款审批权限，发展“两权”抵押贷款。另有10.9%的银行家认为应该增加县域网点数量，扩大服务范围。

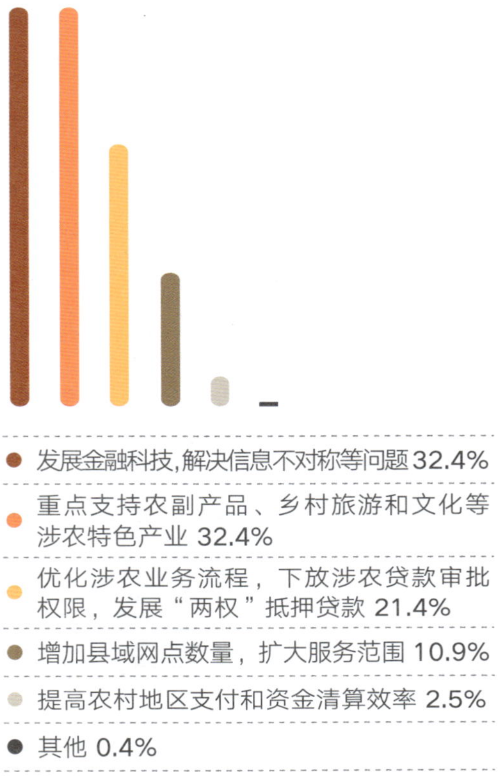

图1-10　银行家认为服务乡村振兴战略应主要采取的措施

九、“一带一路”背景下，中国银行业面临创新能力不足的挑战

“一带一路”发展战略为中国与沿线国家经济的发展带来了良好的契机，而商业银行作为经济发展过程中的一个重要主体，也面临着诸多的机遇与挑战。近年来，各大银行积极配合企业“走出去”步伐，加快在“一带一路”沿线国家的业务布局。其中，

61.8%的银行家认为，在“一带一路”战略实施过程中，银行业与公路铁路运输业的合作大有可为。物流业（54.2%）、城市基础设施业（49.7%）、机械制造业（43.6%）等也被认为是重点合作的行业。

“一带一路”倡议的提出虽然给银行业与其他行业的合作提供了更多的机遇，但也带来了一些挑战。近半数的银行家（49.6%）认为，创新能力不足是银行在参与“一带一路”建设过程中面临的最大挑战。随着“一带一路”合作的进一步推进，银行需要加强金融创新，开发出新的融资途径为企业提供服务。同时，还需要拓展跨境人民币、跨境并购与重组、跨境现金管理等业务，创新服务方式，不断提升金融综合服务能力。这些都需要银行进行自身业务的转型升级。与此同时，23.3%的银行家认为国别风险暴露增大，主要是由于“一带一路”沿线西亚北非16国经济发展水平较低。20.6%的银行家认为竞争对手增加可能会导致潜存的恶性竞争风险。

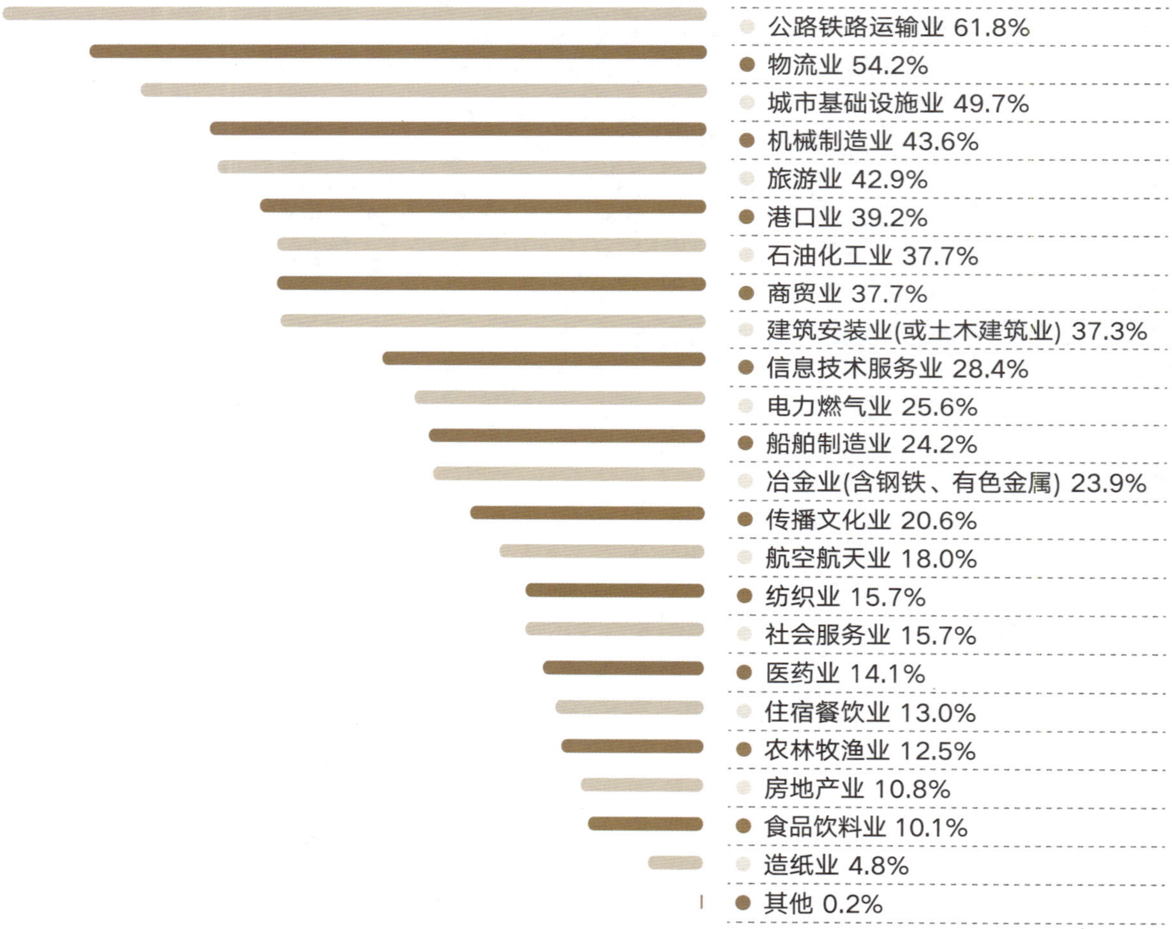

图1-11 “一带一路”倡议下，银行业与其他行业的合作机会

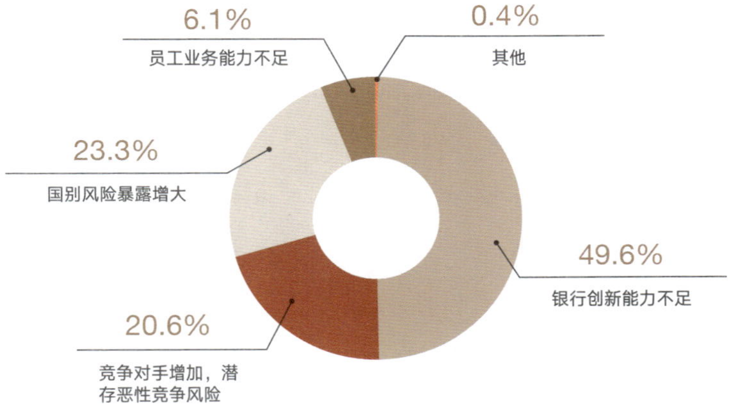

图1-12　银行家认为银行在参与“一带一路”建设过程中面临的主要挑战

十、超六成银行家认为中美经贸摩擦对金融市场带来一定挑战

2018年以来，美国以“301调查”为名对自中国进口的商品加征关税，对中国的宏观经济产生了一定影响。继对500亿美元产品加征关税后，9月24日起美国对200亿美元的中国输美产品加征10%关税。超过六成的银行家认为中美贸易摩擦带来的最主要影响是增加人民币贬值的压力。除此之外，47.9%、45.9%、41.0%的银行家认为贸易摩擦会加剧中国资本市场波动、影响中国稳健中性货币政策的效果和导致经济增速下降。另有部分银行家（27.4%）认为贸易摩擦会增加市场利率上升的压力。

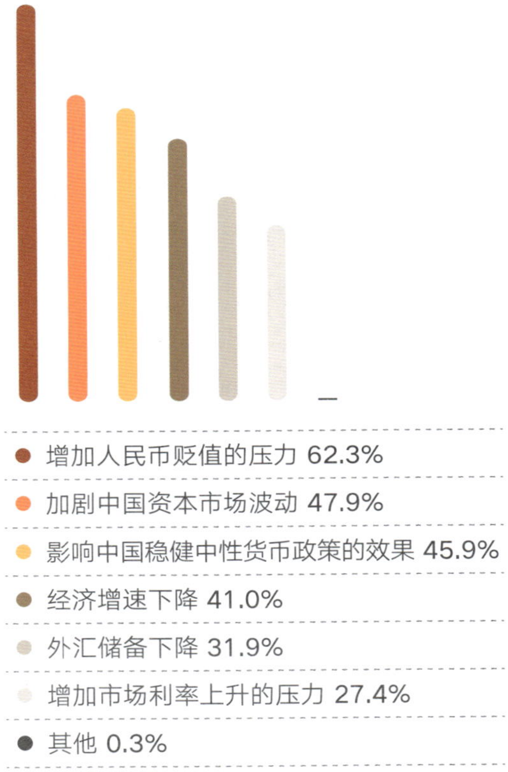

图1-13　银行家认为中美贸易摩擦对宏观经济的影响

银行家访谈手记之一

银行业服务经济高质量发展，既要满足为国民经济发展的重点领域提供资金支持的要求，也要满足防止企业过度加杠杆的要求。当前，我国银行业支持实体经济的力度不断加大，同时全面践行普惠金融战略，着力服务中小微企业，回归服务实体经济本源，为经济迈向高质量发展提供有力支撑。

银行家谈普惠金融和民营企业融资问题

课题组：普惠金融近年来一直是国家重点倡导的战略之一，请问贵行在落实普惠金融方面有什么举措？下一步贵行打算从哪些方面加大普惠金融工作力度？

李民吉（华夏银行董事长）：近年来，华夏银行持续深化“中小企业金融服务商战略”，已经形成特色品牌，完成监管部门要求，在同业中形成了富有特色的小微企业服务模式。

一是落实监管导向，降低企业融资成本，降低小微企业贷款利率，落实收费减免政策，向小微企业让利；二是为企业提供特色产品服务，提出“零售业务全面线上化”的目标，探索利用新技术相继研发了年审制贷款、房贷通等线下产品以及网络贷等线上产品；三是完成监管部门要求，连续 8 年完成“两个不低于”和“三个不低于”的监管指标。

未来，华夏银行将服务小微企业作为推行普惠金融的着力点，将其定位于履行社会责任、发展普惠金融的主要载体，利用科技手段着力推动小微企业业务高质量发展，将其打造为华夏银行的品牌。

一是打造新的业务增长点。通过主动调整客户结构，寻找新的客户资源，探索科技金融等新服务方式，打造成为新的业务增长点；二是做好综合金融服务，在贷款融资服务的基础上，整合各板块资源，“融资”与“融智”并重，逐步形成结算及现金管理、电子银行、融资、财富管理等一揽子小微企业金融服务体系；三是切实履行社会责任，延伸金融服务领域，稳步推进扶贫小额信贷服务，确保精准扶贫政策落实到位。

吴建杭（中国建设银行战略规划部总经理）：继 2017 年提出住房租赁、金融科技两大战略后，建行于 2018 年 5 月，又提出普惠金融发展战略。

中国建设银行在落实普惠金融战略实施方面采取的举措，一是以大数据手段精准分析小微企业生产经营和信用状况，建立小微企业融资“正面清单”。二是构建“一分钟”融资、“一站式”服务、“一价式”收费的信贷模式，提高效率并降低成本。三是从交易、结算等场景切入，围绕小微企业需求创新定制产品，形成分类分层的产品体系。四是线上线下融合，发挥大行优势，提升金融服务覆盖面。包括依托“双大”（大行业、大企业）客户，批量服务小微企业，并创新与供销社、通信公司、卫生诊所等机构的合作方式，为农户及涉农小微商户提供集“存贷汇缴投”于一体的综合金融服务。

接下来，建设银行将持续发挥客群庞大、经营板块多元、渠道网络丰富、经营牌照齐全的优势，以贷款服务为切入点，加强创新产品，延伸金融服务范围，向更多小微客户乃至全社会输出金融和非金融服务。将普惠金融与精准扶贫深度融合，使金融资金在扶贫中发挥造血功能。持续做好“劳动者港湾”工程。同时，积极推进与政府、金融同业、核心企业、第三方服务机构合作，以银行的科技和资金优势，带动更多社会资源服务小微企业，构建小微金融服务新生态。

课题组：目前经济形势下，民营企业融资难的问题尤其突出。请问贵行在支持民营企业方面做过哪些有益的探索？未来将开发哪些新工具支持民营企业的融资？

吴建杭（中国建设银行战略规划部总经理）：2018 年以来，建行在服务民营和中小微企业方面不断探索、发力，提出了“三大战略”，其中普惠金融和金融科技两大战略对于我们解决民营企业尤其是中小企业融资问题起到了非常重要的推动作用。普惠金融解决的是“愿贷”的问题，金融科技解决的是“敢贷”的问题。在前期取得良好经验的同时，最近在全行又制定下发了《中国建设银行支持民营经济指导意见》《进一步加大支持民营和小微企业发展的通知》《关于加大力度支持民营企业和小微企业发展　降低企业融资成本的通知》三个文件，建设银行将根据国计民生发展需要及时打出具有建设银行特色的“支持民营经济发展组合拳”，提出进一步加大支持民营和小微企业发展的 26 条举措和工作要求，着力打造“建行模式”，依靠金融科技力量去破解小微企业和民营经济融资困境。

孙怀宇（招商银行研究院总经理）：招商银行一直积极践行普惠金融服务理念，目前已构建“三大产品体系”，创新“六大特色融资产品”，助力民营企业融资。

（一）高新企业助航计划

针对高新技术科技创新类民企，推出“高新企业助航计划”，盘活企业技术。创新小企业“高新贷”、“三板贷”，并提供股权融资、上市辅导等服务，覆盖企业全生命周期，满足企业在多层次资本市场挂牌上市不同融资诉求。

（二）经营稳定助力计划

针对有一定经营年限、经营稳健的民营企业，推出“经营稳定助力计划”，盘活企业资产。创新小企业“抵押贷”、“担保贷”，以房地产足值抵押或者国有担保公司担保作为风险缓释，支持民营企业资产购置、装修改造、扩大再生产。

（三）供应链助兴计划

针对围绕核心企业的上下游供应链，扩大民营企业覆盖面，推出“供应链助兴计划”，盘活企业交易，创新小企业“供应链自助贷”、“政府采购贷”，适配交易场景、灵活运用担保方式，促进产业链上下游商贸流通，打造产业金融生态圈。

下阶段，招商银行将持续以民营作为普惠金融发展的重点，在全行实施“金融科技银行”的战略下，推进互联网、大数据及人工智能技术在民营企业金融服务全流程的应用，不断细化和完善“三大产品体系”，扶持民营企业实现持续成长。

课题组：2018 年以来，受多重因素影响，民营企业债券违约率明显上升。外部融资收紧带来的基本面持续恶化导致流动性风险频发。您认为破解民营企业融资贵、融资难问题的关键是什么？您认为针对民企的信用形势，应该采取哪些措施缓解其融资紧张局面？

王继康（广州农商银行董事长）：一方面，在去杠杆和防范金融风险的大背景下，投资者对信用风险敏感性提高，部分负债率高、主业分散、经营欠佳的发行人出现债券无法兑付的情况并不奇怪。截至 2018 年底，国内信用债市场的累计违约率为 1.16%，这一数据与美国等发达国家的违约数据相近，因此不应过度解读这一局面。另一方面，市场上部分主体的经营情况正常，但受到市场流动性冲击而产生违约，对这类主体可以采用多种债务重组的方式灵活处理，度过当下的困境。

作为商业银行，广州农商银行一直秉承“稳健合规经营，服务实体经济”的原则，积极响应国家支持实体经济的号召，通过传统信贷、资本市场投资等多种方式助力符合国家产业政策的企业发展。此外，近期以央行为首的监管机构顺应时势，推出了信用缓释工具，这将为信用债投资者提供更多对冲工具，有效地改善债券市场流动性，完善信用风险定价机制。广州农商银行也将进一步研究和探索该类创新型金融工具的使用与推行，积极参与民营企业风险疏散，将更多资金导入实体经济。

李中文（平安银行公司银行部总经理）：民营企业融资难的关键是风险问题。平安银行在支持中小企业融资难方面做了一些尝试，2018 年 7 月 18 日，平安银行响应国家政策助力实体经济发展，正式发布了 KYB（中小企业数据征信金融服务体系）。该体系通过全新的流程化服务，借助发票贷、税金贷、产业链融资项目等产品进行落地，解决融资难问题。KYB 摒弃了中小企业贷款的固有模式，不再强调企业财务报表和流水表现，而更多关注通过第三方渠道获取的真实、有价值的企业经营数据。利用大数据建立数理模型，判断企业的违约概率，从而对客户授信作出风险判断。通过科技手段解决中小企业风险管理难题。

目前，民营企业融资的主要来源仍然是银行。而民营企业债券违约率明显上升，金融市场和部分金融机构对民企风险偏好下降也是必然产生的。针对这种情况，有几点建议：第一，继续拓宽民营企业的融资渠道，渠道拓宽了，融资难的现象会有一定缓解。第二，解决民营企业信用问题，只有根本问题解决了，金融机构才能真正地支持民营企业发展，人民银行 10 月 22 日发布的《设立民营企业债券融资工具，毫不动摇支持民营精益发展》一文，可以说是治疗民营企业融资难直达痛处的药方，建议尽快明确细则，加快推进。

课题组：您认为当前银行业存在哪些问题阻碍了银行业服务实体经济的质效？应当如何解决这些问题？

王继康（广州农商银行董事长）：目前银行业存在的问题是，一方面，优质的大中型企业资金来源渠道丰富，各金融机构争相为其提供金融服务，其金融资源可得性较强，融资成本也相对较低；另一方面，经营不善且风险较高的中小微企业则较难获得金融机构的资金支持，其金融资源可得性较差，普遍存在融资难、融资贵现象。

解决问题的方案包括：

一是引导金融机构优化资源配置，提升金融供给效率，服务实体经济；二是引导银行多参与经济发展规划、产业规划及重大项目决策，促进银企信息沟通；三是在创新创业型企业与银行、证券、担保机构、投资公司、社会中介之间，搭建一个高效优质的信息交流、上市咨询服务的合作共赢的投融资服务平台。

曾学文（中国农业银行战略规划部总经理）：银行应着力提升服务实体经济的质效。一是加大新经济行业研究。转变行业研究思路，在定期分析新经济各主要细分行业的发展前景、技术趋势、竞争态势的基础上，重点提出银行的业务机遇点、营销关键点和需要创新的金融产品。二是强化小微企业金融产品和服务模式创新。积极运用互联网、大数据、人工智能等新技术新手段，创新小微金融服务方式，增强服务能力、提升服务效率，形成商业可持续的业务模式。从主要依靠传统抵押担保，变为主要依靠大数据识别和防范风险；从主要依靠基层客户经理一家一户找客户，变为主要依托产业链、供应链“自上而下”批量营销客户。三是注重与政府部门和第三方机构的合作创新。积极与地方政府、相关部门等第三方机构合作，争取能够共享政府、第三方机构的小微企业信息数据，引入银政、银企、银担以及与相关行业组织的合作增信模式，提高金融机构服务小微企业的积极性。

课题组：目前银行体系中的流动性相对较为充裕，但实体经济中的不少企业却仍然感到资金面很紧，您认为当前货币政策传导不畅的主要根源在于哪些方面？未来应如何疏通货币政策传导机制？

孙怀宇（招商银行研究院总经理）：年初以来，央行明显加大了中长期流动性供给力度，但是流动性好转并未有效转化成实体经济信用，社融等指标依然在持续下行。其主要原因包括：（1）传统信贷大户（地方融资平台、房地产等）受监管政策影响，贷款需求下降较多。（2）风险偏好降低、利率双轨制和预算软约束等问题叠加，进一步弱化了利率传导效果。（3）贸易摩擦、美联储加息等冲击事件扰乱了市场预期，投资者信心普遍不足。

目前来看，疏通货币政策传导机制需要发挥好“几家抬”。一是货币政策继续保持流动性合理充裕，稳定市场预期，并持续通过结构性政策加大政策对冲，缓解小微企业、民营企业融资压力；二是逐步打破国企等部门预算软约束问题，使各类企业享受同等的信用环境，从源头上解决中小微企业“融资难”、“融资贵”问题；三是积极财政政策需要更加积极，加大减税降费力度；四是发挥资本市场作用，增加直接融资，定期释放政策信号，稳定市场预期；五是监管层应定期召开预期管理专家会议，强化监管层与市场、媒体的沟通，合理地引导市场。

课题组：在引导资金“脱虚入实”，加强金融服务实体经济，服务供给侧结构性改革方面，贵行正面临哪些挑战？现重点侧重于哪些工作？

李民吉（华夏银行董事长）：华夏银行坚决贯彻“创新、协调、绿色、开放、共享”五大发展理念，全面谋划、重点突破，着力提升服务实体经济质效和风险管理能力，加快改革创新，促进转型发展。

一是以新发展理念为指导制定实施新规划。结合贯彻党的十九大精神及全国金融工作会议精神，制定了华夏银行 2017—2020 年发展规划纲要，明确了建设“大而强”“稳而优”现代金融集团的发展愿景，将推进金融科技创新、强化零售业务发展、完善综合化经营布局、建设“京津冀金融服务主办行”、深化“中小企业金融服务商”、打造绿色金融特色业务作为华夏银行的六大战略重点。

二是强化客户分类分层服务，以差异化的综合金融服务满足客户的多样化金融需求。实施“3-3-1-1”战略（聚焦 3000 家主板、中小板、创业板优质上市公司、300 家优秀地方国企、100 家央企、10000 家新三板上市企业），提供包括信贷、股权投资和并购重组在内的全方位金融服务。

三是建设“京津冀金融服务主办行”。近 5 年来，华夏银行累计为北京市企业提供融资服务近 7000 亿元。与世界银行合作推动京津冀大气污染防治融资创新项目。完成安新、容城两家综合支行设立，安新支行是全国金融行业在雄安新区新设开业的第一家金融机构网点，充分展现了雄安速度、华夏精神。

四是推进绿色金融特色业务。2008 年以来，华夏银行的节能转贷项目和绿色中间信贷项目，已为全国 50 多个项目提供了超过 70 亿元的低成本资金。

曾学文（中国农业银行战略规划部总经理）：农行围绕经济高质量发展和供给侧结构性改革主线，加大信贷有效投放力度，切实提升服务实体经济质效。

一是围绕基础设施“补短板”，加大“三重”领域信贷投放力度；二是围绕“扩内需调结构”，加强对转型升级和经济增长“新动能”的信贷支撑。把握动能转化、结构优化、要素升级的方向，加大对战略性新兴产业、现代服务业、绿色信贷、“新经济”、幸福产业等领域优质客户和优质项目的信贷投放力度；三是围绕现代农业体系建设、农村“三产融合”、田园综合体、农村产权制度改革、金融扶贫等乡村振兴重点领域和互联网金融服务“三农”“一号工程”，加大“三农”信贷投放力度；四是围绕“中国制造 2025”示范区、双创示范基地、优质商圈、龙头专业市场、大中型企业产业链，重点支持供应链型、政府增信型、“专精特新”型小微客户群体，夯实普惠金融投放达标基础；五是围绕“零售转型”战略，发挥个贷对资产业务的“压舱石”作用。

课题组：2018 年国务院发布《国务院关于积极有效利用外资推动经济高质量发展若干措施的通知》（国发 [2018]19 号），鼓励各行各业深化改革开放水平，贵行有引进外资的打算吗？您认为如何利用外资推动经济高质量发展？

王继康（广州农商银行董事长）：在广州市委市政府的大力支持下，广州农商银行充分整合资源、信息、业务、地缘等优势，于 2017 年 6 月 20 日成功登录国际资本市场舞台，在香港交易所公开发行 18.2 亿股，募集资金 91.2 亿港元，是当年香港资本市场最大的银行业 IPO。通过推进公开市场上市，充分利用境内外资本，广州农商银行形成了更加优化的股权结构，为未来业务发展建立坚实持续的基础和保障。此外，引进境外基石投资者，不仅可以带来先进投资者的治理理念和治理手段，重构广州农商银行的公司治理架构与管理体制，还可以通过联动效应提升广州农商银行的核心竞争力。

成功上市后，广州农商银行开展了国际评级项目。2018 年 4 月，广州农商银行获国际权威评级机构穆迪给予的 Baa2 长期发行人信用评级以及 P-2 短期发行人信用评级，评级展望为稳定，其中 Baa2 是国内区域银行目前获得的最高国际信用评级。同年 5 月，广州农商银行获国际权威评级机构标普（S&P）给予的 BBB- 长期发行人信用评级以及 A-3 短期发行人信用评级，评级展望为稳定，是全国区域银行中唯一一家拥有两个投资级国际评级的银行。

曾学文（中国农业银行战略规划部总经理）：当前世界经济整体复苏，但不确定性因素仍然较多，尤其是逆全球化思潮抬头，国际贸易摩擦加剧。在国际形势较为复杂的背景下，农行暂无引进外资的计划。

改革开放 40 年来，外商投资在促进我国经济发展、融入全球化生产方面发挥了重要作用。我国应注重三方面积极有效利用外资推动我国经济高质量发展。一是优化外商投资环境，利用外资推动创新发展。包括拓展外资准入范围，全面实施负面清单管理，不断提高政策透明度，改善营商环境。

二是优化区域开放布局，利用外资推动平衡发展。中西部和沿边地区应提高外商投资便利化水平，积极利用外资弥补这些地区存在的资本、技术、人才等方面瓶颈，促进区域间协调发展。

三是优化企业准入标准，利用外资推动绿色发展。引入外资应当符合我国绿色发展理念，严格实施外商投资企业项目环境评价准入制度，引导外资更多地投向生态文明建设领域，支持外资参与国家级开发区环境治理和节能减排，以更好地推动我国绿色发展。

课题组：您认为中美贸易摩擦对我国宏观经济、银行业经营和金融体系安全会带来哪些方面的影响？

刘家德（广发银行行长）：中美贸易摩擦、强美元、国内经济转型升级攻坚等因素交织共振，给中国经济发展带来重大不确定性，随着中美近期恢复接触，摩擦短期升级的趋势得到暂时遏制，但市场相信中美经贸冲突具有中长期性。中美贸易摩擦将不可避免地对中国经济带来直接和间接的影响，个别行业和地区受影响较大。预计今明两年新兴市场国家将会持续面临资本外流压力，通胀抬头，引发金融市场动荡。对于我国，也会影响外商投资的积极性，以及推动国内市场利率水平被动抬升，民营经济融资难、房价泡沫等矛盾将愈发凸显。以上因素要求银行业警惕房地产泡沫、中等收入陷阱、经济中周期“三因素叠加效应”，切实防范系统性风险。

第二部分

发展战略

随着中国经济金融改革的持续深入，中国银行业积极响应中央政策部署，认真落实宏观调控以及金融风险防控等工作，提升服务能力，加快经营转型，完善风控机制，在全面促进普惠金融发展、加大国际化发展力度、推进轻型化经营等方面不断进行战略调整，持续提高发展战略的前瞻性、针对性和有效性。

一、不良贷款增长作为银行经营最大压力来源，成为影响发展战略重要因素

在2018年的调查中，受访银行家将“不良贷款增长”（32.4%）列为银行经营最主要的压力来源。近年来，中国银行业信用风险管控的复杂性不断上升。一方面，宏观经济不确定性风险增大，经济金融领域结构性矛盾突出，给银行资产质量带来了压力；另一方面，监管部门对不良贷款的认定标准趋严，要求将逾期90天以上贷款全部计入不良贷款中，部分银行的不良逾期缺口仍待补齐，不良历史包袱需要时间化解。因此，受访银行家表示，在未来一段时间内，制定发展战略仍将重点围绕信用风险管控，持续关注资产质量变化。

除了对不良贷款增长的担忧，“负债增长乏力”（19.6%）也成为2018年银行家倍感压力的重要方面。随着强监管时代的到来，同业去杠杆已进入深水区，银行业整体同业负债较往年均有了明显收缩，加之以往作为商业银行增加主动负债重要推手之一的同业存单纳入宏观审慎评估体系（MPA）同业负债占比指标进行考核，使得银行同业负债增长面临较大压力。此外更为严峻的是，居民存款增速也正在逐步放缓。根据中国人民银行发布数据显示，截至2018年11月末，人民币存款余额177.43万亿元，同比少增2个百分点。

此外，“风险合规管理压力较大”（19.2%）同样受到关注。随着商业银行表外理财业务纳入MPA，监管当局进一步加强跨境资本流动管理、加强反洗钱监管、严管交叉性金融风险，银行业违规成本升高，银行合规压力倍增。

图2-1　银行业面临压力的主要方面

二、小微企业客户仍受青睐，县域和小城镇首成最受关注的重点区域

在对下一阶段重点发展客户类型的调查中，“小微企业客户”（79.0%）、“高净值个人客户”（64.1%）依旧是最受银行家关注的客户类型。

小微企业客户受到的关注度持续提高，相较于2017年的65.0%又有显著提升，达到了79.0%。2018年，为进一步缓解小微企业金融服务供给不充分、结构不均衡的问题，银保监会发布了《关于2018年推动银行业小微企业金融服务高质量发展的通知》。商业银行积极响应，将小微企业作为重点发展的客户群体。

此外，高净值客户也继续受到银行业关注。近年来，随着中国经济高速发展和社会财富的不断增加，高净值人群的规模日益扩大，并成为当前银行业重要的利润贡献来源和竞相追逐的目标客户。商业银行积极利用私人银行业务这一新的利润增长点，不断改善和创新业务模式，保持可持续的竞争优势，推动业务转型发展。

对于银行下一阶段拟重点发展的区域，本次调查显示，“县域和小城镇”（49.1%）、“经济发达地区的三线、四线城市”（48.9%）、“经济发达地区的一线、二线城市”（46.8%）均是银行家重点关注的地区。“县域和小城镇”首

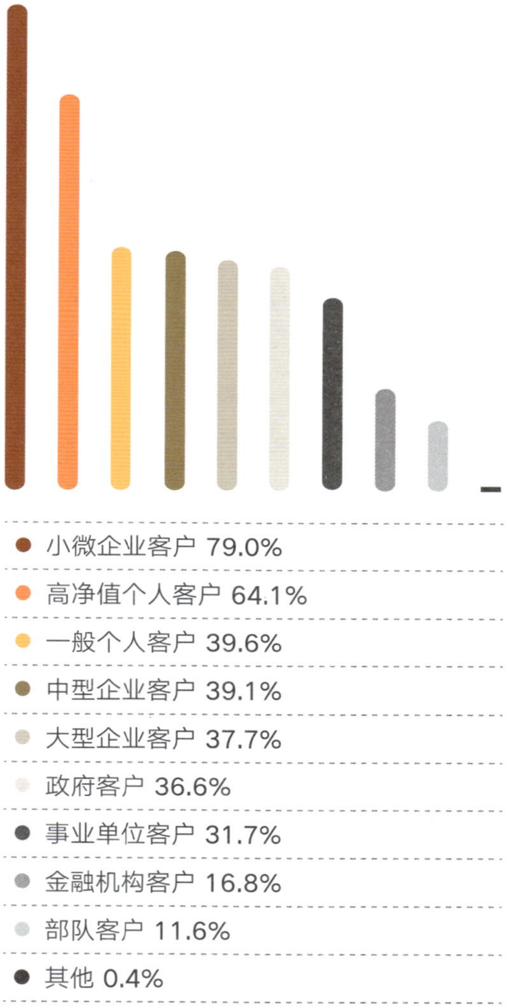

图2-2　银行业下一阶段重点发展的客户类型

次成为最受关注的重点区域，体现了银行业下沉服务重心的发展趋势。县域和小城镇作为具有承上启下、连接城乡的枢纽作用的区域，是国家统筹城乡发展的关键载体，也是促进区域经济协调发展的关键节点，成为商业银行发展的区域选择重点。

针对不同类型银行而言，其发展布局也各有特点。大型商业银行依托其丰富的客户来源、庞大的网点数量、过硬的资金实力和较强的综合化服务能力，在将“经济发达地区的一线、二线城市”作为其主攻点的基础上也将“县域和小城镇”作为重点发展区域。而股份制商业银行相较于其他类型银行在经济发达地区拓点的意愿更为强烈。城商行与民营银行则立足当地特色，重点为“经济发达地区的三线、四线城市”量身打造特色服务，形成区域性金融业态。而农村中小金融机构则是将其重心放在“农村”、“县域和小城镇”上，坚持服务“三农”的市场定位，坚持支农支小，增加农村金融服务供给。

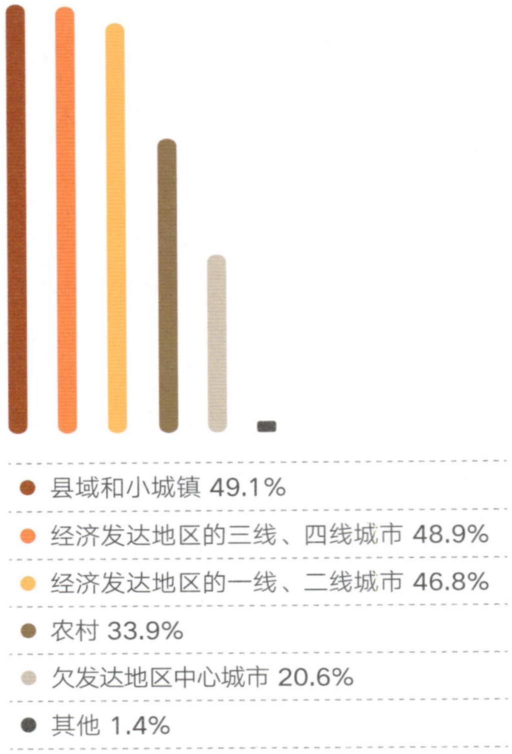

图2-3　银行业下一阶段重点发展的区域

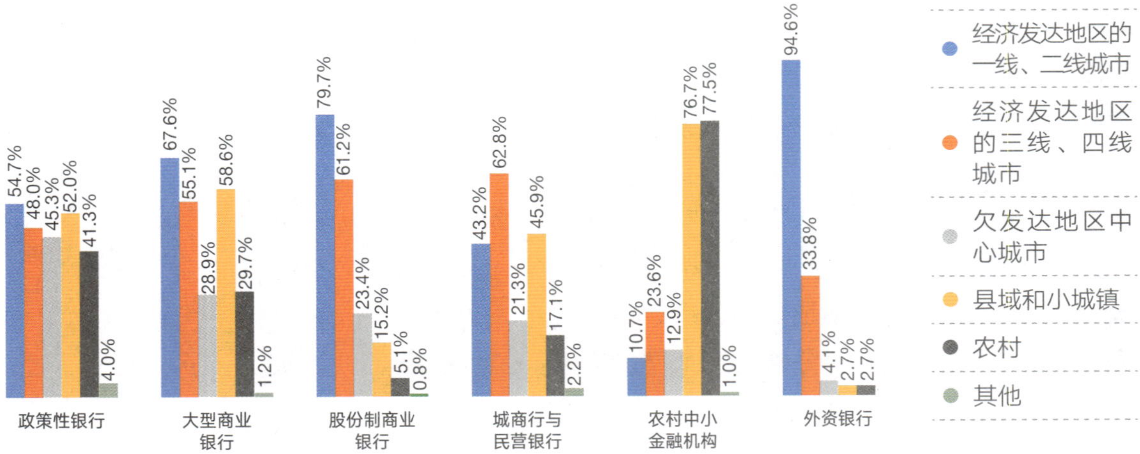

图2-4　不同类型银行下一阶段重点发展的区域

三、金融综合经营规范发展，普惠金融落地开花

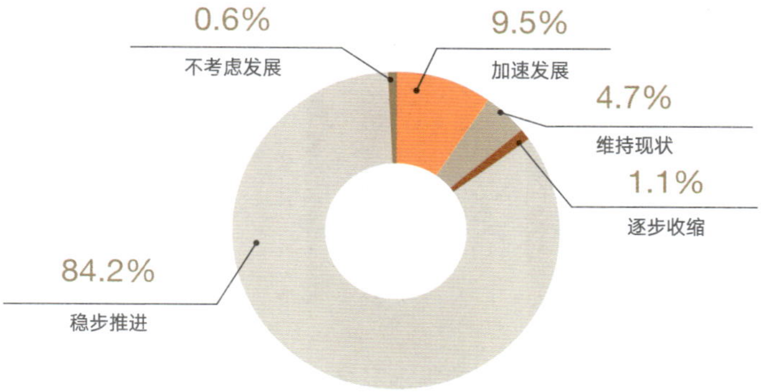

图2-5　银行家对综合化经营的发展态度

调查结果显示，关于金融综合经营发展态度，84.2%的银行家认为应该稳步推进，使其规范发展。随着宏观经济形势的变化、客户金融需求的变迁以及资本充足率监管的趋严，综合化经营逐渐成为商业银行转型发展的重要选择。综合化经营为客户提供“一站式”金融服务的同时，也减少了同业金融创新的通道环节，降低了企业和个人的融资成本，有效提高了服务实体经济的效率。在推进进程中，绝大多数银行家认为要稳步推进，不可过快或停滞。循序渐进的推进方式不仅是服务转型自身的需要，也能为相关监管体系的更新与完善留出缓冲时间。

针对中国银行业开展综合化经营的动机，更多的银行家认为“客户对金融产品的需求多样化”（67.7%）是最主要的因素，“金融改革的深化”（62.5%）和“实现银行经营转型的内在需要”（62.1%）也是重要原因。当前不同社会群体对于金融产品的需求差异加大，对于银行来说，有必要通过综合化经营来应对客户需求的多元化。同时，金融改革的不断深化，也促使商业银行积极探索部分业务板块和条线子公司制改革，不断发展金融创新业务。此外，在经济转型背景下，商业银行原本依靠信贷投放促进发展的模式逐渐过时，以存贷利差为主的盈利模式受到挑战，迅速崛起的互联网金融更是让传统商业银行倍感压力，谋求综合化经营成为其重要的转型出路。

2017年5月，银监会等十一部委联合下发《关于印发大中型商业银行设立普惠金融事业部实施方案的通知》（以下简称《通知》）。根据本次调查结果，有36.1%的银行表示“已设置机构独立的普惠金融事业部”，同时有35.0%的银行表示“已安排具体部门负责普惠金融业务，但未设置独立的普惠金融事业部”。虽然不同商业银行在机构设置方面有所差异，但调查结果表明绝大多数商业银行正积极落实政策要求，普惠金融得到了有效推动。

- 客户对金融产品的需求多样化 67.7%
- 金融改革的深化 62.5%
- 实现银行经营转型的内在需要 62.1%
- 金融科技的发展 53.9%
- 应对国内外同业竞争的需要 44.0%
- 分散和降低金融风险 37.9%
- 资本监管日趋严格 35.1%
- 融资“脱媒”趋势更加明显 33.6%

图2-6　银行业开展综合化经营的动机

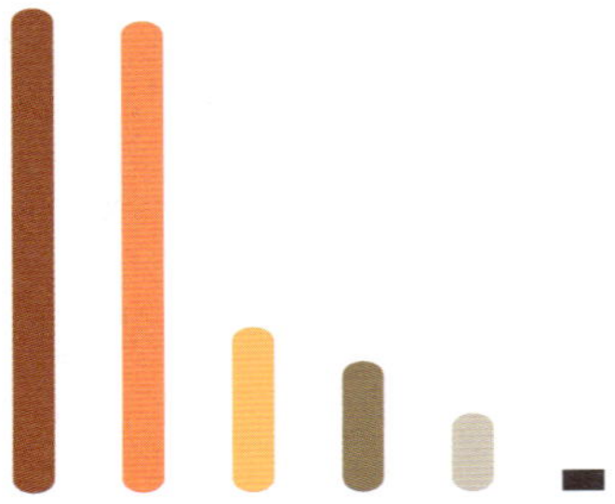

- 已设置机构独立的普惠金融事业部 36.1%
- 已安排具体部门负责普惠金融业务，但未设置独立的普惠金融事业部 35.0%
- 正在积极推进筹建中 12.1%
- 尚未制定筹建方案，但会积极借鉴同业经验，在适当时机筹建 9.5%
- 受自身规模限制，目前尚未打算筹建 5.8%
- 其他 1.6%

图2-7　普惠金融事业部建设进展

四、多头并进，推进银行业轻型化发展

银行轻型化是指商业银行建立资本消耗少、风险权重低、风险可控的资产与业务体系。随着中国经济增长趋于平稳、经济结构不断变革，银行业高速粗放的扩张模式难以为继，轻型化发展成为时代潮流。银行轻型化有助于商业银行由“重资产”向“轻资产”转变，使得商业银行在实现高质量发展的同时，获得更加稳定、可持续的收益。

根据调查显示，65.3%的银行家选择依托金融科技，实现业务科技化、场景化、线上化作为银行轻型化发展的重点，依托金融科技有助于不断推动传统运营模式轻便化和组织构架灵活化，提升金融服务效率，增强获客能力、销售能力与风险防范能力。而“主动调整负债结构，加大优质零售资产投放”（62.4%）、“推动公司中间业务、零售业务、金融市场业务协调发展”（62.2%）同样被银行家视为发展重点。随着金融脱媒的推进和利率市场化的深入，银行净息差不断收窄，商业银行需要主动调节自身资产负债结构，加大优质零售资产的投放，同时改变重资产的经营模式，降低流动性风险，发展资产占用较低、符合严监管要求的中间业务，实现轻型化经营。

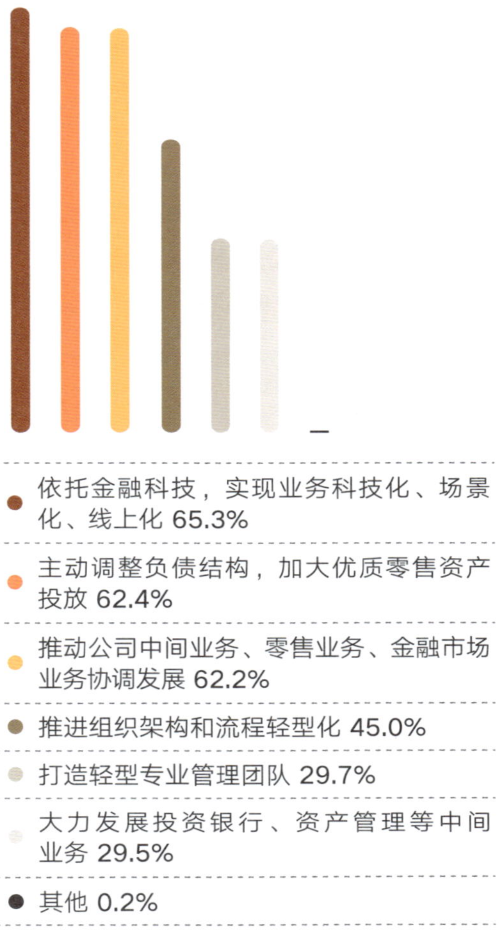

图2-8 银行业推进轻型化发展战略重点

五、践行“大投行”战略，做强基础类投行业务和发展资产证券化业务并重

在银行业利润增速放缓、息差收窄、负债成本上升、资产质量持续承压的背景之下，传统信贷业务盈利空间大幅缩窄，逐鹿投行业务已成为商业银行探索的转型新路径。

在我国建设和完善多层次资本市场体系的背景下，投行类业务以其轻资本和高收益的特点，已经成为商业银行提升盈利能力的创新方向。在如何践行“大投行”战略方面，57.4%的银行家选择做强财务顾问、对公资信证明、资信调查等基础类投行业务。此外，商业银行也很注重提高资产流动性，大力发展资产证券化类业务（43.4%）。

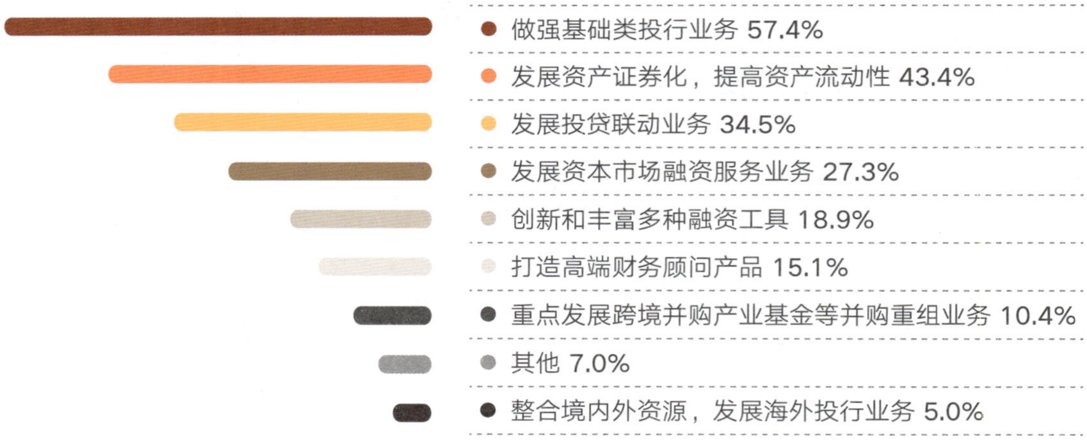

图2-9　银行业践行“大投行”战略的举措

六、服务“一带一路”成为商业银行国际化发展的首要关注点

随着中国改革开放及“一带一路”倡议的推进，越来越多的中国企业选择走出国门，银行海外业务迎来了更为广阔的发展空间，这也为中国银行业的国际化发展提供了一个崭新的机遇。

根据调查显示，超过七成银行家认为服务“一带一路”建设、亚太自由贸易区建设等国家战略（70.9%）是中国银行业进行海外发展的首要关注点，“服务中资企业‘走出去’”（54.6%）位居第二。一方面，随着人民币国际化进程加快以及越来越多的中资企业走出国门，中国与沿线国家之间资金流通越来越频繁；另一方面，商业银行之前的海外业务多局限在发达国家和地区。“一带一路”倡议的推进，有利于完善银行在广大发展中国家和地区的海外布局，有利于提升自身国际化业务服务水平。此外，“国际化专业人才培育与建设”（49.2%）也受到银行家的广泛关注。

随着国际监管规则的趋同，东道国属地监管要求的加强以及国际洗钱和涉恐融资风险形势的日趋严峻，“日益趋严的审慎监管规则”（62.6%）、“反洗钱等合规要求趋严”（59.5%）和“境内外法律和监管政策存在冲突”（55.0%）成为中国银行业国际化进程中面临的主要监管压力。

中国银行业在推进国际化发展战略时，同样面临众多风险，这对商业银行提出了诸多挑战。调查发现，汇率风险和监管合规风险并列国际化风险的第一位（63.4%）。在当前美联储持续加息，贸易摩擦现象加剧的国际经济环境下，银行业需要对于汇率及合规问题更加重视，增加防控能力，实现业务平稳发展。

图2-10　中国银行业国际化发展重点关注的方面

图2-11　中国银行业国际化发展面临的海外监管压力

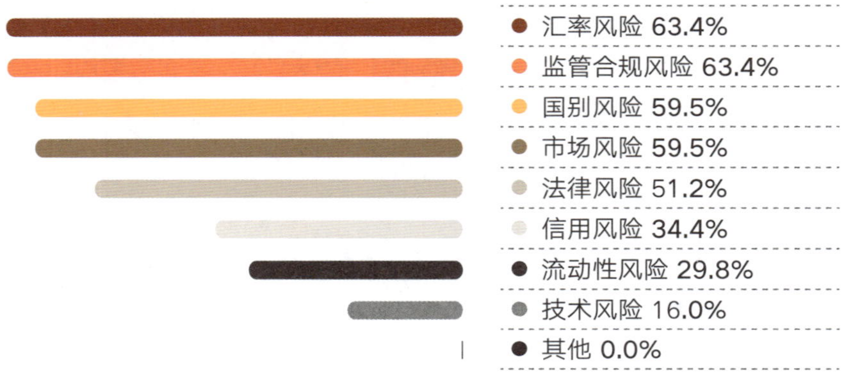

图2-12 中国银行业在推进国际化发展战略过程中主要面临的风险

七、海南自贸区及自贸港设立给商业银行带来发展机遇

2018年4月13日，在庆祝海南建省办经济特区30周年大会上，习近平总书记宣布中共中央决定支持海南全岛建设自由贸易试验区，支持海南逐步探索、稳步推进中国特色自由贸易港建设。此次改革彰显了中国扩大对外开放、积极推动经济全球化的主张，有利于促进区域经济一体化，推动海南跨越式发展，也将为商业银行带来发展机遇。近七成的银行家认为海南自贸区及自贸港的设立将推动银行业国际贸易金融业务的发展（69.1%），而离岸金融业务也被认为将迎来较好的发展期（56.4%）。

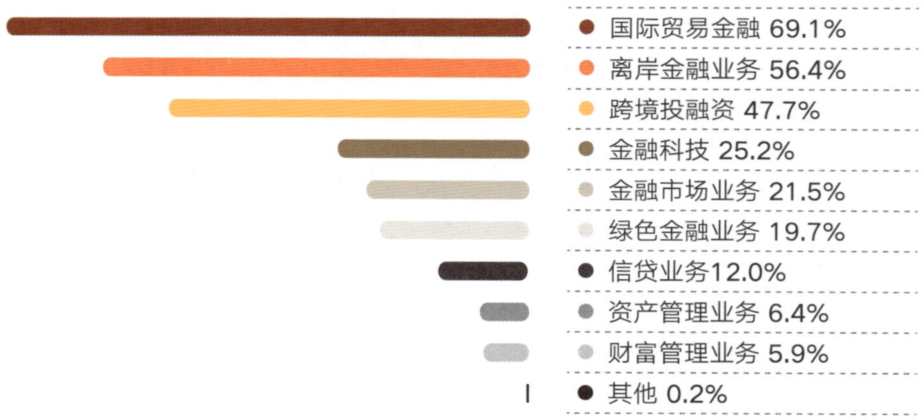

图2-13 中国银行业在海南自贸区及自贸港的发展战略

交易银行业务方面，中信银行重视打造交易银行在金融交易能力（便捷性、安全性）、客户经营链条（供应链、产业链）、信息流整合（商流、资金流、物流）等方面的核心竞争力；而平安银行将大数据、人工智能、区块链、云计算等技术作为其交易银行业务创新的发力点。供应链金融方面，中信银行从“优质客户、优势产品、特色业务、金融科技”等角度布局推动业务发展；平安银行则更加注重利用前沿技术为供应链金融业务升级赋能，以期始终保持供应链金融业务的领先性。

银行家谈交易银行的业务创新与发展

课题组：中信银行是业内首家推出交易银行品牌“交易＋”的股份制商业银行，率先提出了“不止于金融”的交易银行理念。能否请您介绍一下“交易＋”诞生的背景和目前的发展情况？

金喜年（中信银行公司银行部/投资银行部总经理）：中信银行推出“交易＋”品牌，重点要打造交易银行在金融交易能力（便捷性、安全性）、客户经营链条（供应链、产业链）、信息流整合（商流、资金流、物流）等方面的核心竞争力。

“交易＋品牌”推出以来，中信银行首先从系统建设方面着手，推进系统整合，优化对公电子渠道，实现数据层、应用层以及渠道入口层的统一。此外，在营销服务体系建设方面，中信银行着手打造包括总行产品专家、分行产品经理、支行客户经理及交易银行技术经理在内的交易银行营销服务团队。同时，中信银行积极探索部落式 IT 融合机制，实现科技人员在交易银行业务中的嵌入，提升产品研发效率。在产品体系建设方面，一是重点针对供应链，研发上游供应商服务模式以及各类金融产品创新，二是不断加强批量开户、支付结算、集团现金管理等基础金融服务优化与提升。三是推进金融服务场景化，为供应链核心企业及其上下游企业提供“全流程、多渠道、一站式、智能化”的交易银行服务。

近年来，全行交易银行业务稳步增长，截至 2018 年 10 月末，交易银行客户达 44 万户，同比增加近 8 万户，增幅 21.24%；交易金额达 97 万亿元，位居同业前列；电票承兑业务金额超过 6000 亿元，持续保持同业第一。

课题组：请问贵行在大力发展交易银行业务的同时，是否重视突出本行交易银行业务的差异化？和同业相比，又具备哪些优势和不足？未来计划如何进一步提升市场竞争力？

金喜年（中信银行公司银行部 / 投资银行部总经理）：中信银行交易银行业务的差异化和特色化主要表现在两个方面。一是在汽车金融方面开展一系列创新尝试，如最早接纳车证为主要风险控制手段、引入物流监管开展异地授信、合格证远程监管和车辆电子监管等。二是在电商金融方面具有差异化竞争优势，中信银行在业内较早地在招投标、法院案款细分场景领域，引入电商金融服务；在此基础上，中信银行充分利用领先优势加速全行复制，建立了高效的总分支营销机制，并与相关领域的科技金融领头企业建立了深入持久的合作关系，提升了营销服务能力。

中信银行交易银行业务的优势在于体系健全，涵盖现金管理、贸易金融、电子商务等业务，并在汽车金融、电票承兑、资金分户管理等多个领域建立了市场优势。但同时，中信银行交易银行业务发展也存在不足，一是对公基础客群建设还应加强，二是产品的研发有待加强。

课题组：近期中信银行推出的“云信”逐步落地，推动了供应链金融的融资试点，请您具体介绍一下贵行供应链金融发展的具体情况？未来在供应链金融方面有哪些重要的布局？

金喜年（中信银行公司银行部 / 投资银行部总经理）：中信银行是国内最早开展供应链金融业务的商业银行之一，近年来，在上游供应链金融方面，中信银行借助核心企业自建供应链金融平台的契机，积极与核心企业平台的系统对接，向其上游多级的中小供应商提供全流程、线上化的应付流转融通服务。在下游供应链金融方面，中信银行结合核心企业自建物流公司和销售平台等新业态需求，探索基于物流平台提供的交易和控货信息、账户资金封闭运作、系统监测的新型下游融资模式。在供应链票据应用方面，中信银行通过委托代理贴现、买方付息贴现等方式，满足上下游客户对于日常结算和融资的需要。

未来中信银行将主要在四个方面布局推动供应链金融业务，一是依托优质大客户资源“以大带小”做深做透供应链金融业务。二是立足供应链票据等优势产品，加快与资信状况良好、产供销关系稳定的大型优质客户、供应链核心企业合作，满足其上下游客户对于日常结算和融资的需要。三是积极布局平台型供应链金融等特色业务，夯实银行客户群基础。四是依托金融科技力量，重塑供应链信用体系，优化业务运行方式。

课题组：平安银行提出将对公业务打造为“智能化精品公司银行”。贵行在发展交易银行业务的过程中，更加注重哪些方面的技术创新？

许红辉（平安银行交易银行部副总裁）：大数据、人工智能、区块链、云计算等技术都是平安银行交易银行业务创新的发力点。在智能开发领域，经过多年积累，平安银行已经拥有了现金管理、互联网支付结算、电子政务、贸易融资等多个重点板块的优质业务。在智能风控领域，平安银行的中小企业数据贷拥有优于同行业的风控模型，最短可以在 3 分钟内做出是否发放贷款的判断，而且通过先进的人脸识别技术，客户在手机上就能办理贷款申请。在智能运营领域，平安银行有口袋财务 APP，通过打通与各机构、各部门的数据通道，以往的现场审核已经转变为机器审核，计算机自动识别票据和证件、调取关键词。

平安银行借助一单单业务所积累的海量数据，以及后台强大的数据挖掘和分析能力，现在已经可以实现根据客户交易行为和客户经理的业务优势来匹配相应产品，而未来还会进一步打通内部数据和模型的通道，使得以往靠人工来推进的业务可以依靠机器人来自动完成。

课题组：平安银行作为国内业内最早提出并践行供应链金融的银行，贵行开展的供应链金融业务有哪些优势？开展供应链金融业务时主要面临哪些难点？

许红辉（平安银行交易银行部副总裁）：供应链金融是平安银行的传统优势业务，平安银行积累了丰富的业务经验、专业人才以及基础客户群，并且形成了成熟的风控体系以及操作流程。在业务发展过程中，平安银行也非常注重科技元素的注入，早在 2014 年便率先实现了供应链业务的全线上化处理，业务分理效率及智能风控均得到了全面提升。

在新形势下，平安银行更加注重利用前沿技术为供应链金融业务升级赋能，以期始终保持供应链金融业务的领先性。例如，平安银行依托区块链技术，探索开发了供应链应收账款服务平台（SAS），它是针对核心企业及其上游中小微企业提供的线上应收账款转让及管理服务平台。在平台上，核心企业可以对赊销贸易下的到期付款责任进行确认，而各级供应商可以把确认后的应收账款转让给上一级供应商，用以抵偿债务，或转让给机构受让方，用以获取融资。通过对区块链技术的充分运用，SAS 平台还能确保应收账款转让信息的精准溯源和不可篡改。在 SAS 平台上，中小微企业可以凭借其在供应链中形成的债权关系来获得融资，金融机构也在满足风险控制需要的同时，最大限度地帮助支持实体经济发展。

现阶段，银行开展供应链金融业务主要面临三方面难点，一是全球经济下行导致贸易疲软，供应链金融与实体经济结合紧密、与贸易行为关联度高，易受冲击。二是随着实体企业经营风险的放大，银行风险防控形势严峻，资产质量承压严重。三是面临供应链企业、商业保理企业等类金融企业的竞争，银行必须紧跟市场需求，与时俱进、推陈出新。

第三部分

业务发展

2018年，随着商业银行产品的不断创新以及实体经济金融服务需求的持续增长，国内银行业的业务范围和收入结构发生了较大改变。在国家政策的带动下，城市基础设施业持续成为信贷支持的首选行业，房地产业控制力度加大；小微企业贷款、供应链融资在公司金融业务中受到银行家的广泛重视；个人消费贷款仍然是个人金融业务的重点；同业业务重点则回归到传统的同业存拆放业务，结算类业务收入跃升银行中间业务收入的重要来源。

ESE
BANKERS
SURVEY
中国银行家调查报告

一、大型商业银行预期未来传统业务竞争力提升较快，股份制商业银行预期未来中间和表外业务竞争力提升较快

在对未来三年国内银行业竞争力提升最快的业务领域调查中可以看出，各项业务竞争力总体较强的依然是大型商业银行和股份制商业银行，但不同金融机构体现出不同的特点。

大型商业银行方面，各项业务发展较为均衡，传统的资产业务和负债业务被认为是未来三年的核心业务，选择上述两项的银行家占比分别为59.9%和53.9%。股份制商业银行方面，表外业务和中间业务被认为是其未来竞争力提升最快的两类业务，占比分别高达66.5%和66.1%。大型商业银行作为中国长期以来占据主导地位的国有控股金融机构，在传统业务领域具有明显优势，而机制更加灵活的股份制商业银行，可充分利用其创新能力在其他业务上发挥优势。

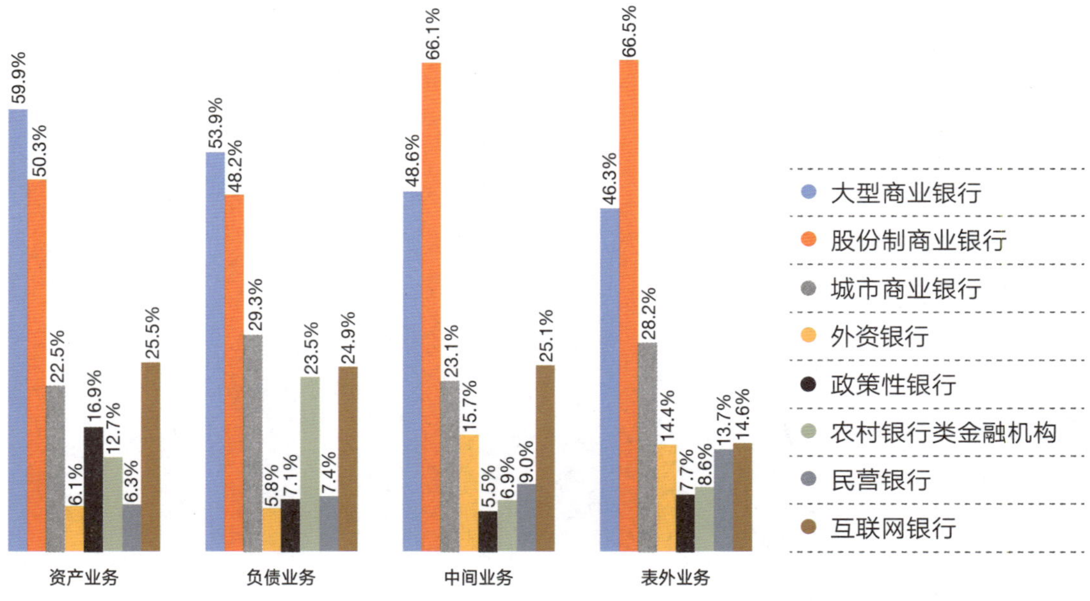

图3-1　未来三年不同类型商业银行竞争力提升最快的业务领域

从城市商业银行的情况来看，各项业务发展较为均衡，选择各项业务的银行家均为20%~30%；民营银行业务发展被认为未来三年以表外业务（13.7%）与中间业务（9.0%）为主；农村银行类金融机构的竞争力提升较快的是负债业务（23.5%），中间业务和表外业务发展较为薄弱；外资银行竞争力提升较快的主要是中间业务（15.7%）和表外业务（14.4%）领域，传统的资产负债业务关注度较低，竞争力提升相对不明显。

二、城市基础设施业连续四年成为银行信贷投向的最重点支持行业，房地产业控制力度加大

自2015年起，城市基础设施业连续四年成为银行信贷投向的最重点支持行业，2018年在银行信贷投向的重点支持行业中继续领跑，选择此项的银行家占比达到50.3%，较2017年67.6%的占比有较大幅度下滑。2018年银行信贷投放较上年存在一定程度压降，城市基础设施行业类企业相对于其他实体项目往往具有政府背景，一方面有财政支持和政府信誉保证，另一方面从长期看企业运营成本不断下降并具有稳定的现金流，风险相对较低，因此城市基础设施业在银行信贷投向具有较大优势。医药业、农林牧渔业、信息技术服务业、旅游业依次位列第二至五名，成为2018年银行贷款投向的其他四大重点支持的行业。

从2011年至2018年，城市基础设施业、医药业、农林牧渔业、信息技术服务业、旅游业五大行业在贷款投向重点支持行业中的排名总体上呈现上升趋势。除城市基础设施业已连续四年成为银行信贷投向的最重点支持行业外，医药业由2011年的排名也由第十位上升至2018年的第二位；在国家政策的指引下，近年来银行对基础农业的支持力度不断加大，农林牧渔业排名由第十一位提升至第三位；信息技术服务业作为近年来逐渐受到重视的行业，排名由第七位提升至第四位；此外，随着银行业金融机构不断加大对旅游产业的信贷投放与支持力度，旅游业的排名由2011年的第十二位，迅速提升至2018年的第五位。

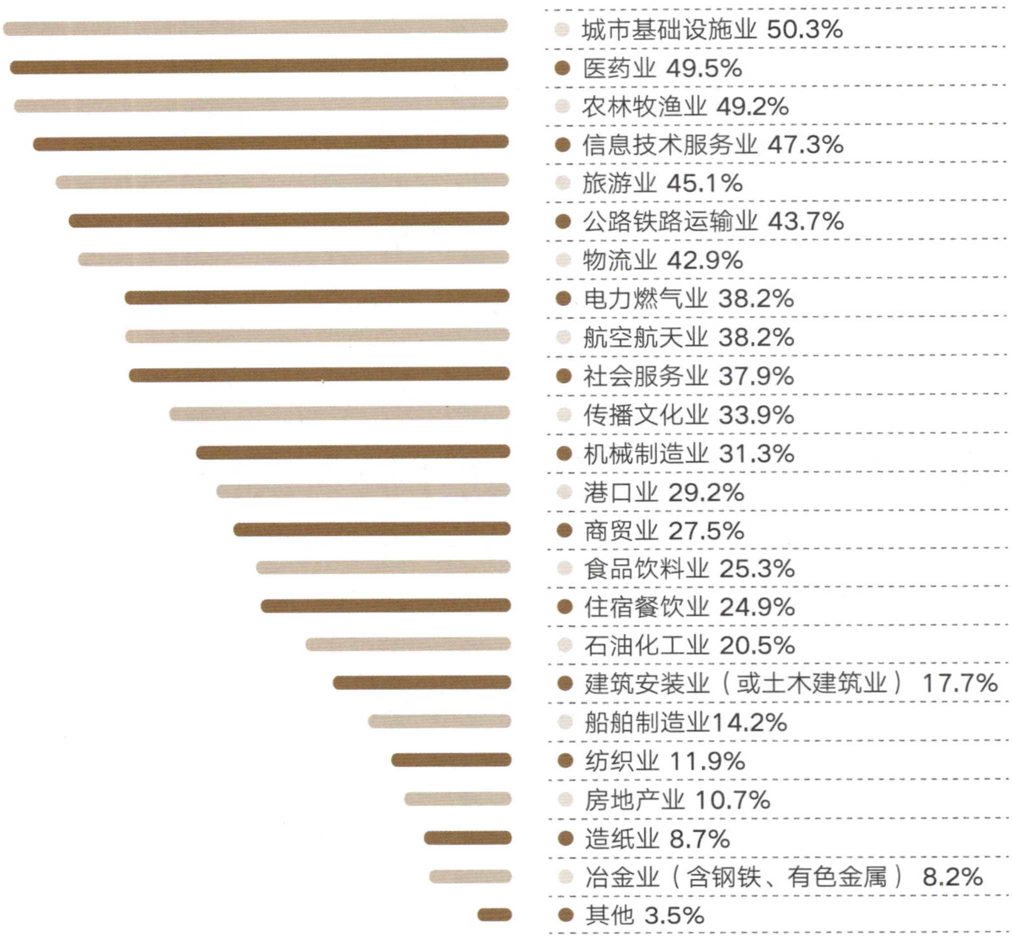

图3-2　2018年贷款投向重点支持的行业

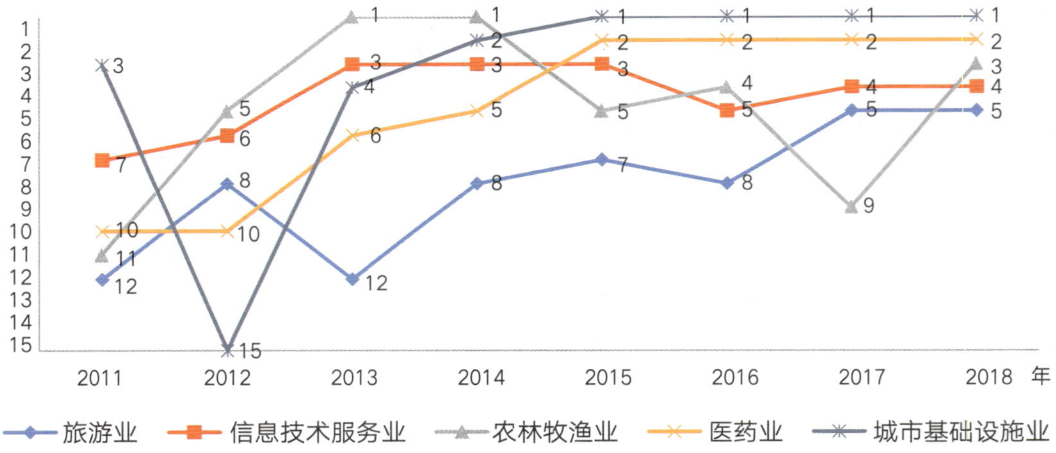

图3-3　五大行业贷款投向支持排名（2011—2018年）

对比过去七年的调查结果可以发现，首先，医药业（49.5%）、信息技术服务业（47.3%）、旅游业（45.1%）、公路铁路运输业（43.7%）、物流业（42.9%）等服务行业的信贷支持比例均有较大幅度提升，在2018年分别位列第二、四、五、六、七位；其次，农林牧渔业位次变动幅度较大，由2016年的信贷支持第四位降至2017年的第九位，2018年又上升至第三位；最后，房地产业信贷支持比例则呈现先升后降的态势。这表明商业银行正在根据宏观经济形势及政策环境变化主动调整信贷结构，在自身风险偏好框架内寻求风险收益最大化。

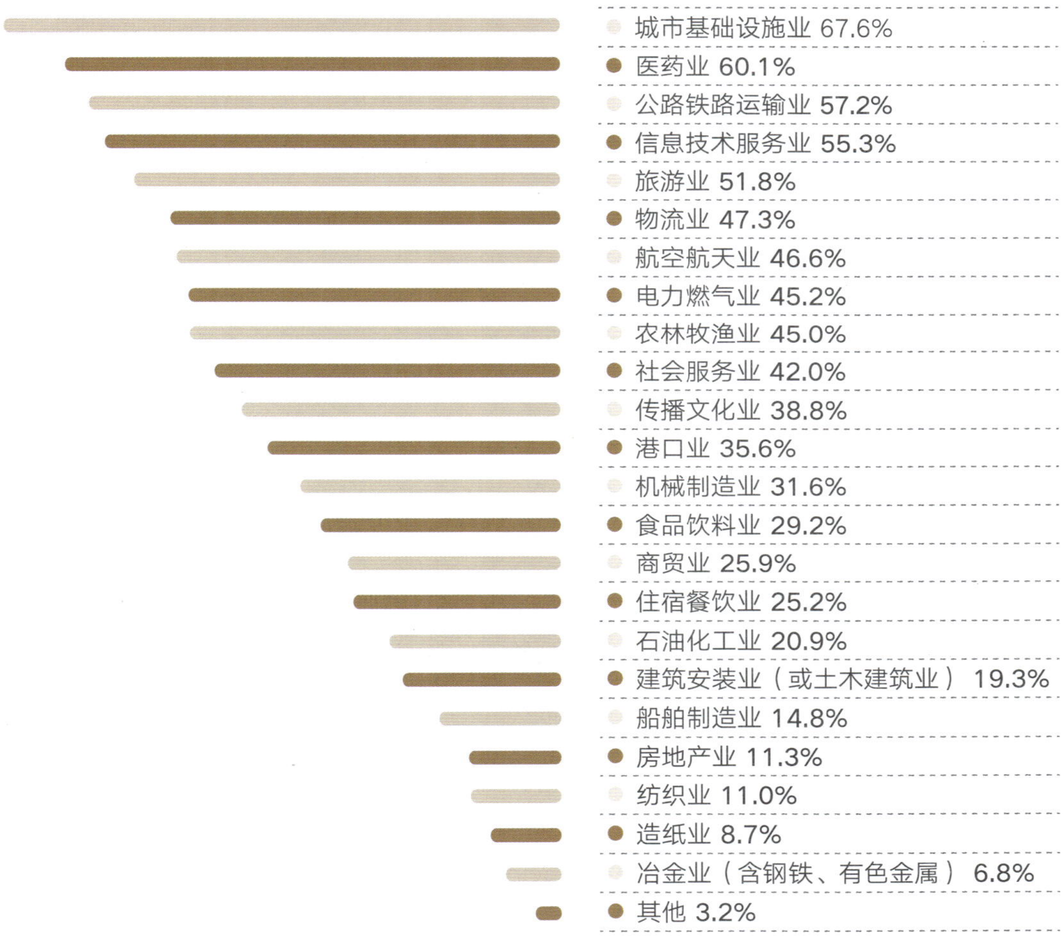

图3-4　2017年贷款投向重点支持的行业

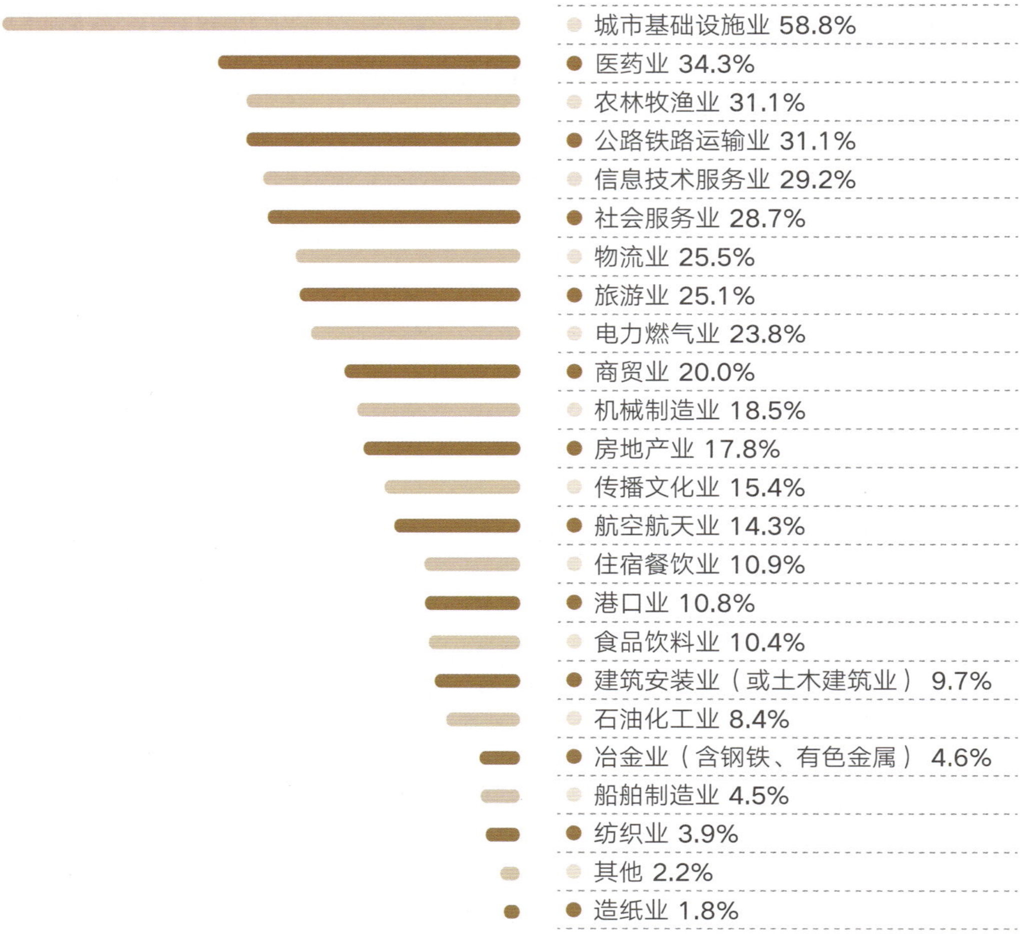

图3-5　2016年贷款投向重点支持的行业

在银行信贷重点限制的行业中，房地产业超过冶金业（含钢铁、有色金属）位居榜首，造纸业、纺织业和船舶制造业依次位列第三至第五名。随着我国减少资源消耗、减少污染、去产能、优化产业结构、转变经济增长方式及发展绿色经济等一系列政策的实施，银行逐步减少对高能耗、高污染、产能过剩行业的信贷投放，冶金、造纸、纺织、船舶制造等行业信贷持续受限。

2018年选择限制房地产业信贷的银行家比例呈现稳中有降的趋势，占比为45.3%。2018年年中政治局会议提出“整治市场秩序，坚决遏制房价上涨”，各地区不断加强房地产行业宏观调控。一线城市调控力度不减，热点城市存在“认房又认贷”、“限购又限售”的现象；三线、四线城市则因地制宜，采用多种调控措施，这在一定程度上促使中国银行业针对房地产行业贷款采取更为审慎的态度。

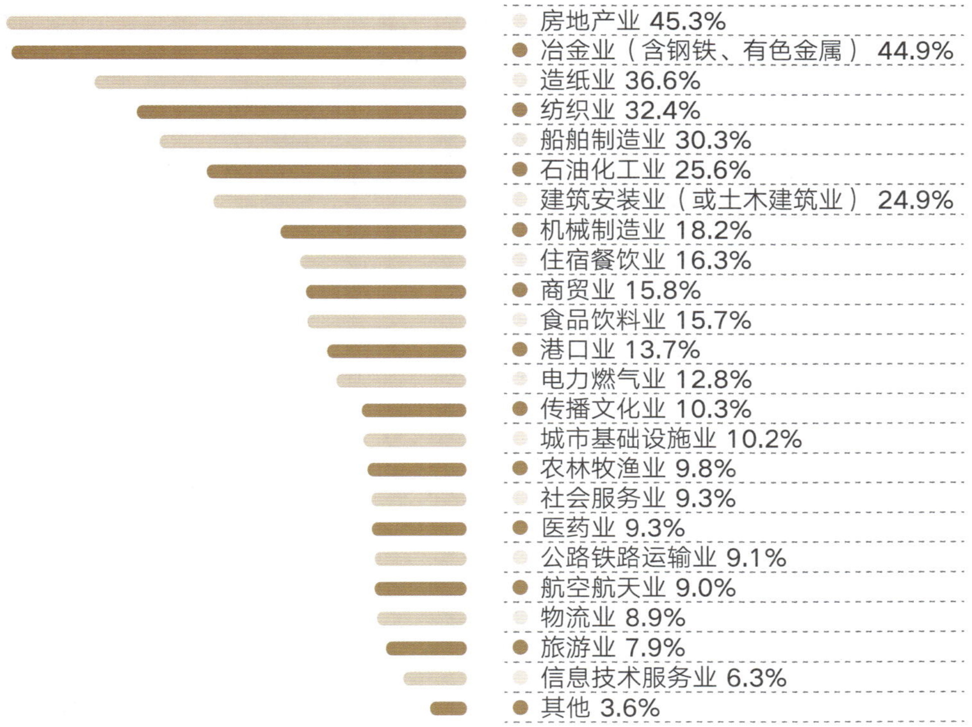

图3-6　2018年贷款投向重点限制的行业

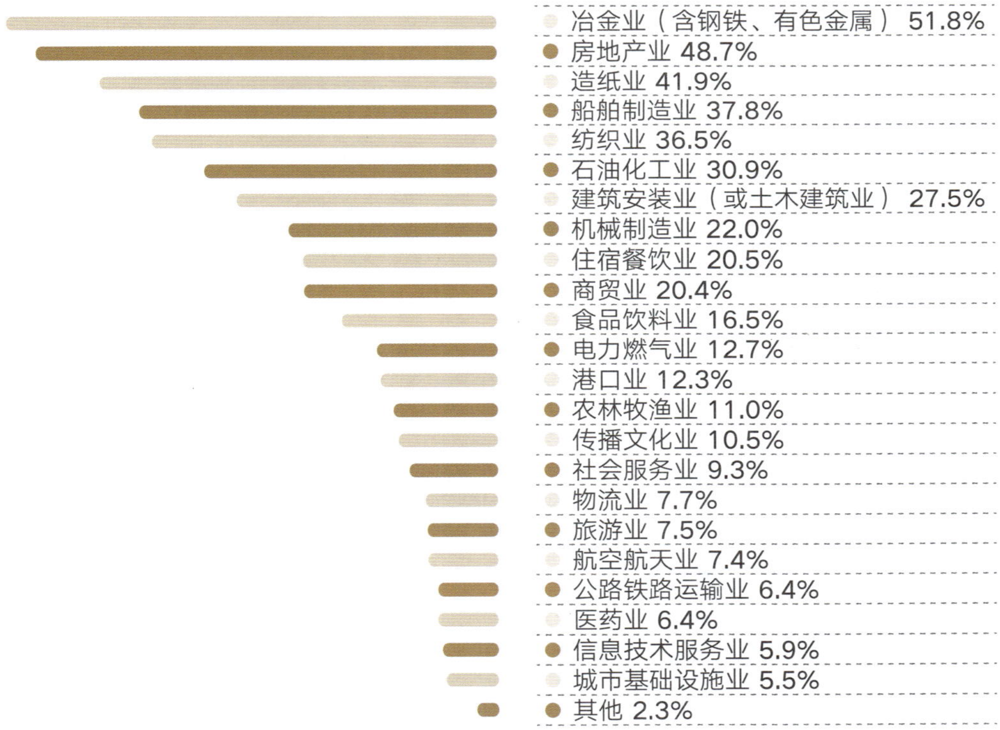

图3-7　2017年贷款投向重点限制的行业

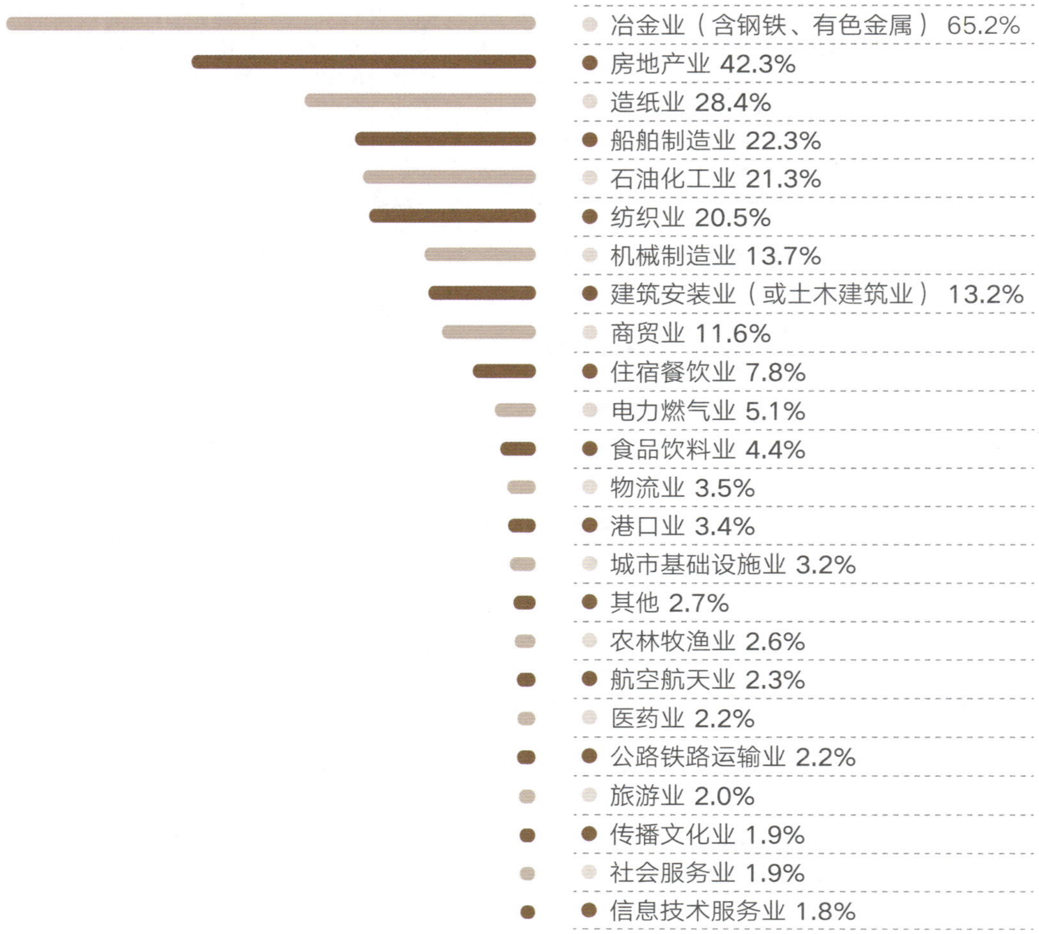

图3-8　2016年贷款投向重点限制的行业

调查结果显示，2018年银行家预期不良率上升的行业中，房地产业（15.3%）超过冶金业（12.5%），位列榜首，纺织业、商贸业和造纸业依次位列第三至第五位。2018年在严监管背景下，面对房地产行业风险防控压力上升的情况，部分银行已暂停或限制了房地产行业新增授信业务。

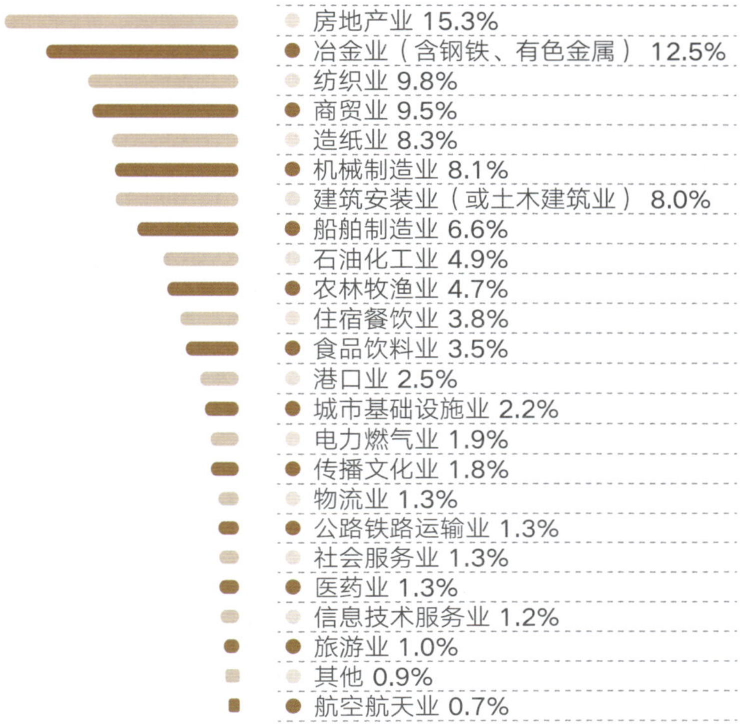

图3-9　2018年银行家认为预期不良率上升的行业

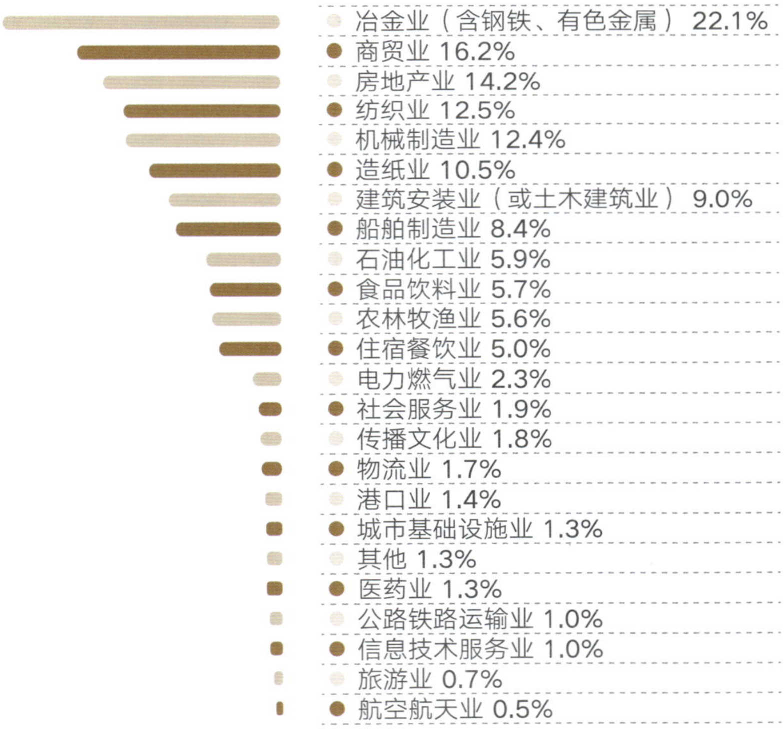

图3-10　2017年银行家认为预期不良率上升的行业

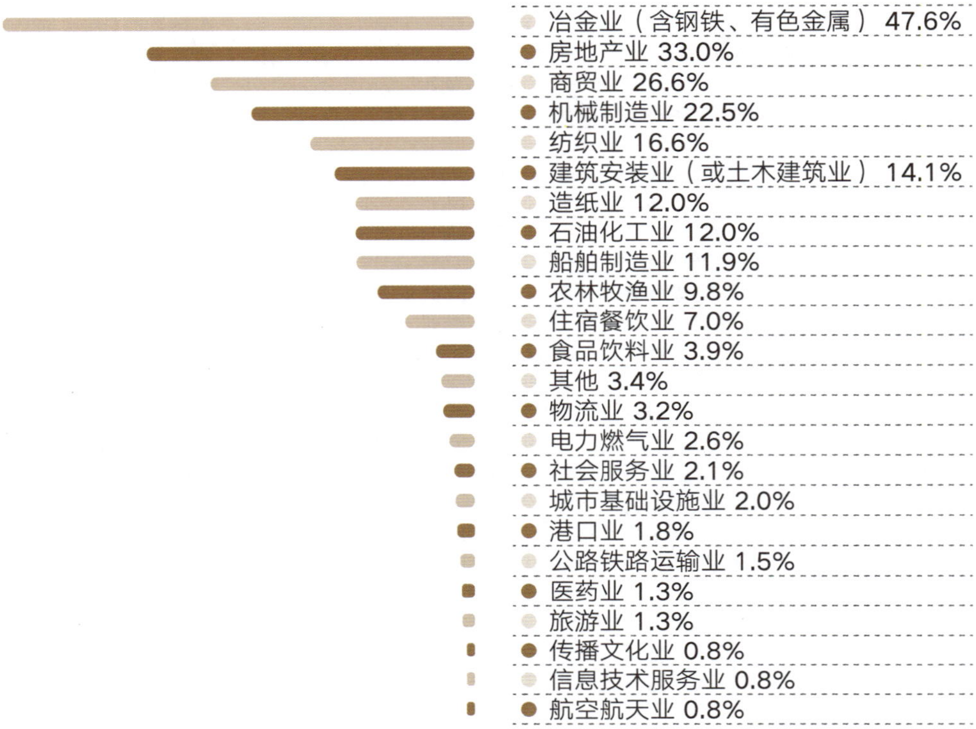

图3-11　2016年银行家认为预期不良率上升的行业

对比2013年以来的数据，房地产行业在银行家预期不良率上升的行业中的排名一直位列前三，在2014年首次超越冶金业成为预期不良率上升最高的行业。随后几年，银行家对房地产业的信贷投放仍普遍持审慎态度，因此过去三年的调查结果显示，房地产业在预期不良率上升行业中的排名一度下滑。2018年，房地产行业重新成为预期不良率上升最高的行业（15.3%），尽管较2017年14.2%的占比没有出现大幅度上升，但银行家认为其他行业预期不良率上升的可能性降低，银行业防控房地产领域风险的压力仍在上升，防控风险任务不容小觑。

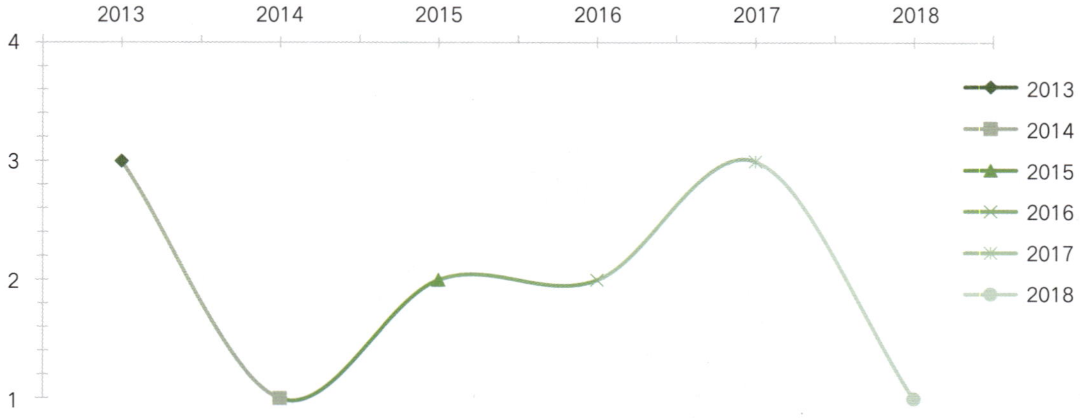

图3-12　房地产业在预期不良率上升的行业排名情况（2013—2018年）

三、小微企业贷款连续七年位居公司金融业务发展首位

近年来，银行业积极支持小微企业发展，不断提升对小微企业金融服务工作水平。2018年针对银行业公司金融业务发展重点的调查显示，小微企业贷款以75.2%的占比连续第七年位居首位，紧随其后的是供应链融资与集团客户贷款，占比分别为45.9%和38.3%。目前，各类金融机构普遍采用降低小微贷款门槛、提高放贷审批效率、提高小微企业不良贷款容忍度等方式来拓展小微企业贷款业务。

调查显示，供应链金融业务位于公司金融业务发展重点的第二位（45.9%），成为银行业客户竞争和业务竞争的重要领域，这主要因为与传统融资渠道相比，发展供应链金融业务有助于银行拓宽产品线，降低贷款风险，解决中小企业融资难和供应链失衡的问题。目前，已有一些商业银行推出了在线供应链金融，运用互联网和大数据，突破传统供应链开户流程、授信流程、贷后管理等方面的瓶颈。

伴随着中国集团企业客户群体的不断壮大，争揽集团客户成为银行发展公司金融业务的重要抓手。调查显示，选择集团客户贷款作为公司金融业务中发展重点的银行家占比连续三年位居前三位（38.3%）。

值得关注的是，国际结算及贸易融资类业务（28.9%）与现金管理业务（27.9%）近年来关注度普遍提高。2016年，国际结算及贸易融资业务在公司金融业务发展重点的排名中仅位列第八，现金管理业务排名第十。贸易融资类和现金管理类业务具有产品创新更多样、营销客户更灵活的特点，同时在银行中间收入来源中占有较大比例，成为近年来银行公司业务发展的重点，2018年国际结算及贸易融资排名提升至第四位，现金管理业务排名第五位。

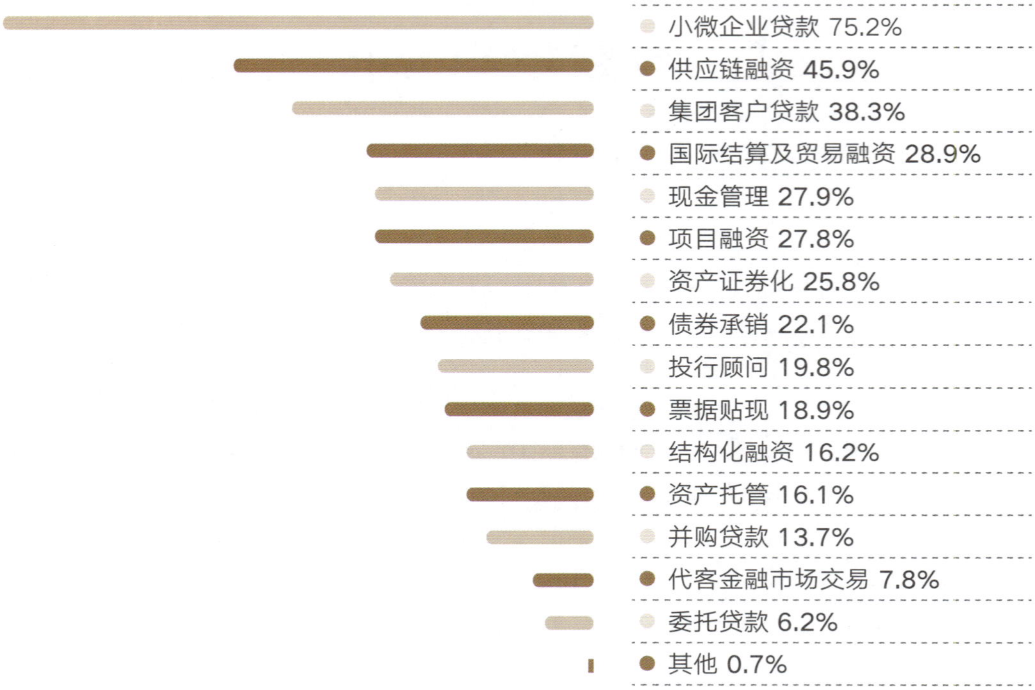

图3-13　2018年公司金融业务的发展重点

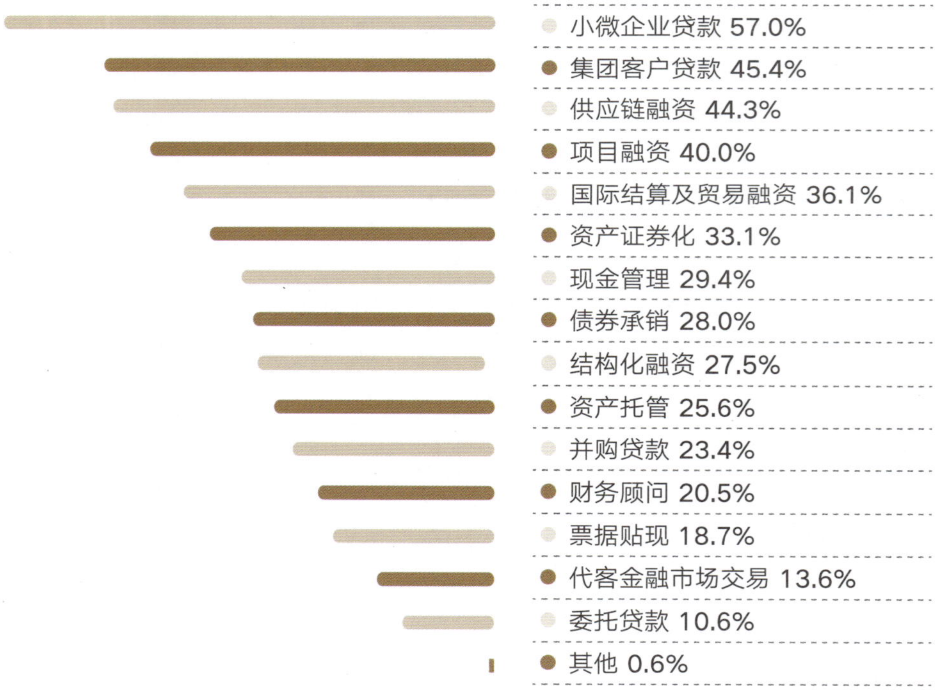

图3-14　2017年公司金融业务的发展重点

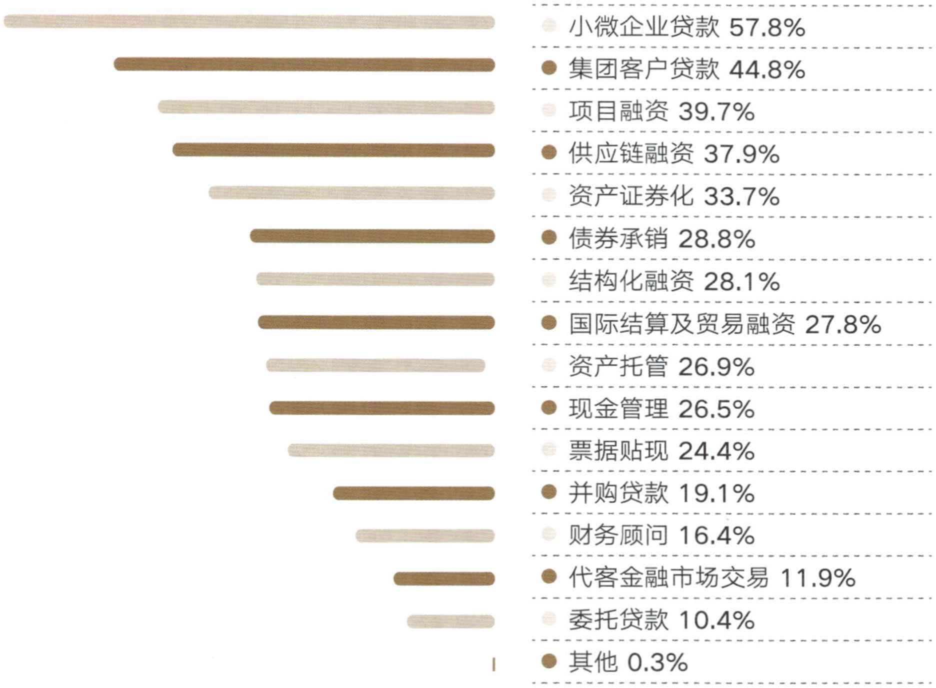

图3-15　2016年公司金融业务发展的重点调查

四、个人消费贷款仍为发展重点，个人经营性贷款发展态势良好

在对个人金融业务发展重点的调查中，个人消费贷款连续第六年成为个人金融业务发展的重中之重，占比达71.4%，位列首位。对比三年的调查结果，个人金融业务的发展重点发生了较大转变，除了个人消费贷款仍为个人金融业务发展的重点之外，个人经营性贷款（52.8%）排名由2016年的第七位提升至第二位，与信用卡业务（45.9%）、财富管理（45.7%）和私人银行业务（41.5%）同为银行家重点关注的领域。

- 个人消费贷款 71.4%
- 个人经营性贷款 52.8%
- 信用卡 45.9%
- 中端客户财富管理 45.7%
- 私人银行 41.5%
- 个人住房按揭贷款 38.9%
- 大众理财 35.7%
- 代客交易类产品 11.1%
- 其他 1.1%

图3-16　2018年个人金融业务发展的重点调查

- 个人消费贷款 70.3%
- 财富管理 51.7%
- 私人银行 47.0%
- 信用卡 45.8%
- 个人住房按揭贷款 39.0%
- 个人经营性贷款 39.0%
- 大众理财 38.1%
- 代客交易类产品 16.2%
- 其他 6.3%

图3-17　2017年个人金融业务发展的重点调查

- 个人消费贷款 71.9%
- 个人住房按揭贷款 58.9%
- 信用卡 52.6%
- 中端客户财富管理 49.7%
- 大众理财 41.9%
- 私人银行 41.6%
- 个人经营性贷款 40.4%
- 代客交易类产品 14.9%
- 其他 3.1%

图3-18　2016年个人金融业务发展的重点调查

五、结算类业务收入跃居中间业务发展重点之首

随着中国金融改革的不断深化，中间业务在商业银行整体业务布局中的重要性日益凸显。在对中间业务收入来源的调查中，结算类业务收入、电子银行业务收入、理财业务收入占据商业银行中间业务收入来源的前三位，分别占比51.7%、44.8%和39.6%。

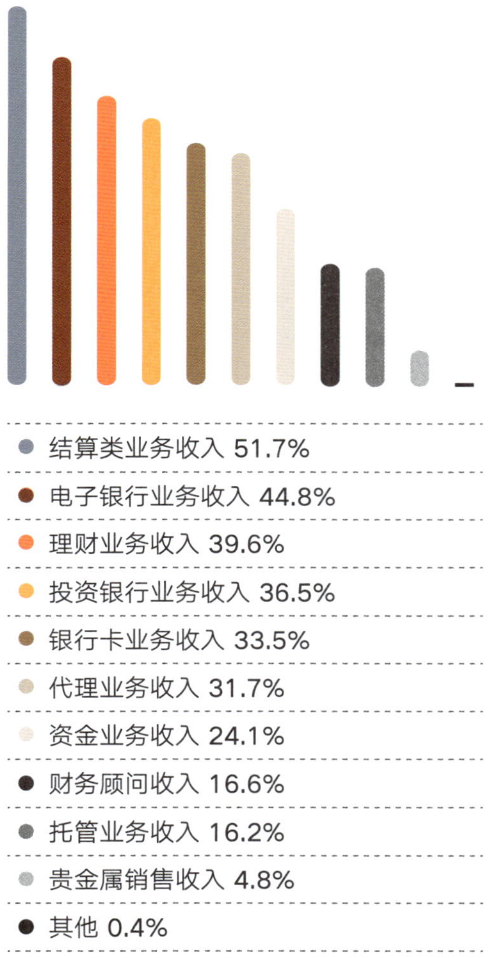

图3-19　2018年中间业务发展重点

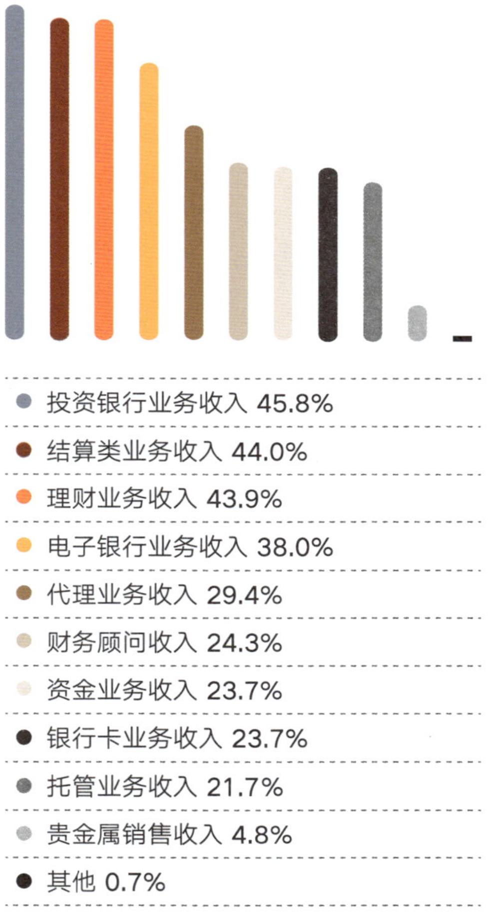

图3-20　2017年中间业务发展重点

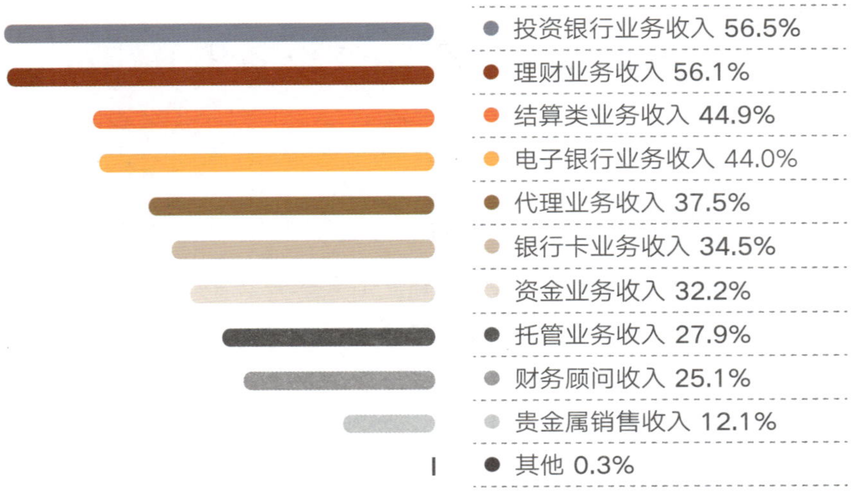

图3-21　2016年中间业务发展重点

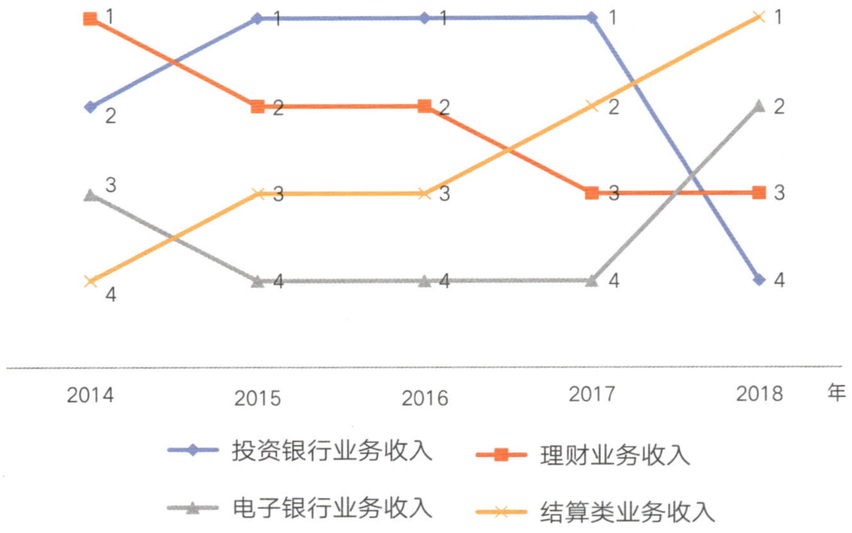

图3-22　2014—2018年银行主要中间业务收入排名情况

自2014年以来，结算类业务收入占比呈现出逐年上升的趋势，在2018年首次成为中间业务收入的最重要来源。理财业务收入和投资银行业务收入在银行中间业务收入中的占比排名呈下降趋势，由2014年的排名前两位分别降至2018年的第三位和第四位。随着资管新规正式出台，理财业务收入的占比由2016年最高时的56.1%下滑至2018年的39.6%，下降16.5个百分点。一方面，在“防风险、去杠杆”政策持续推进的背景下，监管部门持续加大对理财业务的监管力度；另一方面，在强监管约束下，投资银行业务的资金端受到打破期限错配和禁止多层嵌套等多重条件的限制，使得银行的理财业务收入和投资银行业务收入在一定程度上都受到了影响。此外，由于2018年资本市场环境的转变，IPO、股权质押、发债等业务同样受到影响，也造成了投行业务的压力。未来，银行为落实资产管理业务监管新规等政策要求，财务顾问、理财和代理相关业务都将面临收入占比进一步压降的趋势。

六、同业业务回归本源，基础业务成其首要发展方向

随着监管新规密集出台和银行业市场专项治理活动的开展，商业银行同业业务面临转型调整、回归本源的压力，同业存拆放业务和票据贴现业务仍被银行家视为同业业务发展的重点业务。调查显示，同业存拆放业务、票据贴现和转贴现业务已成为同业业务的主要发展方向，占比分别为59.3%和48.2%，位列第一和第二位，占比较2017年略有提升。自2016年起，买入返售和卖出回购占比由36.3%持续下降至2018年的23.5%，下降趋势明显。同业业务作为银行实施资产负债管理的主要手段，在经历了前期的快速发展和监管整顿后，目前已逐步回归业务本源。

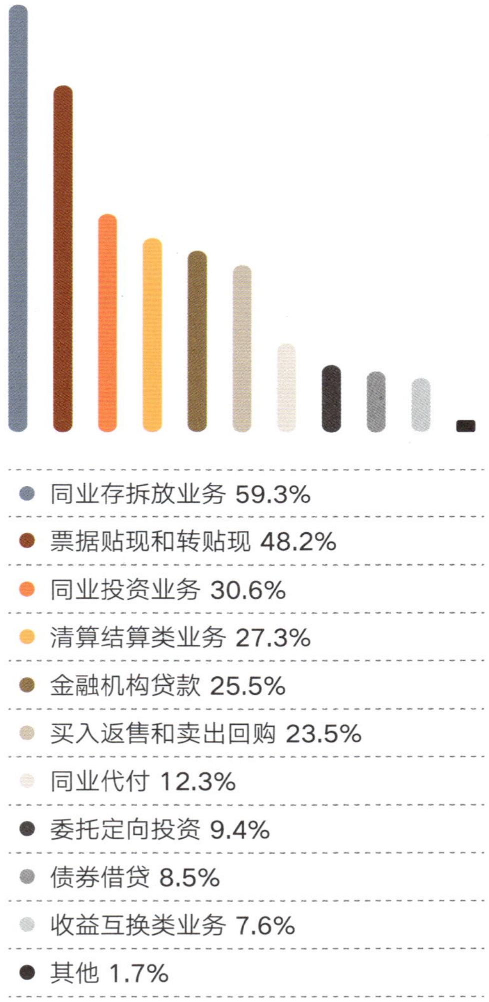

图3-23 2018年同业业务发展重点

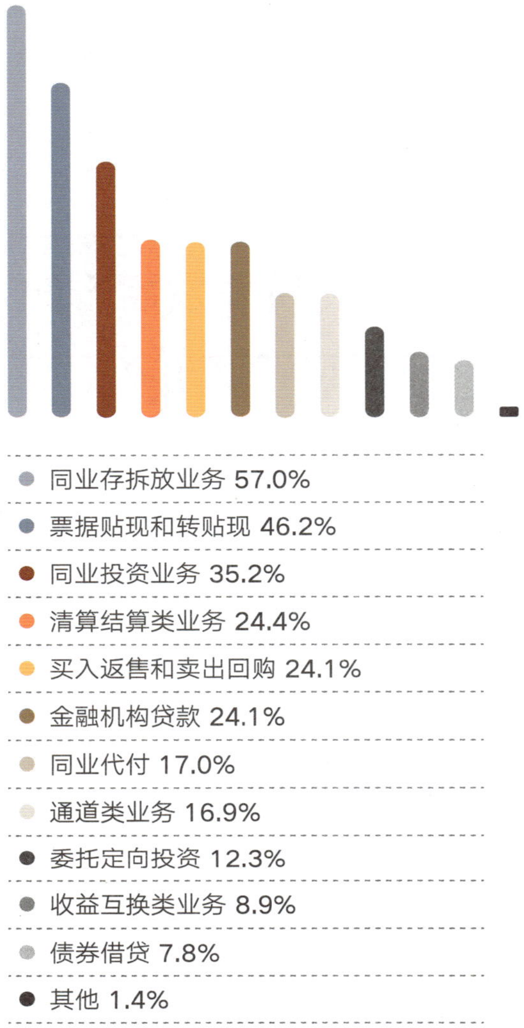

图3-24　2017年同业业务发展重点

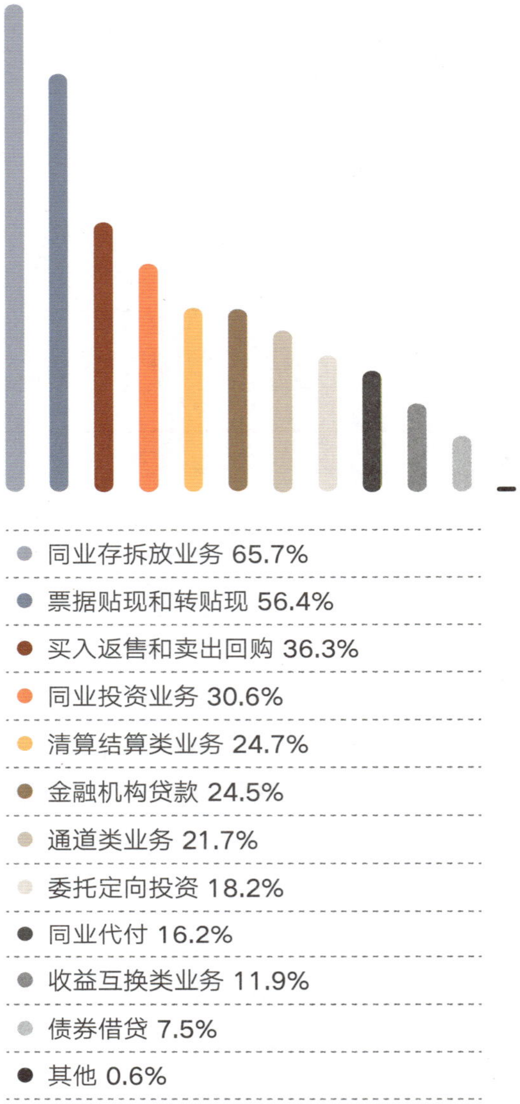

图3-25　2016年同业业务发展重点

七、债券违约事件对银行业直接影响有限

2018年，债券市场出现了一波违约事件，根据Wind数据统计，2018年1–9月，已发生74起债券违约事件，债券余额合计714.61亿元。观察历年违约情况，以2016年较为突出，违约主体以新增主体为主要代表；2017年新增违约事件数量大幅减少，而2018年

信用债违约风险上升，导致投资者风险偏好明显下降，并对银行的资产配置产生重要影响。

在债券违约对银行资产配置的影响调查中，有七成银行家认为会受影响，其中59.0%的银行家认为受“债券违约事件”影响明显，在进行信用债投资时，会持谨慎态度，适当减少债券投资业务的开展；更有13.1%的银行家认为，应尽量避免投资信用债产品，债券投资类业务将受“违约事件”影响而大幅萎缩。但是，仍有23.5%的银行家认为，当前的债券违约只是个例，未来基本不会对银行的资产配置造成影响。总体而言，2018年银行家对“债券违约事件”的负面态度更为明显 。

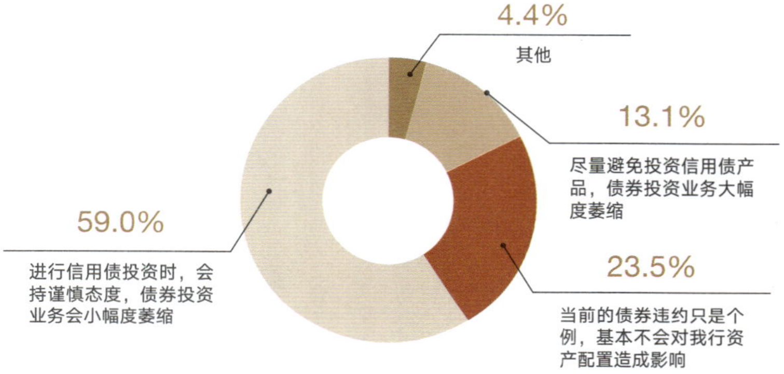

图3-26　债券违约事件对银行资产配置的影响

调查中，债券违约事件对银行债券承分销和信贷业务的影响明显。对于银行债券承销业务，43.2%的银行家认为，受债券违约事件影响，银行的承分销业务会受到一定影响。尤其是62.7%的大型商业银行和55.9%的股份制商业银行对债券承销业务感受到明显压力；30.1%的银行家认为债券违约导致债券承分销将面临“有价无市”，其中依然以大型商业银行（32.1%）和股份制商业银行（40.3%）的受访银行家最为担忧。

对于银行信贷业务，51.3%的银行家认为债券违约可能会导致贷款逾期。分银行类型来看，超过一半的大型商业银行、股份制商业银行、城商行与民营银行在调查中认为债券违约会直接导致银行不良贷款的形成，由于债券违约的企业资金往往极其紧张、融资能力下降，风险必然向贷款传导，造成贷款逾期，并易造成连锁反应。而有28.7%的银行家认为信贷业务受“违约事件”影响将小幅度的萎缩。与80.1%的负面观点相左，约18.3%的银行家则认为债券违约事件只是个别状态，不会对信贷业务造成影响。

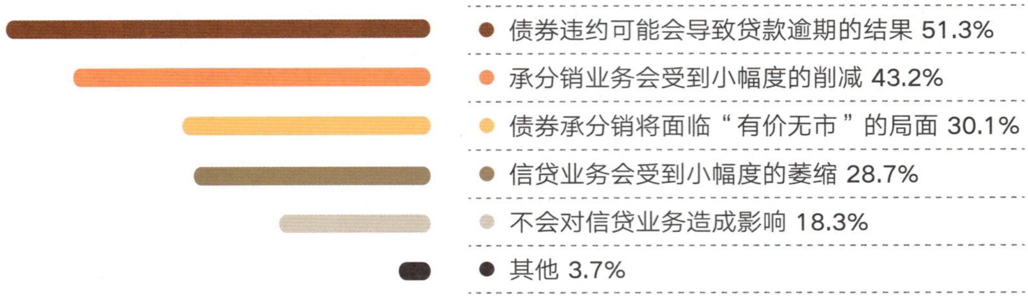

图3-27　债券违约事件对银行债券承分销和信贷业务的影响

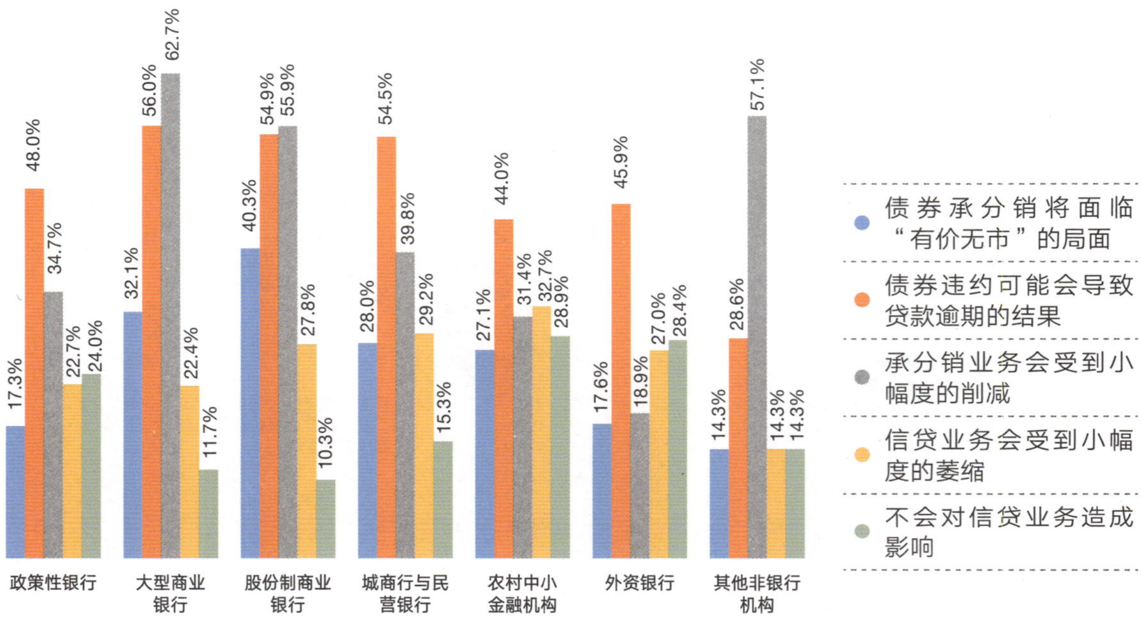

图3-28　债券违约事件对不同机构债券承分销和信贷业务的影响

八、银行家看好未来住房租赁金融发展，住房租赁金融业务雏形初显

自2017年起，住房租赁金融市场逐渐成为市场的热点。2017年11月3日，部分大型国有银行在深圳先行同房地产企业开展房屋租赁合作协议。11月28日，北京地区银行也紧随其后，向企业端和个人端提供住房租赁金融产品。同时，一些房企也不断试水住房租赁市场。

对于住房金融租赁业务，银行家的态度较为分化，近一半的银行家对住房租赁金融持乐观态度，尤其是大型商业银行、政策性银行以及股份制商业银行，更愿意积极探索未来住房租赁金融发展，乐观占比分别达69.6%、57.3%和56.9%。此外，有39.9%的银行家对住房租赁金融业务发展表示一般。银行家的意见较为分化可能与该业务在银行业开办分布不均匀相关。

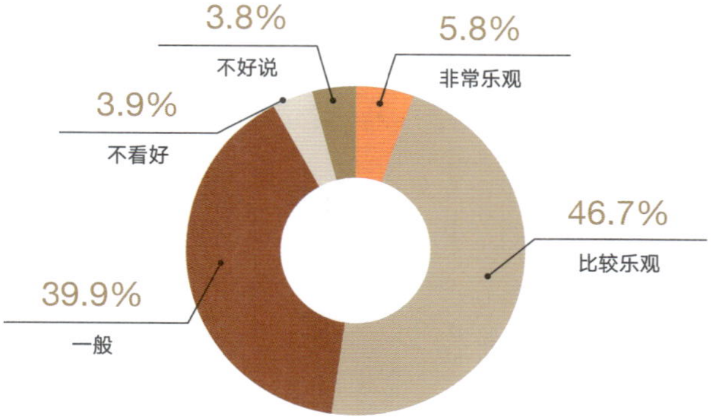

图3-29　2018年银行家对未来住房金融租赁发展的观点

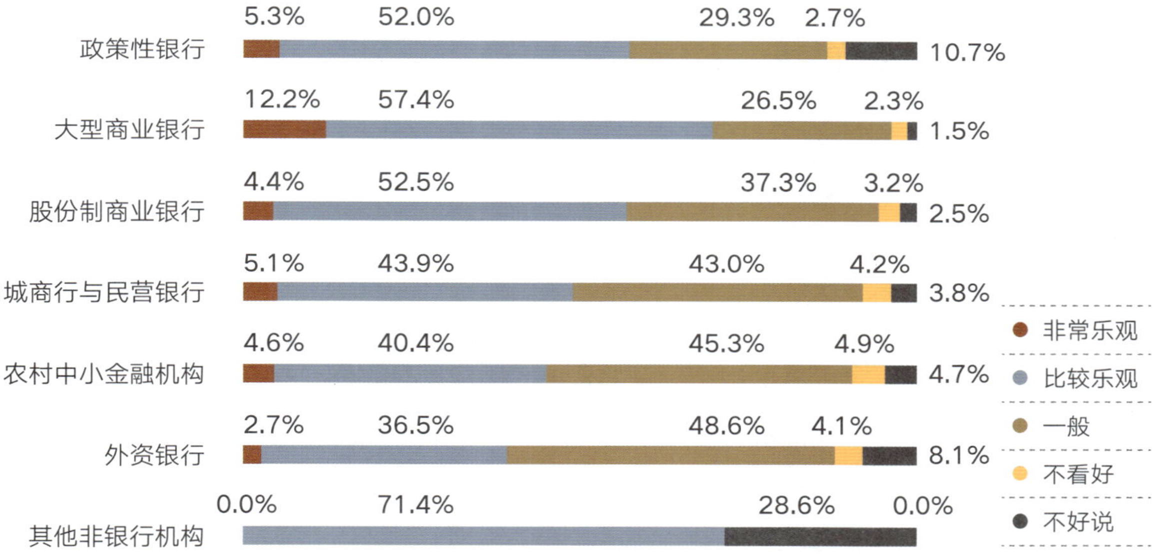

图3-30　2018年不同机构对未来住房金融租赁发展的观点

针对发展住房租赁金融业务过程中存在的问题，约一半的银行家认为租赁后服务环节烦琐，银行在跨界经营方面缺乏相关人才和经验，缺少一定的外部支持；同时49.3%的银行家认为对住房金融租赁提供的长期大额信用贷款在银行实际操作中尚且不够成熟，无法提供有效支持；此外，风险管控能力不足（35.3%），同业的激烈竞争导致产品同质化现象严重（25.3%），业务发展模式仍需完善（21.9%）和产品设计成就缺乏创新（20.8%）等问题，同样受到了银行家的广泛关注，成为未来银行业住房金融租赁业务发展面临的阻碍。

银行发展住房金融租赁业务的主要问题，可以被总结为“没经验”和“难运营”。住房金融租赁业务相较于传统银行业务有着较为独特的业务特点，对于这一业务还有待继续探索。

- 租赁后服务环节多，银行跨业经营经验不足且缺乏外部支持 50.4%
- 对于住房租赁类长期、大额信用贷款缺乏运营经验 49.3%
- 住房租赁业务收益很难覆盖银行成本，缺乏相应政策支持 47.1%
- 因风险管控能力不足导致客群受限，可参与项目少 35.3%
- 同业竞争较强，产品同质化现象严重 25.3%
- 业务发展方式存在误区，延续重资产模式 21.9%
- 产品设计很难满足新一代租赁者的需求 20.8%
- 其他 1.3%

图3-31　未来发展住房金融租赁业务存在的问题

九、小微企业融资成为银行业务发展重点，金融科技成普惠金融主要发展方向

小微企业“融资难”、“融资贵”历来是国家政策的关注重点，也是银行家持续关注的业务重点。在2015年、2016年、2017年的银行家报告中，均有60%的银行家认为小微企业贷款将是银行公司金融业务的第一发展重点。截至2018年9月末，全国小微企业贷款余额33.0万亿元，同比增速10.0%。

2018年3月19日原银监会下发通知，在继续监测“三个不低于”，确保小微企业信贷总量稳步扩大的基础上，对小微企业贷款提出“两增两控”的新目标。9月4日，央行和全国工商联联合召开民营企业和小微企业金融服务座谈会，提出要充分发挥社会主义市场经济的作用，通过市场竞争为民营企业、小微企业提供更优质的金融服务。无论从政策导向还是实际信贷投放来看，银行家都在着力化解小微企业“融资难”、“融资贵”问题。

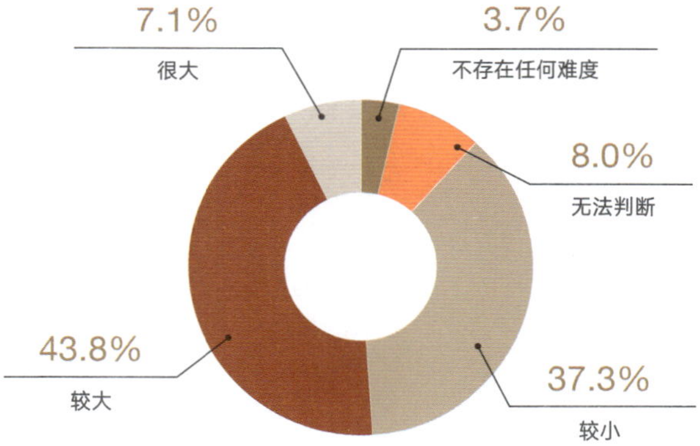

图3-32 小微企业“两增两控”目标实现难度

根据2018年的报告，37.3%的银行家认为实现“两增两控”的新目标的难度较小，甚至没有，而43.8%的银行家认为实现这个目标还需付出较大努力。

同时，关于普惠金融服务的工作，超过64.7%的银行家认为最需要通过创新金融产品来改善。54.0%的银行家认为需要加强金融普及教育，44.3%的银行家认为需要加强对金融消费者权益保护。这一统计数据反映出目前普惠金融工作的两大特点：一方面，随着中国金融科技的不断发展，消费者对于创新金融产品的接受度和需求性不断提高；另一方面，也正是随着金融科技的发展，互联网形式的创新金融产品的可获得性越来越高，但相关的金融教育和权益保护仍然维持着传统形式，难以跟上金融产品的发展趋势。而这将是中国普惠金融工作重点改善的方向。

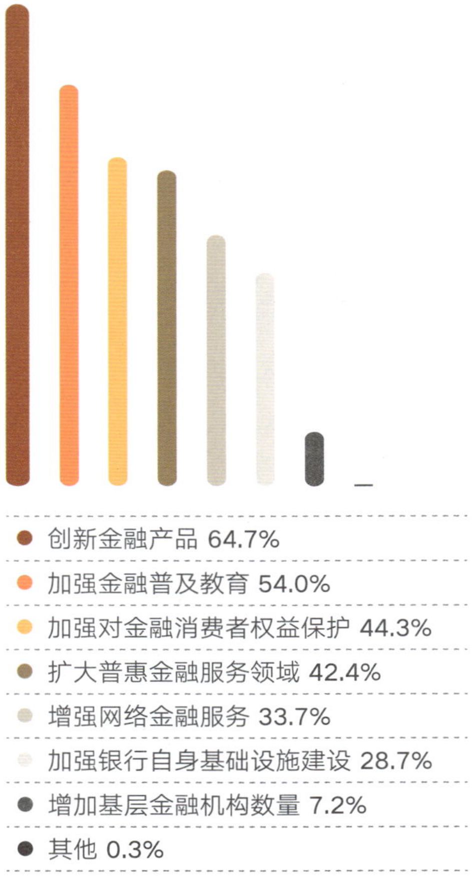

图3-33 普惠金融改善方向

十、联合授信约束银行“抽贷”，重大风险防控有所改善

- 防控重大信用风险 92.1%
- 优化信贷资源配置 74.0%
- 弥补监管短板 61.3%
- 建立一个金融去杠杆的长效机制 55.1%
- 对冲信贷顺周期扰动 17.1%
- 其他 0.3%

图3-34 《银行业金融机构联合授信管理办法（试行）》主要目的

联合授信是指针对同一企业，多家银行通过共享信息，共同设立授信总额，并在授信总额内自主向该企业进行授信。2018年6月1日，中国银保监会发布《银行业金融机构联合授信管理办法（试行）》（银保监发[2018]24号），明确了联合授信机制目标、适用范围和基本工作原则，对企业过度授信等问题进行了规范约束，中国银行业协会也已筹划成立联合授信工作领导小组及办公室，有序推动联合授信相关工作的进行。就联合授信管理办法，银行家的认识较为统一，92.1%的银行家认为该办法的主要目的是防控重大信用风险，表明联合授信机制能有效控制对于经济下行周期中因银行集中抽贷而导致企业资金链断裂的风险。

而对于联合授信机制会给银行业务带来哪些挑战，银行家的意见亦相对一致。52.1%的银行家认为联合授信管理办法将对信贷牵头银行带来较大的责任和负担，存在责不配位的情况，落实上存在难度。而44.0%的银行家认为联合授信管理办法有利于中小银行，使其能够在这一环境下搭上大银行的“顺风车”，从而降低部分风控成本。

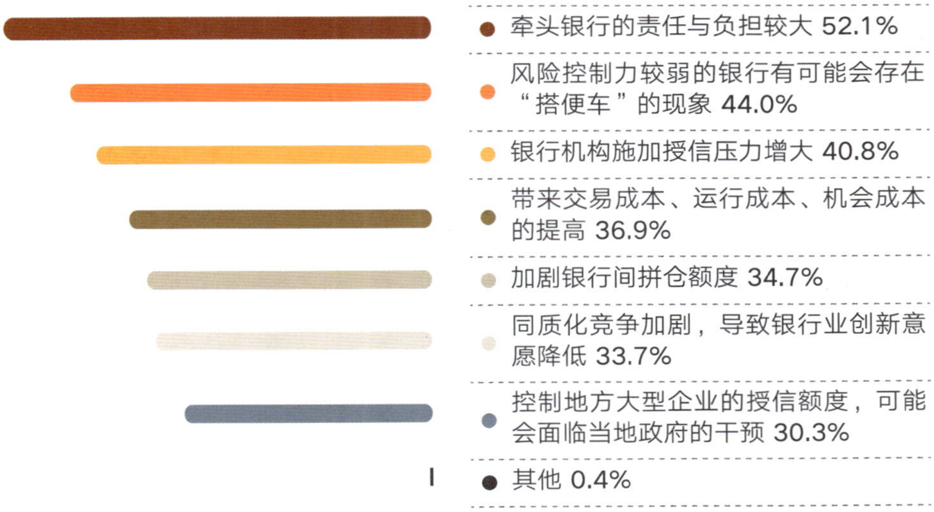

图3-35　联合授信机制给银行业务带来的挑战

“资管新规”引导资金“脱虚入实”，有利于我国经济高质量发展。资管新规下理财业务转型是商业银行的重要课题，银行理财将重新定位。银行理财子公司陆续获批成立，接棒银行成为专业理财非银金融机构，实现风险隔离、独立专业运营，打破刚性兑付，防止监管套利，推动银行理财业务回归资产管理业务本源。

银行家谈银行理财业务转型发展

课题组：您认为“资管新规”是否能引导资金“脱虚入实”？“资管新规”对宏观经济带来什么样的影响？

王继康（广州农商银行董事长）：“资管新规”落地对宏观经济主要有如下几方面影响：一是优化融资渠道。新规通过拆解资金链条和嵌套行为，推动表外融资向表内融资回归，封堵不合理的融资需求，使融资结构更加健康合理。二是降低实体经济融资成本。新规只允许资管产品嵌套一层，大大缩短了融资链条，减少融资中间环节，提高融资效率，进而降低融资成本。三是降低系统性金融风险。一方面，打破刚性兑付，实现投资者风险自担，避免金融风险在金融体系内累积；另一方面，降低杠杆水平和期限错配比率，有效防止市场风险和流动性风险的传染和放大。

从当前政策实施情况来看，不再控制表内贷款投放规模的行为，有利于引导各银行加大实质性贷款投放，切实支持实体经济发展。

课题组：在资管新规出台后，贵行在投资端将如何转型，未来投资的重点是什么？

刘家德（广发银行行长）：银行资管投资触角较为广泛，在大类资产配置方面具有传统优势。根据新规，公募资管产品主要投资于标准化资产。同时，在遵守有关限额管理、流动性管理、期限匹配监管标准的前提下，支持战略新兴产业、“一带一路”等国家鼓励领域的非标项目投资，服务实体经济。未来广发银行资管业务将重点围绕“配置和投资”的双支柱，优化完善以绝对收益为目标的投研体系，打造广发银行资管“低波动投资专家”的市场定位和专业品牌。

曾学文（中国农业银行战略规划部总经理）：“资管新规”明确了发展资管业务的根本目标是服务实体经济，引导资金脱虚入实。近年来，金融业在创新发展方面取得巨大成就，资管业务发展尤其迅猛。但是，在发展过程中衍生出部分业务发展不规范、多层嵌套、刚性兑付、规避金融监管和宏观调控等乱象。“资管新规”要求资管业务打破刚性兑付、解决期限错配、去除资金池运作和解决多层嵌套，明确提出禁止规避投资范围、杠杆约束等监管要求的通道服务，仅允许一层嵌套，从而斩断资管业务规避监管和制造风险的链条，违规流入股市和房地产市场的资金将逐渐退出，有利于金融机构更好地服务实体经济。

课题组：未来贵行理财产品的转型重点是什么？贵行将采取哪些措施来促进理财产品净值化转型？

刘家德（广发银行行长）：未来广发银行理财产品转型重点是以客户需求和体验为导向，构建符合监管要求且具有一定安全边际理财产品体系。一是加强研发规划，逐步搭建固收、权益、混合、商品及衍生品四大类净值产品体系，以专业投资能力为客户创造稳健收益。二是加强投资者适当性管理为导向，依托监管、行业、社会各方合力，逐步树立“卖者有责、买者自负”的理财投资理念。

课题组：您认为设立资管子公司对理财产品转型有什么影响？

吴建杭（中国建设银行战略规划部总经理）：设立理财子公司开展资管业务，有利于强化银行理财业务风险隔离，推动银行理财回归资管业务本源，逐步有序打破刚性兑付，更好地保护投资者合法权益；有利于优化组织管理体系，建立符合资管业务特点的风控制度和激励机制，促进理财业务规范转型。设立理财子公司不会对现有市场格局产生大的冲击，有利于资产管理行业引入良性竞争，实现规范有序健康发展。

12 月 26 日，银保监会正式批准建设银行设立理财子公司申请。建设银行将根据中央精神和监管要求，继续扎实稳妥地做好建信理财子公司的各项筹备工作，更好地服务供给侧结构性改革，畅通经济循环，提高金融体系服务实体经济的能力。

孙怀宇（招商银行研究院总经理）：招商银行认为银行通过设立子公司经营理财业务可以解决目前存在的一些问题：

一是有利于提高银行理财业务的竞争力，夯实银行理财产品转型的坚实基础，有利于能够聚集专业人才与建立投资文化。设立理财子公司后，有利于子公司建立市场化、专业化的运作机制，提升管理的效率与灵活性，建立投资文化。

二是有利于削弱银行对理财产品的信用背书，降低投资者的道德风险，加速推动理财产品打破刚性兑付。设立理财子公司后，子公司从法律地位上与银行保持相对独立，所发行的理财产品亦与银行无直接挂钩，客观上要求投资者必须关注理财产品的风险，从而打破投资者的刚性兑付预期。

三是有利于统一理财业务的监管标准，为理财产品创造更多的便利条件。银行以子公司的模式经营理财业务，将主要适用《商业银行理财子公司管理办法》，享有与其他资管机构一样的监管标准，包括在投资端，增加理财产品的投资范围，提高理财的投资能力；在销售端，降低公募理财产品的认购起点金额，丰富理财产品的销售渠道和提高客户对净值型产品的接受程度，整体上将为理财产品转型创造更多便利条件。

课题组：成立理财子公司需要较大的初始投资，能否从投资回报的角度分析一下成立资管子公司的效益？

孙怀宇（招商银行研究院总经理）：之前市场上有研究院大致测算过资管子公司的盈亏平衡点，大约在 600 亿元就能达到盈亏平衡，对于招商银行来说，管理规模最大达到两万亿元左右，目前受资管新规等影响，招商银行的规模在 1.8 万亿元左右，因此，是能实现盈利的，另外，招商银行从 2013 年左右就开始系统构建，目前已经建成了四个行核心系统，其中核心系统 GMS 系统目前已经运行 6 年，除此之外，还建立了资管业务的风险管理系统。去年，招商银行搭建了投资决策分析系统，目前在建的有大数据平台，第一期已上线。系统投入在招商银行田行长提出金融科技的定位之前就已经着手。由于有一定的初期投入与成果，招商银行后续需要的投入相对较少一些。

课题组：招行在资管子公司的建设处于行业领先水平，子公司化后如何应对市场上较为成熟的公募基金的竞争？

孙怀宇（招商银行研究院总经理）：资管子公司在定位和公募基金有所区别，选择差异竞争方式。具体不同体现在：一是买基金的客户群体对金融的认知、投资经验比理财客户高，理财客户主要集中在风险收益偏好相对较低的客户群体；二是产品结构方面，公募基金优势在于股票类产品，银行理财的优势在于债券和货币类产品；三是资管子公司与母行的协同配合预计仍会比较强，相比之下，公募基金与控股银行的协同配合相对比较弱，未来理财子公司可以发挥和母行的协同配合优势。

银行资产证券化业务的发展不仅可以扩大收入来源，提高自身竞争力，同时能够助力企业缓解“融资难”问题。监管机构的政策支持和资产证券化产品自身优势推动了银行资产证券化业务的大力发展。但相较发达国家，我国的资产证券化市场发展仍处于起步阶段，成熟度和规范性有较大差距。伴随着资产证券化业务标准化及规范化程度的不断提升，资产证券化市场将进一步增量扩容。

银行家谈资产证券化业务的发展现状与趋势

课题组：您认为哪些宏观的原因促使银行大力发展资产证券化业务？银行大力发展资产证券化业务对金融市场和宏观经济带来哪些方面的影响？未来中国资产证券化业务的趋势是什么？

王继康（广州农商银行董事长）：我国资产证券化发展动因及市场影响如下：首先，为商业银行提升市场竞争力提供有效手段；其次，为助力企业直接融资提供重要工具；最后，为金融市场发展和宏观经济调整注入新的活力。

伴随资产证券化业务标准化及规范化程度的不断提升，后续住房抵押、融资租赁债权、消费金融、应收账款、信用卡等小额分散的证券化产品将成为主流，资产证券化市场将进一步增量扩容。

金喜年（中信银行公司银行部 / 投资银行部总经理）：近两年各类公开市场证券化产品年度发行规模均突破万亿元大关，成长为国内债务资本市场的重要组成部分，主要原因有以下几点：一是监管机构鼓励支持；二是产品功能得到认可；三是投资需求逐步提升；四是标准化产品成为主流。

整体来看，我国资产证券化市场发展仍处于起步阶段，成熟度和规范性与发达国家市场相比有较大差距。未来伴随我国证券化市场制度规范、产品设计、投资逻辑和交易机制的更趋成熟，市场仍有较大的发展空间，在我国整体金融格局中占据更为重要的地位。

课题组：过去一年国内金融监管环境逐渐趋于严格，国家发改委、人民银行、原银监会、保监会、外汇局等相继出台了一系列资产证券化相关政策，您认为对银行资产证券化业务有何影响？

王继康（广州农商银行董事长）：监管部门颁布的一系列政策为商业银行开展证券化业务提供了政策指引，相关影响主要有以下几点：一是推动资产证券化业务发展；二是规范业务参与主体行为；三是促进资产证券化市场的交易。

金喜年（中信银行公司银行部 / 投资银行部总经理）：《关于规范金融机构资产管理业务的指导意见》对资产证券化产品在期限错配、净值化、多层嵌套等方面作出豁免，表明监管机构鼓励支持资产证券化发展态度不变。总体来看，资管新规在供给侧、需求侧均利好资产证券化业务的发展。

课题组：小额分散化的零售业务是资产证券化的优良标的资产。商业银行在传统信贷业务中相关风控体系已较为成熟，但在资产证券化业务中，银行将以财务顾问、托管银行、发起机构及合格投资者等多重身份参与项目运作，业务管控环境与信贷业务差异巨大。您认为如何提高银行资产证券化的风控水平？

王继康（广州农商银行董事长）：经过近几年的市场培育，商业银行已积累了一定的资产证券化业务风险控制经验，相关建议如下：一是强化基础资产风险管理；二是制定全面风险管理制度；三是加强信息披露执行力度；四是搭建组织架构建立专业团队。

刘　羿（平安银行信用卡事业部资产出表总监）：平安银行在零售信贷资产证券化业务中，将作为托管银行、发起机构、合格投资者等多重身份参与项目运作，不同的角色由不同的部门承担。

基于监管要求及过往出表积累的经验，平安银行零售风险管理部门主要从以下方面对入池资产进行风险管理：一是入池基础资产筛选；二是历史数据收集；三是风险参数设定；四是出表资产的贷后管理；五是出表资产定期质量报告。

同时，基于监管要求及过往出表积累的经验，零售资产证券化团队主要从以下方面降低出表项目中的风险：一是建立完善的中介机构遴选机制；二是持续优化内部流程和系统功能；三是加强入池资产的贷后管理追踪。

课题组：中信银行是国内资产证券化市场的重要开拓者和参与者。请问您如何看待未来不同类型资产证券化产品的发展趋势？您认为哪些类型的资产证券化产品更有发展潜力？

金喜年（中信银行公司银行部 / 投资银行部总经理）：企业资产证券化方面，预计未来市场将遵循“统一”、“规范”和“聚焦”几条主线，逐步向高质量发展转型。

信贷资产证券化方面，近年来我国个人征信体系建设持续完善，成效显著，预计小额分散的零售类贷款证券化发行规模和占比持续提高，其中以商业银行的个人住房按揭贷款和信用卡资产为典型代表。

课题组：当前中国银行业资产证券化面临哪些挑战？在面临新挑战的情况下，中国银行业的资产证券化将如何发展？

王继康（广州农商银行董事长）：当前中国银行业资产证券化面临的挑战主要在以下几个方面：一是法律监管体系仍待健全；二是产品发行与交易市场仍需进一步建设；三是信用评级及信息披露体系仍待完善。

为推进资产证券化业务的市场化进程，扩大市场参与主体，提高市场活跃性和产品流动性，现提出以下意见建议：

一是健全资产证券化法律监管框架；二是加快完善发行与交易市场建设；三是完善信用评级体系和信息披露机制。

课题组：您认为平安银行成立资产证券化团队的初衷在哪里？资产证券化团队的 KPI 是怎样制定的？

刘　羿（平安银行信用卡事业部资产出表总监）：成立资产证券化团队可以使得零售资产证券化业务有一个统筹，以前资产证券化业务是由不同的部门承担的，各个事业部自己做自己的，难以协调统一，有时还会出现各个事业部之间的利益冲突。

我们这个团队刚刚成立，同时平安银行今年资产出表量不大，所以 KPI 考核需求并不大，KPI 考核现在还在制定当中，在制定过程中，会考虑整个银行的零售战略转型、出表效率、出表成本、出表对收入的影响等方面因素，当然还会考虑风险控制因素。

第四部分

风险管理与内部控制

当前，内外部复杂因素相互交织，中国经济结构调整及供给侧结构性改革将在经济下行压力下持续推进。在风险管理方面，2018年银行业面临的主要风险仍然是信用风险。为此，银行家更注重风险的识别与监测，加强贷前审查和贷中监控，以期从源头切断风险。在内部控制方面，银行家倾向对内部员工行为开展日常监测，防微杜渐，构筑内外部业务和部门内业务之间的防火墙，防范风险传递。

一、不良贷款、地方政府债务风险受广泛关注

在对2018年银行业面临的主要风险的调查中，60.8%的银行家认为不良贷款集中爆发的风险将会是银行业面临的主要风险，51.8%的银行家认为地方政府债务风险需要重点关注。

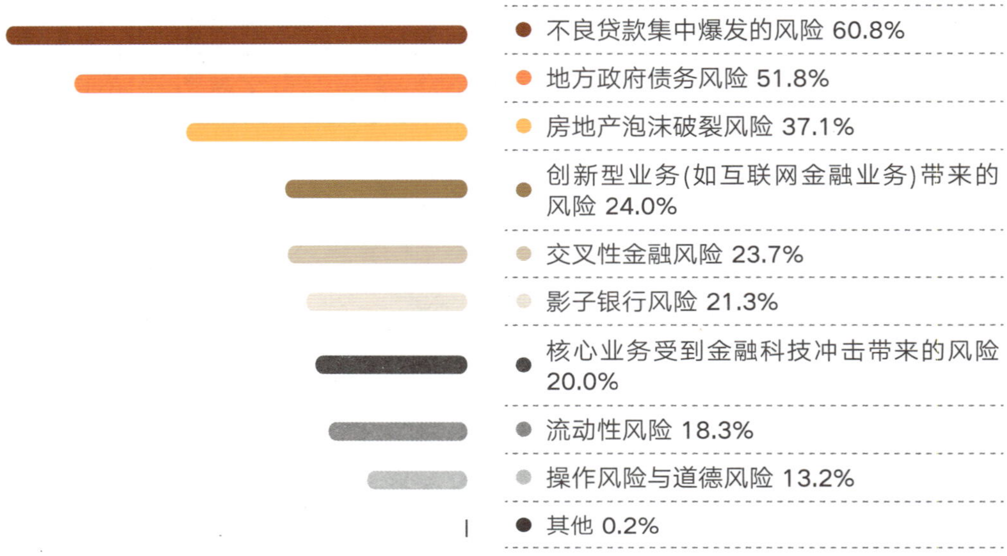

图4-1　2018年银行业主要风险点调查

数据显示，截至2018年第三季度末，商业银行不良贷款余额2.03万亿元，较上季末增加751亿元；商业银行不良贷款率较上季末上升0.01个百分点。在对银行业不良贷款率走势的调查中，63.8%的银行家认为不良贷款率在未来存在上升的可能性。

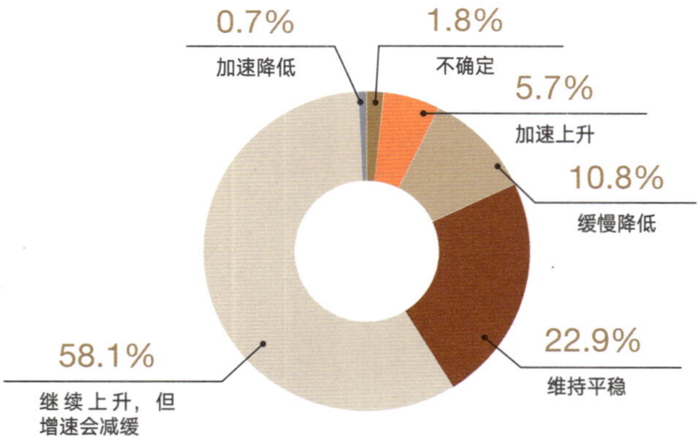

图4-2　2018年银行业不良贷款率走势调查

在防范化解重大风险的攻坚战中，地方政府债务风险的管控是其中重要的一环。在对银行业面临的主要风险的调查中，地方政府债务风险位列第二。对于地方政府债务风险的整体情况，81.7%的银行家认为其面临的地方政府债务风险是较低或整体可控的。

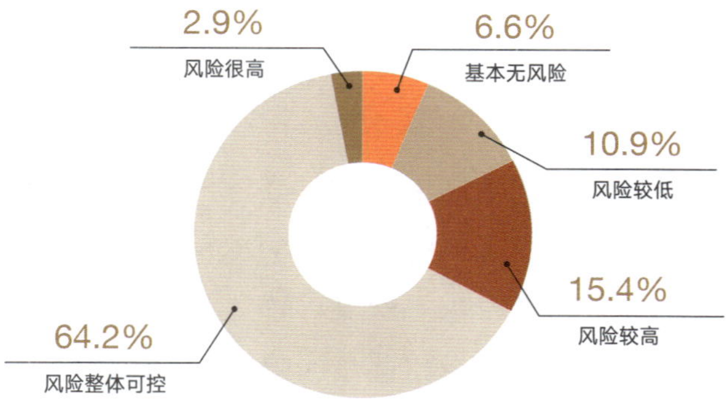

图4-3　地方政府债务风险整体情况

在对地方政府债务风险来源的调查中，59.9%的银行家认为地方政府债务风险主要来源于政绩考核导致短期内地方政府重项目建设、轻债务管理；51.8%的银行家认为，地方政府债务多用于基础设施项目，还款周期较长，投资回报率低，项目本身的盈利能力不强，单纯依靠项目自身的回报可能较难满足还款要求，从而对地方政府的还款能力产生了新的压力，进而容易产生风险；37.9%的银行家认为举债权利与偿债责任的脱节是引发地方政府债务风险的主要原因。

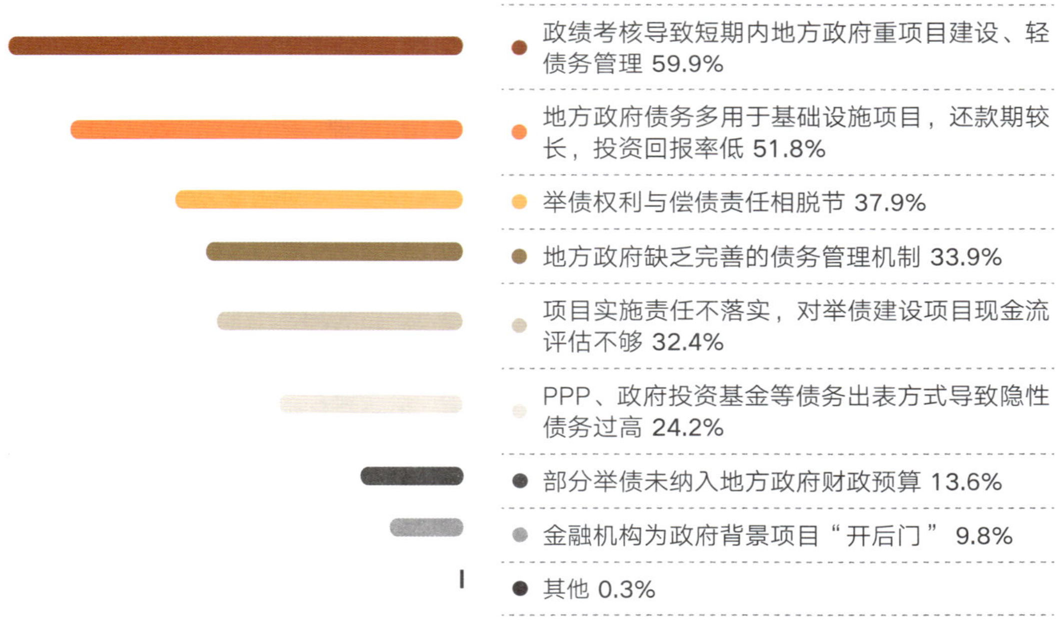

图4-4　地方政府债务风险来源

二、整治银行业乱象，规范银行业经营管理

自2017年开始，监管机构逐步推进整治银行业乱象的各项举措，2018年在全国范围内进一步深化整治银行业市场乱象，主要针对公司治理不健全、违反宏观调控政策、影子银行和交叉金融产品风险、侵害金融消费者权益、利益输送、违法违规展业、案件与操作风险、行业廉洁风险这八类乱象。56.7%的银行家认为当前银行业存在同业、理财及各类表外业务、合作业务不规范的乱象。受央行MPA考核、“三三四十”检查等影响，同业理财规模出现大幅下降，表外业务也逐步回归表内。但由于前期急速扩张阶段累积的“灰色地带”面积较大，仍需一定周期逐步整治，金融体系内部去杠杆、去通道、去链条工作将进一步深入。33.3%的银行家认为还存在违规开展存贷业务、票据业务的乱象，银行业务合规性仍需提高。此外，41.1%的银行家认为银行业存在对限制性和禁止性行业、企业进行贷款的乱象。

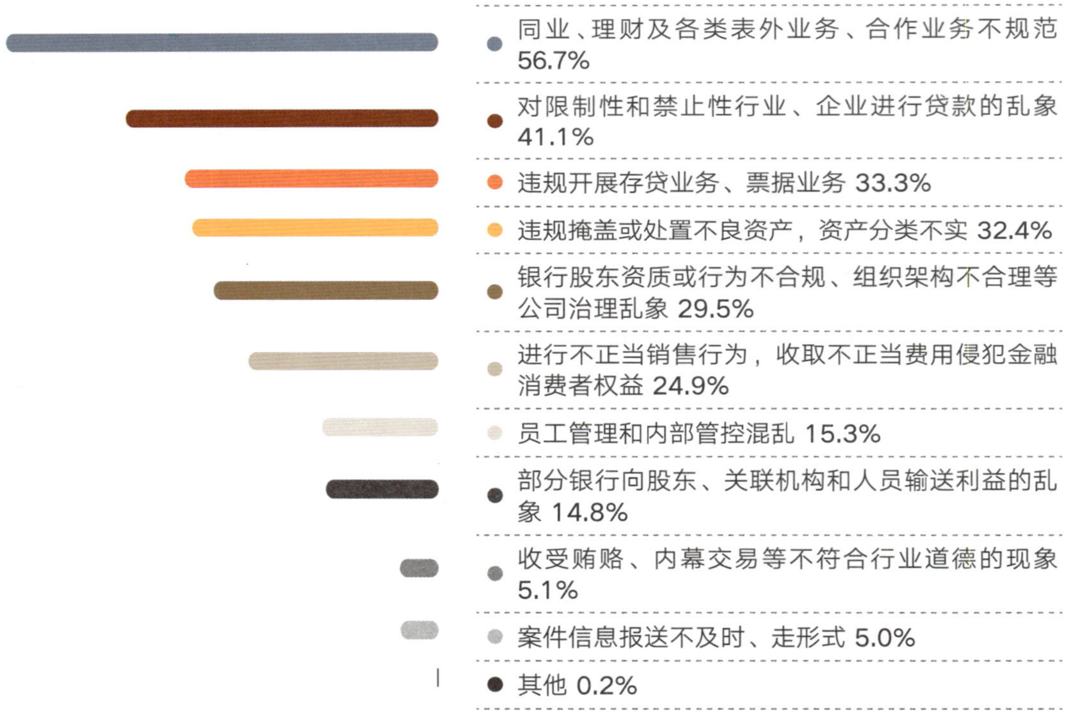

图4-5　2018年银行业乱象调查

三、加强统一授信管理是预防债券违约风险传导的最主要措施

近年来，国内债券市场违约事件频发，2016年、2017年违约债券数量分别为78只、49只，涉及债券余额分别为393.24亿元和392.90亿元。2018年，受宏观经济增速下行、债券集中兑付等多方面影响，累计违约债券只数已达126只、违约余额逾千亿元，违约风险上升。商业银行作为债券市场的主要参与人之一，在债券违约事件频发的情况下，将导致风险向商业银行传导的问题更加凸显。

为防范债券违约风险向银行传导，59.1%的银行家认为应加强债券投资的统一授信管理。随着我国商业银行的综合化经营及管理程度逐渐加深，综合授信将作为银行风险管理的重要手段，各类具有授信性质和融资功能的信用风险业务均将纳入统一授信管理系统；40.5%的银行家认为应规范债券投资指引，建立完善可投债券库；39.8%的银行家认为要加强对发债主体的准入审查，争取在债券发行的准入阶段就能识别资质较差的企业，从而防范违约风险的传导。

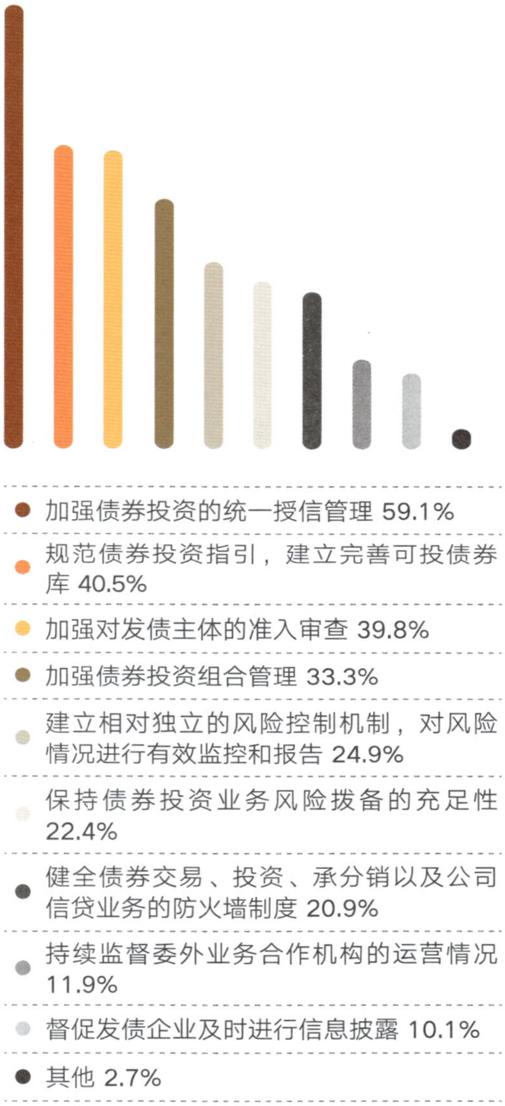

图4-6　预防债券违约向银行传导的风险的主要措施

四、产能过剩行业风险仍最受关注，银行业需要进一步优化贷款布局及信贷管理机制

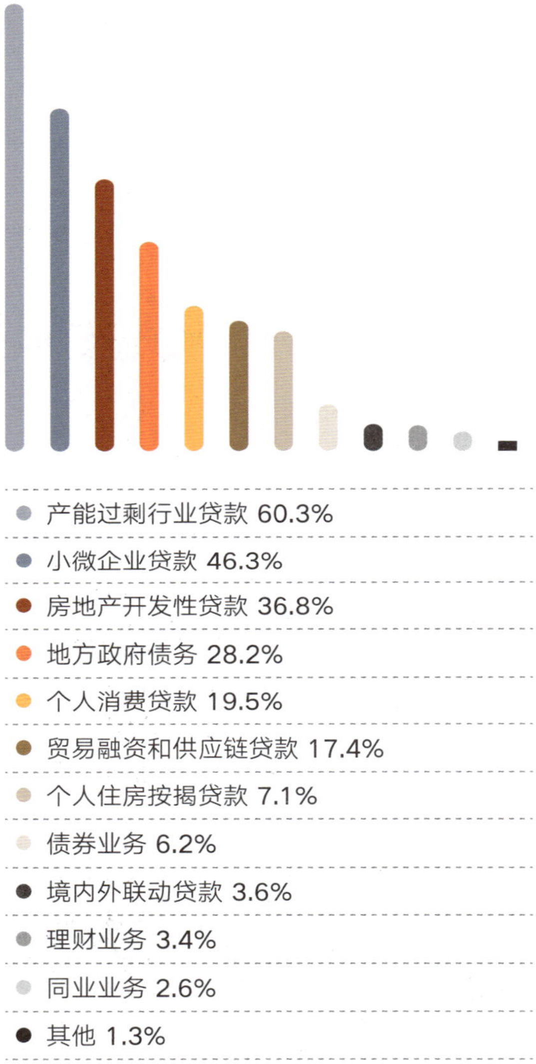

图4-7　2018年银行业面临的主要信用风险来源

产能过剩行业贷款的信用风险仍然是银行家最为关注的信用风险（60.3%），主要是因为钢铁、水泥、建材、船舶、光伏等产能过剩行业面临经济周期下行和去产能调整的双重压力，经营环境更趋艰难，整体行业信用风险较高。但纵向来看，与2017年（68.7%）和2016年（73.2%）相比，产能过剩行业贷款的信用风险关注度逐年下降。一方面，由于国家一直对产能过剩行业实施区别对待、有扶有控等政策，使得银行对相关企业的贷款审批更加慎重，从源头上降低了发生信用违约风险的可能性；另一方面，近几年产能过剩行业贷款风险问题逐渐显现，商业银行通过核销、现金清收、批量转让、资产证券化等方式加大处置力度，同时供给侧结构性改革使得上游落后产能不断出清，多措并举初现成效。

小微企业贷款的风险依然备受关注（46.3%）。2018年在原材料价格上涨、用工成本增加、人才匮乏等背景下，小微企业经营面临困境，加之其本身抗风险能力薄弱，导致小微业务贷款信用风险上升。

值得注意的是，关注房地产开发性贷

款的银行家比例为36.8%，较2017年上升了8个百分点。房地产开发性贷款体量巨大，据央行统计2018年房地产开发贷款余额高达11万亿元，而2018年在商业银行信贷渠道、信托公司银信合作业务、房企发债融资等三大渠道受到监管严控后，房企融资通道进一步缩紧，房企融资承压。同时，由于国家调控政策对购房者按揭贷款的限制，房地产市场成交量低迷，资金回收困难。诸多因素致使房企经营压力显著加大，从而使得银行家对其关注度上升。

对于银行业加强信用风险管理的主要措施，61.9%的银行家认为应该优化信贷结构，做好信贷资产行业、区域布局；56.1%的银行家认为应该完善信贷管理体制机制，落实风险管理责任。这表明银行家更加注重从贷款布局以及机制完善角度全方位管理信用风险。同时，36.6%的银行家认为应做实统一授信，控制企业过度融资，从而提高银行业风险管理精细化水平。

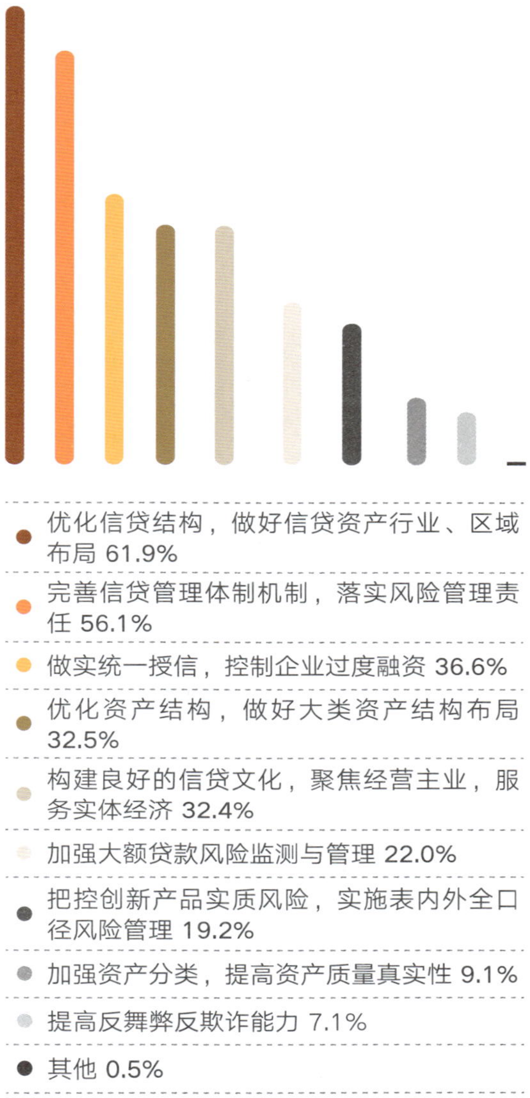

图4-8　2018年加强信用风险管理的重点

五、资管新规下银行存贷业务占比上升，银行业开始回归传统存贷业务

自资管新规及《商业银行流动性风险管理办法》出台以来，各银行的业务规模和经营战略正在逐渐发生改变。37.5%的银行家认为在新的管理办法下，其传统的存贷业务占比有所上升。资管新规的出台，对银行理财产品的刚性兑付、多层嵌套、估值方式

以及信息披露等方面都提出了新的要求，银行理财产品将面临转型；同时，《商业银行流动性风险管理办法》的出台使得银行业更加重视存贷挂钩，谨防流动性风险。

- 传统存贷业务占比上升 37.5%
- 资产负债期限结构调整 35.8%
- 非标投资规模下调 31.1%
- 压降大额贷款，更多地发展零售和小微业务 29.3%
- 资产负债增长规模放缓 26.1%
- 同业投资业务减少 22.9%
- 同业理财业务减少 21.5%
- 发行同业存单减少 16.1%
- 资金向标准化债券投资流动 9.8%
- 其他 1.2%

图4-9　资管新规影响下业务规模与经营战略的改变方向

35.8%的银行家认为其所在银行将会对资产负债期限结构进行调整。近几年来，依赖短期批发市场融资、期限错配和加杠杆成为部分股份制商业银行和城商行的重要盈利手段，新增资产与负债期限结构不匹配逐渐增加了中小银行的流动性风险，由于此前流动性覆盖率仅适用于资产规模在2000亿元（含）以上的银行，资产规模小于2000亿元的中小银行缺乏有效的监管指标，因此新的管理办法设置了优质流动性资产充足率、流动性比例和流动性匹配率，有利于提升中小银行流动性管理能力。

31.1%的银行家认为，其所在银行的非标投资规模将下调。一方面，在新设的流动性匹配率指标计量方式下，表内非标投资过多的银行将面临更大的流动性匹配率指标压力。另一方面，资管新规对非标资产进行了重新界定，加强了监管强度。因此，预计未来商业银行可能将逐步压缩非标投资规模。

六、合规问题受广泛关注，员工行为合规为管控重点

在严监管环境下，银行家越来越关注合规问题，合规风险在2018年的关注度仅次于信用风险，位列第二。近年来，监管机构不断完善监管政策规范商业银行经营，商业银行合规管理工作也在不断推进。调查显示，加强对员工行为的监督和排查（55.3%）最受重视。银行个别员工的违规操作一直是商业银行合规问题的主要来源之一，为进一步规范银行业金融机构从业人员的操作行为，银监会2018年出台了《银行业金融机构从业人员行为管理指引》。

严格落实银行“三会一层”的主体责任受到了48.4%的银行家的关注。《2018年整治银行业市场乱象工作要点》中，首项内容即剑指公司治理不健全，其中明确提到，“三会一层”履职不到位，股东大会未有效发挥管控作用等公司治理乱象。同时，加大对违规行为的处罚力度也受到41.1%的银行家的认可，这与2018年以来监管机构“重拳出击”频频开出巨额罚单相互印证。

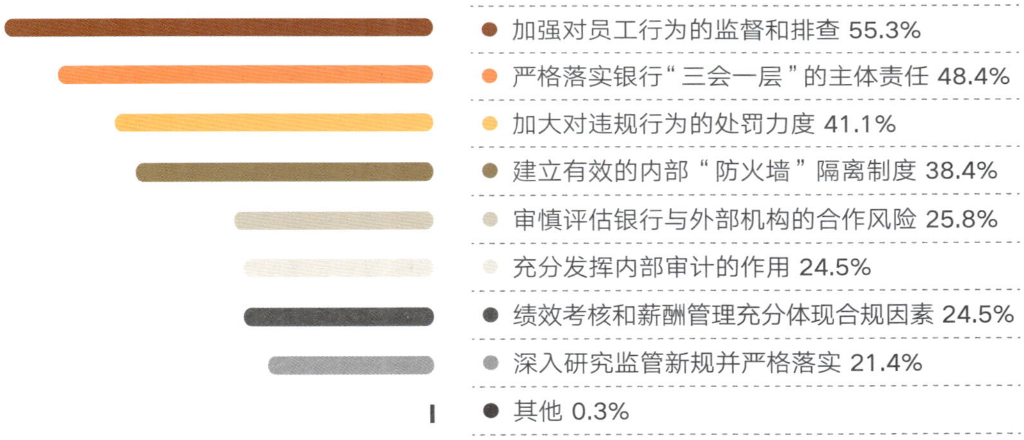

图4-10 2018年银行业合规管理重点

商业银行操作风险管理方面，55.4%的银行家认为内控机制的缺陷是造成操作风险的主要原因，银行自身的内控机制亟须加强。40.5%的银行家认为个别员工违规操作且监测失效也将导致操作风险的发生。31.0%的银行家认为合规文化建设滞后是一重大问题，商业银行只有建立起完备的合规文化才能有效地从源头上规避操作风险。

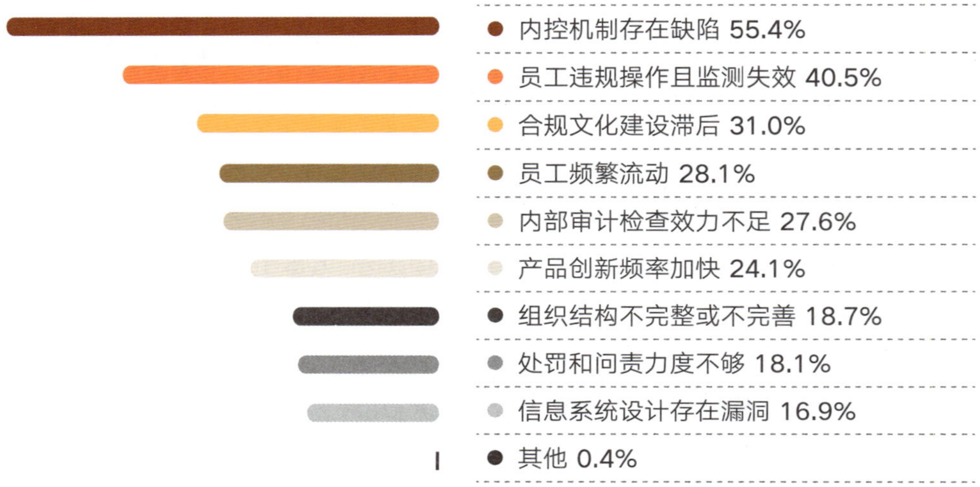

图4-11 2018年银行业操作风险产生的原因

七、信贷类业务仍为案件风险排查重点

根据公开数据，截至2018年12月底，银保监会官网已经公布的罚单总数为3645张，在罚单案件的16大类案由中，信贷类业务仍属于违规行为的“高发地带”；除信贷业务以外，票据业务、同业业务等也频频在罚单中被提及。

从本次调查结果来看，81.0%的银行家认为2018年银行业案件风险的排查重点是信贷类业务，这一比例较2017年有所上升。2018年第三季度不良贷款率创9年来新高，前期违规发放贷款以及贷款“三查”不严等导致的信贷业务风险正逐步释放，使得银行业的信贷资产质量承压。

值得注意的是，2017年票据类业务的违规行为的受关注度高居第二位，但本次调查结果显示，仅有37.7%的银行家认为2018年案件风险排查的重点是票据类业务，这可能是由于2017年发生的几起票据案件引起了监管机构对于票据类业务的关注，而银行自身对类似事件的管控意识也有所加强，从而使得该类事件的风险得到了一定的控制。另一方面，65.2%的银行家认为2018年银行业案件风险的排查重点为员工异常行为。由于员工行为关系到银行业务的多个方面，虽然近年来监管部门及银行金融机构一直坚持把员工行为管理以及员工异常行为的监督等工作作为风险事件的防控重点，但可能由于管理理念、行为排查、方法手段以及惩罚力度等不到位，并未形成实效，从而使得银行家认为要加强对员工异常行为的排查。

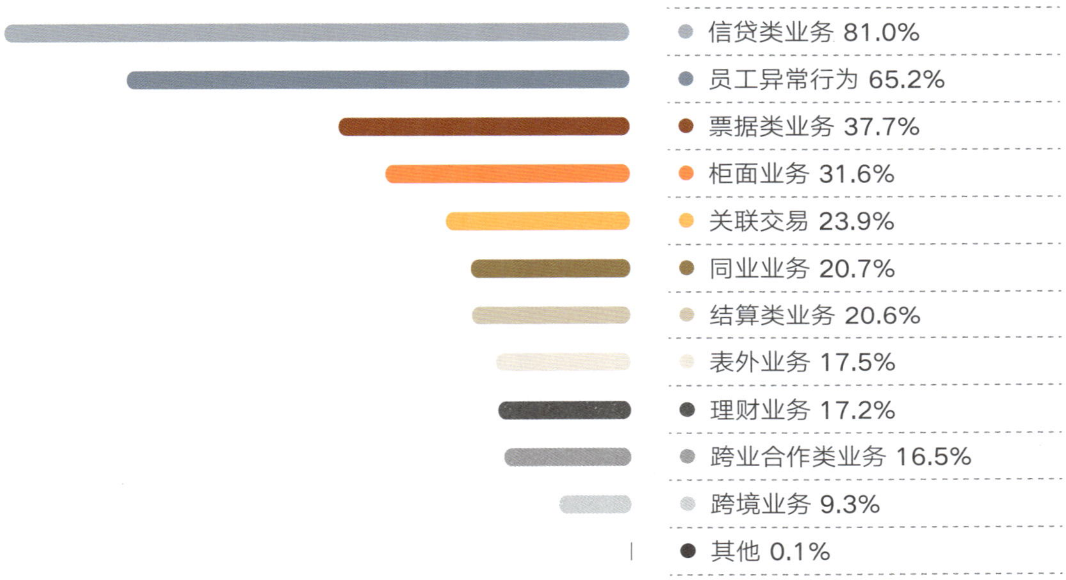

图4-12　2018年案件风险排查的重点

八、完善内控制度体系，加强违规问责及处罚的落实，形成文化优良、权责明晰的内控机制

案件及违规事件的发生与银行内部风控机制存在缺口有很大关系。员工异常行为的发生与银行业内控制度机制不健全、执行不到位也密切相关。因此，银行内控机制的完善健全仍受到银行家的重视，63.1%的银行家认为完善内部控制的重点在于完善内部控制制度、加强处罚和问责力度。同时，银行家认为应构建权责明晰的内部控制组织体系（48.2%），加强内控文化建设（49.9%）。这表明银行内控一是需要完善制度建设，包括相关内控组织体系的构建、管理信息和内部控制系统的完善等；二是需要跟进各项制度的落实；三是要提高员工的内控理念、进一步规范员工行为意识，构建出良好的银行内部控制文化。

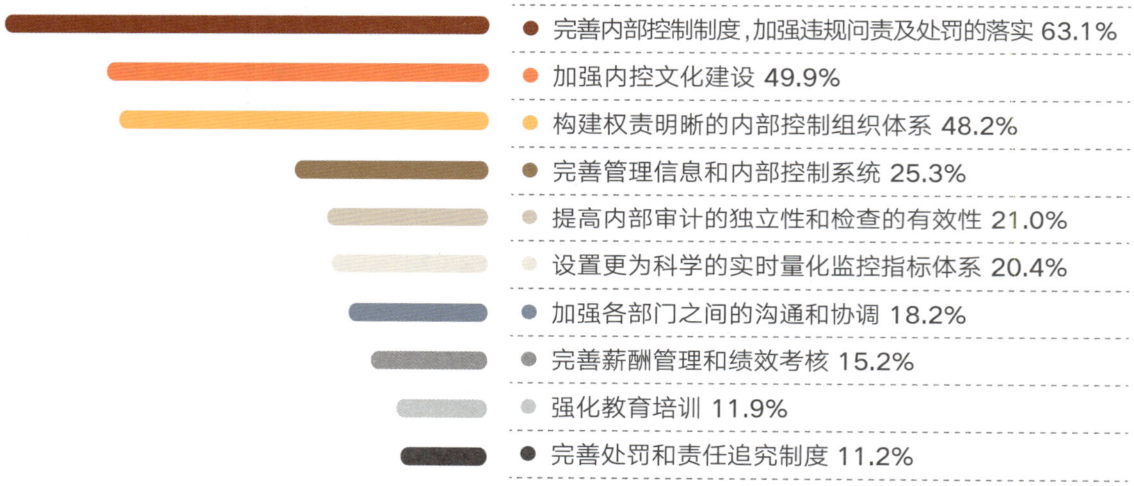

图4-13　2018年银行业完善内部控制的重点

第五部分

人力资源与财务管理

在中国经济进入新常态的背景下，随着银行业的转型发展和金融科技的蓬勃兴起，中国银行业从业人员数量继续呈现下降的趋势。银行业人力资源管理更为注重人才结构的调整和专业人才的培养。专业技术序列建设受到各类银行的普遍重视，并将进一步完善，以吸引和留住人才。在当前监管环境下，中国银行业资产负债管理面临多重压力，并将回归本源，存贷款比重上升，同业业务下降。同时，中国银行业还面临一定的资本补充压力，提升资本管理能力将成为银行家重点关注的工作之一。

BANKERS
SURVEY
中国银行家调查报告

一、未来中国银行业员工数量增长预期持续弱化，不同类型银行分化明显

调查结果显示，有55.3%的银行家认为未来三年中国银行业员工数量将会增加，其中，仅有13.4%的银行家认为将增加10%以上；接近一半（44.7%）的银行家认为未来三年员工数量基本不变或会有减少。通过与2014年、2015年和2017年的调查数据对比[①]可以看出，认为未来中国银行业员工数量增长的银行家比例持续下降，而认为员工数量不变或减少的银行家比例持续上升。当前，中国银行业面临诸多压力和挑战，银行业在调整业务结构、收入结构的同时，也在不断调整人员结构、降低人力成本；另一方面，随着人工智能等新技术的不断应用，传统银行业迎来变革，柜面员工等操作性人员不断减少。

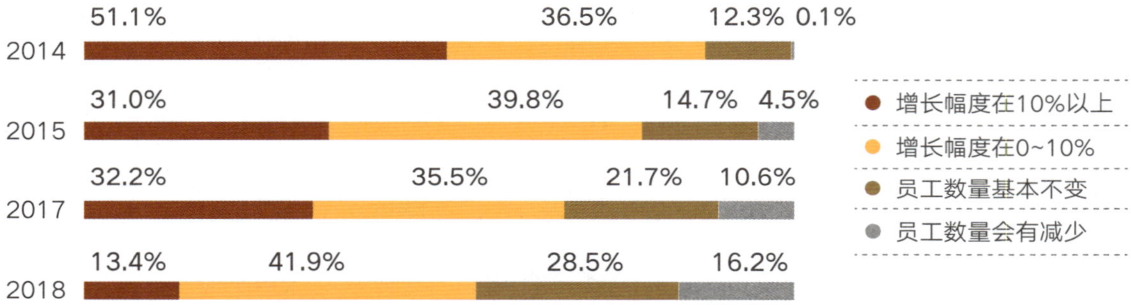

图5-1　2014年、2015年、2017年和2018年银行家对未来三年中国银行业员工数量变化情况的看法对比

从不同类型银行机构来看，银行家对未来三年员工数量变化的看法出现了较为明显的差异。调查结果显示，认为政策性银行未来员工数量增长的银行家占比最高，为82.7%。这可能是由于政策性银行的业务具有非市场化的性质，而且受金融科技浪潮冲击影响相对较小。与之相反，认为大型商业银行未来员工数量增长的银行家占比最低，仅有19.5%。

① 2016年未做该项调查。

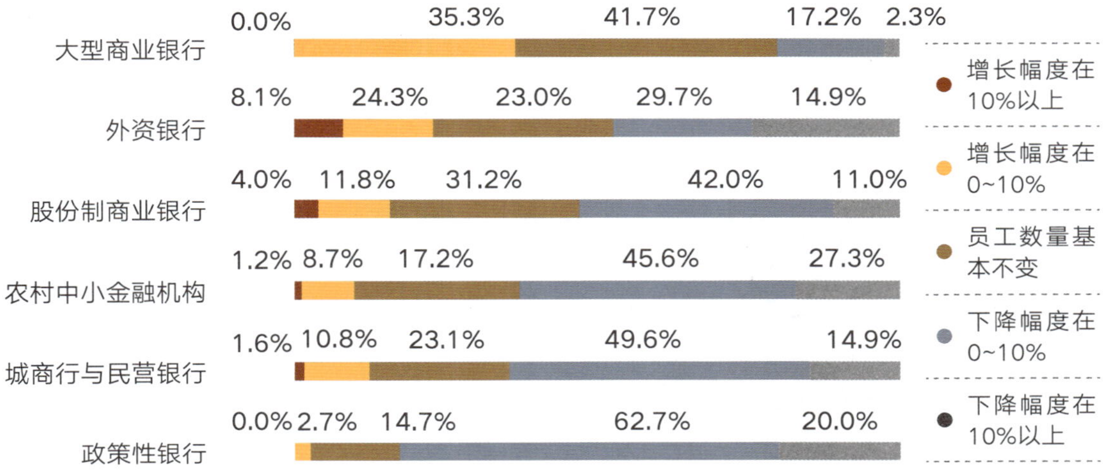

图5-2　不同类型银行未来三年员工数量预期变化情况比较

二、专业技术序列建设受到普遍重视，但仍需进一步完善

在专业技术序列建设的现状方面，有一半以上（54.6%）的银行家表示其所在机构正在积极推进专业技术序列的建设，30.0%的银行家表示已建成完善成熟的专业技术序列，仅有14.9%的银行家表示尚未启动专业技术序列建设。这说明各家银行都十分重视专业技术序列的建设，将其作为拓宽员工职业发展渠道的重要手段。通过加强专业技术序列建设，各家银行可以完善员工培养和发展的路径，形成科学化、系统化的人才选、用、育、留的体系和机制，从而调动人才积极性，合理布局人才梯队，更好地支持和推动业务发展。

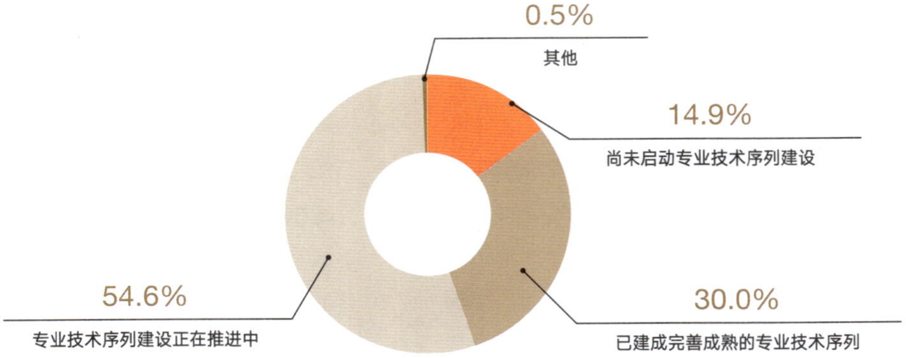

图5-3　受访银行专业技术序列建设的现状

从不同类型银行机构来看，大型商业银行、股份制商业银行在专业技术序列的建设方面已经领先，分别有53.9%和49.4%的银行家表示其所在机构已建成完善成熟的专业技术序列。

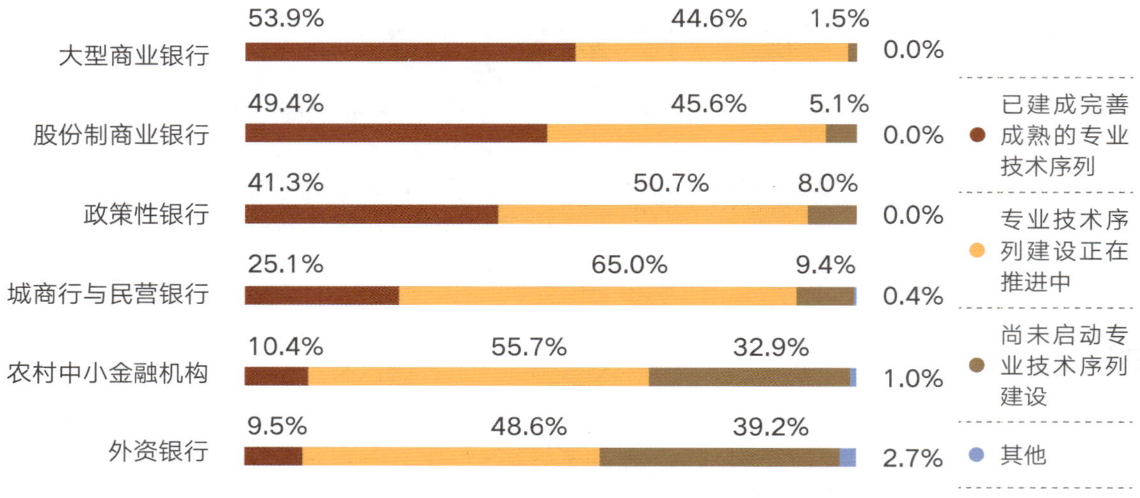

图5-4　不同类型银行专业技术序列建设现状情况比较

关于专业技术序列所涉及的条线分布，调查结果显示，除渠道管理（19.2%）外，不同条线之间没有明显差异。这也说明专业技术序列建设受到普遍重视，已经较为广泛地应用于银行的各个业务条线。

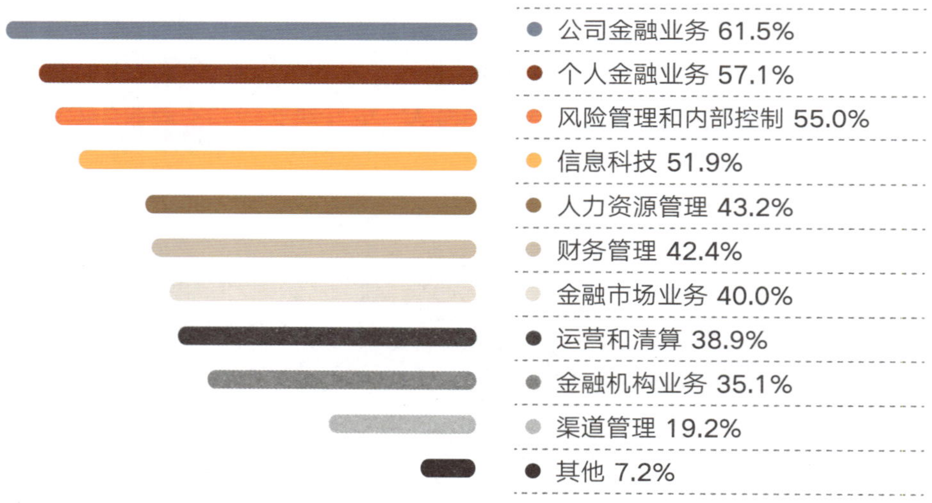

图5-5　受访银行专业技术序列建设的条线分布

关于专业技术序列建设存在的问题中，一半以上（51.8%）的银行家认为是“对专业技术序列人才的培养力度不够”，这与专业技术序列人才评聘后，相关培养制度建设不完善以及实施情况是否真正落地有关。39.3%的银行家认为问题在于“具体的序列分类及层级设置不够完善”，29.8%的银行家认为原因是“未成立专业技术序列管理委员会”，28.5%的银行家认为原因在于“未建立合理的专业技术序列晋升渠道”，26.0%的银行家归因于“任职资格标准不够清晰”，24.6%的银行家认为原因是“现行薪酬体系与专业技术序列管理无法对接”。可见，各行在建设专业技术序列过程中仍存在较多问题。未来各家银行应当积极推进并制定更加合理化和科学化的专业技术序列人才培养机制，使得专业技术序列管理制度更加具有落地性。

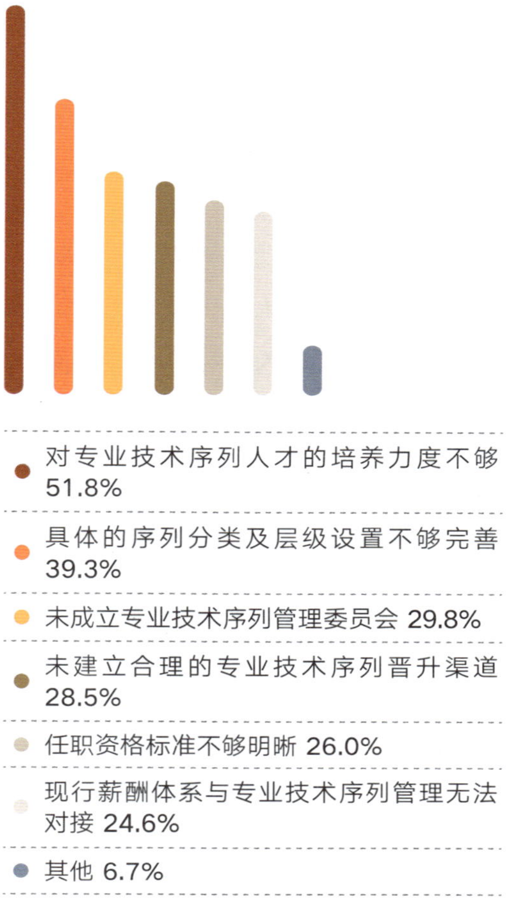

图5-6 中国银行业在专业技术序列建设中存在的问题

三、资产负债管理面临多重压力，部分银行可能选择"缩表"

2017年以来，金融监管不断加强，中国银行业的资产负债管理面临多重压力。2018年4月27日，中国人民银行、中国银行保险监督管理委员会、中国证券监督管理委员会、国家外汇管理局联合发布《关于规范金融机构资产管理业务的指导意见》，强调机构监管与功能监管相结合以减少监管真空与套利；对多层嵌套资产管理产品实施穿透式监管；从宏观、逆周期、跨市场的角度加强监测、评估和调节以强化宏观审慎管理；对资产管理产品的发行销售、投资、兑付等各环节进行全面实施监管。对于银行理财业务来说，资管新规对于非标投资的严格约束，将会使得大量的存量表外非标资产或增量需求回到表内，从而对银行自身资产负债管理产生重大影响。调查数据显示，32.4%的银行家认为资管新规将是未来一年资产负债管理方面监管压力的主要来源。

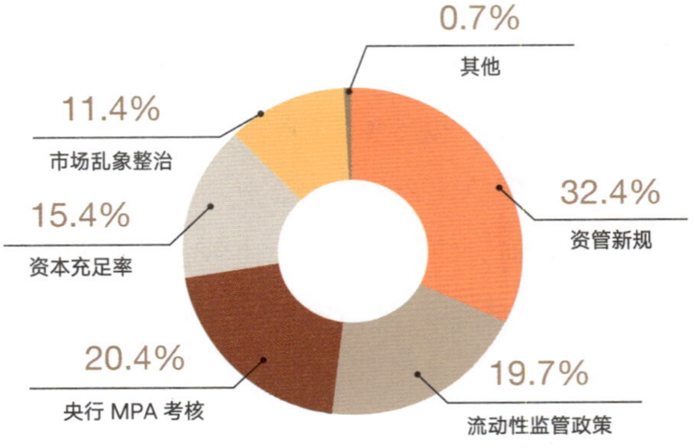

图5-7　未来一年受访银行资产负债管理监管压力主要来源

为了引导金融机构做好流动性管理，央行于 2018 年第一季度起，将资产规模 5000 亿元以上的银行发行的一年以内同业存单纳入 MPA 同业负债占比指标进行考核。2018年5月，为加强商业银行流动性风险管理，维护银行体系安全稳健运行，银保监会发布《商业银行流动性风险管理办法》。上述加强流动性风险管理的监管措施的相继出台与实施，使得央行MPA考核（20.4%）、流动性监管政策（19.7%）为仅次于资管新规的压力来源。

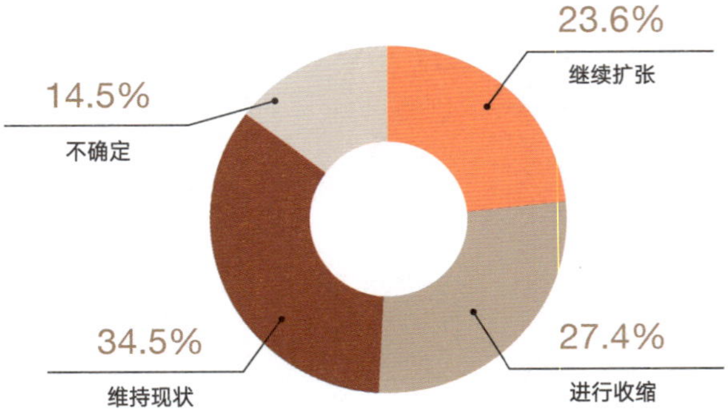

图5-8　未来一年受访银行资产负债表规模变化

在多重压力下，不同类型商业银

行的资产负债表规模变化方向出现分化。调查结果显示，认为所在机构资产负债表规模继续扩张、进行收缩和维持现状的银行家占比分别为23.6%、27.4%和34.5%。细分机构类型来看，股份制商业银行中表示其资产负债表规模将继续扩张、进行收缩和维持现状的银行家占比分别为17.5%、40.5%和29.1%，这可能与股份制商业银行处于同业业务整治阶段且监管压力较大有关；而大型商业银行同业业务、非标业务相对较少，受政策的影响较小，表示其资产负债表规模将继续扩张的银行家占比最高，为34.4%。其他类型商业银行表示资产负债表规模将维持现状的银行家占多数。

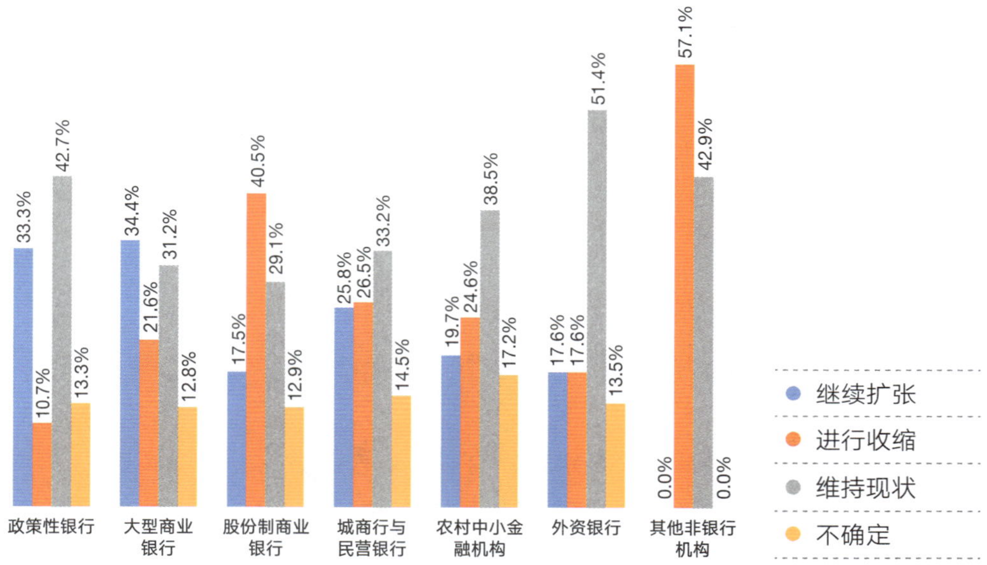

图5-9　受访银行在资产负债表规模变化方面的比较

四、未来一年资产来源中贷款类资产占比提升，债券投资品种以利率债为主

资管新规的实施，将促使非标债权回表，推动贷款类资产大幅增加。通过对比各类资产占比的变化，56.8%的银行家认为所在机构贷款类资产配置比重将增加，占比最高。而认为类信贷资产比重将下降的银行家占比为26.4%，占比最高。可见，中国银行业资产配置将回归本源。

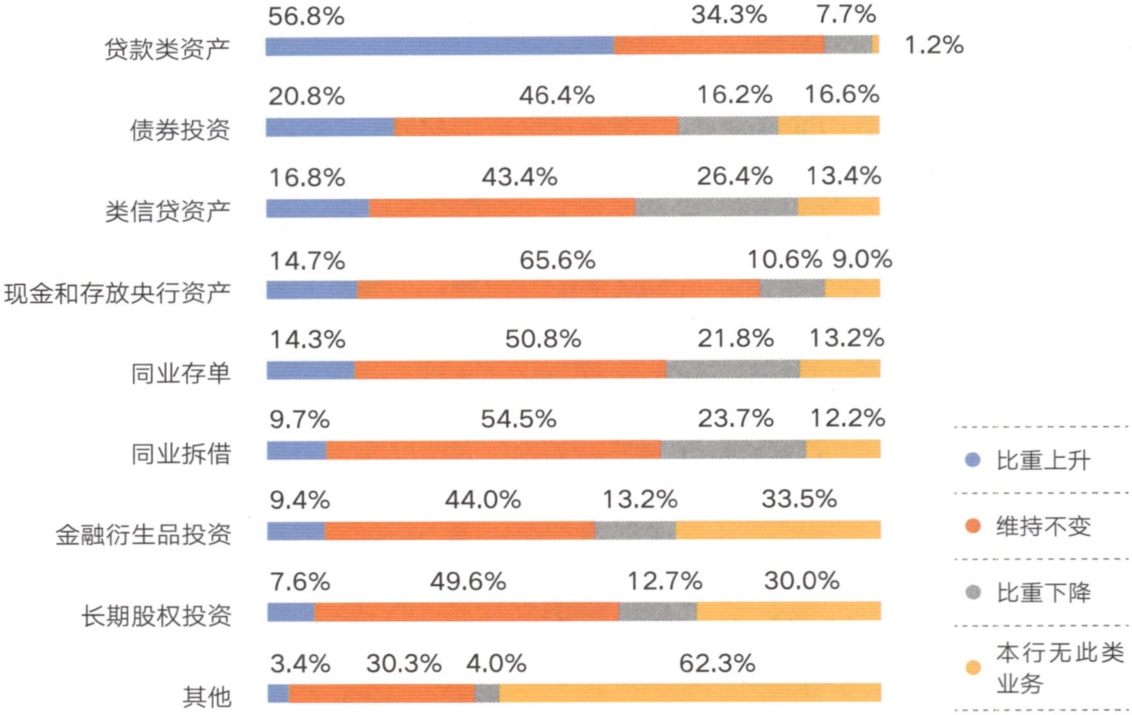

图5-10　未来一年受访银行资产配置比重变化

在债券投资品种上，利率债更受银行家青睐。表外转表内、非标转标的需求促使银行减少配置流动性较低和存在风险的债券。调查结果显示，国债、央行票据、政策性金融债、地方政府债等利率债成为债券投资配置的重点。部分信用债违约事件的发生，降低了商业银行配置信用债的意愿。仅13.9%、12.8%的银行家选择配置公司债、企业债。

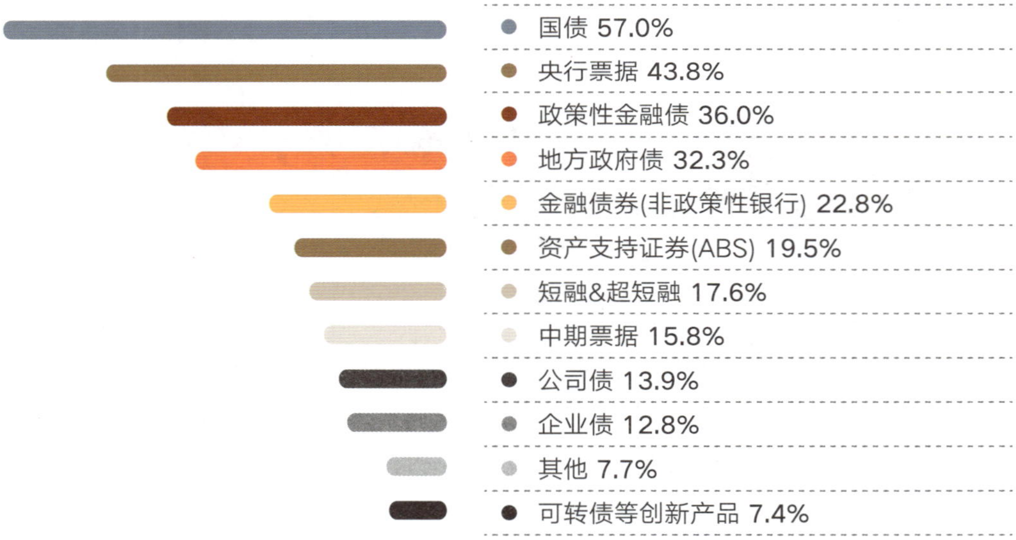

图5-11　未来一年受访银行债券配置重点类型

在选择债券投资的盈利策略上，40.1%的银行家倾向于“融入低成本资金，加点拆放出去”的方式，仅有6%的银行家选择“滚动借入隔夜等短期资金加杠杆”或者“借券做空”的方式，表明投资策略比较稳健。

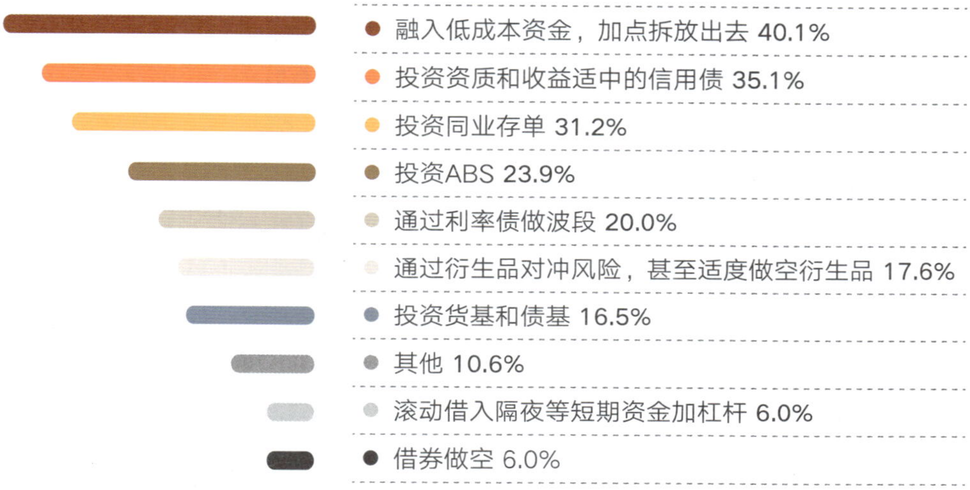

图5-12　未来一年受访银行债券配置主要盈利策略

五、负债来源以传统存款及大额存单为主

2017年以来，流动性监管趋严，鼓励商业银行回归传统存贷业务，提高存款占比和贷款占比，减少对主动负债和非信贷资产的依赖。理财新规正式出台之后，商业银行将不再发行保本理财，转而通过结构性存款替代保本理财开展揽储的竞争。调查结果显示，分别有62.6%、43.5%和42.8%的银行家认为普通存款、结构性存款和大额存单形式的负债来源比重将上升。分不同类型银行来看，相较普通存款（54.2%），大型商业银行更倾向于发行大额存单（61.8%）来增加负债。央行“同业负债纳入MPA考核”的规定与市场流动性共同影响着同业负债规模，51.9%的银行家预期同业业务的比重将维持不变。

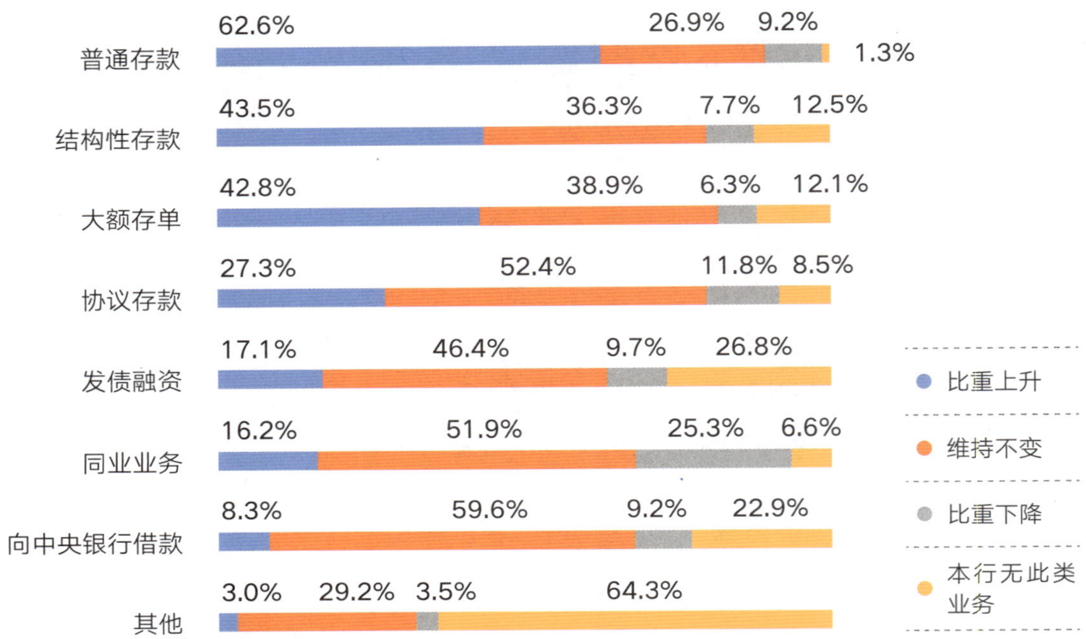

图5-13　未来一年受访银行负债来源比重变化

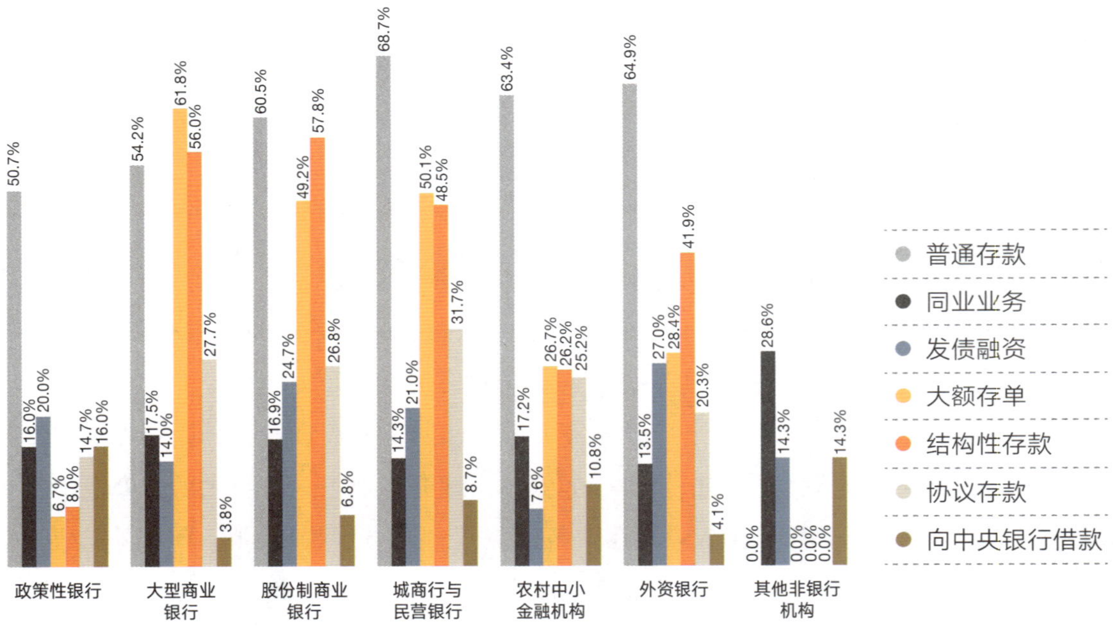

图5-14　受访银行在不同类负债来源增加方面的比较

在扩大负债来源的措施上，分别有56.8%、52.5%和42.5%的银行家表示在未来一年内将分别采取“负债产品创新”、“投放普惠贷款以获得定向降准”、“提高存款利率上限，争夺普通存款”的策略来获取资金。

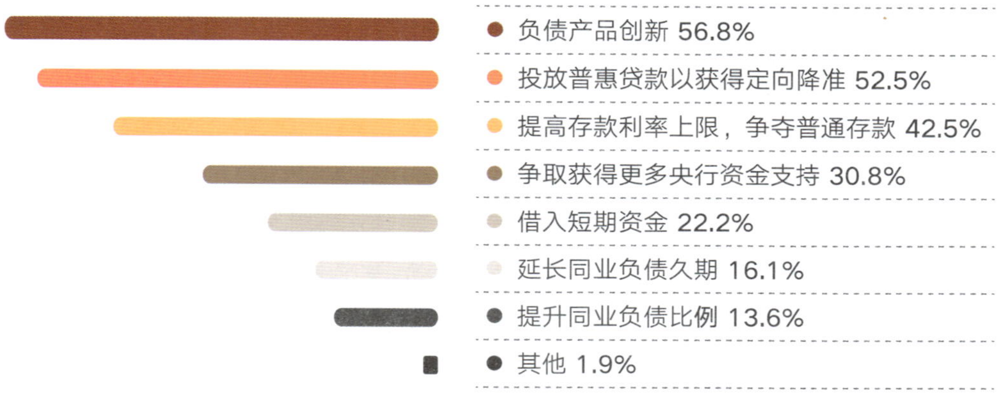

图5-15　未来一年受访银行负债端主要采取的策略

六、过半数银行家认为其所在机构存在资本补充压力，影响自身规模扩张

在金融去杠杆的政策环境下，2018年银行业继续缩减同业资产以及非标业务规模，贷款投放力度的加大增加了银行资本消耗。调查结果显示，虽然33.1%的银行家表示现有资本补充渠道尚能满足其所在机构资本需求，但过半数（52.8%）银行家表示其所在机构已经面临资本补充压力。从具体原因来看，近七成银行家认为银行自身的规模扩张需求对资本造成了一定的压力（68.3%），也有38.9%的银行家认为是由于待消化的不良贷款增加，使得拨备消耗不断上升，超越了资本补充速度。随着资管新规的推出和金融监管要求不断趋严，认为表外业务回表、非标转贷、对全球系统重要性银行追加了资本要求是资本补充压力来源的银行家分别占37.7%、18.9%、9.8%。除此之外，净利润增速回落（29.1%）和对外投资增多（7.9%）也对资本补充存在一定影响。资本监管要求提高、资本补充能力下降以及信贷增量资本占用将持续产生新的资本缺口，都对银行业的经营管理提出了更高的要求。

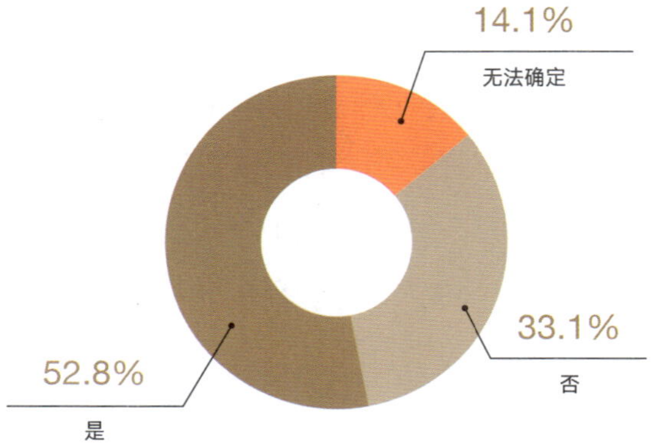

图5-16　受访银行是否存在资本补充压力

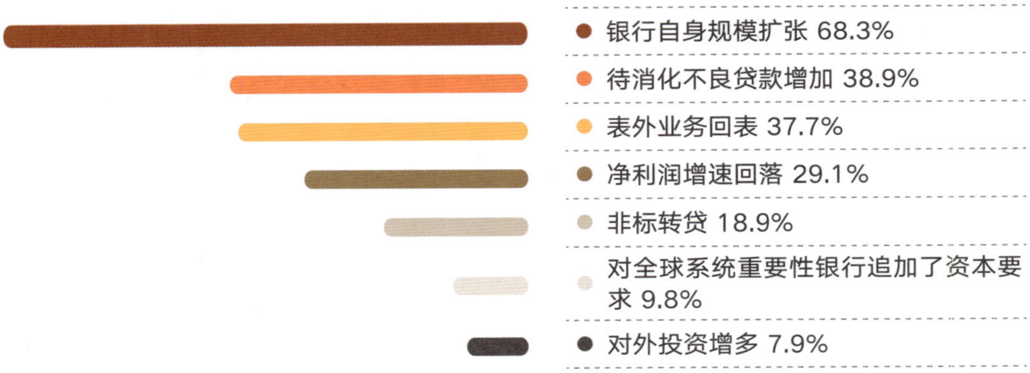

图5-17　受访银行资本补充的压力来源

七、资本补充压力集中于核心一级资本，内源性补充渠道难以满足资本需求

通过内生机制补充核心一级资本会使得资产收益率（ROA）与净资产收益率（ROE）下降，影响银行业绩指标，而增资的程序也相对复杂，因此近八成银行家表示目前资本真正的压力主要集中在核心一级资本（77.0%）。调查数据显示，68.3%的银行家主要依靠留存收益这一内源性渠道补充自身资本。近两年来，商业银行净利润增速放缓，主要通过利润留存的方式来满足商业银行尤其是非上市银行的大量资本补充需求，在现阶段恐将难以为继。就数量来看，发行二级资本债已成为银行业的第二大资本补充渠道（47.6%）。2018年以来，已有多家银行使用外源资本补充渠道补充资本尤其是核心一级资本，例如定向增发（38.9%）、发行优先股（17.0%）、发行可转债（14.7%）和IPO（14.7%）。另外，28.7%的银行通过减少超额拨备夯实资本。在银保监会的引导下，未来将支持银行业金融机构尤其是中小机构多渠道补

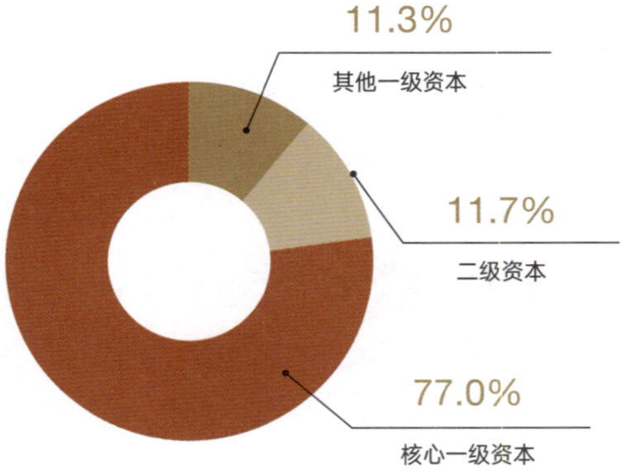

图5-18　受访银行存在补充压力的资本类型

充资本，打通商业银行补充一级资本的渠道，进一步增强信贷投放能力。

按上市与否来看，非上市银行主要依靠内源性补充渠道，例如留存收益（32.0%）、超额拨备（14.4%）。而上市银行基于其市场融资优势，通过发行可转债以及优先股进行资本补充的占比已经分别达到16.1%和13.5%，多元化资本补充渠道发展更加均衡。

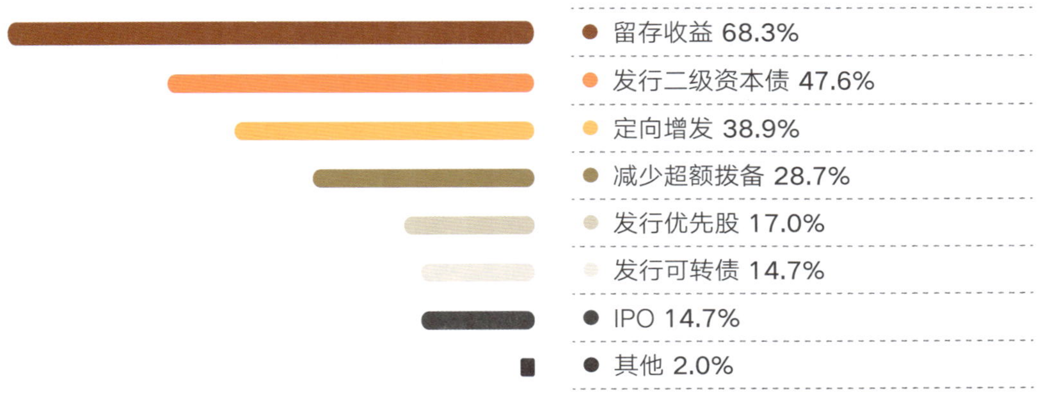

图5-19　受访银行的资本补充渠道

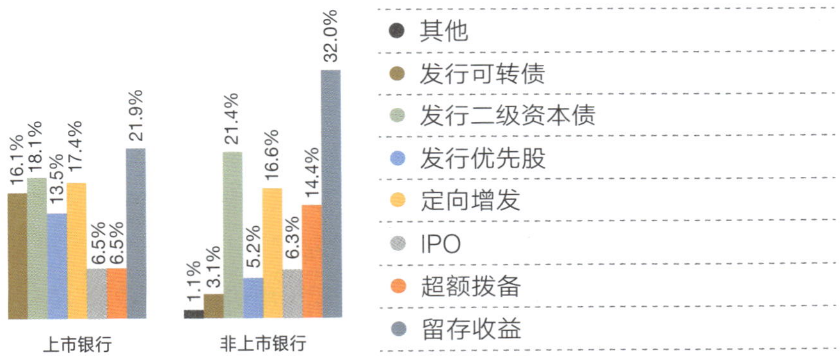

图5-20　上市/非上市银行的资本补充渠道

在对中国银行业资本补充难点的调查中，认为自我积累、自我补充能力差的银行已过半数（52.8%），可见内源性资本补充渠道已经难以满足资本补充需求。其次是合格资本工具匮乏（39.0%）和市场承载能力存在局限性（37.3%）。部分欲利用外源性补充渠道的银行也出现了上市难度大（32.3%）或发债成本高（27.9%）的困难。除此之外，14.7%的银行在落实监管部门规定时存在一定的技术难题。银行业未来应在政策护航下，创新银行资本工具，拓宽资本补充渠道，选择适宜自身的资本补充方式。

当前商业银行资本结构合理性有待改善。相对海外市场，我国商业银行在境内仍缺乏足够的资本补充手段，其中尤其缺乏补充其他一级资本的永续债，以及强制转股类的资本工具。2018年12月25日，国务院金融稳定发展委员会办公室召开专题会议，研究多渠道支持商业银行补充资本有关问题，推动尽快启动永续债发行。在针对银行资本工具创新方向的调查中，建议推出无固定期限资本债券（即永续债）的银行家占比最高（42.2%），这与监管层着力引导的方向契合。选择固定收益型资本补充工具的三个突破方向的银行家比例相当，即转股型一级资本债券（28.7%）、减记型一级资本债券（27.7%）、转股型二级资本债券（22.9%）。从宏观审慎的角度来讲，适度允许银行业进行资本工具方面的创新，更好地补充资本，对稳定实体经济的融资需求大有裨益。

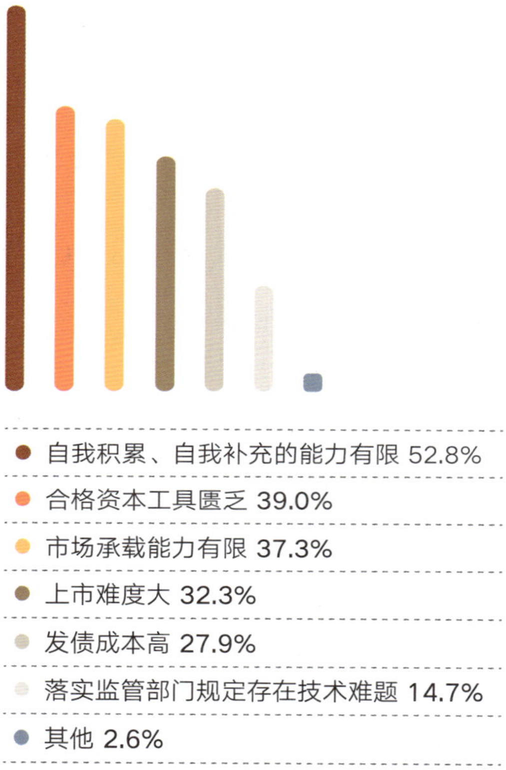

图5-21　受访银行资本补充的难点

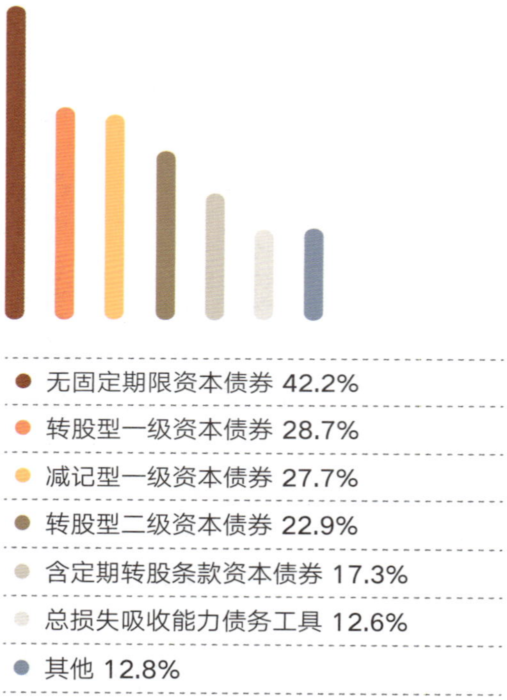

图5-22　受访银行未来对资本工具的创新拓展方向

八、近七成银行家主张通过提高资产质量、合理管控资本等举措强化内部资本补充能力

为提高银行业的资本补充能力，大部分银行家主张提高资产质量控制能力（69.7%），把握好资产规模增长与资本消耗之间的平衡（61.4%）。逾半数银行家提出可以促使业务结构向轻资产转变（53.4%）。对于内源性补充机制，32.1%的银行家建议灵活调整利润留存机制以最小化其负面影响。对于外源性资本补充渠道，11.2%的银行家则指出未来需要增强市值管理能力，使股票市场成为稳定的资金筹集渠道。除此之外，9.6%的银行家认为需要进一步发挥拨备覆盖率逆周期调节作用；4.6%的银行家建议继续推进国际化进程，借助海外分支机构筹集低成本资金。可见，银行业普遍已经认识到资本补充压力的现状，并针对自身资本结构实行差异化的提高资本补充能力的具体改进措施。

- 提高资产质量控制能力 69.7%
- 把握好资产规模增长与资本消耗之间的平衡 61.4%
- 业务结构向轻资产转变 53.4%
- 灵活调整利润留存机制 32.1%
- 增强市值管理能力，使股票市场成为稳定的资金筹集渠道 11.2%
- 进一步发挥拨备覆盖率逆周期调节作用 9.6%
- 推进国际化进程，借助海外分支机构筹集低成本资金 4.6%
- 其他 1.4%

图5-23　受访银行提高资本补充能力的举措

第六部分

金融科技与信息化

2018年，金融科技（FinTech）概念全面普及。通过降低成本、提高效率、增强用户体验，金融科技为银行业带来了巨大的机遇；同时，科技使得金融风险及其传播更加复杂，为银行经营管理带来了挑战。总体而言，银行家对发展金融科技与信息化建设的态度积极、普遍认为金融科技浪潮中的机会多于挑战，对金融科技与信息化建设的期望逐渐提高、投入持续增加。

ESE
BANKERS
SURVEY
中国银行家调查报告

一、信息化建设对于业务发展的驱动作用日益明显，加大投入成为银行家共识

随着金融科技公司的壮大和市场偏好的改变，银行家对当前银行信息化建设升级的需求急速上升。调查结果显示：第一，认为信息化建设的现状已经制约银行经营管理的银行家占比持续走高，由2017年的7.9%上升1.4个百分点至2018年的9.3%，达到近三年最高水平。第二，认为信息化建设水平仅能够满足当前经营管理需要的银行家占比连续3年上升，由2017年的26.2%上升2.4个百分点至2018年的28.6%。第三，认同银行现有信息化建设水平能够驱动发展的银行家比例由2017年的28.3%下降2.2个百分点至2018年的26.1%。最后，认为银行现有信息化水平能够满足经营管理水平提升需要的银行家占比连续3年下降，由2017年的37.6%下降1.6个百分点至2018年的36.0%。

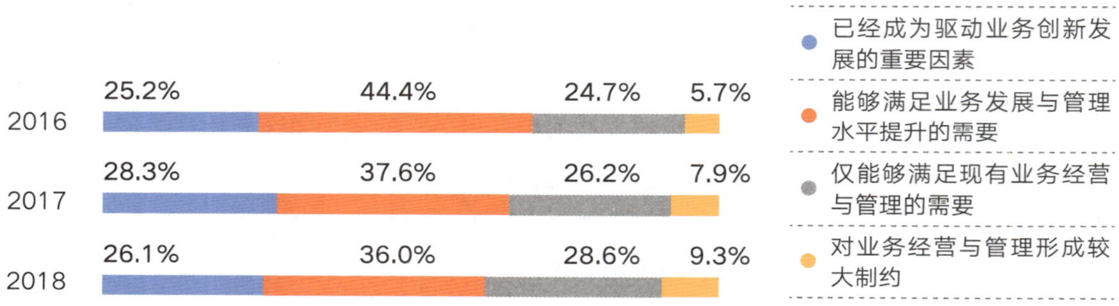

图6-1　银行家对银行信息化技术建设现状的态度

银行家对金融科技发展的观望态度逐渐消失、战略制定和经营管理调整逐渐完成，未来将持续增加信息化建设投入，以提升银行信息化建设水平、应对金融科技浪潮。调查结果显示：第一，未来三年将大幅增加信息化建设投入的银行达到了49.2%，较2017年的45.7%增加了3.5个百分点。第二，未来三年在信息化建设投入稳定的前提下调整发展结构的银行占比连续下降，由2017年的50.9%下降3.3个百分点至2018年的47.6%，达到近年最低水平。第三，维持现状或减少投入的银行占比保持稳定，合计约占3.2%。

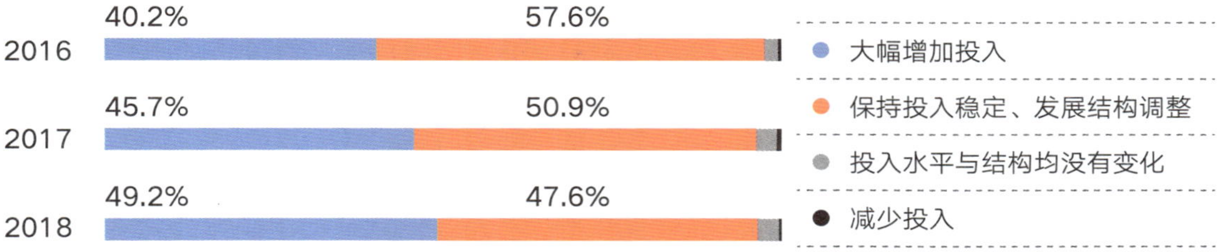

图6-2　未来三年银行信息技术投入

二、银行家持续关注信息科技风险，风险隐蔽及多渠道传播不容忽视

随着银行信息化建设投入的持续增加和信息化水平的不断提高，银行在发展信息科技时不得不面对更多的、新的风险。调查结果显示：第一，信息科技风险和信息安全风险是银行家最为关心的风险（59.0%）。第二，随着信息化建设的推进和银行业务的发展，银行面对的风险及其传播渠道变得更加复杂，银行家十分关注潜藏在业务中的难以识别的风险（46.1%）以及参与主体多样化带来的多渠道风险传播（38.8%）。第三，“金融脱媒”带来的市场竞争、跨业跨界经营趋势带来的担忧、金融监管不足以及合规风险也是银行家关注的风险，选择比例分别为44.9%、24.5%、22.4%和20.5%。第四，消费者权益保护问题也是银行家关注的方面之一，选择比例约为11.5%。

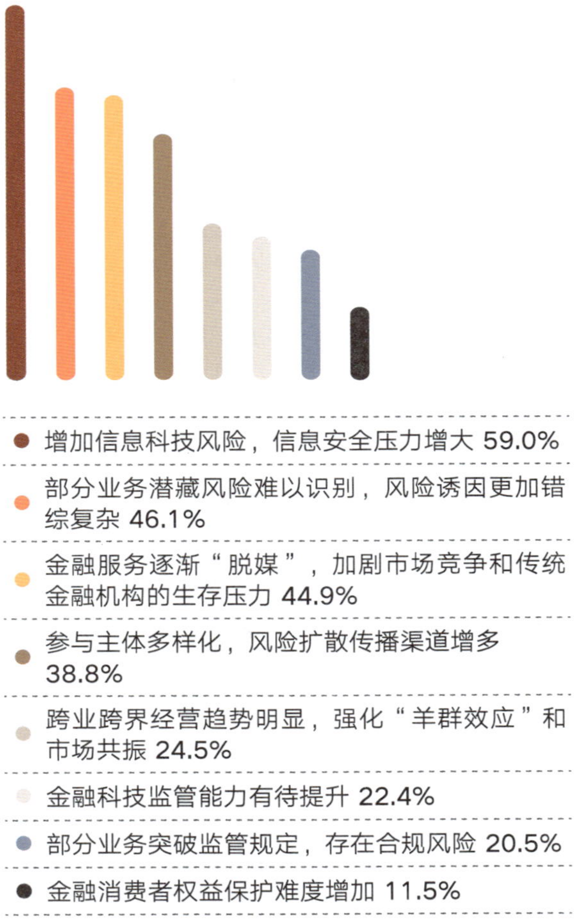

图6-3　金融科技发展面对的风险与问题

三、金融科技浪潮对银行影响深远，银行家总体认为机遇大于挑战

总体而言，银行家普遍认为金融科技浪潮对银行的机遇大于挑战，持有这一观点的银行家约占54.0%。28.6%的银行家认为金融科技浪潮带给银行的机遇和挑战是相当的。约17.1%的银行家则认为金融科技更多的是带来挑战。

具体而言，逾七成（74.2%）的银行家认为这一影响主要体现在促进金融产品创新方面。超五成（54.4%）的银行家认为金融科技提供了新的客户渠道。此外，选择金融科技推动了渠道融合、金融科技为银行的经营管理提供了更为有效的手段、金融科技提高了银行中后台营运能力、金融科技提供了更丰富的业务场景的银行家比例分别为46.0%、40.5%、36.2%、26.4%。

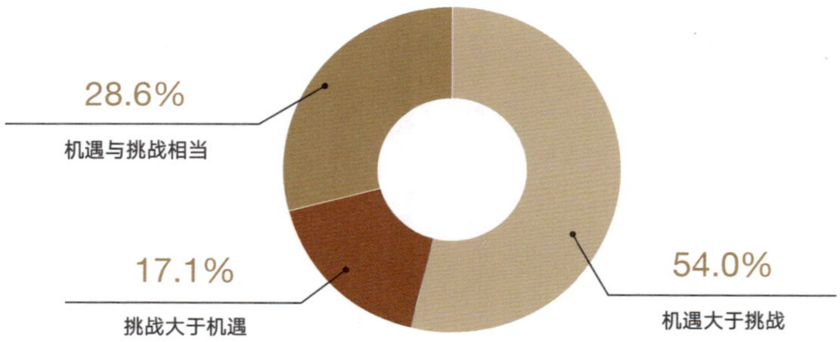

图6-4　金融科技对银行的影响

图6-5　金融科技对银行的影响方式

金融科技对银行经营管理的影响方面。银行家普遍认为金融科技推动了银行经营管理效率的提升，如客户营销效率提高（68.2%）、经营管理效率提高（62.9%）、经营检测及时性和准确性提高（46.9%）。此外，银行家还认为金融科技降低了银行经营管理中的成本，如人力资源消耗（52.0%）、经营管理费用（44.2%）和风险损失（34.2%）。

金融科技对银行业务结构的影响方面，银行家认为随着金融科技的发展，影响最大的是现金存取业务（67.6%），其次是支付转账业务（62.1%），而后则依次为储蓄业务（47.9%）、账户开立（35.9%）以及信贷业务（20.2%）。

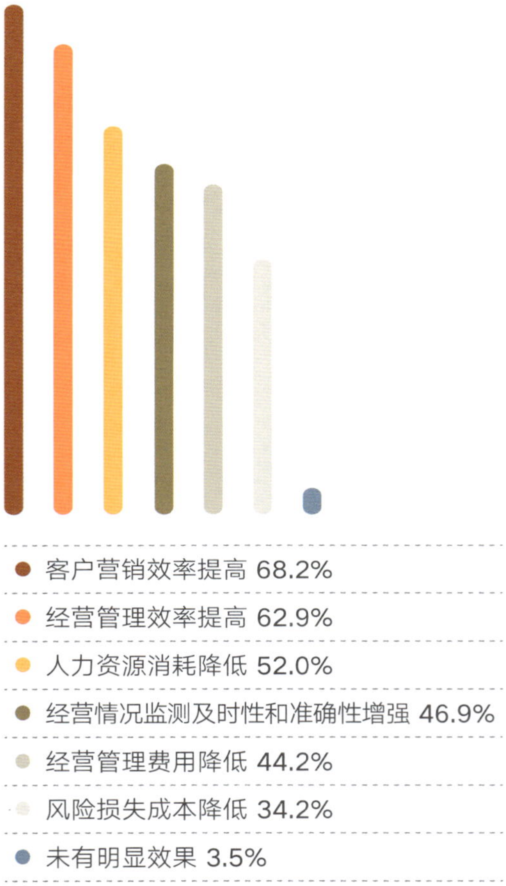

图6-6 金融科技对银行经营管理的影响

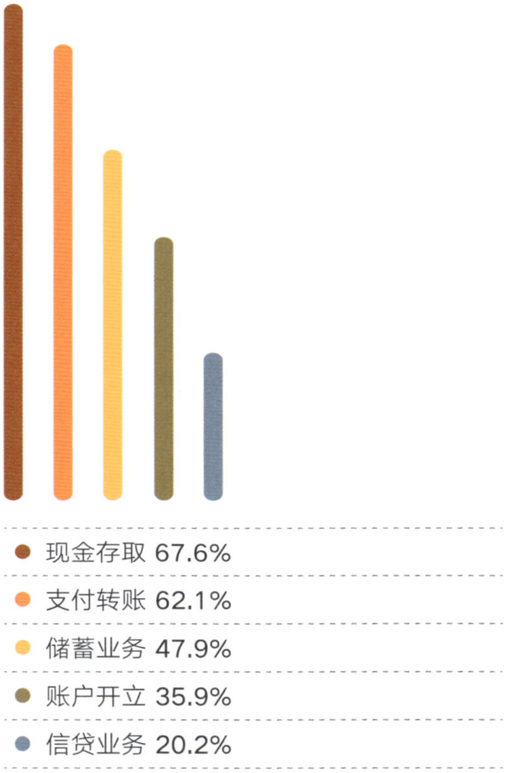

图6-7 金融科技对不同类型银行业务的影响程度

调查结果显示，金融科技对银行人力资源管理的影响主要包括：员工专业结构受到金融科技浪潮的影响而产生变化（73.3%）、操作性岗位的可替代性增加（70.5%）、人力资源管理的智能化程度提高（61.3%）。16.2%的银行家认为金融科技使得银行的人力资源管理难度加大。

为应对金融科技对银行人力资源管理产生的影响，银行采取的应对方式主要包括：外部引进与内部培养相结合（74.6%）、拓展金融科技人才职业发展通道（56.3%）、加大对金融科技人才薪酬福利支持力度（50.3%）、加大金融科技人才培训力度（46.7%）、招聘途径多样化与标准柔性化（43.2%）、加强员工流动（34.2%）、建立人才分析数据库（28.5%）以及给予金融科技人才自主权（20.1%）。

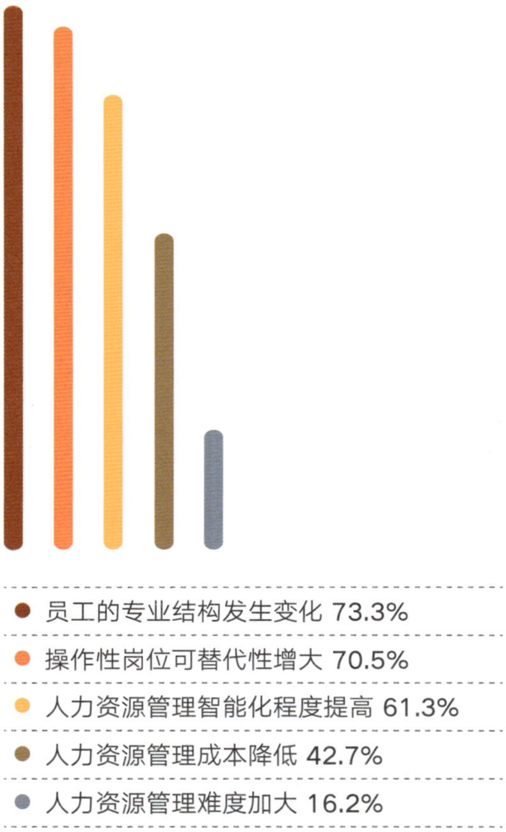

图6-8　金融科技对银行人力资源管理的影响

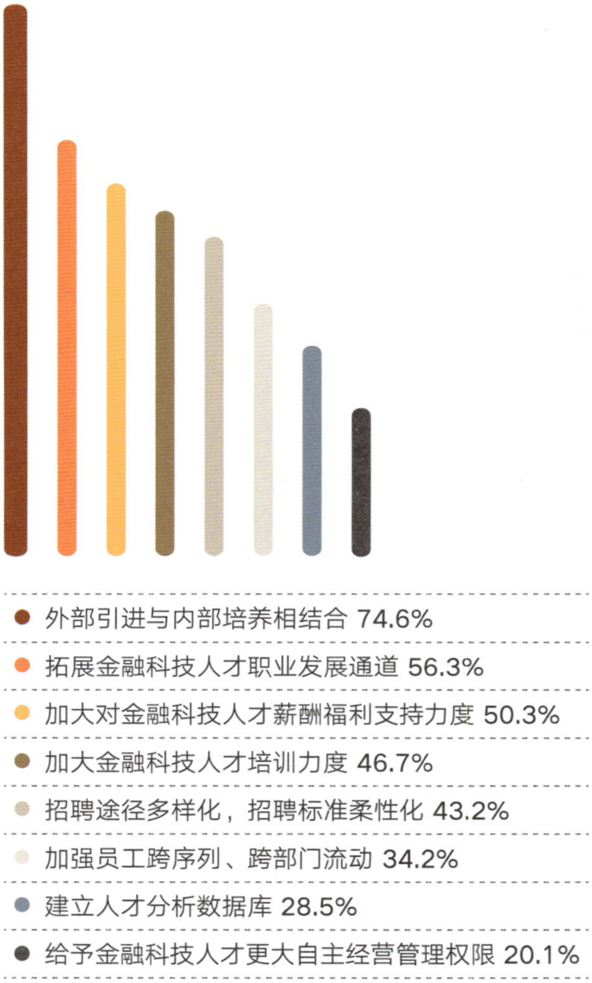

图6-9　银行人力资源管理应对金融科技发展的方式

调查结果显示关于金融科技对银行客户的影响，银行家认为：第一，最直接的影响是线下客户线上化（76.7%）。第二，客户呈现出年轻化趋势（57.8%），对产品创新的接受度增强（52.3%），同时呈现出国际化趋势（9.8%）。第三，随着线上服务和服务方式的多样化，客户黏性增强（45.9%）。第四，企业客户接受一体化服务比例上升（38.3%），且银行共有客户比例上升（34.9%）。第五，随着银行对金融科技的建设与应用，银行对高潜客户的挖掘能力提升（35.3%），且更易于发现和挽留可能流失的客户（21.0%）。

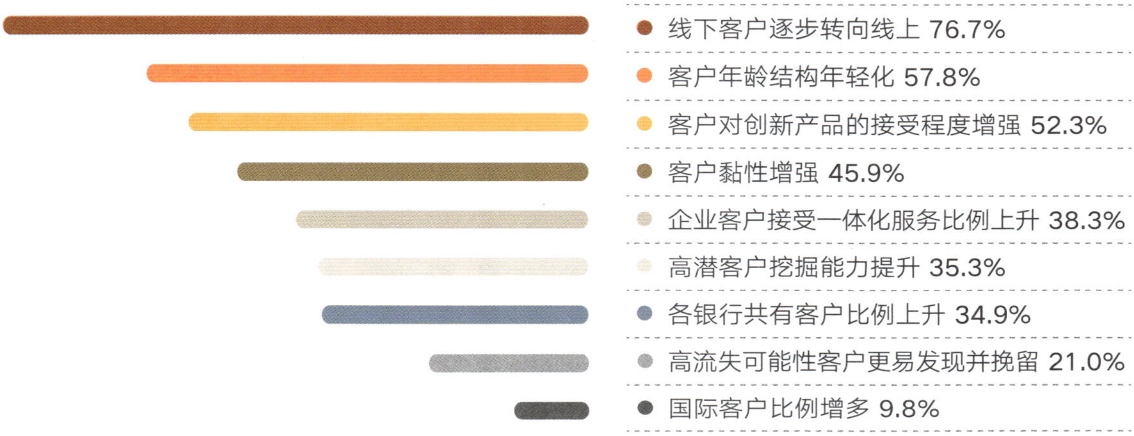

图6-10　金融科技对银行客户的影响

四、银行发力网络银行和移动支付领域，并重点关注移动互联网和大数据技术

随着金融科技——尤其是互联网技术和移动通信技术——的发展，银行为应对金融科技浪潮，着力推动金融科技在银行业各领域的应用。调查结果显示，银行家最为重视手机银行和互联网银行等网络银行（81.7%），同时积极跟踪移动支付（54.7%）。紧随其后，较为受到银行家关注的分别是网点智能化（45.2%）以及大数据在风控中的应用（41.8%）。此外，银行家对直销银行（31.5%）和线上供应链金融（28.5%）保持着一定的关注度。相对而言，银行家对电商平台（17.4%）、社交金融服务（16.9%）和智能

投顾（13.9%）等领域的关注度较低。

随着金融科技的发展和市场偏好的变化，银行家持续推动银行对金融科技的投资开发和推广应用，关注金融科技技术发展前沿，尤以ABC、区块链和移动通信技术为甚，选择比例分别为大数据（Big Data）（74.4%）、人工智能（AI）（55.7%）、区块链（49.0%）、云计算（Cloud）（45.6%）以及移动通信技术（42.4%）。此外，银行家关注较多的技术还包括物联网（28.8%）、生物识别（21.4%）、社交网络（14.7%）、基于位置的服务（LBS）（13.8%）和VR/AR（10.1%）。

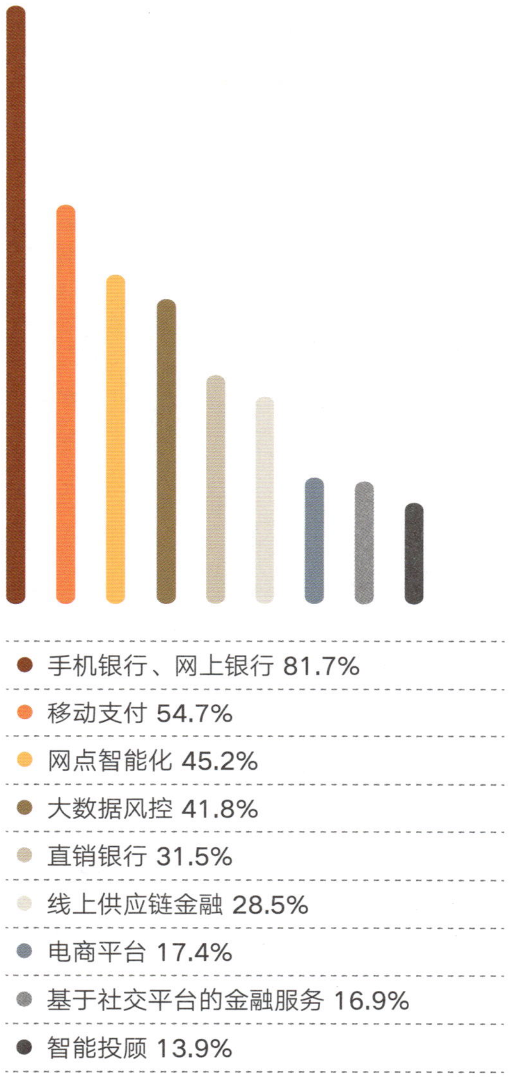

图6-11　金融科技的重点应用领域

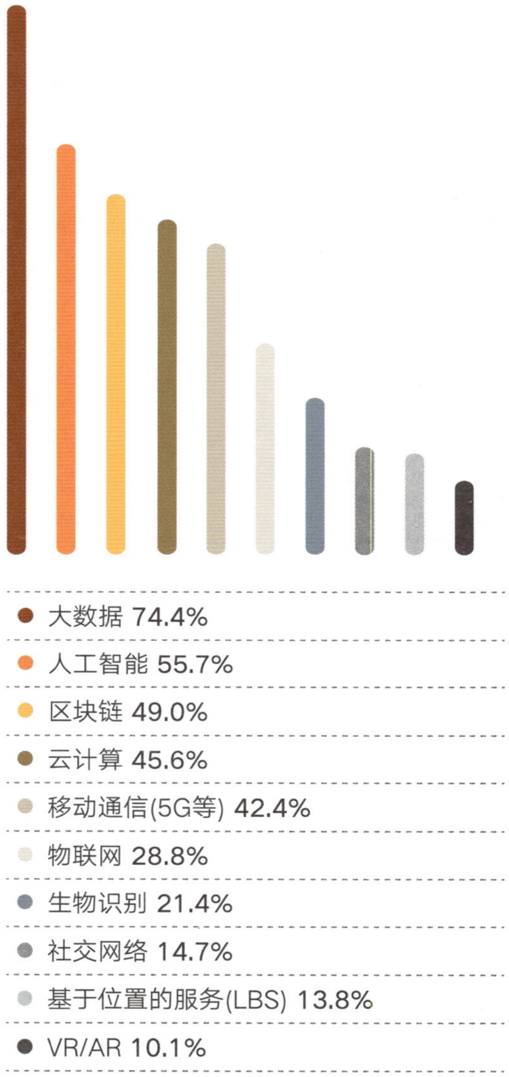

图 6-12　金融科技的重点关注领域

在推广应用现有金融科技技术的同时，银行家还积极跟进、评估和推广各类新兴金融科技在银行中的应用。调查结果显示，实际应用范围最广的技术是移动互联网（44.8%），其次则是大数据技术（32.9%），人工智能（19.7%）紧随其后。相反，区块链和物联网技术的实际应用程度较低，分别为12.4%和10.1%，分别有40.9%和43.7%的银行家正在对其进行评估。

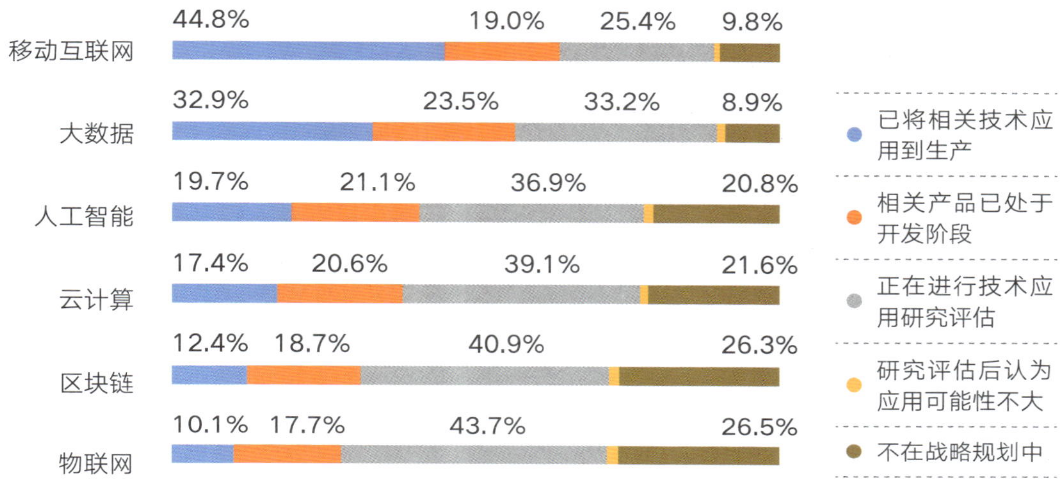

图6-13　金融科技的各领域发展水平

五、人才短缺制约银行发展金融科技

在应用和发展金融科技时，银行也并非一帆风顺。缺乏专业型、复合型人才是银行发展金融科技面对的最大困难（82.2%）。同时，技术支持不足（52.1%）、技术开发应用成本过高（47.9%）和金融科技风险难以防范（44.6%）也是制约银行发展金融科技的重要原因。此外，体制机制（24.9%）、金融监管（19.3%）、银行战略（12.1%）和舆论（7.2%）的压力也值得关注。

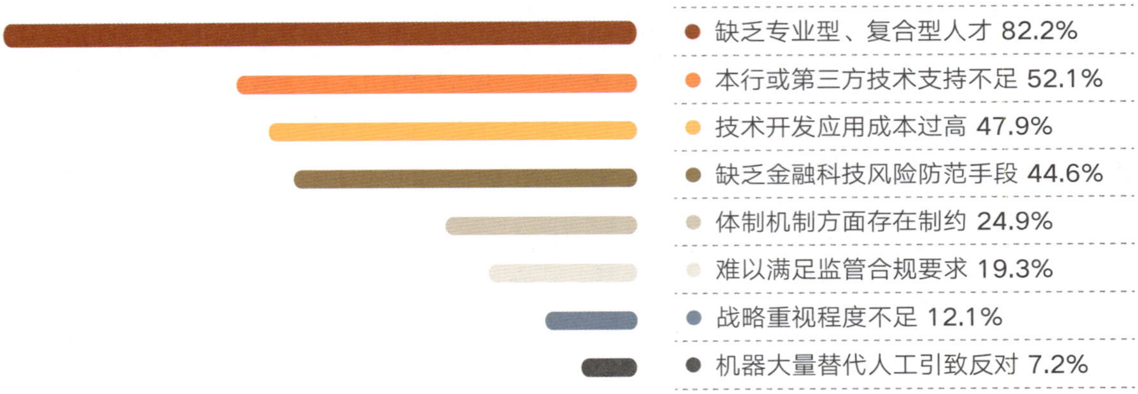

图6-14　银行发展金融科技面对的困难

六、金融科技成监管重点，统一标准是重要方法

当前的金融监管强调宏观审慎监管与功能监管相结合，注重行为监管和穿透式监管，对于金融科技的监管导向亦是如此。调查结果显示，68.4%的银行家认为对于金融科技的监管可以“规范金融科技发展”。复杂的贸易和股权结构形成了关联交易风险和政策套利风险，增大了实体经济的系统性风险，加强了个体风险的相关性，使得银行业务的“风险形式发生变化”（57.6%）、“业务创新速度加快”（48.4%）、“线上金融服务普及”（48.0%）、“产品交叉性和关联性增强”（43.5%），而金融科技在银行业务运行过程中所积累和处理的数据恰好能为现阶段的风险控制提供更多参考。另外，注重分业管理的“传统监管穿透性难度增加”（39.2%）、“传统监管滞后性严重”（38.0%）也是金融科技的监管需求愈发旺盛的重要原因。

关于监管有待完善方面的调查结果显示，金融监管与金融科技的协调发展是关键点。在监管对象的定义与定性方面，存在“监管能力与金融科技发展不匹配”（60.0%）和“对金融科技的监管定位不清”（37.9%）两种现象，要求监管对新兴技术的应用方法加以指导与控制，但银行家选择建立金融科技特定监管职能部门的比例不高——仅18.5%的银行家认为需要补充该类部门。在监管的具体方式上，“功能监管作用有待进一步发挥”为44.3%的银行家选择，表明金融与金融科技的监管形式需要跟随机构业务与风险的变化而改进。

- 规范金融科技发展 68.4%
- 风险形式发生变化 57.6%
- 业务创新速度加快 48.4%
- 线上金融服务普及 48.0%
- 产品交叉性和关联性增强 43.5%
- 传统监管穿透性难度增加 39.2%
- 传统监管滞后性严重 38.0%
- 监管成本增加 14.3%

图6-15　加强对金融科技监管的必要性

- 监管能力与金融科技发展不匹配 60.0%
- 功能监管作用有待进一步发挥 44.3%
- 对金融科技的监管定位不清 37.9%
- 金融监管部门与其他政府信息科技管理部门之间缺乏协调 26.7%
- 金融监管部门之间缺乏协调 25.5%
- 对金融消费者权益保护力度不够 19.2%
- 缺乏负责金融科技监管的专业职能部门 18.5%

图6-16　面对金融科技快速发展，监管有待完善的方面

面对金融科技带来的新的金融产品和组织形态，59.8%的银行家认为“统一监管标准和指标体系”是最为适合的监管手段，选择“完善金融科技风险的监测、预警和处置机制”（47.1%）及“建立健全金融科技监管基础设施”（46.8%）的比例也较高。在英国金融行为监管局（FCA）率先采用“监管沙盒”为金融科技公司创造可以让其测试新型金融产品、服务、商业模式和营销模式的安全空间，本次调查中银行家选择该方法的比例仅10.0%，更少比重的银行家选择“积极参与国际金融监管合作”（3.6%）。

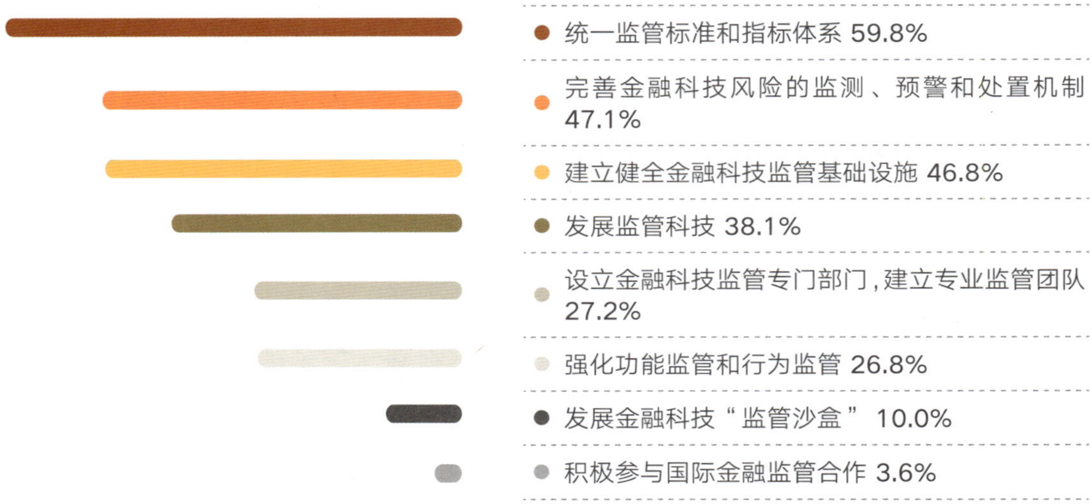

图6-17　完善金融科技监管的方法

七、贸易摩擦背景下金融科技核心技术需求升级

中美贸易摩擦未来走势存在较大不确定性背景下，银行家积极思考对金融科技方面带来的潜在影响与应对举措。“提升核心技术自主研发能力”（65.8%）和“推动信息安全基础软硬件国产化”（62.1%）被银行家认为是最有力的应对手段，信息产业上游的稳定发展将为下游应用端提供更强力的保障。47.3%的银行家选择“推动信息科技服务供给多元化”，44.0%的银行家认为应“强化防控信息科技外包风险”，另有12.5%的银行家认为“相关风险较小，暂不需要采取额外措施”。

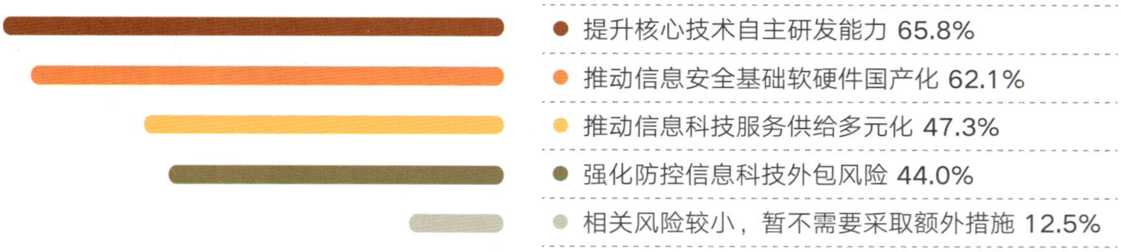

图6-18　银行业应对中美贸易摩擦可能带来信息科技风险的主要措施

银行家访谈手记之五

银行家高度重视推动金融科技发展，分享了近年来所在机构在人工智能、区块链、云计算、大数据等领域发展金融科技取得的主要成效与经验，提出了金融科技领域的发展重点与未来规划，客观理性地对比分析了银行与信息科技企业在发展金融科技方面各自具备的优势，并对加强金融科技监管提出了建议。

银行家谈金融科技的银行发展经验与监管

课题组：您认为金融科技在服务实体经济中扮演什么样的角色？如何推进金融科技和银行业深度融合？贵行有哪些宝贵经验？

王继康(广州农商银行董事长): 金融科技在服务实体经济的过程中，特别是在支付、结算、征信等领域，都扮演着重要的角色。它使金融服务的范围覆盖面更广，让金融服务实体经济的效率得到提升，便于银行业更好地推广普惠金融。

在推进金融科技与银行业的融合上，应注意以下几点：一是银行应该在准确理解金融科技的基础上，做好规划和规划落地。二是稳步推进银行的数字化和智能化进程，尽快实现银行经营管理的数字化转型。三是重视人工智能、大数据、云计算、区块链等技术的创新应用，提升银行的经营管理水平和核心竞争力。

广州农商银行在应用金融科技上的经验大致有如下几点：

一方面，加速推进物理网点转型。主要举措包括：一是建设广州农商银行柜面无纸化系统，围绕提升客户体验，通过对柜面个人客户办理的相关业务实现电子签名、业务凭证影像化存储等方式，替代传统纸质签字和纸质业务凭证的功能，优化柜面业务服务操作流程，实现业务全程电子化处理，提升客户服务体验。二是建设智能化网点，引进智能化自助设备和生物识别技术，将智能理念与产品创新、服务创新、流程创新相结合，从而实现交易处理的自助化和离柜化。

另一方面，加速发展互联网金融业务。一是建设广州农商银行的珠江直销银行，以

APP、场景 H5 等多元化电子入口作为门户，引入活体检测等人工智能技术建立统一身份认证平台，以简洁、高效的服务体验为广大客户提供金融服务。二是打造生态金融服务圈，积极挖掘各行业的“互联网 +”转型机会，为客户提供不止于金融的一站式线上服务。

刘家德（广发银行行长）：银行科技主要经历了三个发展阶段。第一阶段是金融信息化，主要是面向内部用户设计、面向内部业务流程的信息化，推动了银行经营管理效率提升。第二阶段是互联网金融，借助互联网技术，把金融服务从线下转移到线上，扩大了银行业务覆盖范围，加快了银行业务拓展。目前处于第三阶段，也就是金融科技阶段，主要是通过技术与业务模式的深度融合，利用新技术来重塑银行业务。在前两个阶段科技对金融模式上的创新并不明显，而金融科技带来了银行商业模式变革，金融科技在银行业扮演催化剂和倍增器的角色，促成和加速金融模式创新。

广发银行将金融科技作为全行战略重要组成部分，全面推进数字化转型：对外要推动平台建设、生态共赢，实现平台互联、数据互通、能力开放、场景聚合；对内推动科技与业务深度融合、协同创新，共同推动业务模式创新，形成技术赋能、敏捷开发、数据驱动、极致体验、引流嫁接的核心能力；同时不断提升 IT 能力建设，推进“平台云上化、应用移动化、数据一体化、开发敏捷化、设备国产化”，更好地发挥科技支持、推动和引领作用。

曾学文（中国农业银行战略规划部总经理）：在经济发展进入新时代的同时，当前金融科技的迅猛发展也将金融业带入了一个前所未有的新阶段，在助力解决金融支持实体经济中扮演了重要的角色。一是金融科技提升金融服务实体经济的效率。人工智能、区块链、云计算、大数据等科技喷涌发展，创造了大量新产品、新应用，催生出一系列全新的产业和商业组织，金融科技应用在支付、结算、征信等方面，让金融服务的范围覆盖面更广，极大地提升金融服务企业的质效。二是金融科技有利于降低金融成本。互联网在某种程度上可替代物理网点，在支付、借贷等方面提供更普惠性、相对比较低成本、不依赖于物理网点的服务。利用大数据提供一些金融特别是信贷产品服务，可降低金融成本，有效防范信用风险。同时基于金融科技的在线供应链金融的发展，有助于促进产融结合。

农业银行高度重视金融科技创新发展，以金融科技构建农业银行的可持续核心竞争力。在战略上，明确以“金融科技 +”为驱动，提升客户体验、提质精细管理、提高质量效益、强化风险管控；以改革创新为抓手，显著加强金融服务实体经济的能力，实现农行向数字化智能银行转型的目标。在战术上，采取“两条腿走路”，加快自主创新和开放合作并重，通过快速整合多方优势资源，建立健全“业技融合”的联合创新体系，实现引领性创新。在战役上，农业银行全行打响互联网金融服务“三农”“一号工程”和“零售业务转型工程”两场重要战役，以服务“三农”和零售转型作为金融科技的主要突破口。

课题组：贵行在金融科技方面有哪些主要工作布局？

刘家德（广发银行行长）：广发银行在金融科技应用方面已经初见成效。一是实现传统架构向分布式架构的转变。基于业界先进的分布式技术平台，建立了互联网应用分布式开发平台，搭建面向广发银行互联网应用共享服务中台，满足广发银行互联网业务快速交付、弹性部署、动态调整、抗大并发冲击的高要求，有效应对业务规模和客户规模的爆发式增长。二是引入先进的移动开发框架，实施了“发现精彩 3.0”和“手机银行 4.0”重构，大幅提升了客户体验。三是大力转型智能网点，引入网点智能设备，并充分运用人脸识别、电子签章等手段提高风险管控能力，全面提升运营效率，利用大数据进行精准营销，打造自动化、自助化、线上化、智能化的网点运营体系。四是搭建大数据平台和人工智能平台，并应用到风控、营销等业务场景，取得了良好的效果。此外，还开发智能投顾、智能语音导航、AI 智能客服等智能化应用，为客户带来全新的体验。

吴建杭（中国建设银行战略规划部总经理）：建设银行基于金融科技战略规划，加快落实体制改革，对内构建智慧金融，创新获客、活客、留客方式，对外拓展开放共享型智慧生态，开放共享金融服务，构建行业生态圈。

体制改革方面。第一，成立金融科技创新委员会，统筹全行金融科技战略规划、推进以及制度建设，持续加强技术对业务的推动创新。第二，制定《金融科技战略规划（2018—2023 年）》。第三，成立建信金融科技有限责任公司，打造市场化的金融科技创新队伍，释放科技创新活力。第四，组建 ITBP（IT Business Partner）服务团队，实现总分行一体化有效运作，全面提升了业务需求响应速度。第五，成立建行大学和新金融人才产教融合联盟，加强与科研院所及科技公司合作。最后，加强集团金融科技协同机制建设、科技联动及资源共享，激发全行科技队伍新活力，贯彻落实金融科技体制改革要求。

对内建设方面。建设银行在移动支付领域持续发力，深耕拓展市场；大力布局移动支付领域，积极创新移动支付产品。通过采用人工智能等高科技重塑支付产品，实现金融服务的智能化、个性化、定制化，提升用户体验。通过生物特征识别技术，提高交易便捷性与安全性。通过物联网技术，优化无感通行流程。推广“龙支付”以及“聚合支付”等产品，为客户及商户带来良好的体验。

对外开拓方面。建设银行支持住房租赁战略，服务人民美好生活。围绕住房服务，进一步打造智慧社区服务平台、安心养老服务平台，通过平台连平台的方式，深度融合金融服务与社会生活场景，既为住房服务引流，又将住房租赁扩展到居家生活全链条，助力百姓不仅有房住，而且住得好。

开放共享方面。建设银行探索科技服务输出，赋能同业，基于公有云构建同业合作平台，面向同业客户提供轻量级、可定制、可组合、类型丰富的云服务产品，满足同业客户差异化的系统服务需求，支持同业客户自有系统的接入与集成，打造业界顶尖的同业科技输出服务名片。

行业生态方面。建设银行建设开放银行平台，提供包括 SDK、H5 和 API 等多种模式的金融服务，在第三方应用嵌入建行账户管理、缴费支付、投融资等产品和服务，为客户提供无处不在的金融和非金融服务。建设企业共享服务平台，为对公客户提供一站式、智能化、场景式的撮合服务，构建资源对接、互补、协作的企业服务共享生态圈。

课题组：您认为在金融科技方面，相较于互联网企业，商业银行有哪些优势和劣势？

李民吉（华夏银行董事长）：与互联网企业相比，银行的金融科技优势在于以下几点：一是综合化金融服务能力较强，能为客户提供理财、信贷、贸易融资等全方位的金融服务。二是线下金融场景丰富，互联网企业在发展线上金融业务与技术能力方面优势明显，在大量的金融线下场景，银行掌握着更多的网点资源。三是银行科技人员具备多年的银行从业经验，对业务的熟悉和理解程度较高。商业银行可以借鉴互联网企业在场景流量和技术应用方面的优势与经验，提升长尾客户服务能力，在产品创新、网络获客、流程再造、服务提升、风险防控等多方面利用科技手段提升效率、降低成本。

刘家德（广发银行行长）：金融科技主要分为两大阵营：一是以传统商业银行为代表的金融系，二是以互联网企业为代表的科技公司。金融系的主要优势在于金融能力的积累和背景强，金融业务基础好，正在加速技术创新应用，依靠数字化转型适应新的发展要求；而科技公司的优势在于创新基因和文化植根企业，技术创新速度更快、创新决策力和执行力更强，依托平台和场景生态优势切入金融服务，对金融行业进行技术赋能。两大阵营各有优势和劣势，形成竞争与合作的关系。

课题组：对完善金融科技领域的监管有哪些建议？

刘家德（广发银行行长）：金融科技的出发点和落脚点都是金融，监管应该加强引导，让金融科技回归金融本源，同时在创新和风险之间达到平衡。在未来的金融科技监管中，监管部门可以从以下方面开展工作：一是持续开展相关风险监测，并适时动态调整监管策略；二是加强国际监管协作，积极吸收他国先进金融科技监管模式，在某些领域尝试建立沙盒策略，使银行等金融机构能参与到金融科技的公平竞争环境中来；三是加强对银行机构的业务指导，并促进同业交流。

第七部分

公司治理与社会责任

2018年初，中国银保监会下发《商业银行股权管理暂行办法》，拉开了银行业股权管理的序幕，年中下发了包括《银行股权管理暂行办法》、《商业银行流动性风险管理办法》与《商业银行大额风险暴露管理办法》在内的一系列风险管理文件，强化了对银行业的监督管理。2018年，银行业在党组织建设等方面取得了成效，但是在股权管理、激励和监督机制以及独立董事的运行等方面仍存在不足。此外，企业社会责任建设已经成为银行提升软实力、打造知名度的重要举措之一，越来越多的商业银行开始重视并开展企业社会责任相关工作。

SURVEY

中国银行家调查报告

一、公司治理水平总体较高，但激励和监督机制仍是短板

全国金融工作会议特别强调完善公司法人治理结构，优化股权结构。当前，银行业金融机构按照监管部门的要求，加强了公司治理建设。调查显示，虽与2017年相比，2018年各项评价指标略有下降，但银行家对银行公司治理水平比较满意，得分均在4分以上。2018年，各项指标得分由高到低依次为：社会责任（4.55）、组织架构（4.53）、利益相关者的保护（4.36）、信息披露透明度（4.35）、股权结构（4.31）、决策规则和程序（4.27）、职责边界（4.21）、激励和监督机制（4.14），表明银行已经建立了现代法人治理结构，组织机构健全，各职能部门的职责边界清晰，决策规则与程序科学合理，信息透明度较高，利益相关者的保护和社会责任得到重视。但是，激励和监督机制仍是短板，在各项指标得分中处于相对偏低水平，说明银行业的激励监督机制有待完善，需要进一步改进当前以经济激励为主，方式单一的激励模式。

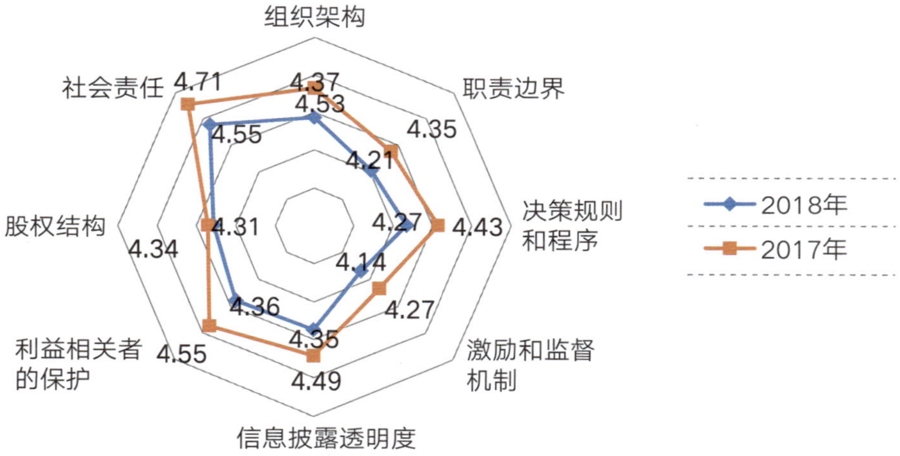

图7-1　2018年银行家对中国银行业公司治理的评价（满分为5分）

银行家对我国独立董事的独立性评价并不乐观。调查显示，超过半数（51.8%）的银行家认为银行独立董事的独立性“一般”，认为独立董事的独立性“较强”的银行家仅占三成（31.1%）。这一现象反映出在当前中国银行业中，独立董事的独立性并不能完全得到保证。独立董事履行职责时，受掌握信息有限、利益趋于一致以及激励机制不健全

等因素的制约，其监督力量较难全面发挥，未来应继续加强独立董事机制建设，提升监督管理作用。

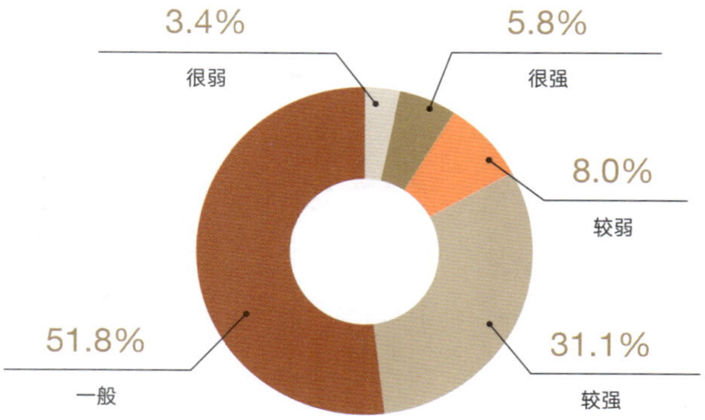

图7-2　2018年银行业中独立董事的独立性

二、公司治理需要改善和解决的方面聚焦于风险内控

内部控制与风险管理制度作为保证银行合规经营、保障银行体系正常运作的制度安排，对银行正常运转、提高竞争力、可持续发展至关重要。健全的风险管理机制与内部控制体系有助于银行从内部控制风险，形成事前调查、事中审查、事后监督及相互监督与制衡的内部控制机制。

调查显示，银行家认为，“内控机制不完善”以及“风险管理制度不完善”是银行业金融机构公司治理需要改善和解决的主要方面。具体来看，选择“内部控制机制不完善”和“风险管理制度不完善”的银行家分别占比71.8%和63.6%。与发达国家成熟的金融市场相比，我国银行业风险管理技术仍存在滞后性，主要存在风险管理技术单一、信息系统滞后、风险管理机构数量较少与内控制约机制难以充分发挥作用等问题。除此之外，行业的激励与约束机制（48.1%）、员工培训体系（36.2%）、企业文化建设（34.8%）、高级管理层履职尽责（28.3%）、监事会独立监督（26.6%）也面临严峻的挑战。

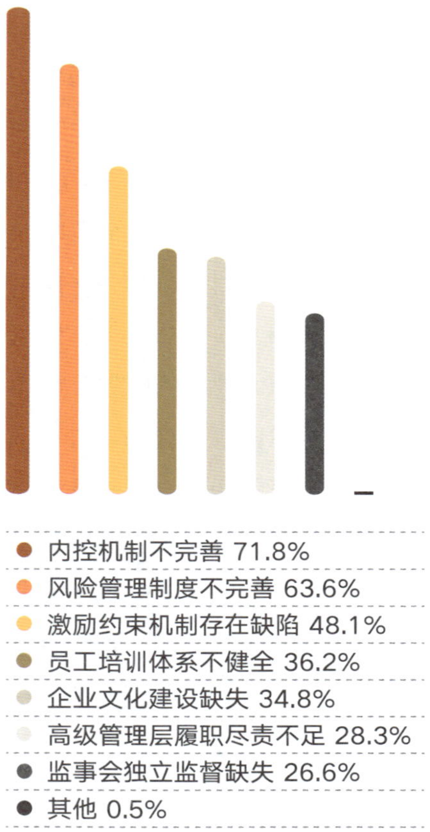

图7-3　2018年银行业公司治理存在的不足

三、股权管理仍需加强

为落实全国金融工作会议精神，健全金融机构法人治理结构，自2018年年初以来，银保监会出台了《商业银行股权管理暂行办法》、《关于进一步深化整治银行业市场乱象的通知》以及《关于规范商业银行股东报告事项的通知》等一系列的股权管理规定，旨在重点规范解决隐形股东、股份代持、股东滥用股东权利、干预银行经营等问题。调查显示，35.7%的银行家认为银行股权管理中存在“隐形股东”、“股份代持”现象。34.5%的银行家认为银行股权仍存在股东违规持有多家银行股份、超比例持股问题。认为存在利益输送和风险转移以及大股东滥用股东权利、干预银行经营问题的银行家分别为33.1%、31.7%。同时，也有不少的银行家认为存在股东资质、入股资金来源不符合规定（26.1%），股东虚假出资、出资不实、抽逃和变相抽逃出资（19.3%），股东与高级管理人员交叉任职存在利益冲突（16.1%）问题。银行业股东管理与股权管理存在的不足，折射出不同银行之间股权管理存在着较大的差异。

- 隐形股东、股份代持 35.7%
- 股东违规持有多家银行股份、超比例持股 34.5%
- 利益输送和风险转移 33.1%
- 大股东滥用股东权利、干预银行经营 31.7%
- 不存在以上现象 26.3%
- 股东资质、入股资金来源不符合规定 26.1%
- 股东虚假出资、出资不实、抽逃出资 19.3%
- 股东与高级管理人员交叉任职存在利益冲突 16.1%
- 其他 2.0%

图7-4　银行业股权管理中存在的主要问题

四、完善党委决策机制是提高公司治理水平的关键

在2018年4月召开的银行保险机构公司治理培训会上，中国银保监会主席郭树清强调，银行保险机构要切实按照党中央决策部署，持续健全法人治理结构，将其作为打好防控金融风险攻坚战的重要抓手，不断完善风险管理机制，加强全面风险管理，坚持审慎的会计准则，强化风险合规意识。

调查显示，要建立现代银行公司治理体系，党的领导与完善党委决策机制（64.3%）是得到多数银行家认可的举措。党委与“三会一层”相结合共同治理模式是中国银行业公司治理的一大特色，符合党统领一切工作的特殊治理方式。完善党委决策机制，有助于提高党委决策效率、党委决策过程的透明性。建立全面风险管理机制与内部控制体系（57.7%）排名第二，反映了银行公司治理中尚存在的内部控制不完善、风险管理制度不健全问题。薪酬管理制度（49.4%）、“董监高”履职评价体系（45.0%）、股权结构与股权管理（44.1%）、公司数据治理水平（33.2%）、监事会的监督作用（30.0%）等方面也需要作为提高银行公司治理水平的着力点，进一步完善。

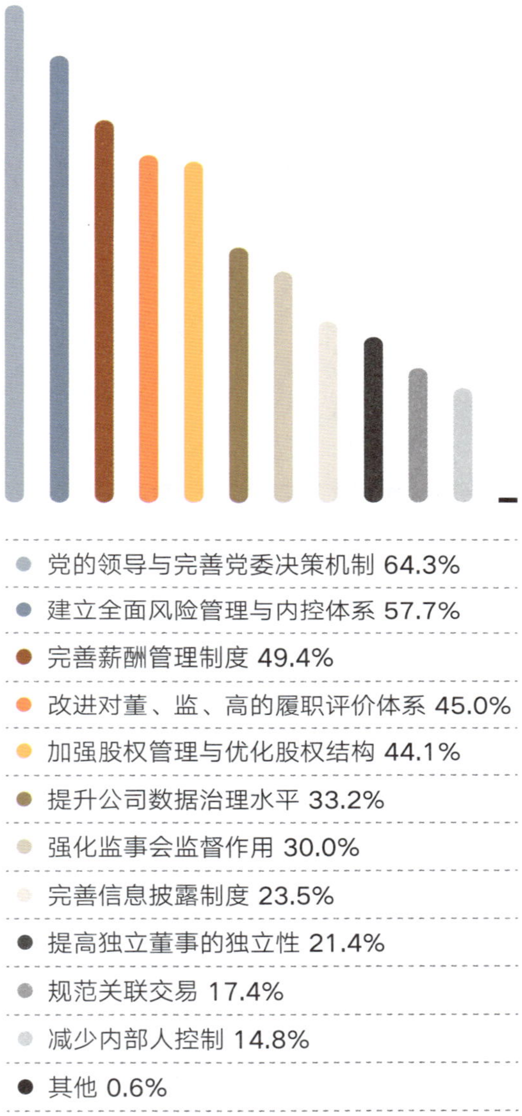

图7-5　应该如何提高银行公司治理水平

五、银行家认为党委在公司治理结构中发挥了重要作用

2018年以来，银保监会加强党对金融工作的领导，加强全面从严治党，积极落实银行业防风险和反腐败斗争工作。调查结果显示，银行家认为党委在公司治理结构中的作用主要表现在干部培养选拔与任用、落实“三重一大”监督机制与统领重大改革发展决策方面，占比分别为77.2%、75.9%、74.0%。61.3%的银行家认为党的领导在公司治理中的核心作用体现在党委和董、监、高的双向交叉任职。通过交叉任职，党委的监察系统可以在选人用人、审批监督、金融信贷等重点领域与环节加强党的领导，充分发挥党委与“三会一层”的合力，提高银行业的公司治理水平。

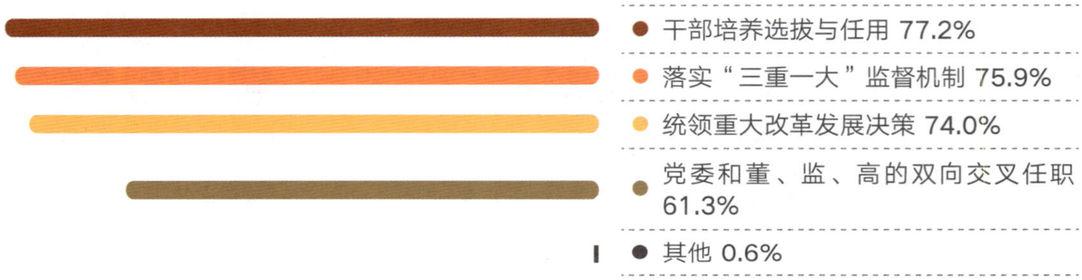

图7-6　党委在银行公司治理结构中的核心作用

相比外资银行，逾七成中资银行家认为党委在公司治理结构中发挥了重要作用。各中资银行中，对党委发挥作用的肯定程度存在一定差异，程度从大到小分别为：开发银行和政策性银行、大型商业银行、股份制商业银行、城商行与民营银行、农村中小金融机构。党委在开发银行和政策性银行中的作用得到更多肯定，党委在公司治理结构中发挥作用有助于国家政策实施落地，体现开发银行和政策性银行业务的特殊性。

对于党建工作存在的主要问题，调查结果显示，近六成银行家认为银行的党建工作不存在问题，党建工作在总体上获得肯定。但是部分问题也需要给予关注，如“党的领导与公司治理融合程度不足”（26.1%）、“缺乏对党员领导干部的教育和监督”（15.5%）、党组织的领导核心作用（13.1%）以及党组织制度（11.5%）等。

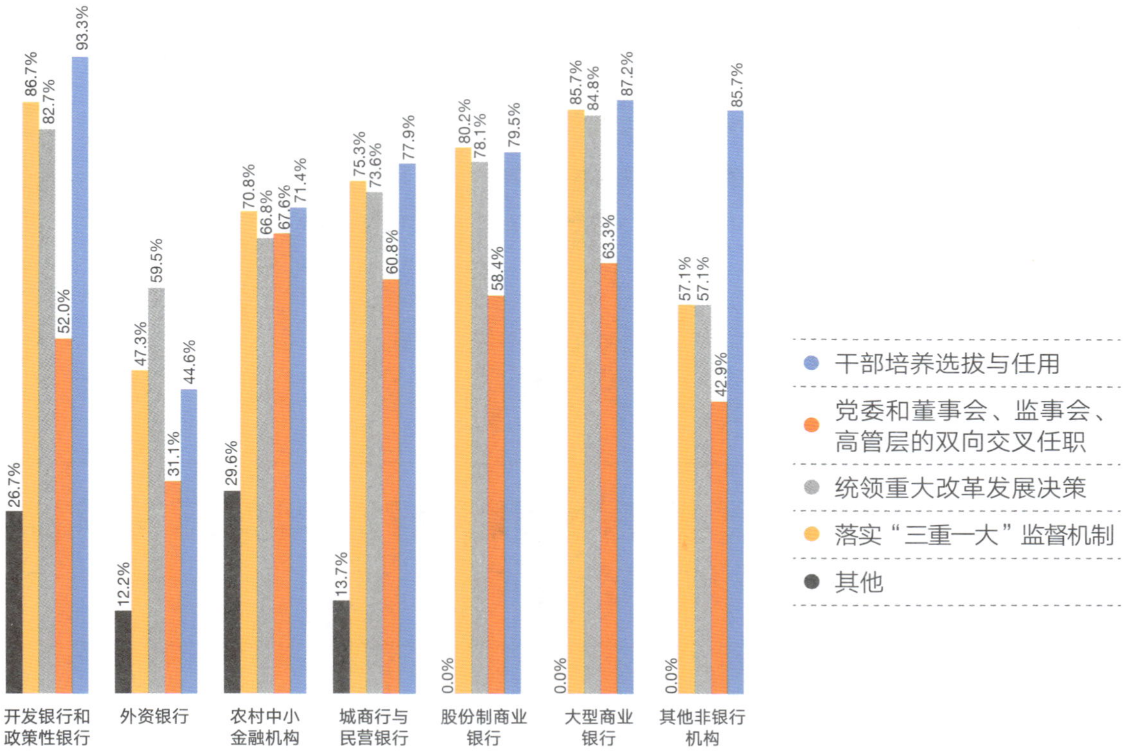

图7-7　党委在各类型银行公司治理中的核心作用

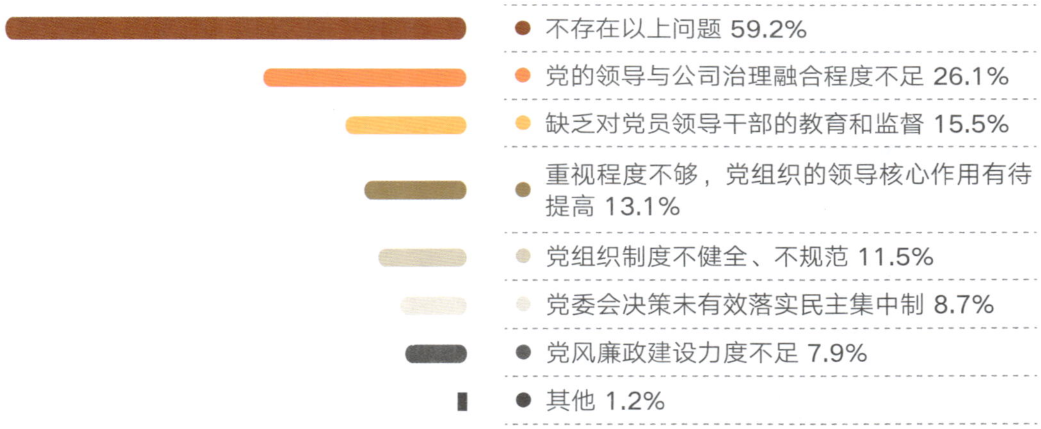

图7-8　银行业党建工作主要存在的问题

在如何完善党建工作的调查中，75.1%的银行家认为完善党建工作的首要任务是加强党的队伍建设。只有党委队伍理想信念够坚定、政治过硬、精纪检、懂监管，才能与“三会一层”相互协调配合，实现银行公司治理水平的有效提升。调查结果显示，列在第二、第三、第四位的分别是党的思想教育（66.5%）、党风廉政建设（63.4%）与党的制度建设（55.6%）。

图7-9　对如何完善党建工作的评价

六、银行履行社会责任的领域受社会需求、战略目标和政府引导的综合影响

调查结果显示，银行履行社会责任的领域主要受社会需求、战略目标和政府引导的影响，占比均超过60%，社会舆论的影响则相对较小（19.6%），反映了我国银行业主要根据社会需求和自身战略目标定位，兼顾政府的政策导向，综合统筹选择履行社会责任的领域。与2017年调研结果相比，社会需求和战略目标因素分别由第二位、第三位升至第一位、第二位，体现出银行履行社会责任的主动性在不断增强。

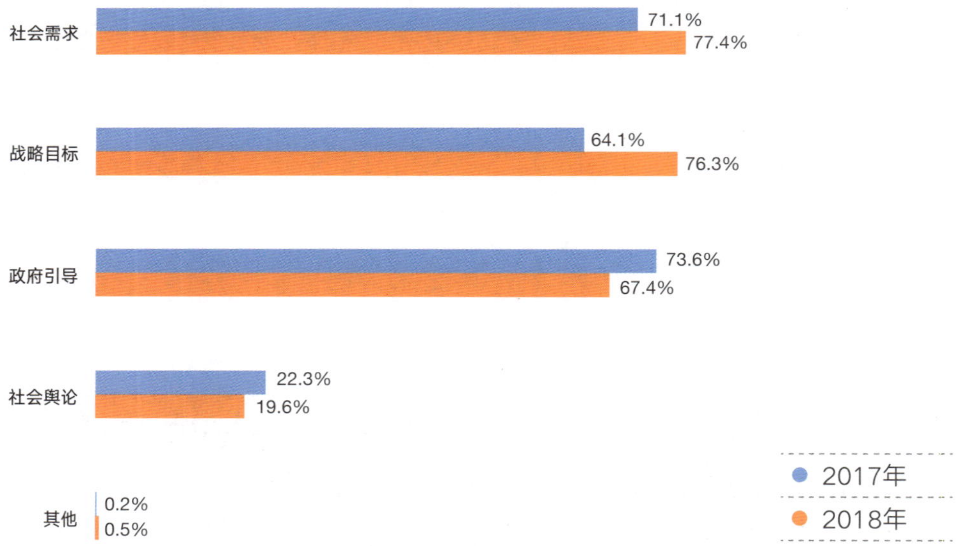

图7-10　2017—2018年银行承担社会责任领域的影响因素

七、提升小微金融、涉农金融、绿色金融服务等是银行履行社会责任的重点方向

近年来，党中央和监管层不断发声，推动银行业小微企业金融服务质量提升并助力精准扶贫，从定向降准到“两增两控”新目标，以及打好脱贫攻坚战的任务，不断强化银行履行社会责任的导向和目标。

经济金融领域方面，小微金融服务一直是银行业在经济金融领域履行社会责任的重点，大多数银行家表示将大力提升小微金融服务质量和能力，占比达到82.1%，与2017年调研结果相比，承担小微金融服务领域的占比增幅较大，达到15.9个百分点。同时，超过三分之一的银行家都选择承担提高涉农金融服务水平、绿色金融服务和维护消费者权益等方面的社会责任。随着政策导向和支持，选择提高涉农金融服务作为社会责任重点方向的银行家占比上升。选择承担“大众创业、万众创新”的银行家占比相对较低，为8.4%。从创业事业特点来看，由于创新创业的企业或项目处于起步阶段，盈利较少、持续经营能力短期内无法体现，也难有抵押物进行贷款，银行对发展相关企业或项目较为谨慎。

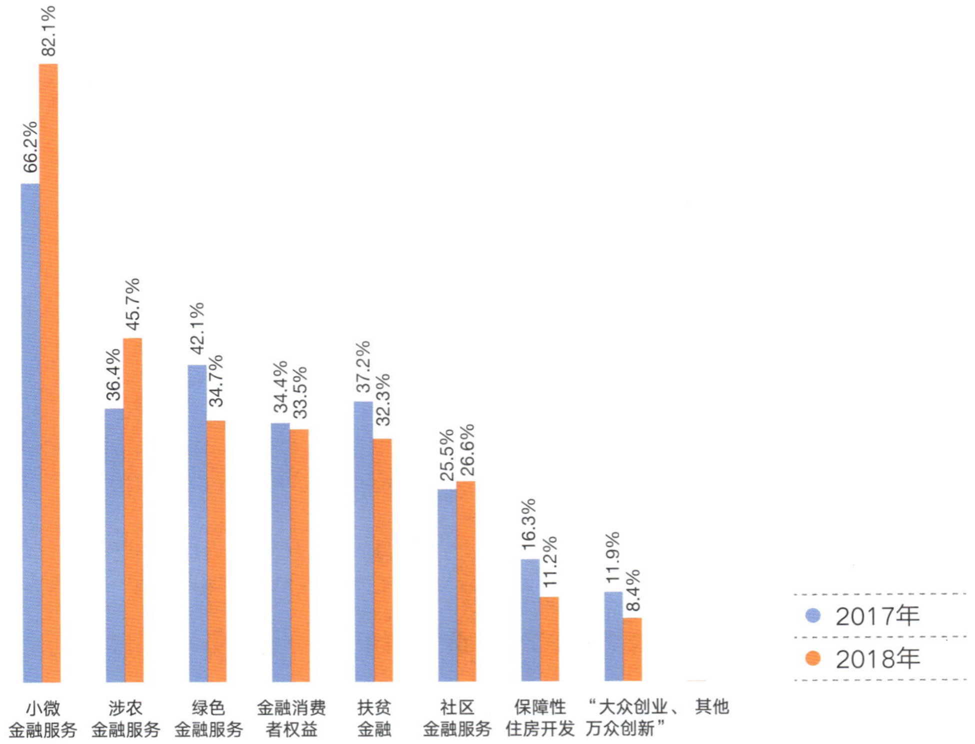

图7-11　2017—2018年银行承担社会责任在经济金融领域的占比

社会领域方面，作为国家战略，扶贫工作一直是银行在社会领域履行社会责任的重点，受银行家选择的占比连续三年超过60%，反映了银行业积极响应国家政策号召，加强对困难和偏远地区的扶贫力度。其次是公益慈善事业，占比52.5%。再次是员工权益和环境保护，占比分别为39.2%和36.5%。由于灾难发生的偶然性和地域性等因素，所以选择灾难援助的占比较低（11.7%），比2017年下降9.4个百分点。

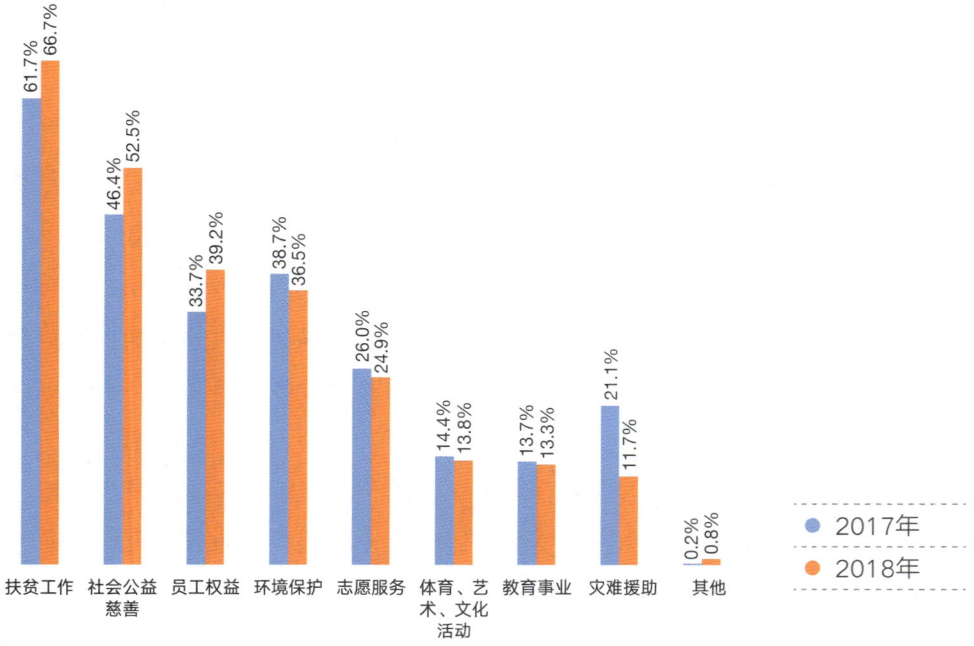

图7-12　2017—2018年银行承担社会责任在社会领域的占比

八、产品创新能力是银行履行社会责任中的短板

近年来，金融科技的兴起加快了银行业金融产品与服务的创新步伐，但在履行社会责任方面，产品创新能力目前还较为缺乏。调查结果显示，46.2%的银行家认为产品创新是社会责任履行中最亟待改进的问题，由于自主研发能力较为薄弱，推出的产品多以吸纳性、移植性为主，产品同质化较为严重、精准度不够。其次是考核与激励机制（35.8%），商业银行需要建立适当的激励机制来克服企业盈利性和社会公益性的矛盾；

企业文化建设（32.6%）和工作流程与效率（32.2%）也在一定程度上需要改进。除此以外，20.8%的银行家认为自身在履行社会责任时上述方面均很完善，整体评价较高，主要是履行社会责任的参与时间较早，金融服务水平与产品结构较为成熟。

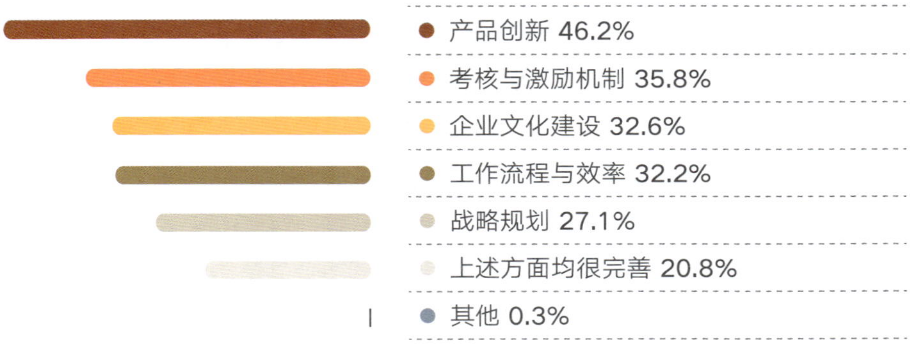

图7-13　银行履行社会责任工作中有待改进的问题

银行家访谈手记之六

党的十八大以来，以习近平同志为核心的党中央从全面建成小康社会的战略任务出发，从社会主义制度的本质要求出发，从中国共产党的政治使命出发，明确提出要坚决打好防范化解重大风险、精准脱贫、污染防治的攻坚战。对于精准脱贫和污染防治，数位国有控股商业银行和股份制商业银行高管，从机制、措施、建议等多方面阐述了银行如何解决扶贫与污染防治等问题，履行社会责任，助推精准脱贫与污染防治。

银行家谈脱贫攻坚与绿色金融

课题组：您认为银行参与“精准扶贫行业”的宏观背景有哪些？如何创新更多的扶贫产品支持贫困地区发展？

曾学文（中国农业银行战略规划部总经理）：党的十八大以来，扶贫开发被摆在了前所未有的突出位置。金融扶贫是商业银行必须肩负的重大政治和社会责任，是商业银行实现长远、可持续发展的良好机遇，也是服务实体经济的重要举措，对于农行而言，金融扶贫是服务“三农”的重要内容。

2016年以来，农行创新推出了近60个区域性金融扶贫产品，主要成功经验可总结为三个方面：一是坚持因地制宜，紧密结合当地实际开展产品创新，满足贫困地区贫困人口多层次、多元化的金融需求。二是倾斜产品创新资源。总行向一级分行转授了农林牧渔类信贷产品创新权，在贫困地区设立了21个“三农”产品创新基地，明确鼓励创新区域性、差异化的金融扶贫产品。三是加强产品创新指导。印发了《中国农业银行精准扶贫信贷政策指引》，指导分行在风险可控的前提下开展精准扶贫信贷业务创新。

课题组：开展扶贫金融，您认为从政府、社会、银行等角度分别需要配套建立什么样的机制？

曾学文（中国农业银行战略规划部总经理）：一是建立与各部门互相联动的协作机制。通过各部门发挥合力，为贫困户、贫困人口提供全方位的脱贫保障服务。二是建立与政府扶贫规划的主动配合机制。积极加强与当地有关部门的沟通配合，将金融扶贫与整体扶贫规划有机结合，防止盲目投放扶贫贷款。三是建立“政府增信 + 银政共管”的风险防控机制。积极加强政银合作，依托风险补偿金发放扶贫小额贷款，分散贷款风险。

课题组：贵行能否介绍一下已经或准备开展的支持扶贫金融的工作举措？

曾学文（中国农业银行战略规划部总经理）：一是制定全行金融扶贫规划。2016 年印发了《关于做好“十三五”期间金融扶贫工作的意见》，明确了未来五年全行金融扶贫的基本原则、目标任务、重点领域和资源保障。2017 年部署了推动深度贫困地区金融扶贫工作，2018 年又制定了金融支持脱贫攻坚三年行动方案（2018—2020 年）。二是逐县制定金融服务方案。贫困县域支行结合本地资源禀赋、产业特点和脱贫攻坚规划，逐县制定了金融服务方案。三是积极开展多方协同扶贫。积极与扶贫、发改、财政、人行、农业等政府职能部门合作，创新开展了政府增信扶贫、特色产业扶贫、产业基金扶贫等工作。四是大力推动扶贫产品政策创新。在贫困地区设立了 21 个“三农”产品创新基地。五是倾斜配置各项业务资源。在财务费用、招聘政策、捐赠资源等方面，向贫困地区实施了倾斜。

课题组：请问贵行对于大力推进金融精准扶贫、补齐全面建成小康社会短板有哪些措施与建议？

李民吉（华夏银行董事长）：一是强化精准扶贫机制建设。从政策导向、授信授权、信贷投放、资源配置、贷款风险容忍度、人力资源、公益项目等方面加大金融扶贫资源保障力度；同时加强与政府相关部门、各类担保公司、开发银行和政策性银行、保险、产业基金等沟通合作，实现优势互补，共同构建多层次的金融服务体系。二是支持精准扶贫资金需求。加大对重点扶贫项目的资金支持，推动贫困地区经济发展和产业结构升级，不断完善产业转移和新兴产业发展的配套金融服务。三是创新精准扶贫产品服务。根据实际情况，推进金融创新，通过设计研发、产品组合、服务创新等方式，有效提高扶贫金融产品和服务供给的多样性，并持续推进小型支行、小微支行、社区支行等机构建设，提高基础金融服务覆盖率。

课题组：您认为当前银行业存在哪些问题阻碍了银行业大力发展绿色金融？应当如何解决这些问题？

曾学文（中国农业银行战略规划部总经理）：一是发展绿色金融的激励机制仍然不足。二是银行绿色金融产品和服务的创新能力有待提高。三是银行绿色金融专业人才和队伍普遍存在短板，绿色金融特别是环境风险分析等方面的专家和人才相对欠缺。

建议从三方面着手解决。一是强化激励机制，完善外部支撑体系。二是强化创新意识，建立特色化产品和服务体系。三是强化队伍建设，完善绿色金融领域能力建设，培养一批绿色金融领域方面的专业人才。

课题组：您认为应该通过哪些渠道引领社会资本进入绿色金融，促进绿色金融的健康发展？

曾学文（中国农业银行战略规划部总经理）：目前，绿色低碳领域的融资工具比较单一，主要是以绿色信贷和绿色债券以及项目融资PPP为主。下一步，建议从绿色产业基金、绿色保险、绿色租赁、绿色股权投资等多个方面，共同发力、互为补充，为绿色产业发展建立长期稳定的资金来源。同时，进一步完善社会资金的进入和退出机制，打通绿色产业资金的流通环节。

课题组：贵行能否介绍一下已经或准备开展的支持环保的工作举措？

曾学文（中国农业银行战略规划部总经理）：一是打造完整绿色金融体系。农行将绿色金融作为全行业务转型发展的重要方向，努力把绿色理念贯彻到业务的每一个环节、制度、产品和服务之中，初步建立起较为完整的绿色金融体系。二是持续推进绿色金融创新。从机制、产品和能力三个方面建立国内领先、国际一流的绿色金融体系，完善绿色金融管理体制及运行机制，实现了“五个率先”，即率先在伦敦证券交易所上市绿色金融债券，率先在国有商业银行中推出清洁发展机制（CDM）顾问业务，率先与世界银行国际金融公司（IFC）合作制定绿色信贷资产证券化标准，率先与东方汇理资产管理公司设立“中法国际绿色发展基金”，率先与国家环保部门达成合作意向，努力做绿色金融领军银行。三是“绿色投行”引领绿色发展。制定了《关于推动绿色投行业务发展的指导意见》，以绿色为总纲，提出了“绿色投行”的业务发展理念，通过“融资＋融智＋融信”的投行综合服务助推绿色发展和转型。

课题组：开展银行支持环保，您认为从政府、社会及银行等角度分别需要配套建立什么样的机制？

孙怀宇(招商银行研究院总经理)：从政府角度，有三个建议。一是完善环保工作协调机制，落实责任，强化监管，利用信息技术对企业监控。二是完善生态补偿机制，明确补偿资金的来源、重点领域、补偿方式、补偿标准，确定相关利益主体间的权利义务和保障措施。三是健全绿色金融政策体系，完善财政贴息、担保、信息共享等配套政策，健全激励机制和风险分担机制，降低绿色金融成本，引导各类投融资主体积极支持绿色金融发展。四是协同产业政策与金融政策，完善产业结构调整指导目录，引导金融资源的合理配置。五是建立全国统一的生态环境监控信息系统，完善信息披露制度，提升环保信息的透明度，减少信息不对称。

从社会角度，一是明确企业、公民保护生态环境的责任权利，建立奖惩分明的机制，实现外部成本和效益内部化。二是发挥企业在绿色发展中的主体作用，完善现代法人企业制度，制定企业绿色发展战略。同时，加大绿色技术设备的研制力度，降低环保成本。

从银行角度，一是树立理念、建立绿色金融机制，科学配置金融资源。二是在风险可控、商业可持续的原则下，加快创新和推广多样性的绿色金融产品服务。三是推动普惠金融与绿色金融衔接，为消费、涉农和小微领域提供绿色金融服务。四是强化绿色金融考核，将分支机构、关键人员的绿色金融发展纳入考核范围。

课题组：招商银行从1998年开始定点扶贫云南贫困县以来做出了大量卓有成效的工作，取得了较大的成绩。贵行能否介绍一下支持扶贫金融的经验和举措？

孙怀宇（招商银行研究院总经理）：招商银行与时俱进利用互联网不断创新扶贫模式。一是探索“互联网+农业产业化”模式。招商银行从当地最有特色的石榴入手，启动了“当地优质农业品+政府政策支持+高效电商平台+招商银行员工采购”合作方式，实现“农户+政府+企业+招行员工”多赢的创新产业扶贫模式。二是探索“互联网+教育扶贫”模式。招商银行一直坚持“扶贫必先扶智”、立足教育扶贫的思路，引进了盒子鱼互联网英语教育工具，目前正在试点阶段。

传承招商银行“因您而变”的经营理念，定点扶贫工作的举措根据武定、永仁两县县情和脱贫攻坚工作的发展变化及时进行调整。如随着国家开展“撤点并校”的集中办学改革，招行教育扶贫从捐建“招银希望小学”逐步向捐建“教育基础设施”调整；随着“互联网+”的兴起，招行开展“互联网+农业产业化”和“互联网+教育扶贫”模式探索；随着脱贫目标“两不愁、三保障”的提出，招商银行拟加大产业扶贫力度、开展金融专业扶贫和实施危房改造项目。

第八部分

银行家群体

2018年，中国银行家需要面对响应服务实体经济号召、处理复杂的金融局面和应对强监管格局等诸多任务和挑战。在此过程中，银行家关于其个人和本群体的感受、判断、意向也在进行不同程度的调整和变化。

BANKERS
SURVEY
中国银行家调查报告

一、银行家对工作方面的满意程度有所降低，生活方面的满意程度与去年基本相同

与2017年的调查结果相比，银行家在工作相关方面的满意度仍然在4分以上，但各方面的满意度评价均全面降低，在一定程度上体现了内外部环境的变化。外部环境方面，行业强监管格局已经完全确定，银行风险合规压力明显增大。同时公司治理不健全、违反宏观调控政策等多方面银行业存在的问题被监管机构纳入2018年整治银行业市场乱象工作的整治要点。内部方面，银行自身面临着转型发展的巨大压力，银行盈利增长难度增加，经营发展的不确定性进一步提高。各方面中，工作环境（4.38分）和成就感（4.36分）的满意度评价最高，对薪酬水平的评价最低，为4.05分，与上年度一致。

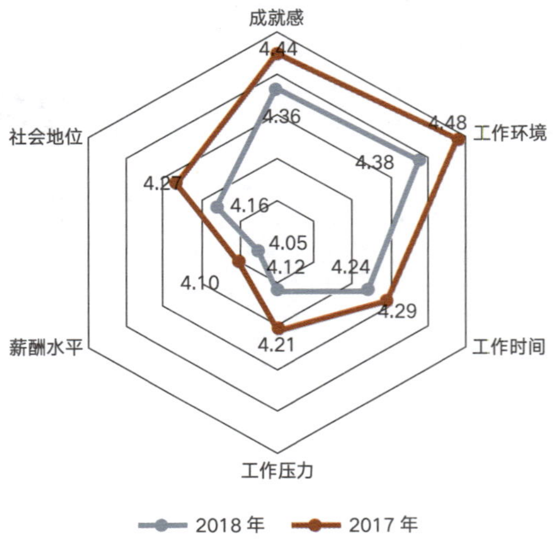

图8-1　银行家对工作相关方面的满意程度（满分为5分）

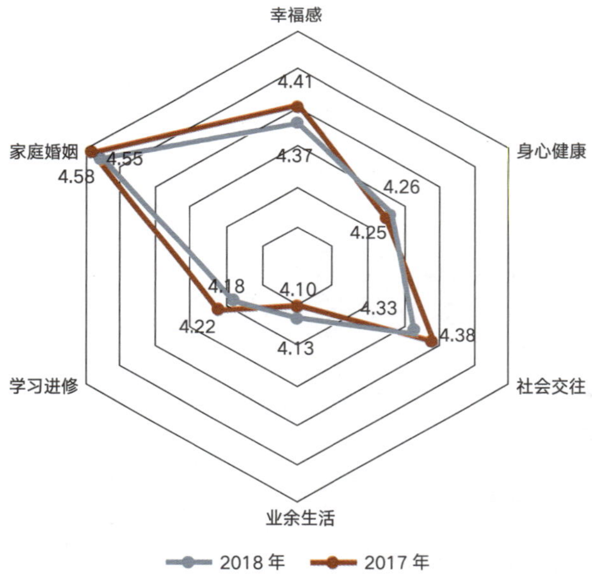

图8-2　银行家对生活相关方面的满意程度（满分为5分）

银行家在生活的各相关方面的评价，呈现了不同的变化方向。家庭婚姻（4.55分）、幸福感（4.37分）、社会交往（4.33分）和学习进修（4.22分）仍然是银行家满意程度最高的几项，但与2017年相比，上述方面的满意度评价均略有降低。而一向满意度较低的业余生活（4.13分）和身心健康（4.26分）在2018年评价稍有

提高。从结果来看，银行家对生活各方面的满意程度的基本态势虽然没有显著变化，但差别在缩小。

根据调查结果显示，中部地区的银行家在工作方面的满意度在近一年出现明显下滑，从2017年满意度第二位滑落到垫底，这一现象在对生活的评价方面也有同样的体现。

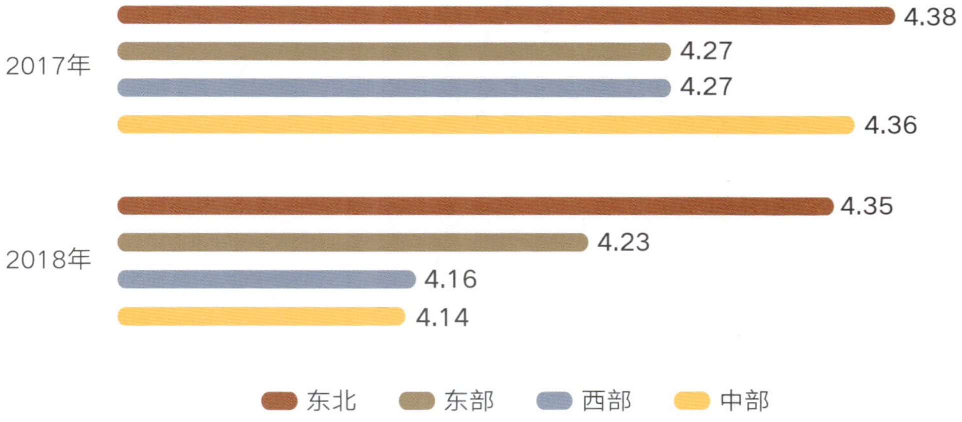

图8-3　不同地区的银行家对工作的满意程度（满分为5分）

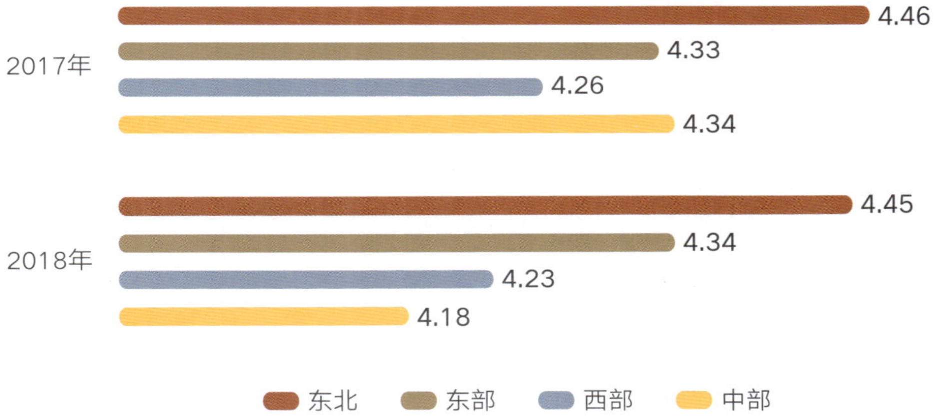

图8-4　不同地区的银行家对生活的满意程度（满分为5分）

二、绩效指标情况并不能全部体现银行家管理能力

关于绩效对管理能力的反映，与2017年相似，超过四成的银行家认为其所在银行的净资产收益率（ROE）、资产回报率（ROA）、投资回报率（ROI）、不良贷款率等指标情况能够较大或在一定程度上反映其管理能力，但选择“较大程度反映”的银行家（40.9%）比2017年降低近5%，低于“选择一定程度反映”的银行家（42.9%），降至第二位，表明银行家对于相关绩效指标能够“较大程度地反映其管理能力”共识程度有所降低。认为“一定程度的反映”、“完全充分的反映”、“基本不能反映”和“不好判断”的银行家占比较2017年同比提高。

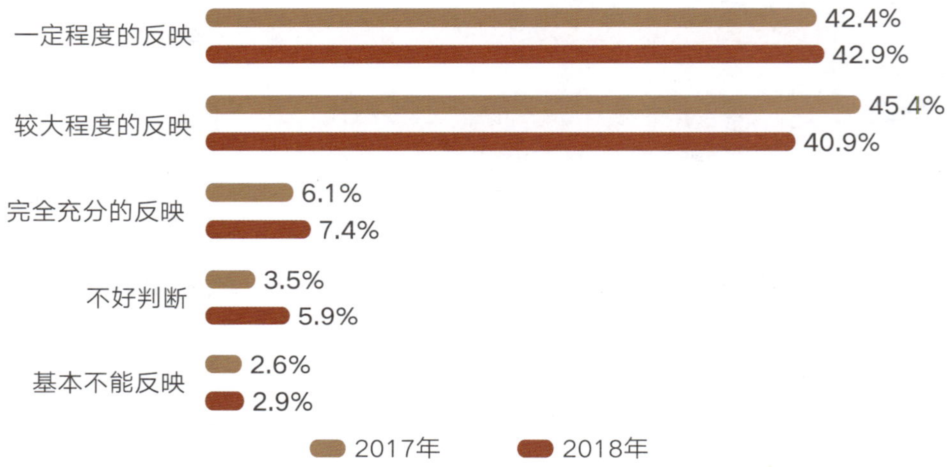

图8-5 银行相关绩效指标反映管理能力的程度

其中，外资银行的银行家观点转变最为明显，58.1%的外资银行家认为相关绩效指标能够一定程度反映管理能力，比2017年增加近30%；此消彼长，认为能够“较大程度的反映”的外资银行家从47.8%降至28.4%。

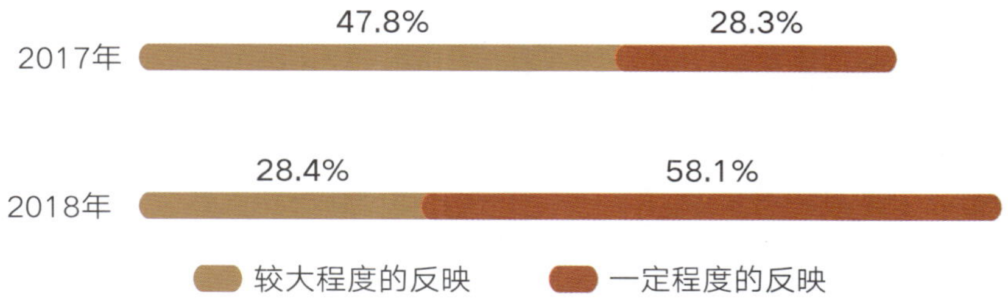

图8-6　外资银行家关于银行相关绩效指标反映管理能力的程度判断

三、银行家保持了较高的职业化程度，但较2017年有所下降

关于银行家职业化、非行政化程度的调查，结果显示，47.2%的银行家认为中资商业银行的管理者职业化、非行政化的程度“较高”，占比高于其他选项。42.4%的银行家表示银行业高管的职业化程度不高，调查结果为“一般”。与2017年结果相比，认同银行家职业化程度“较高”和“很高”的占比均有明显下降，而“一般”、“较低”和“很低”的占比则同比提升。表明从行业内部的角度，银行家的职业化程度有所下降，在银行的战略决策和经营安排过程中，市场化的理念仍需得到重视和提高。

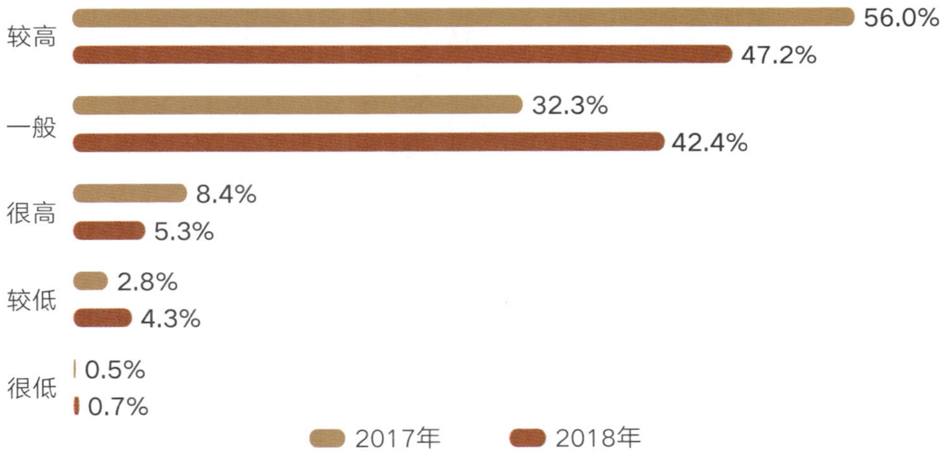

图8-7　中资商业银行的管理者的职业化、非行政化程度

四、学习交流培训和考核评价对银行家成长的重要性显现

2018年，银行家成长过程中存在的最主要阻碍依然是“缺乏有效的激励约束机制，责权利不匹配”和“没有充分的经营自主权，不能完全按照市场化规则办事”，占比分别为27.7%和19.6%，延续了近年来的态势。但与2017年相比，银行家对上面两项阻碍因素的感受程度相对弱化了。学习交流和培训机会的欠缺逐渐成为较为重要的瓶颈，占比提升一倍达到18.2%。其次是“考核评价的科学性不足”，占比提升至13.9%。

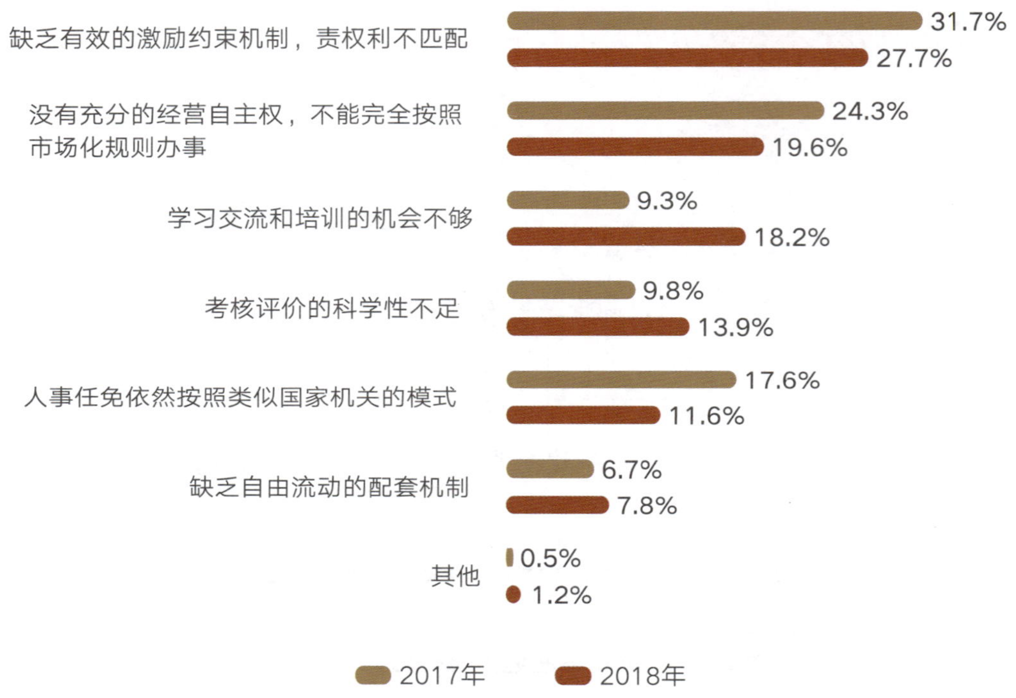

图8-8　银行家成长过程中面临的最大阻碍

五、近六成银行家预期高管离职趋势趋于稳定

近年来，银行家的离职受到社会的较高关注。对于未来的发展趋势，接近六成的银行家判断将保持平稳。21.7%的银行家认为会进一步加剧，表示离职趋势有所减缓和不好

判断的银行家则处于少数。总体来看，与2017年相比，银行家对于中层以上管理人员离职趋势的判断保持稳定。

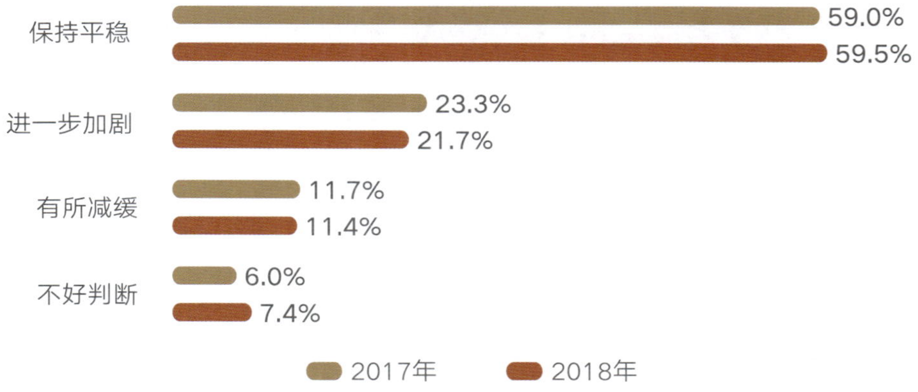

图8-9 中层及以上管理人员离职的趋势

六、超过三成的银行家愿意到其他金融机构发展

调查结果显示，63.2%的银行家愿意留在现机构发展，略低于2017年的64.5%，即愿意到其他机构发展的银行家超过了三分之一。银行家对前往其他机构发展的态度正在逐渐体现出更加开放的趋势。

在愿意选择去往的其他机构中，受欢迎程度最高的是股份制商业银行（13.2%）。在各类型银行机构中，总体上股份制商业银行灵活的经营机制，较强的市场竞争力和较高的薪酬待遇都具有充足的吸引力。其他依次是大型商业银行（6.9%）、互联网金融机构（5.2%），其他机构的选择占比在5%以下，占比排名延续了2017年的态势。

从不同类型的银行机构来看，在选择新的发展平台时，股份制商业银行受到了大型商业银行、农商行、城市商业银行、民营银行和外资银行高管们最多的肯定。开发银行和政策性银行的银行家则更偏爱大型商业银行。

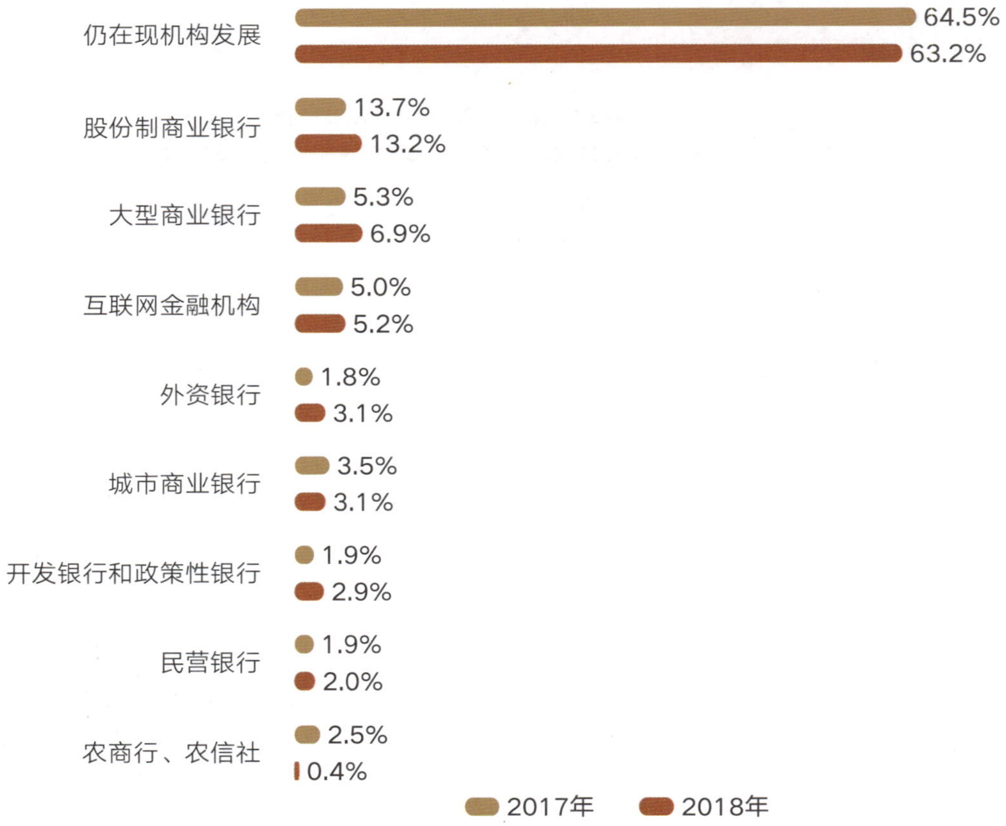

图8-10　银行家愿意前往发展的金融机构

表8-1　各类机构银行家愿意前往发展的金融机构

所在机构 / 意向机构	开发银行和政策性银行	大型商业银行	股份制商业银行	城商行与民营银行	农商行、农信社	外资银行	其他非银行机构
大型商业银行	12%	—	6.1%	6.6%	11.1%	5.4%	0
股份制商业银行	5.3%	12.8%	—	20.9%	15%	16.2%	0
城市商业银行	0	1.2%	3%	—	7.9%	1.4%	14.3%
外资银行	2.7%	3.5%	3%	3%	3.6%	—	0
开发银行和政策性银行	—	2%	2.5%	2.5%	4.7%	0	14.3%
农商行、农信社	1.3%	0.9%	0.2%	0.7%	—	0	0
民营银行	2.7%	0.6%	1.7%	2%	2.7%	0	28.6%
互联网银行	0	3.2%	5.5%	5.7%	5.2%	13.5%	0

第九部分

监管评价

2018年，监管层相继出台了多部政策性文件，通过进一步深化整治银行业市场乱象，扭转资金脱实向虚势头，力求实现金融和实体经济的良性循环、协调发展。严监管、强问责的监管态势仍然延续，监管政策的执行和银行业务的整改也在稳步推进。随着严监管形势的常态化，银行家认为“合规”压力加大，但不可否认此举对于治理金融乱象和防范系统性风险取得的成效。银行家对监管整体评价较高，普遍认可金融监管体制改革的举措。

一、银行家对监管指标与手段整体评价较高，与监管目标有效契合

2018年，银行家对监管指标体系和监管方式的评分整体维持在较高水平，反映银行家对于各项监管指标设定及监管实际运用方面的肯定。银行家对资本充足率、拨备覆盖率、拨贷比、流动性覆盖率、净稳定资金比例等监管指标的总体评价较高，表明银行家对现行监管机制设计和监管成效的认可，以资本充足率为核心的巴塞尔资本监管框架深入人心。

表9-1　主要监管指标评价（单项满分为5分）

监管指标	评分
资本充足率	4.39
拨备覆盖率	4.33
拨贷比	4.25
流动性覆盖率	4.22
净稳定资金比例	4.19
杠杆率	4.12
存款偏离度	4
平均得分	**4.21**

在对主要监管手段的评价中，“监管问责”获得了最高评价，“现场检查”也评价较高，“行政处罚”“非现场监管”等的评价均高于平均值。表明在“严监管、强问责”的监管基调下，银行家对于日趋常态化的整治银行业市场乱象等一系列监管工作的认可。此外，银行家对“市场准入”“监管政策制定”等监管手段也评价较高，显示出银行家对当前宏观层面银行业监管方向规划、监管政策制定、监管理念传导等工作的肯定。“主动信息公开”评分排名靠后，反映出银行家希望监管机构能够更加主动、及时、全面地披露监管工作信息，增加监管政策的传导性和可操作性。

表9-2 主要监管手段评价（单项满分为5分）

监管手段	评分
监管问责	4.29
现场检查	4.28
市场准入	4.28
监管政策制定	4.26
行政处罚	4.26
非现场监管	4.24
金融风险处置	4.19
主动信息公开	4.13
跨业跨境监管交流合作	4.07
平均得分	**4.21**

二、银行家认为资本充足率、不良贷款率指标对经营压力影响较大

受监管趋严影响，商业银行表外业务持续收缩，表外资产将转向表内贷款业务；同时，在经济下行和强监管背景下各种风险逐渐暴露，加速资本消耗。加之商业银行为了维持业务增长，资本充足率达标将持续承压。40.9%的银行家表示，当前资本充足率指标对经营存在较大压力。

数据显示，2018年第三季度末，商业银行不良贷款率1.87%，创2009年3月以来最高水平。商业银行（法人口径）不良贷款2.03万亿元，较年初大幅增加3200亿元。调查结果也直观反映了银行家对不良贷款率的担忧情绪，40.5%的银行家认为不良贷款率指标压力较大，表明商业银行在过去几年化解和处理不良贷款的举措并未充分考虑风险的处置。同时，商业银行大量的不良核销也进一步加大了资本金补充的压力。

同时，30.8%的银行家对拨备覆盖率指标的达标压力也感受明显，表明在银行利润增速减缓的背景下，拨备计提对银行利润的侵蚀尤为明显；而拨备覆盖率的下降，也将进一步压缩不良资产核销的空间，增加不良资产化解的难度，商业银行资产质量将继续承压。此外，29.1%的银行家认为存款偏离度对银行的经营造成了一定压力。2018年银保监会联合央行发布了《关于完善商业银行存款偏离度管理有关事项的通知》，调整了存款偏离度定量考核方法，将监管指标值由原来的3%调整至4%，但该指标带给银行家的压力依旧明显。

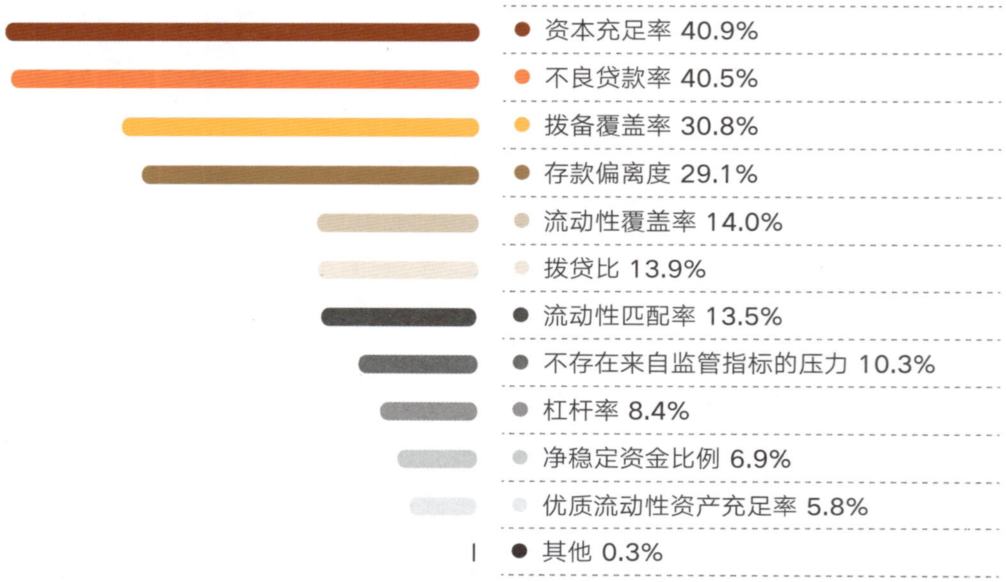

图9-1　银行家认为监管指标对经营压力的影响

三、银行家认可金融监管体制改革举措，银保监会成立有助于防范系统性金融风险

近年来，中国金融体制改革持续深入，备受瞩目的金融监管体制改革随着2018年3月13日《国务院机构改革方案》的发布正式落下帷幕。改革后的金融监管框架表现为“一委一行两会一局”体制架构，即国务院金融稳定发展委员会（一委），中国人民银行（一行），中国银行保险监督管理委员会、中国证券监督管理委员会（两会），以及各地金融监管局（一局）。44.7%的银行家认为本轮金融监管体制改革可以解决“分业监管无法适应当前金融业综合经营发展趋势”的问题。43.9%的银行家认为，此前“一行三会”的金融监管架构下，“监管缺乏穿透性，不利于防范化解系统性金融风险”，这一问题可在新的金融监管体制下得到一定程度的解决。

从调查结果来看，银行家普遍认可本轮金融监管体制改革的积极意义。75.9%的银行家认为此举“有利于银行业风险防范，促进银行体系稳定发展”。64.7%的银行家表示新的监管架构下，监管统筹协调将会加强，空白监管与重复监管将减少。59.0%的银行家指出改革可以“促进银行业服务实体经济，提升金融服务效率”。短期内，新的监管架构也会给银行业带来一些困扰，部分银行家提出此次改革后，银行资金空转减少的同时套

- 分业监管无法适应当前金融业综合经营发展趋势 44.7%
- 监管缺乏穿透性，不利于防范化解系统性金融风险 43.9%
- 监管部门承担发展与监管双重职能，存在目标冲突 34.1%
- 监管部门缺乏协调，监管空白和监管重叠同时存在 32.9%
- 监管标准不统一，导致监管套利 30.2%
- 偏重机构监管，功能监管尚需加强 19.2%
- 货币政策与监管政策之间的协调性不足 13.6%
- 宏观审慎管理与微观审慎监管之间的协调性不足 12.5%
- 监管信息与统计信息共享不足 10.9%
- 不利于保护金融消费者合法权益 6.2%
- 其他 0.6%

图9-2　本轮金融监管体制改革可以改善的问题

利空间也会压缩（18.0%）、部分业务模式将面临转型（14.4%）、风险合规管理压力也将进一步加大（14.2%）。

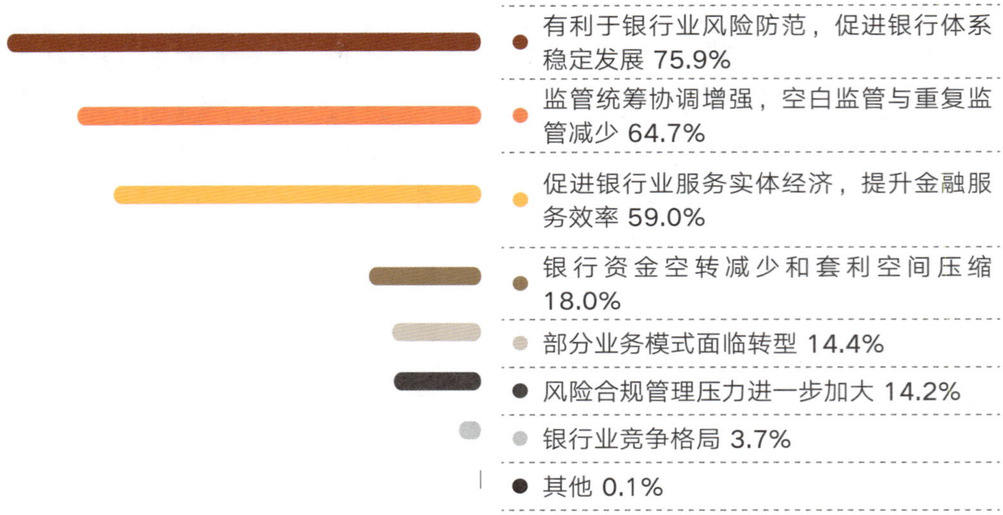

图9-3　本轮金融监管机构改革可能给银行业带来的影响

根据《国务院机构改革方案》，不再保留银监会、保监会，组建中国银行保险监督管理委员会。本次调查中，银行家对此看法积极。银行家认为“银行保险业务交叉较多，两会合并有助于适应当前混业经营趋势”（59.5%），解决原体制下存在的监管职责不清晰、交叉监管和监管空白等问题。同时，两会合并能够强化综合监管，“整合监管资源，提高监管效率”（48.0%）。另外，由于“系统重要性机构主要分布在银行保险业，两会合并将利于统一监管”（47.6%）。

两会合并后，拟定银行业、保险业重要法律法规草案和审慎监管基本制度的职责将划入中国人民银行。对此，65.9%的银行家认为将“有利于实现宏观审慎管理与微观监管有机统一”，超过半数的银行家认为“有利于统一监管标准，防止监管套利”（54.1%），并可以“从全局统筹金融监管，防范化解系统性金融风险”（54.6%）。

- 银行保险业务交叉较多，两会合并有助于适应当前混业经营趋势 59.5%
- 整合监管资源，提高监管效率 48.0%
- 系统重要性机构主要分布在银行保险业，两会合并利于统一监管 47.6%
- 有利于保障金融稳定，提升防范系统性风险的能力 33.2%
- 强化银行保险监管协同性，实现穿透监管 31.9%
- 银行与保险均基于资本约束监管，二者监管理念相似 25.8%
- 两会合并尚需内部协同，短期内增加监管整合成本 7.7%
- 其他 0.1%

图9-4　银行家对银监会与保监会合并的看法

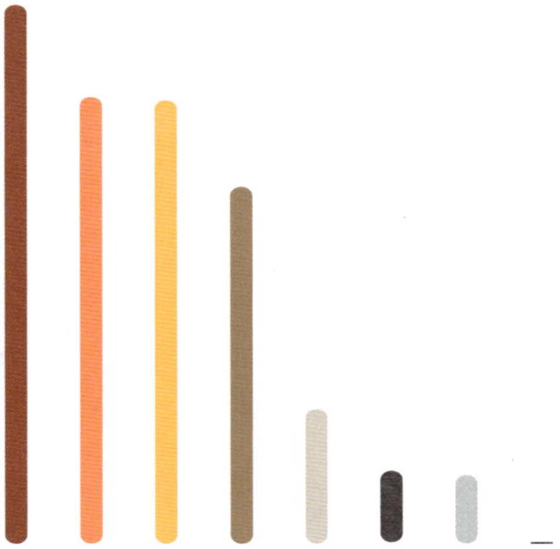

- 有利于实现宏观审慎管理与微观监管有机统一 65.9%
- 有利于从全局统筹金融监管，防范化解系统性金融风险 54.6%
- 有利于统一监管标准，防止监管套利 54.1%
- 有利于实现穿透监管，强化功能监管 43.5%
- 有利于适应混业经营发展趋势 16.4%
- 央行与银保监会之间的协调沟通成本可能增加 8.8%
- 规则制定和实际监管执行相分离，监管政策的可操作性可能降低 8.4%
- 其他 0.2%

图9-5　对将银保监会重要立法权和审慎规制权划入央行的看法

四、强监管形势下银行家感受强烈并给予积极评价

针对银行业发展中出现的问题，2017年初原银监会陆续开展“三三四十”等专项治理行动，对金融乱象比较集中的领域进行了重点清理。2018年银保监会继续对“三三四十”的查处情况进行评估整改，结合新的“八乱象”边查边改，贯穿全年。严

监管、重处罚已成为当前监管新常态。面对监管层的“急风骤雨”，超九成银行家感受强烈，其中超四成银行家感受非常强烈。

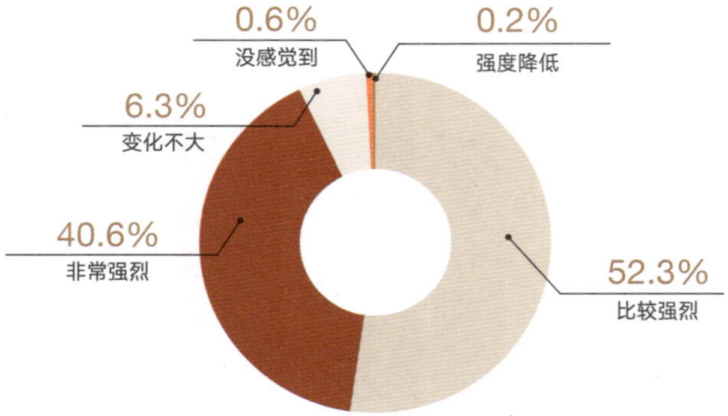

图9-6　对监管强度增加的感受

强监管措施对治理金融乱象和去杠杆取得了初步成效，大多数银行家对此评价积极。65.5%的银行家认为“市场乱象频发势头得到遏制”，60.6%的银行家认为“银行业金融机构整体风险得到有效控制”，37.2%的银行家认为“交叉金融业务得到进一步规范”，30.9%的银行家指出“监管有效性进一步增强”，可见银行家对当前强监管工作整体上表示认可。同时，银行家表示，将“强化日常业务流程管控和风险监测力度”（67.7%），“完善内部控制制度流程”（64.5%），以应对监管力度的进一步加大。

图9-7　对目前强监管态势的看法

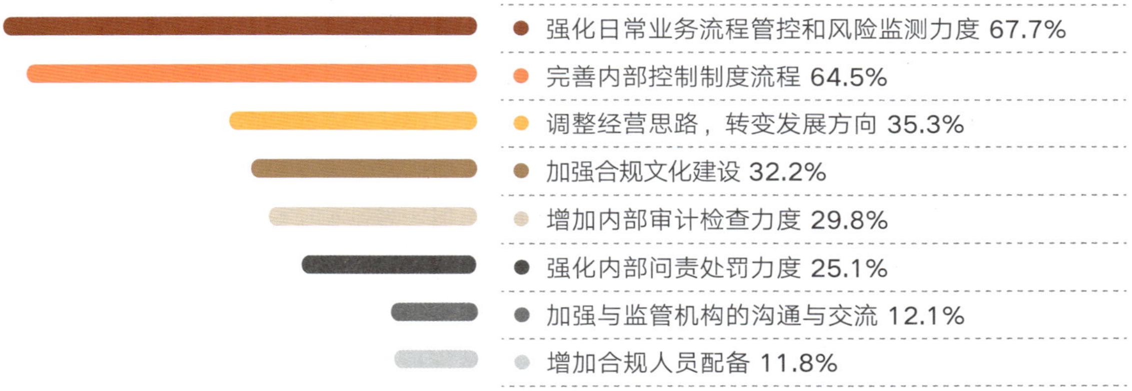

图9-8 对监管力度进一步加大的应对策略

五、超六成银行家认为信贷业务存在合规压力，资产质量问题备受关注

随着金融强监管时代的来临，商业银行在宏观审慎评估体系、全面风险管理等领域面临更多的监管要求，促使商业银行加快回归金融业本源，加强自身的合规管理，加快转变经营方式。从合规压力上来判断，超六成（60.6%）银行家认为信贷业务存在合规压力，这可能是由于信贷业务作为商业银行的传统业务，笔数较多、金额较大，违规操作的可能性相应增加。从贷款质量分类和“三查”落实不到位，到揽储压力带来的以贷转存、虚增存款等多方面，都导致信贷业务的合规压力。对此银行家呼吁加大对信贷业务的监管力度（44.6%），促进信贷业务规范发展。

除信贷业务以外，“表外业务”（30.0%）、“同业业务”（25.6%）也面临较大合规压力，表明在去杠杆、防风险的监管力度持续增强和资管新规发布后的新监管环境下，商业银行普遍进行表外转表内及收缩表外、同业业务，合规经营压力显现。对此银行家期待在表外业务等领域也应加强监管引导（35.3%）。

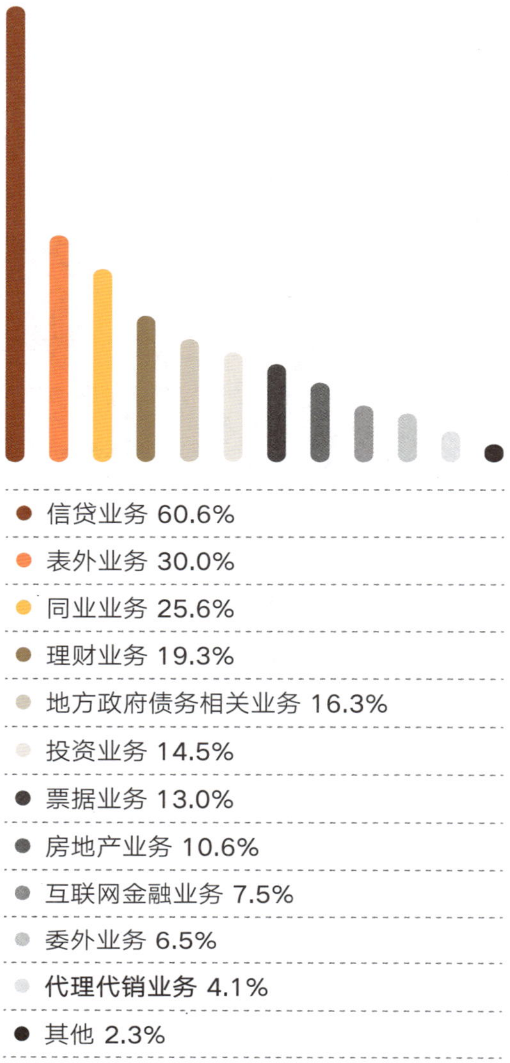

图9-9　对各业务领域合规压力的判断

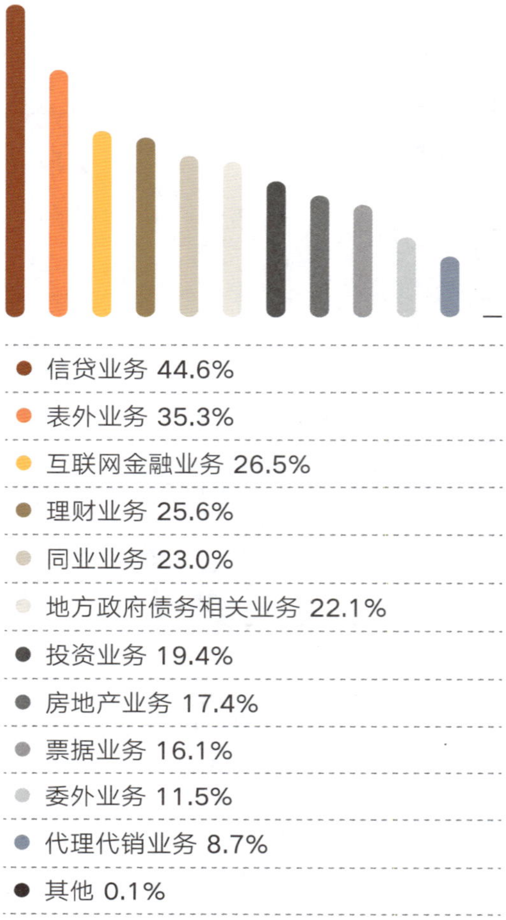

图9-10　银行应该在哪些业务领域加强监管

防范和化解系统性金融风险，是金融监管的首要使命。对于商业银行经营发展中潜在并可能引发系统性风险因素的判断，银行家表示，“资产质量恶化”（67.7%）和“流动性紧张”（62.6%）两方面因素应重点关注。同时，“重大法律合规风险”（37.7%）、“重大操作风险”（25.4%）也引起担忧。

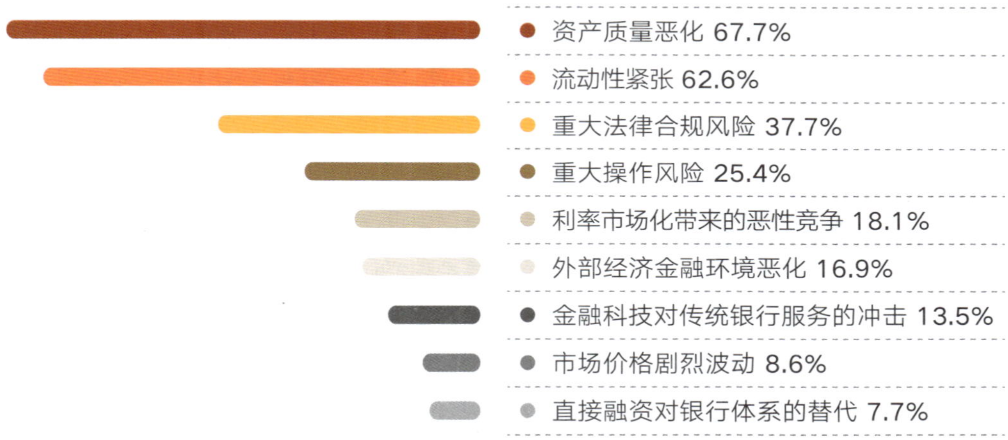

图9-11　可能导致银行经营出现自身系统性风险甚至退市的因素

六、银行家对放宽外资准入限制评价积极，近六成银行家认为适当引入竞争可激发银行业活力

2018年6月28日，国家发展和改革委员会、商务部发布《外商投资准入特别管理措施（负面清单）（2018年版）》，将在22个领域推出新一轮开放措施，进一步放宽对外商投资的股比限制，并在汽车制造、金融领域设置开放时间表，在一定过渡期内逐步加大开放力度。谈及此举对银行领域产生的影响，大部分银行家对此评价积极，近六成（58.8%）银行家认为“随着更多外资银行进入，适当引入竞争可激发银行业活力”，同时表示此举可以“引进国外银行先进的风险管理理念和技术”（57.6%），“促进国内外银行业在资金、技术、产品和管理方面进一步融合”（52.5%）。

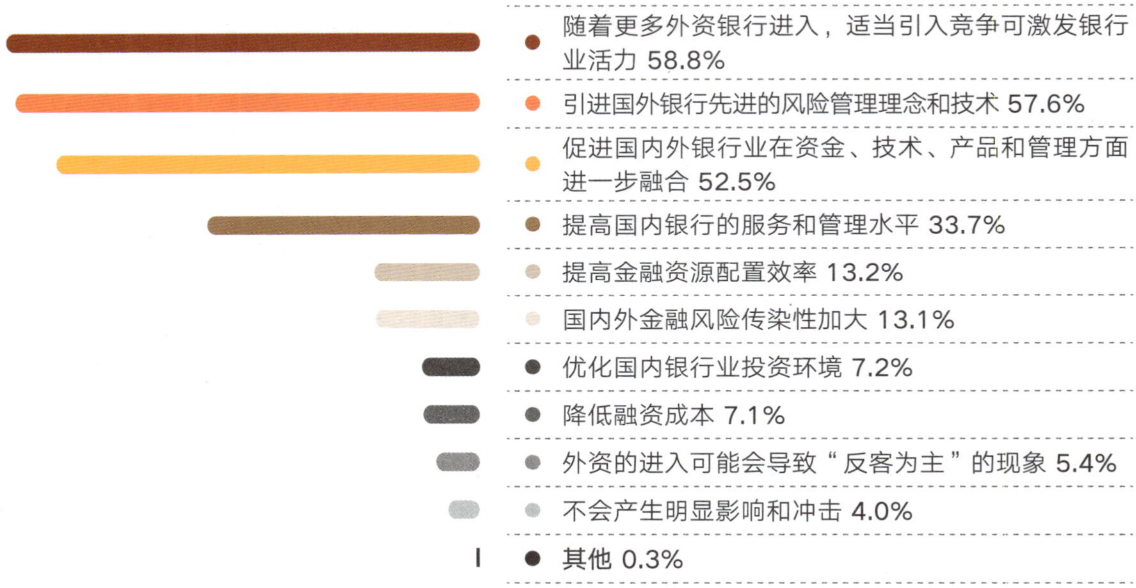

图9-12　放宽外资在银行领域的准入后可能产生的影响

对于如何放宽外资准入限制，银行家建议首先放宽保险机构的外资准入限制（51.3%），其次是银行机构（47.3%），再次分别是证券机构（39.8%）、基金机构（32.1%）、信托机构（25.5%）。此外，银行家建议可通过“对内资、外资同等对待，实现统一的准入标准和监管要求”（47.1%）、“提升中资银行外资股东持股比例上限，或者取消限制”（40.2%）、“允许在华外资法人银行投资境内银行”（38.2%）、“允许外资银行在境内同时设立分行和子行”（35.4%）以及“放宽外资银行业务经营限制”（34.9%）等途径来放宽银行业外资准入限制。

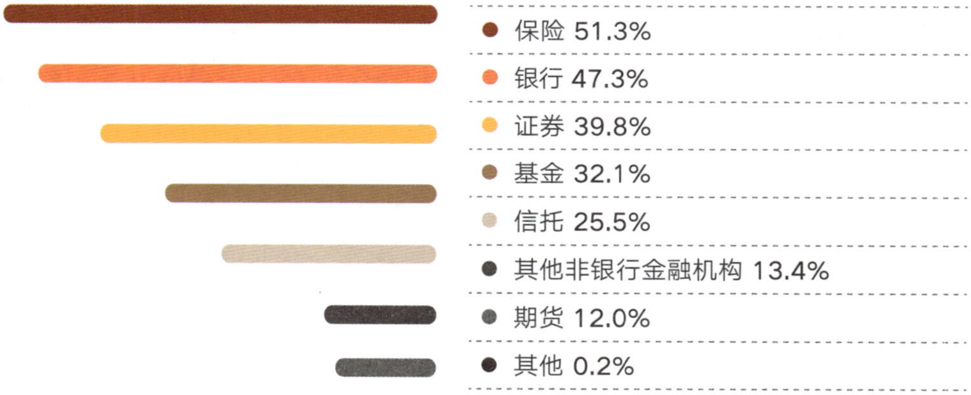

图9-13　应优先放宽哪类金融机构的外资准入限制

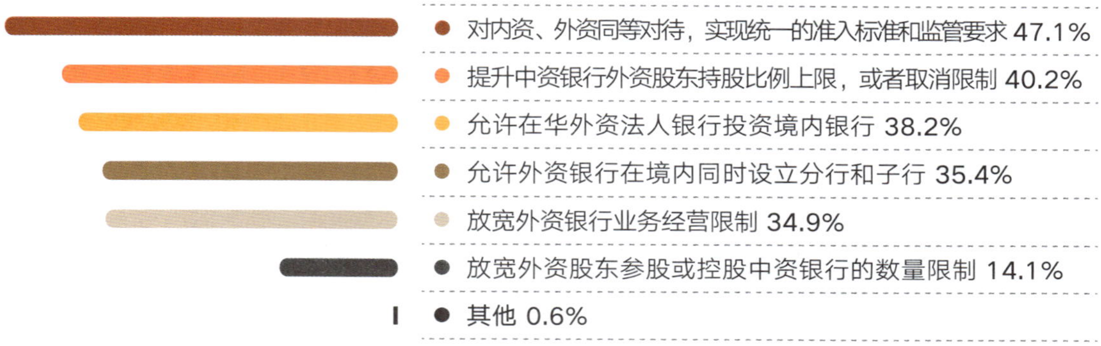

图9-14　如何放宽银行业外资准入的限制

七、金融控股公司亟待加强监管，超六成银行家认为首要是把好准入关口

近年来，中国金融控股公司发展较快，但在法律和监管缺失的情况下，部分风险已经开始凸显，对金融稳定产生了一定程度的不利影响。银行家认为最需要关注的风险为关联交易风险，有67.8%的银行家对此表示担忧。其次是交叉性金融风险，61.6%的银行家认为金融控股公司快速发展或将引发该风险。与此同时，金融控股公司快速发展所导致的监管套利（31.9%）、监管空白（25.9%）、脱实向虚（25.6%）以及内部利益冲突（23.9%）等问题也为银行家所关注。

按是否纳入金融监管体系进行划分，中国金融控股公司大致可分为两类，一类是以持牌金融机构为主体，另一类则以非金融企业为主体。银行家认为非金融企业对所投金融机构管控普遍比较分散，非金融企业主导的金融控股公司风险较大，包括“一些‘金融大鳄’利用多个投资主体、控制多个金融机构形成的‘某某系’”（44.8%）、“地方政府整合本地金融资源形成的金控平台”（19.3%）、“互联网巨头以支付为突破口形成的金控平台”（15.3%）等。

规范金融控股公司发展，建立和完善金融控股公司监管制度已箭在弦上。银行家认为监管的首要任务是“强化整体资本监管，增强自有资本真实性和资本质量”（57.0%）。同时，还应“提高股权结构的透明度，降低股权结构复杂度”（43.1%），“加强金融控股公司内部关联交易管理”（36.1%），“实行并表监管”（32.8%）等。

针对统一监管规则涉及内容的调查显示，银行家认为首要是明确“市场准入条件”（63.8%），二是对金融控股公司实施“资本充足率要求”（41.7%）监管，三是界定金融控股公司的“业务范围”（34.6%），四是严格“股东、资金来源审查”（33.9%）等。

- 关联交易风险 67.8%
- 交叉性金融风险 61.6%
- 监管套利 31.9%
- 监管空白 25.9%
- 脱实向虚 25.6%
- 内部利益冲突 23.9%
- 其他 0.2%

图9-15　金融控股公司的快速发展所产生的风险影响

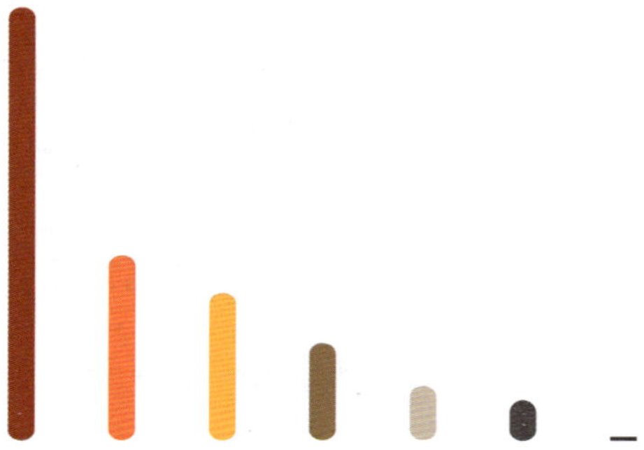

- 一些“金融大鳄”利用多个投资主体、控制多个金融机构形成的“某某系”44.8%
- 地方政府整合本地金融资源形成的金控平台 19.3%
- 互联网巨头以支付为突破口形成的金控平台 15.3%
- 金融机构投资设立其他类型金融机构而形成的金融控股架构 10.2%
- 国企在金融领域投资布局形成的金控平台 5.8%
- 国家作为政策试点设立的金融控股集团 4.4%
- 其他 0.3%

图9-16　对不同类别金融控股公司风险的判断

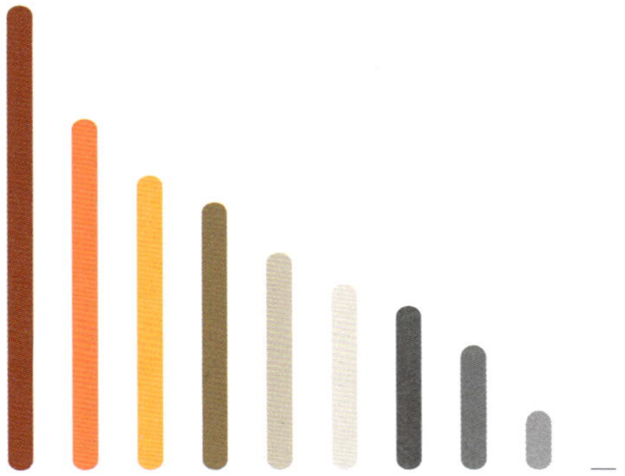

- 强化整体资本监管，增强自有资本真实性和资本质量 57.0%
- 提高股权结构的透明度，降低股权结构复杂度 43.1%
- 加强金融控股公司内部关联交易管理 36.1%
- 实行并表监管 32.8%
- 建立完善的信息披露制度 26.7%
- 加强市场准入和退出监管，完善破产相关的法律法规 22.9%
- 构建金融控股公司内部各业务的防火墙 20.1%
- 明确对金融控股公司的监督主体与管理职责 15.3%
- 严格防范金融控股公司内部利益冲突 7.1%
- 其他 0.2%

图9-17　对强化金融控股公司监管的建议

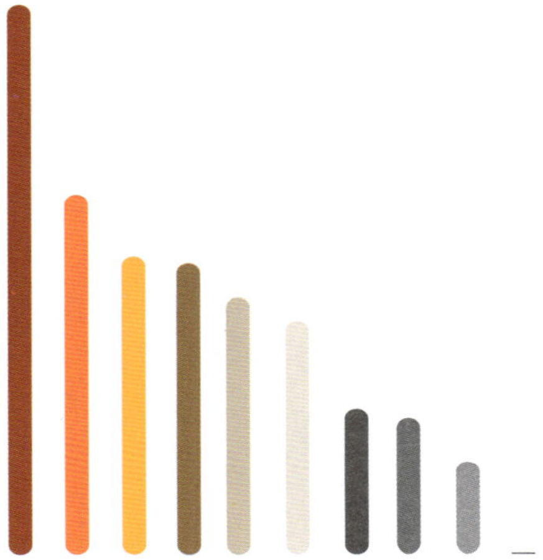

- 市场准入条件 63.8%
- 资本充足率要求 41.7%
- 业务范围 34.6%
- 股东、资金来源审查 33.9%
- 内部关联交易 29.8%
- 风险集中度限制 27.1%
- 高管人员任职资格 17.0%
- 现场检查和非现场监管 15.9%
- 违法违规行为的处罚 10.6%
- 其他 0.2%

图9-18　金融控股公司监管规则应涉及的内容

八、金融机构竞争加剧，近七成银行家认为未来三年将会有个别机构退出市场

随着中国金融市场的快速发展和逐渐完善，金融机构的未来发展与更迭也受到银行家的广泛关注。有近七成（69.3%）的银行家认为未来三年将会有个别机构退出市场。其中民营银行关注度最高，有53.7%的银行家将其视为未来三年最可能退出市场的金融机构。此外，银行家认为农村金融机构（43.6%）和信托公司（33.7%）也存在退出可能。

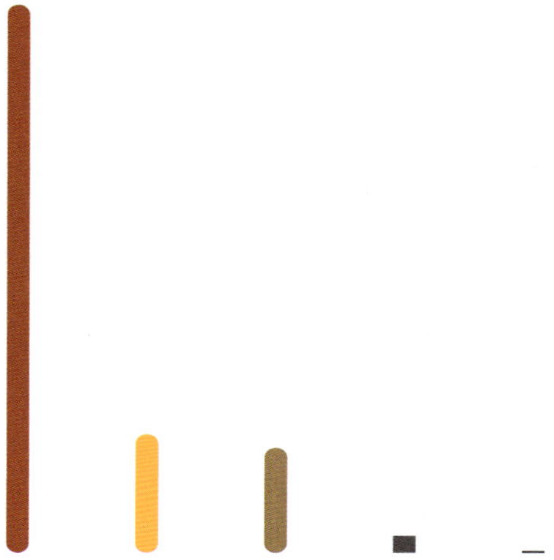

- 个别机构退出市场 69.3%
- 部分类型机构退出市场 15.0%
- 无机构退出市场 13.4%
- 大量机构退出市场 2.1%
- 其他 0.3%

图9-19　银行家对未来三年是否会有银行业金融机构退出市场的判断

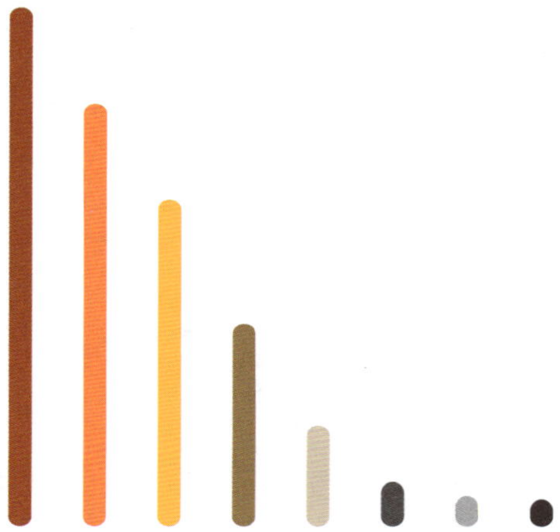

- 民营银行 53.7%
- 农村金融机构 43.6%
- 信托公司 33.7%
- 城市商业银行 21.0%
- 外资银行 10.6%
- 股份制商业银行 4.6%
- 其他 3.2%
- 国有商业银行 3.0%

图9-20　银行家对未来三年最可能退出市场的银行业金融机构的判断

九、推动高风险机构处置，超半数银行家认为需加强对高风险机构的早期识别和早期干预

国务院金融稳定发展委员会指出，将依法处置高风险机构、清理整顿金融秩序。银行家认为现阶段最大的问题是“高风险机构处置行政干预较多，市场化退出机制缺乏”（46.6%），同时，“缺少专门立法和规章制度，相关法律法规不完善”（43.7%）。此外，“监管部门和地方政府之间权责不甚明晰”（39.7%）、“政府存在对高风险机构的隐性担保和刚性兑付”（39.0%）、“处置手段单一，缺乏多样化、有效的金融工具”（38.7%）等问题也亟待解决。

图9-21 现阶段在高风险机构处置方面存在的问题

为此，银行家提出了自己的看法和意见，认为政府部门的首要工作是“加强对高风险机构的早期识别和早期干预”（52.3%）。其次，应该“打破政府对高风险机构的隐性担保和刚性兑付”（49.7%）。然后，需要“加强专门立法，做到依法处置和退出”（48.0%）。同时，还可以“运用市场化处置手段，降低处置成本，提高处置效率”（41.1%）。

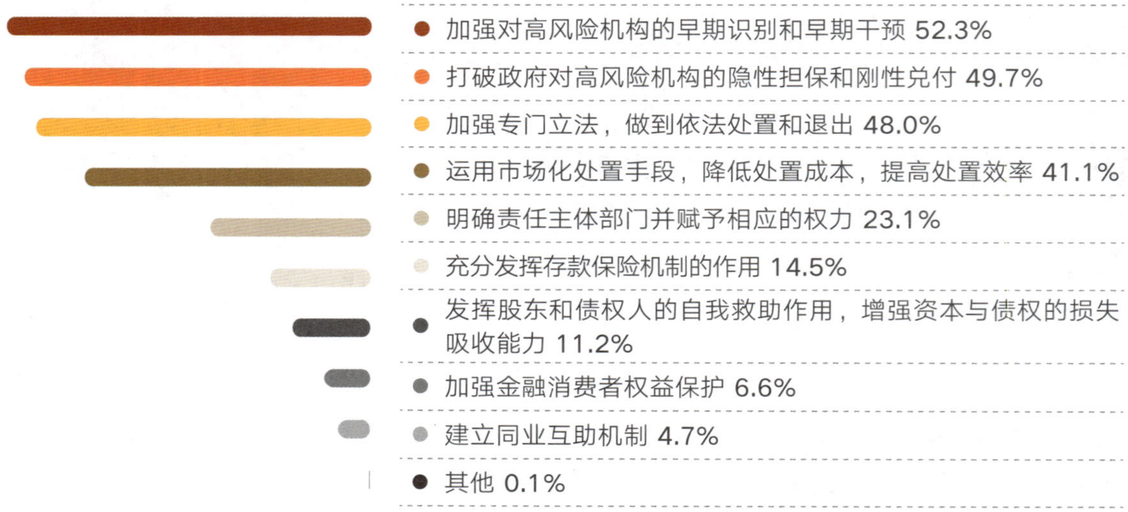

图9-22　银行家认为政府相关部门针对处置高风险机构需要加强的工作

第十部分

发展前瞻

2018年，银行家对未来三年银行业经营状况预期更为乐观，预计营业收入和税后利润高于10%的群体比例不断扩大，七成以上银行家预期未来三年银行不良贷款率将低于2.0%，并且将逐年下降。超五成银行家认为2018年末银行预期拨备覆盖率为150%以上，同时超六成的银行家认为2018年末银行资本充足率高于10.5%。

SURVEY
中国银行家调查报告

2018年，中央经济工作会议指出我国发展仍处于并将长期处于重要战略机遇期，要善于化危为机，转危为安，紧扣重要战略机遇新内涵，加快经济结构优化升级，变压力为加快推动经济高质量发展的动力。同时，中央经济工作会议还要求打好防范化解重大风险攻坚战，要坚持结构性去杠杆的基本思路，防范金融市场异常波动和共振，这也要求银行业增强自身监管，做好风险防控，从而推动银行业健康发展。银行家对未来三年的预期有所回升，拨备覆盖率预期有所好转，然而，银行业资产质量依旧是改善银行资产状况的关键点。

2018年以来，中美贸易摩擦加大了全球经济的不确定性，给中国经济发展带来一定挑战。银行家普遍认为未来三年营业收入与利润增长将面临一定程度的困难，但对未来克服困难抱有信心。调查显示，尽管仍有七成左右的银行家预计未来三年中国银行业的营业收入和税后利润低于10%，但从三年趋势看，占比不断减小，相应地，预计营业收入和税后利润高于10%的比例不断增大。

银行家认为，银行业未来发展面临多方面的风险与挑战，分别为中国宏观经济短期处于L形底部（25.3%）、互联网金融与科技浪潮带来的挑战（24.0%）以及经济风险发生概率上升（22.3%）。虽然当前银行业不良贷款余额有所上升，提高资产质量成为摆脱利润增长困境的首要措施，但随着中国经济稳步进入高质量发展阶段、监管要求的加强和银行自身风险管理能力的提高，银行家仍对未来银行业的贷款质量保持乐观，七成以上的银行家预期未来三年银行不良贷款率将低于2.0%，且逐年下降。

与2017年相比，银行家对中国银行业拨备覆盖率预期有所提升，超过五成的银行家认为2018年末银行业拨备覆盖率将保持在150%以上。然而银行业资本充足率达标压力有所加大，超过六成的银行家认为2018年末银行资本充足率将在10.5%以上，低于2017年11.5%的调查结果。

一、未来三年营业收入与利润增长或将提速

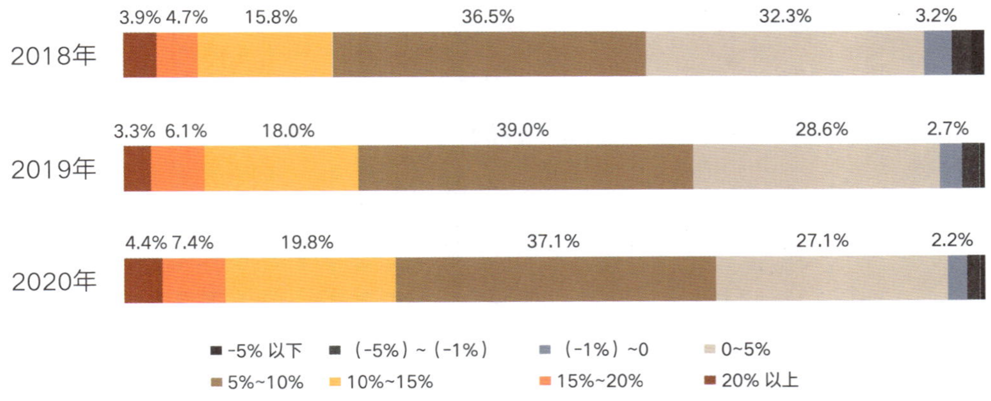

图10-1　受访银行未来三年的营业收入增长预期

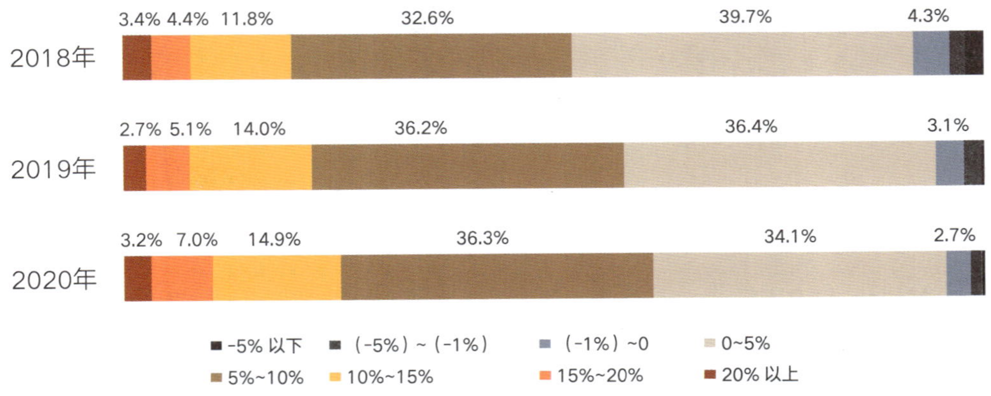

图10-2　受访银行未来三年的税后利润增长预期

二、提高资产质量成为银行摆脱未来利润增长困境的首要措施，预期不良贷款率下降

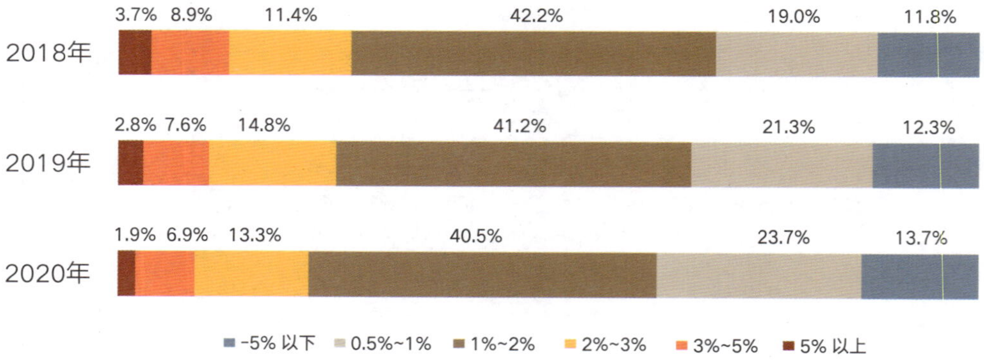

图10-3　受访银行未来三年的不良贷款预期

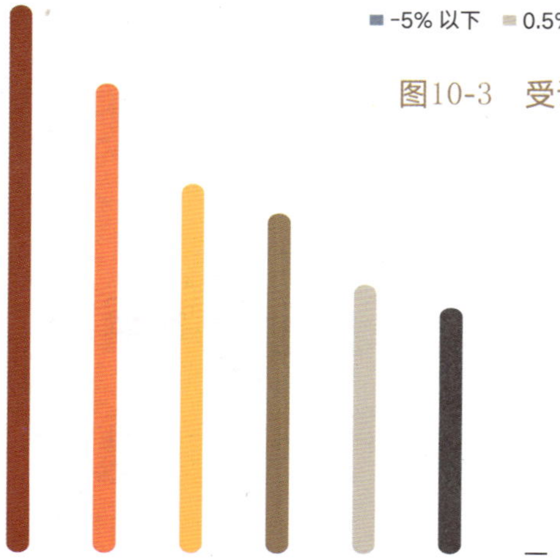

- 提高资产质量 64.1%
- 调整客户结构 55.1%
- 发展中间业务 43.3%
- 扩大生息资产规模 40.1%
- 促进利差保持和增加 31.6%
- 改善收入成本比 28.9%
- 其他 0.2%

图10-4　受访银行未来摆脱利润增长困境的主要措施

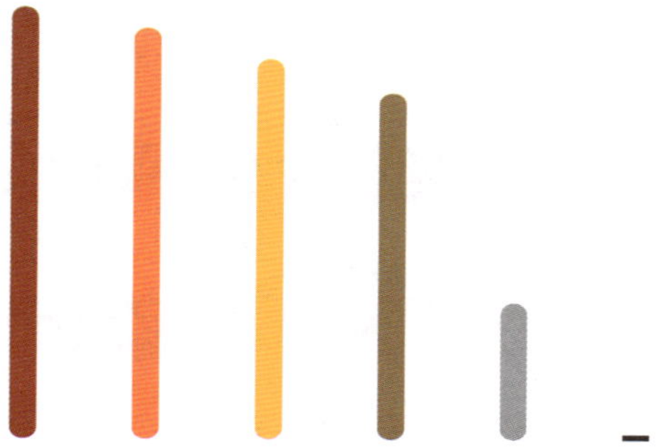

- 宏观经济运行短期内仍为L形 25.3%
- 互联网金融与金融科技浪潮带来挑战 24.0%
- 经济风险发生概率上升 22.3%
- 同业竞争日益加剧 20.2%
- 过剩产能行业融资需求下降 7.9%
- 其他 0.4%

图10-5　受访银行未来发展面临的最大风险和挑战

三、超五成的银行家认为2018年末银行业拨备覆盖率将保持150%以上

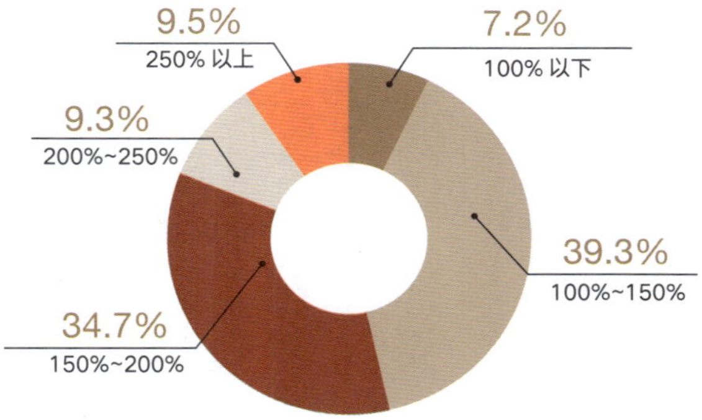

图10-6 受访银行2018年拨备覆盖率预期

四、超六成的银行家认为2018年末银行资本充足率高于10.5%

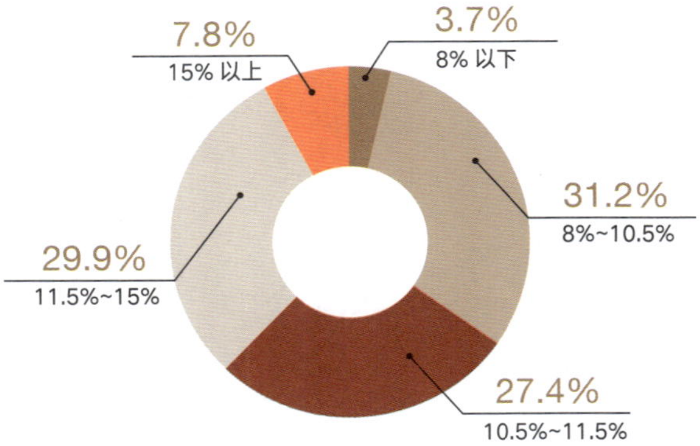

图10-7 受访银行2018年资本充足率预期

第十一部分

同行评价

本次调查要求银行家对小微信贷、贸易融资、同业业务、债券投资、个人按揭、信用卡、资产管理业务等14项银行主要业务竞争力强弱做出评价，并根据每项业务列示出所有参选银行的竞争力排名，从更细致的角度展示中国银行业的竞争格局与趋势。

BANKERS
SURVEY
中国银行家调查报告

从调查结果可以看出，传统国有大型商业银行总体上依旧保持着较明显的竞争优势。而细分到各个银行业务领域，无论是国有大型商业银行还是股份制商业银行都不断努力发展特色化经营，进一步巩固其原有细分业务邻域的优势地位。如中国银行以其独特的专业优势，多年位列国际结算业务领域第一名；建设银行则以其较大的信贷规模，始终维持着其在个人按揭业务领域的龙头地位；招商银行在信用卡业务、私人银行业务方面的优势地位，已得到银行家的普遍认可；而小微信贷业务领域，民生银行则成为银行家心目中竞争力最强的银行；工商银行则在大多数银行业务领域中位列前茅。

调查结果表明，无论是国有大型银行还是股份制商业银行，在银行业不断开放和竞争的趋势中，通过不断精耕其优势细分业务，并巩固其在该领域的竞争优势。随着银行业的不断开放、金融科技的不断演进及商业银行业务经营的多元化开展，中国银行业的竞争将不断加剧，特色化经营将成为银行业重点发展方向之一。

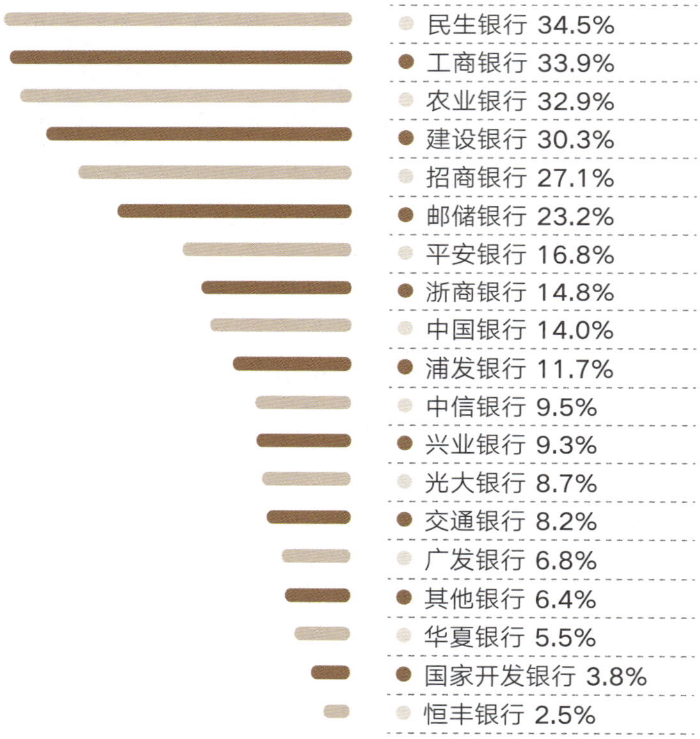

图11-1　2018年小微信贷业务同行评价

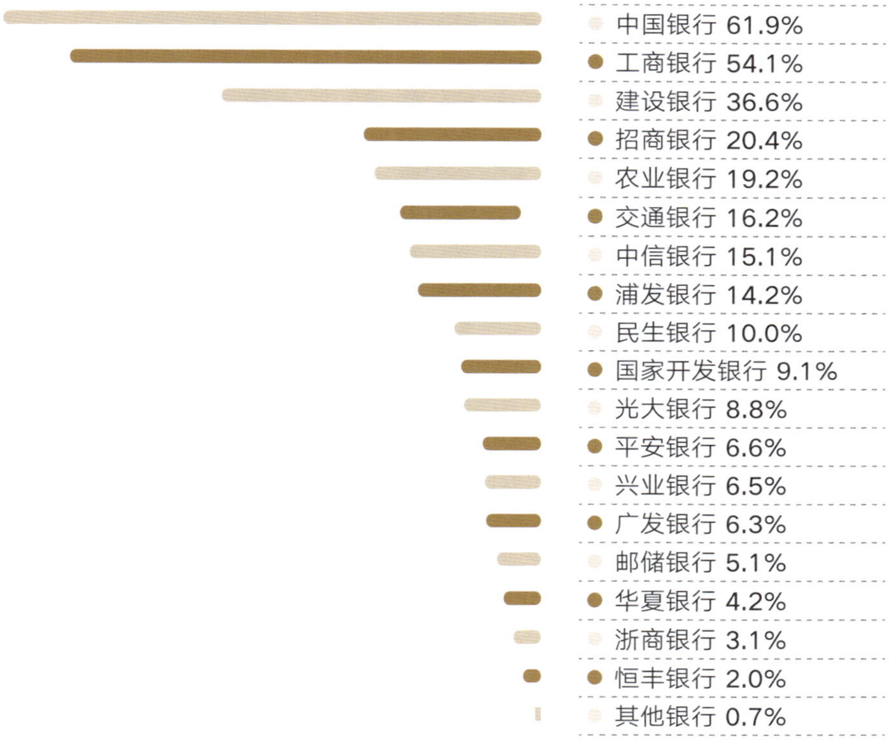

图11-2　2018年贸易融资业务同行评价

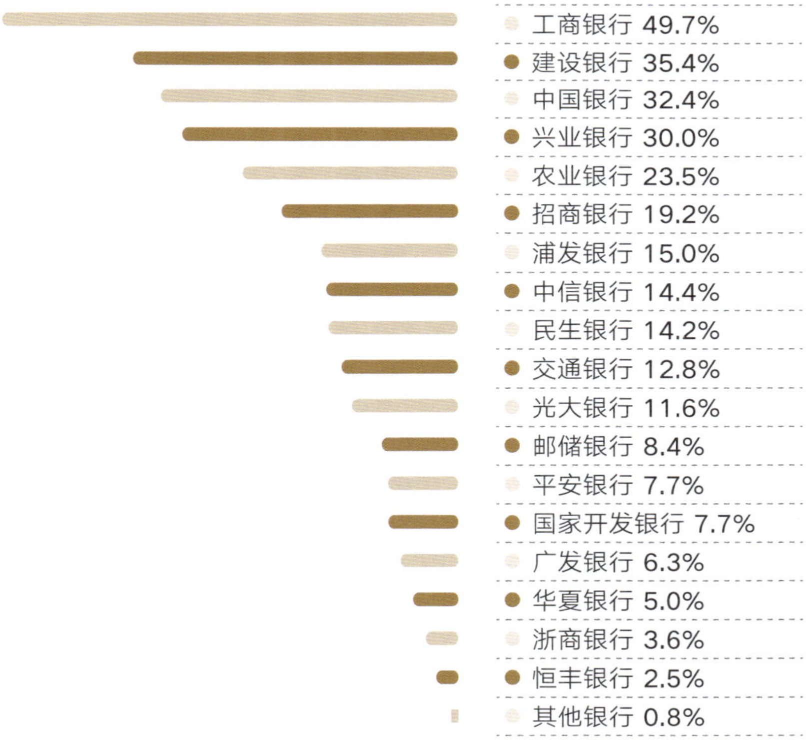

图11-3　2018年同业业务同行评价

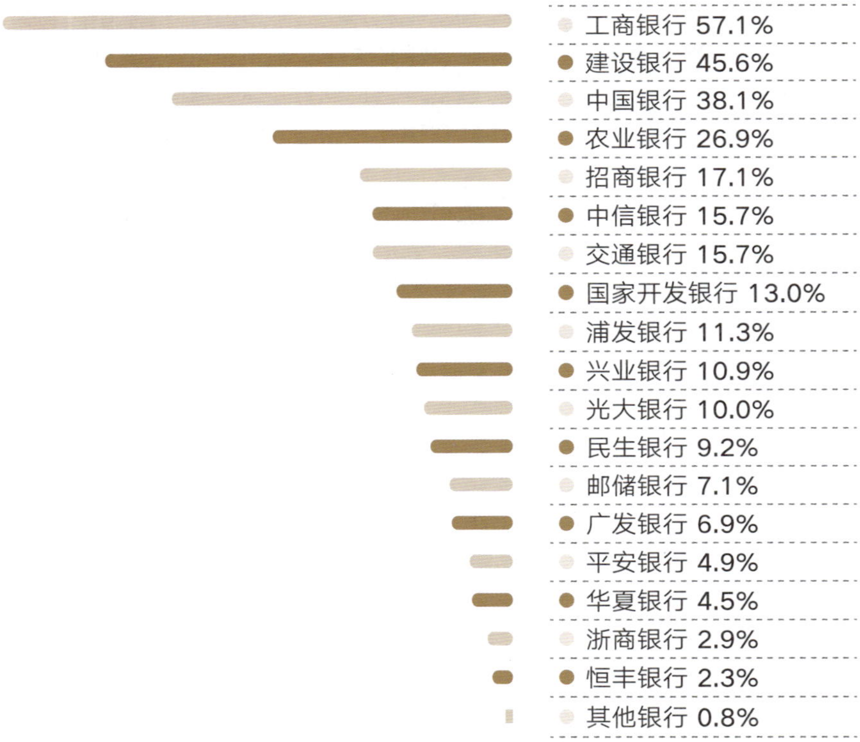

图11-4　2018年债券投资业务同行评价

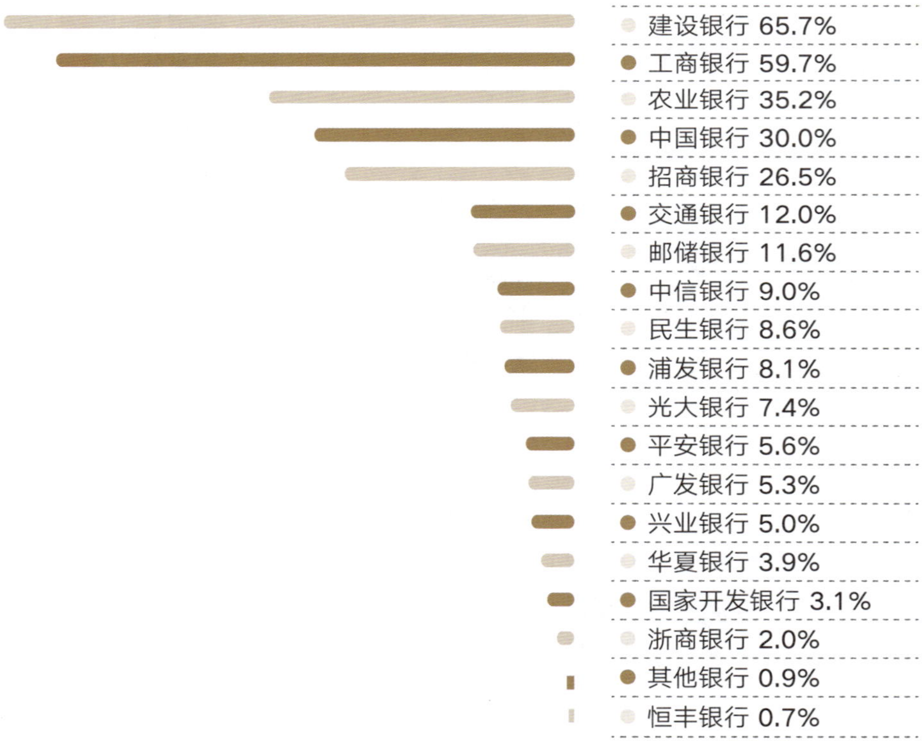

图11-5　2018年个人按揭业务同行评价

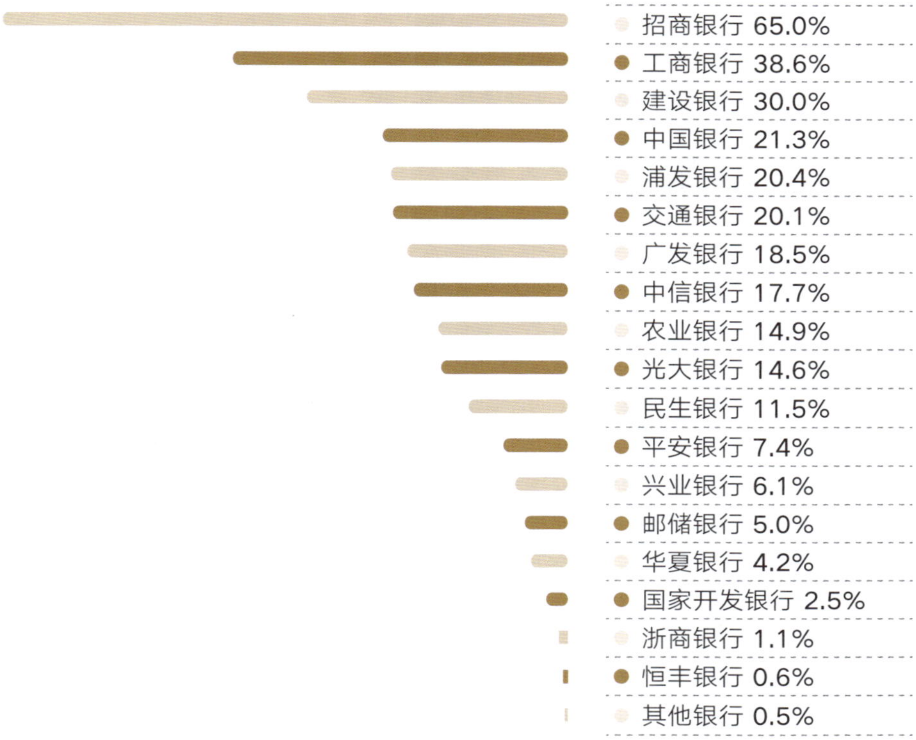

图11-6　2018年信用卡业务同行评价

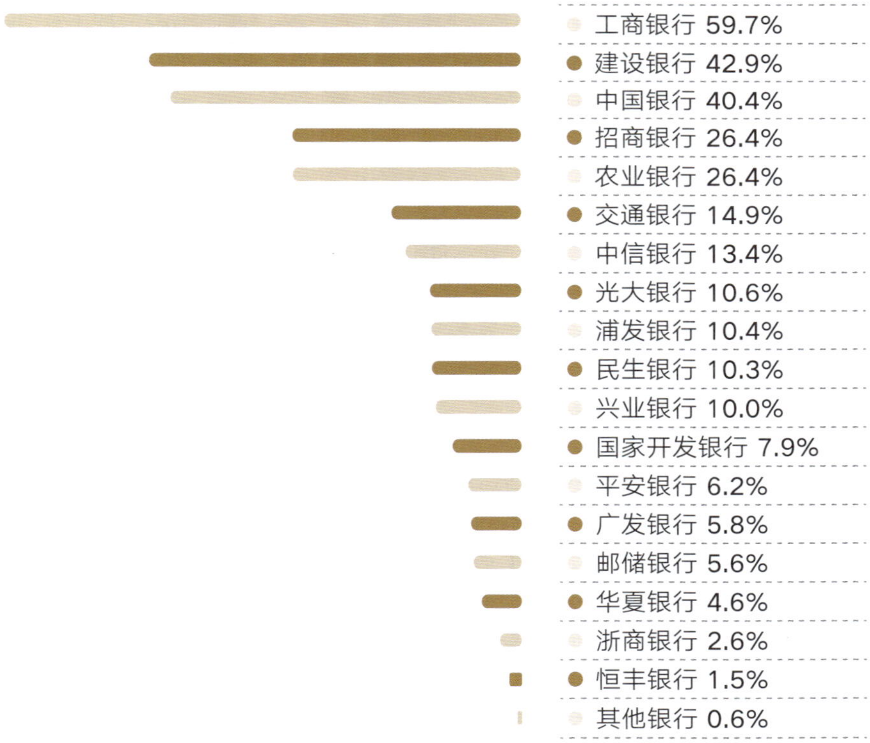

图11-7　2018年资产管理业务同行评价

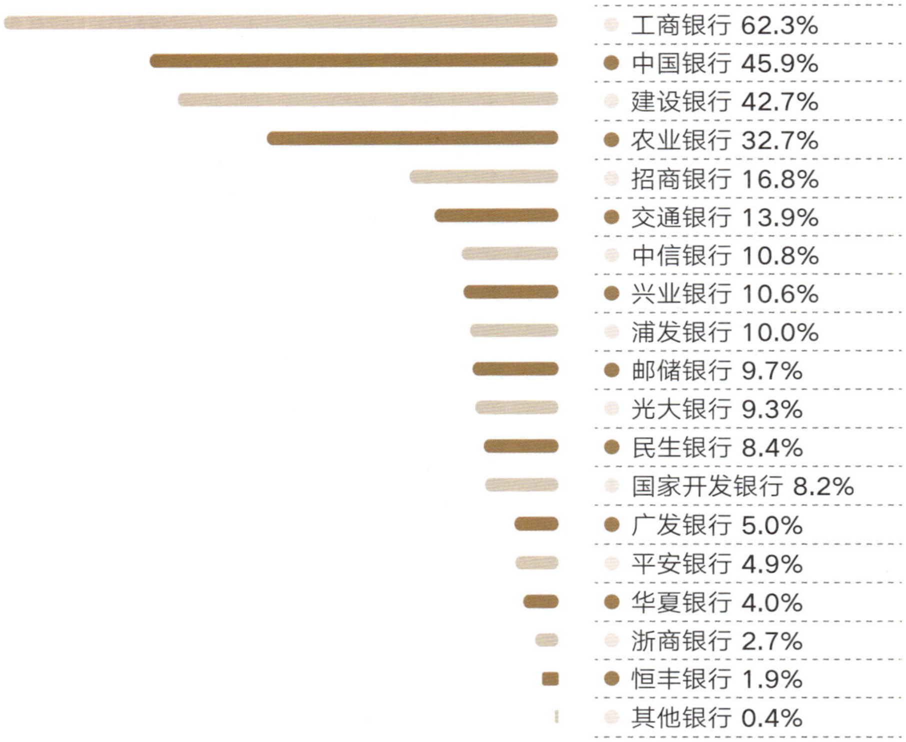

图11-8　2018年资金业务同行评价

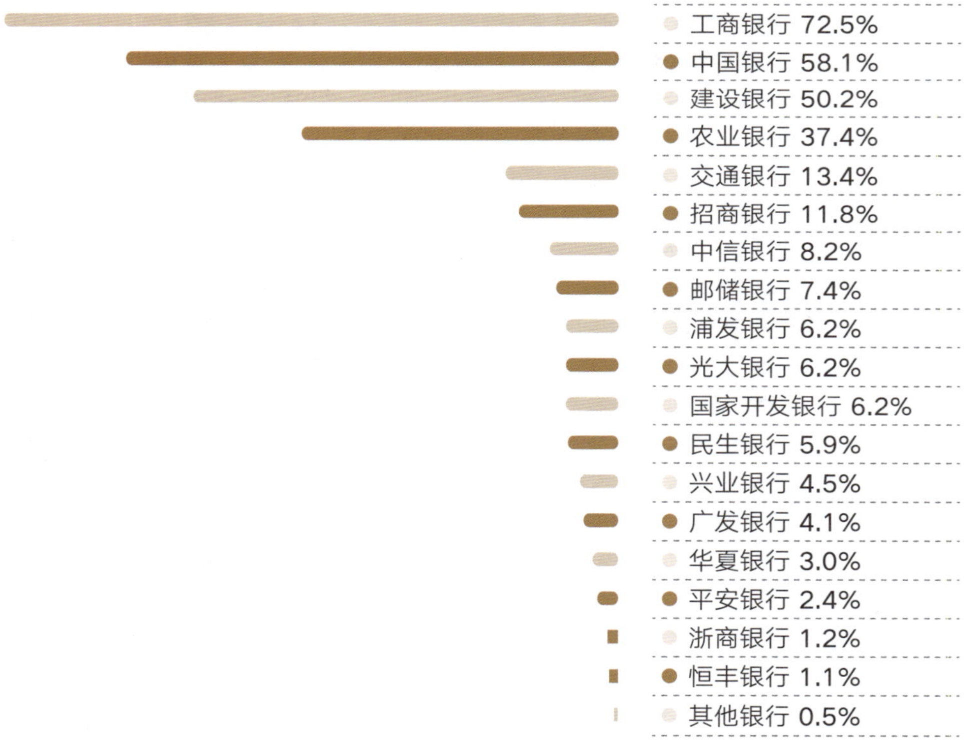

图11-9　2018年资金清算业务同行评价

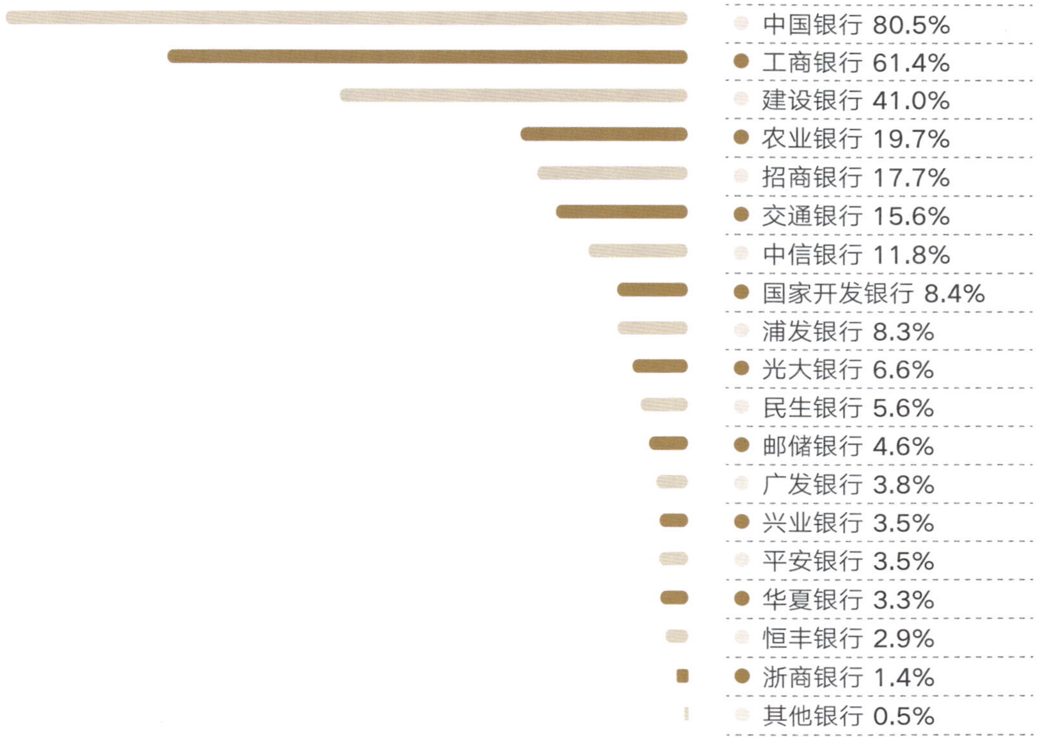

图11-10 2018年国际结算业务同行评价

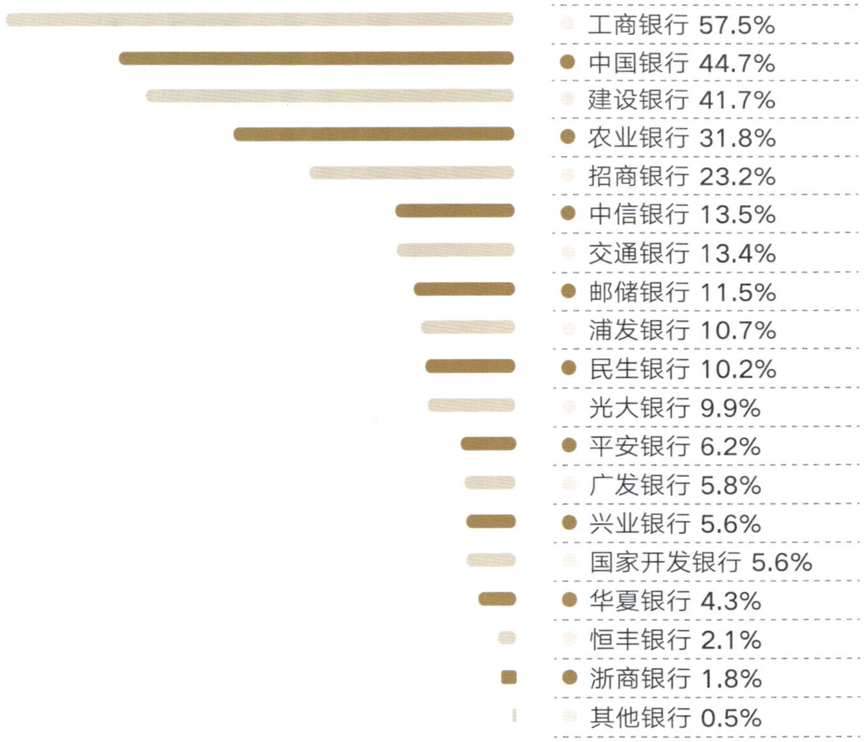

图11-11 2018年代理服务业务同行评价

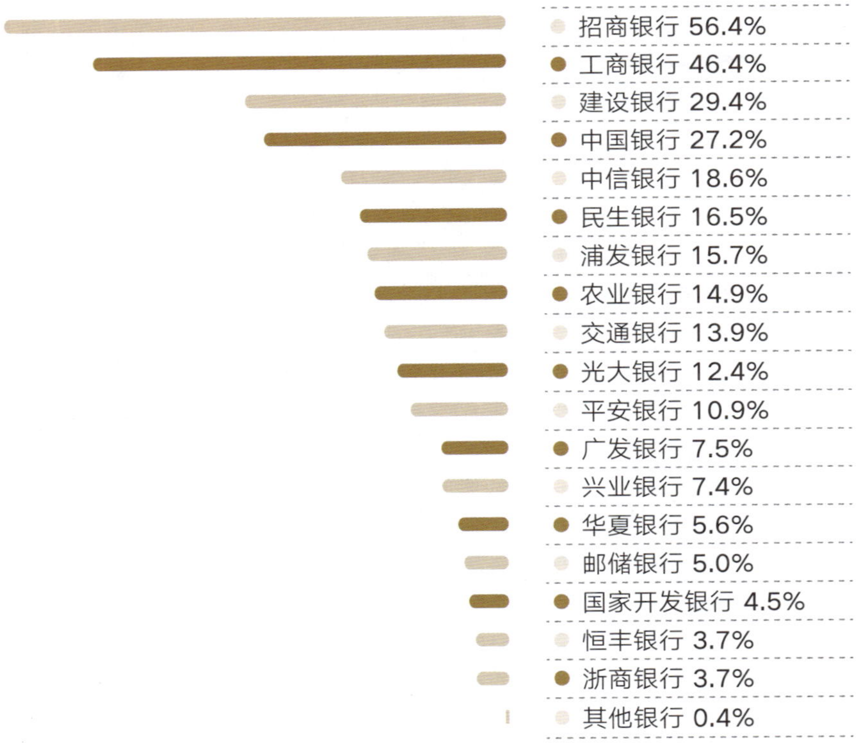

图11-12　2018年私人银行业务同行评价

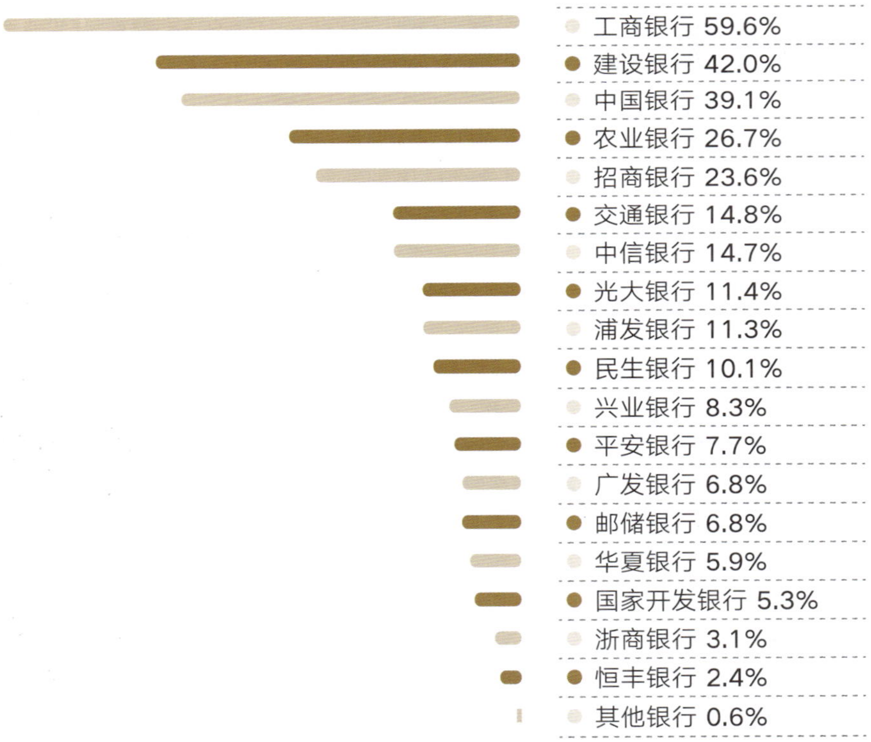

图11-13　2018年资产托管业务同行评价

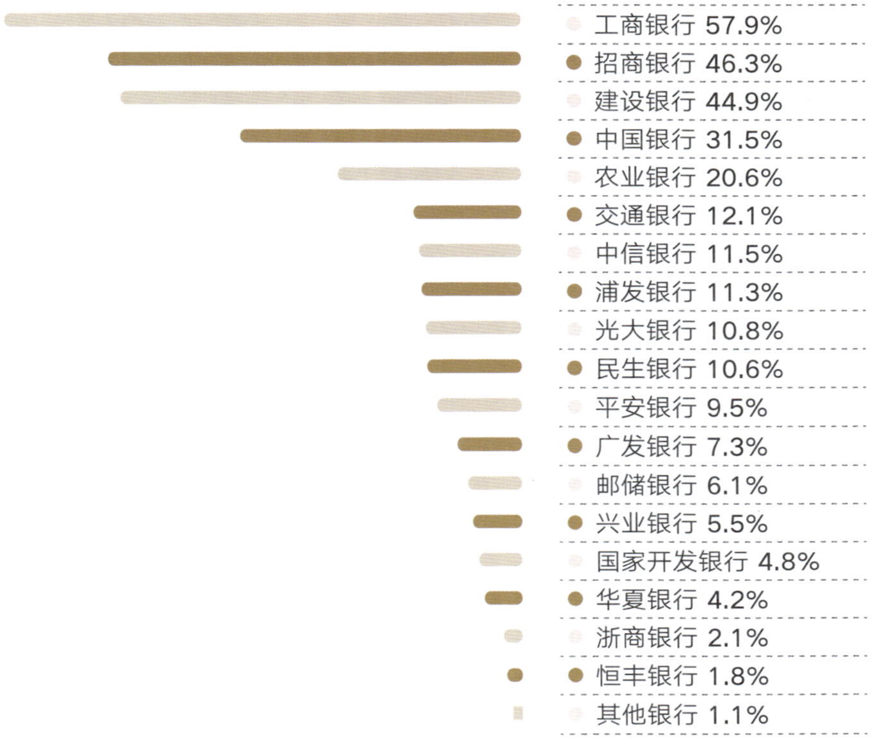

图11-14　2018年电子银行业务同行评价

第十二部分

专题篇

SURVEY
中国银行家调查报告

专题一：银行业支持实体经济高质量发展

第五次全国金融工作会议明确强调，金融是实体经济的血脉，服务实体经济是金融的天职，也是防范金融风险的根本举措。银行业作为我国金融体系的重要组成部分，需要主动适应经济环境变化，支持经济高水平高质量发展。按照2018年中央经济工作会议要求，要以金融体系结构调整优化为重点深化金融体制改革，发展民营银行和社区银行，推动城商行、农商行、农信社业务逐步回归本源。要围绕国家重大战略规划和供给侧结构性改革主线，支持好乡村振兴战略、创新驱动发展战略、区域协调发展战略、先进制造业和民营小微企业等。抓住实体经济融资链条中的薄弱环节，解决好小微企业融资难和农村金融服务不足等问题。银行信贷投放做到有取有舍、有保有压、有进有退，支持产业结构的优化和升级。

一、积极响应国家战略、“去旧扶新”是银行家关于服务供给侧结构性改革的最大共识

随着我国经济由高速增长转向高质量增长，供给侧结构性改革的全面深化对银行服务提出了新要求。调查结果显示，减少低效领域对信贷资源的占用（67.0%）与增加对战略新兴产业的信贷支持（61.5%）是银行家关于服务供给侧结构性改革的最大共识；其次，加强风险管理（60.6%）也是银行家的重要共识。调查结果反映出了银行家在供给侧改革方面的思路，对过剩领域要加强风险管理，对战略新兴产业给予信贷支持；短期内去产能、去库存、稳杠杆，长期内加强创新、发展转型、优化能力，达到供给侧改革最终目标。

图12-1-1 银行家认为未来银行在服务供给侧结构性改革的重点工作

此外，银行业作为我国金融业的主体，在实体经济发展和供给侧结构性改革中发挥着关键作用，在如何调整信贷结构、降低信贷杠杆、提高风险管控能力、扶持新兴产业等方面进一步优化，以支持服务实体经济与供给侧改革。调查显示，第一，银行家认为信贷结构的调整是银行业服务供给侧改革最应该着手的方面，包括增加新兴产业的信贷投放（47.9%）和压缩“两高一剩”产业的信贷投放（45.7%）两方面；第二，积极响应国家战略也是银行业服务高质量发展的重要途径之一，如大力发展普惠金融（37.4%）；第三，积极发展消费信贷（29.4%）、推进金融科技的应用（21.5%）。

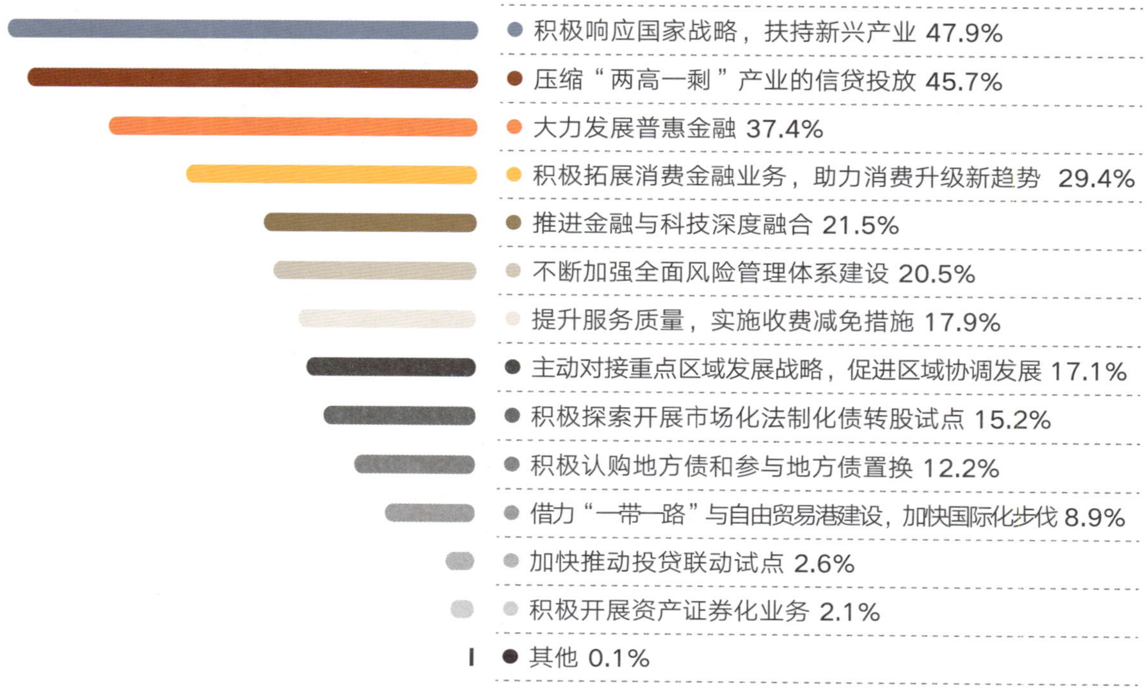

图12-1-2　银行家计划将服务供给侧结构性改革的措施

二、三分之二的银行家认为普惠金融是服务实体经济最应该重点考虑的领域

银行服务实体经济高质量发展过程中，银行业应积极响应国家战略，扶持重点发展领域与薄弱环节。调查显示，三分之二的银行家认为发展普惠金融、提高金融服务的覆盖面是最应着重考虑的方面，普惠金融的宗旨是强调全体人民都有得到金融援助、获得金融服务的机会，发展普惠金融可实现金融的公平化，对深化金融体制改革、缩小城乡差距都有非常重要的意义。其次，消费金融（43.4%）、“一带一路”（42.8%）、绿色金融（41.0%）三方面也受到了银行家的重视与考虑。消费金融、绿色金融也是金融创新的产物，并且对于银行业高质量服务实体经济具有重要意义。此外，绿色金融还对三大攻坚战中的污染防治具有重要意义，一是便利了生态行业或企业的资金获得，降低资金成本；二是有效带动其他社会资金进入污染防治领域，促进污染防治的顺利推进；三是普及绿色、生态、环保等理念，推动整个经济领域认知的转变。

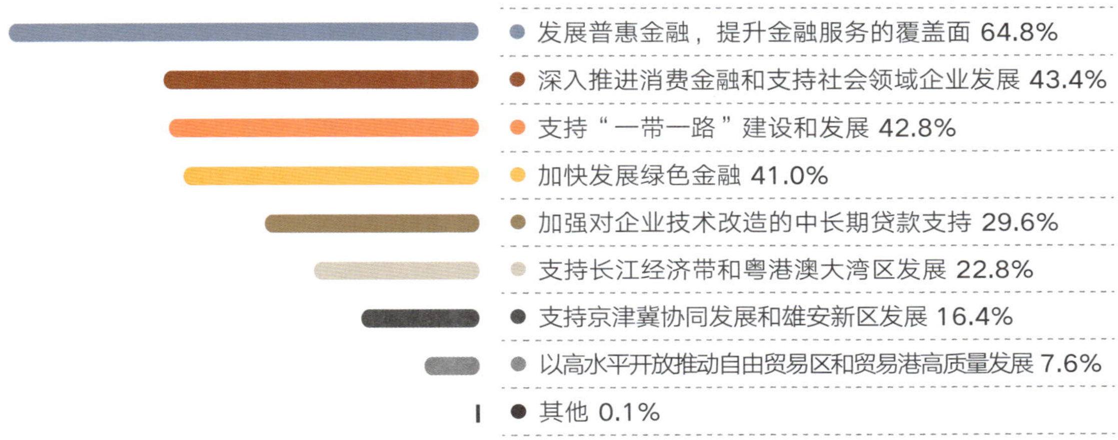

图12-1-3　银行家应考虑重点领域和薄弱环节

三、利用大数据提高风控能力是银行业利用金融科技服务实体经济的最有效手段

金融科技本质是金融，载体是科技。近年来，随着区块链、大数据、云计算、人工智能等新兴技术的渗透应用，金融科技正在深刻重塑银行业发展。当前金融科技在银行的应用主要包括金融产品的差异化定价、智能投顾、智能研究、高效支付清算、信息收集处理等方面。调查结果显示，针对金融科技可以在服务实体经济过程中发挥的作用这一问题，“利用大数据提高风控管理水平、扩大长尾客户的覆盖”获得了75.5%银行家的认可。此外，银行家认为在信息搜集（60.6%）、产品服务创新（57.8%）、定价体系（54.8%）等方面也可以利用金融科技中所囊括的新兴技术进行提升，以提高服务实体经济的质量。

金融科技作为技术驱动的金融创新活动，在提高金融业效率的同时，对解决小微实体经济发展瓶颈和普惠金融体系建设方面也具有优势。商业银行在发展普惠金融时容易遇到业务收益低、损失高、信息不对称、信用不达标等问题，而金融科技的出现可以通过与商业银行共同研发金融产品、提供数据、搭建平台、完善风控等方面增强普惠金融水平，提高金融效率，降低运营成本。

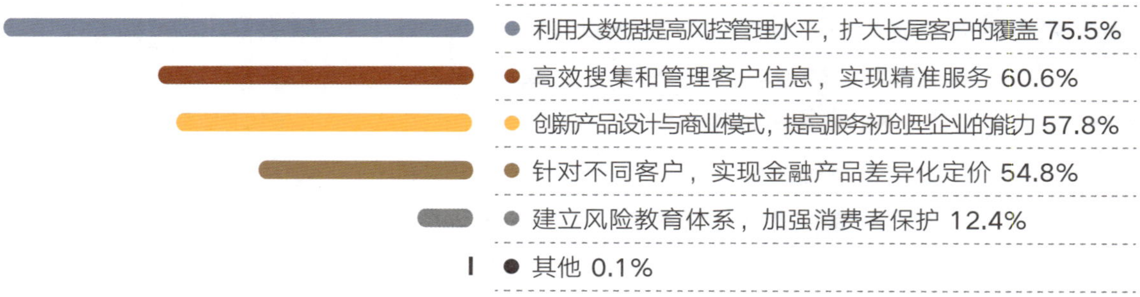

图12-1-4　银行业利用金融科技服务实体经济发展的方法

四、企业与地方政府被认为是杠杆率下降最快的经济主体

稳杠杆是供给侧结构性改革的重要内容，有利于维护金融稳定、经济健康发展，但是，与此同时稳杠杆过程会对不同经济主体产生不同程度的影响。调查结果显示，在稳杠杆的大背景下，逾半数银行家认为民营企业的杠杆率下降最快（57.8%），其次是国有企业（44.7%）与地方政府（44.3%），稳杠杆对居民杠杆率的影响相对较小。

当前我国的总体债务水平不高，但是上升速度较快且分布不均，尤其是非金融企业债务水平相对偏高，成为近年来我国杠杆率快速上升的重要推动因素。整体去杠杆率能否平稳落地，关键和难点都在于企业。第五次全国金融工作会议指出，要推动经济稳杠杆，把国有企业降杠杆作为重中之重，抓好处置“僵尸企业”工作。此外，2016年以来国务院、财政部、国家税务总局等单位均发布相关通知，强调降低企业杠杆率、加强企业自身债务杠杆约束等。

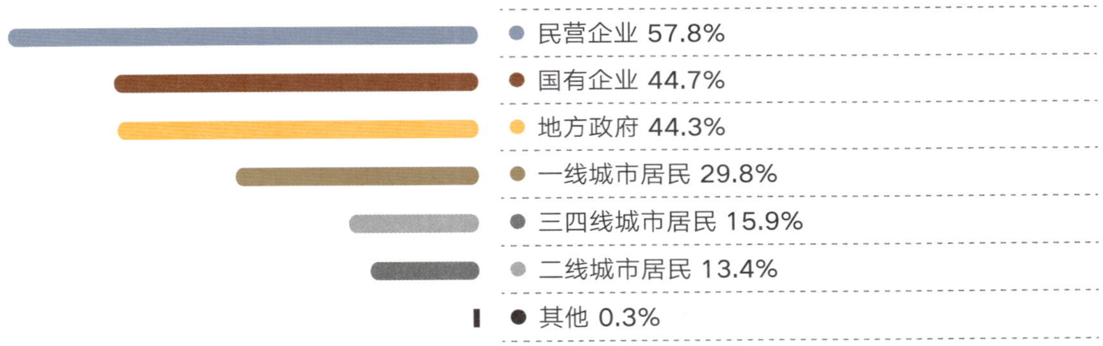

图12-1-5 银行家对杠杆率下降最快的经济主体的看法

五、降低居民杠杆率需加强对现金贷、信用卡的监管以及征信体系的建设

2018年全国银行业监督管理工作会议提出，要大力化解金融风险攻坚战，使宏观杠杆率得到有效控制，其中一个重要工作就是努力控制居民杠杆率。相较于发达经济体，当前中国居民杠杆率并非处于绝对高位，但目前居民杠杆率攀升较快，这是监管层提出抑制居民杠杆率的主要原因。

调查结果显示，银行家认为降低居民杠杆率最重要的方面，一是加强对互联网金融公司现金贷业务的监管（52.6%），二是加强对信用卡和消费贷的审批和资金流向监控（50.3%），三是健全征信制度并且加强对居民多头借贷行为的监管（50.2%）。此外，对住房贷款的严格审批以及对以互联网金融为名的非法集资行为的严厉打击也被认为是降低居民杠杆率的有效手段。这可能是由于现金贷、消费贷、P2P等新型金融产品的不规范、房地产价格较高对购房者的压力增加以及征信体系的不完善导致的，需要通过进一步健全体制以及完善消费者金融知识体系来改善这一现状。

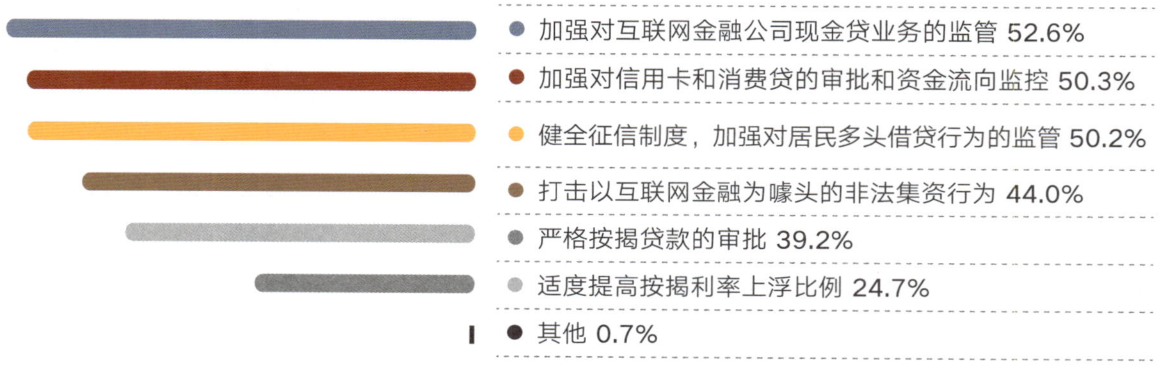

图12-1-6　有效降低居民杠杆率的措施

六、过半数银行家认为中国银行业存在资金投向相对单一和过于依赖抵质押方式的问题

在服务实体经济过程中，银行业一方面作为金融体系中的重要一环需要发挥其独特的作用，另一方面也面临着诸多实际的问题。调查结果显示，在提升银行业服务实体经济质效的过程中，53.8%的银行家认为当前银行业过度依赖抵质押方式，对缺乏抵押物的小微企业支持力度不够；52.4%的银行家认为银行的投资资金主要集中在房地产和融资平台，资金投向相对单一，对重点领域和薄弱环节支持力度不够；此外，银行自身支持政策的考核机制覆盖面不全（40.6%）。抵质押品是商业银行缓释信用风险的重要手段，但是部分商业银行存在管理体系不完善、风险管理不到位等情况，其风险缓释能力没有得到充分发挥。

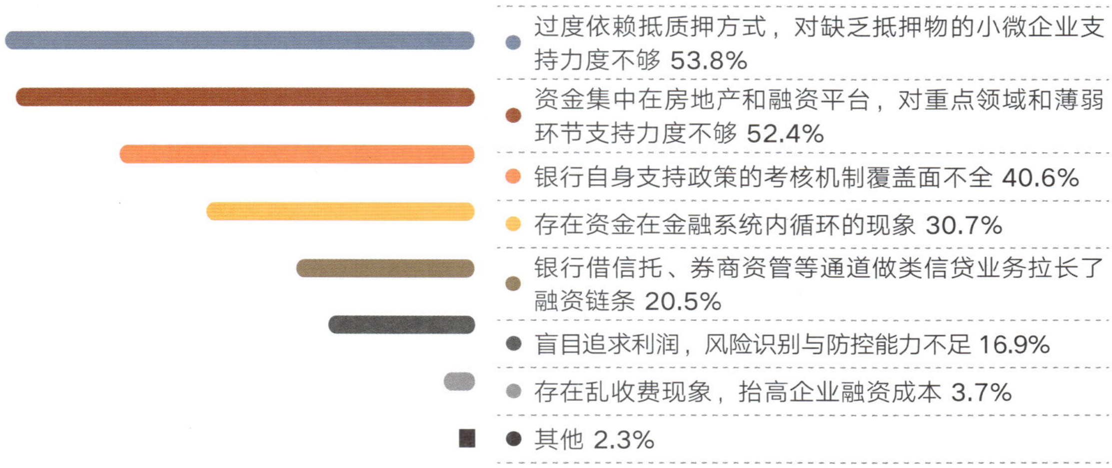

图12-1-7　银行家认为银行在服务实体经济方面目前存在的问题

七、逃废债务行为成为银行业服务实体经济的最大制约

在银行业支持经济高质量发展的大背景下，首先，银行家认为银行业服务实体经济最大的外部制约因素是逃废银行债务行为（50.3%）；其次，缺乏信用信息归集共享和守信联合激励（48.2%）以及多方合作的增信和风险分担机制的不健全（44.4%）也是重要的制约因素；此外，实体经济的发展高度依赖银行（38.9%）与司法处置难（34.3%）也被银行家认为是不可忽视的两个因素。其中，企业逃废债务行为主要是由于社会信用丧失、银行管理不善和地方保护主义，其恶性蔓延会扰乱经济秩序，损害市场信用，危害金融资产安全；风险分担机制与信用信息采集的不完善不利于市场环境的健康长远发展；实体经济融资渠道的单一性也制约其自身发展。

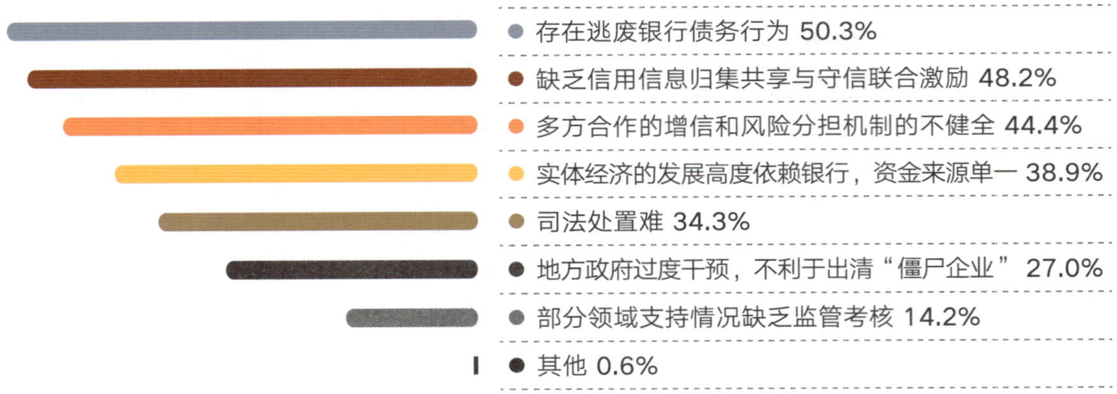

图12-1-8　银行外部环境可能存在的制约

八、三分之二银行家认为深化“放管服”改革、提升投资便利化水平最利于促进外商投资稳定增长

利用外资是我国对外开放基本国策和构建开放型经济新体制的重要内容。要推动经济高质量发展，就要进一步调整对外开放战略，推动形成全面开放的新格局，打造开放型经济新体制。调查结果显示，在促进外商投资、稳定增长以实现高水平高质量开放推动经济发展方面，三分之二银行家认为最应该采取的措施是“深化放管服改革，提升投资便利水平”（63.7%），同时还有47.0%与43.9%的银行家认为从“引资质量”与“投资环境”两方面进行改善也有利于促进外商投资增长，实现经济高质量发展。

改革开放以来，我国对外商投资着重执行的是政策优惠，但随着国内经济环境变化以及国际投资与贸易环境的改变，推进外资领域的“放管服”改革则有着重要的意义。比较有代表性的是2017年商务部修订了《外商投资产业指导目录（2017年修订）》和《自由贸易试验区外商投资准入特别管理措施（负面清单）》，分别减少30条和27条限制性措施。此外，优化外资企业设立程序，实现“无纸化”、“零见面”、“零收费”等都是外商投资领域“放管服”改革未来的方向。

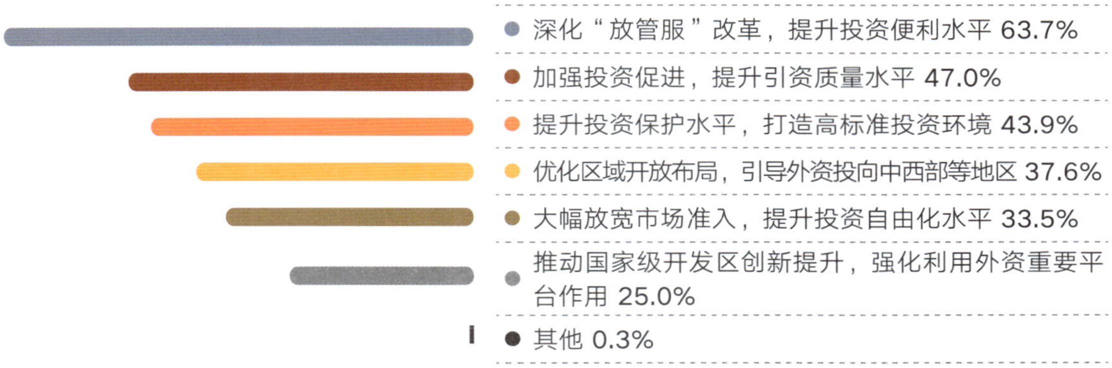

图12-1-9　银行家认为实现高水平开放推动经济高质量发展的措施

九、利润空间下降是银行服务供给侧结构性改革中面临的最大挑战

供给侧结构性改革的提出具有较明确的目的和较完善的措施，不只是对供给侧片面、局部的改革，也是对供需双方的一个结构性调整，在带来巨大机遇的同时也会对银行业提出相应的挑战。银行家认为供给侧结构性改革对银行业的挑战包括“利润空间下降”（58.6%）、“市场竞争更加激烈”（48.3%）、“不良资产处置困难”（43.3%）、“整体发展速度放缓”（41.0%）等。当前，经济增速放缓、产业结构失衡、金融监管力度不断增强的背景下，银行的盈利能力大大受限。

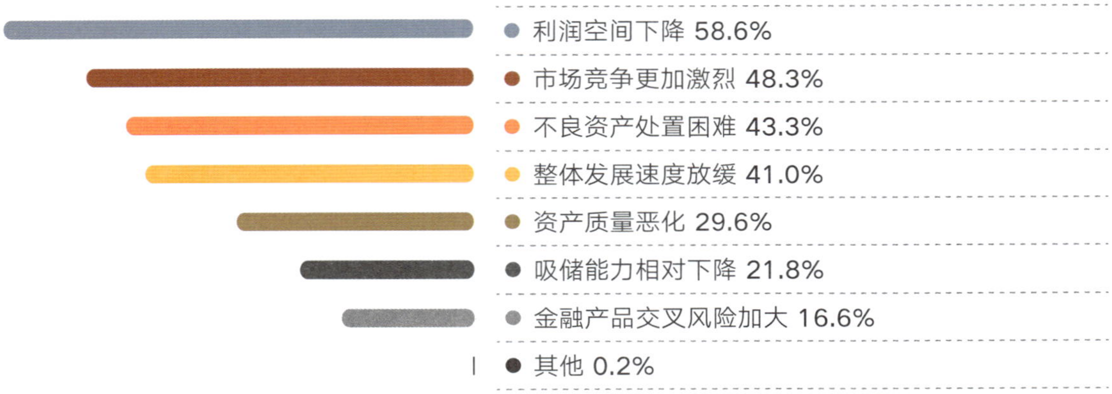

图12-1-10　银行家认为银行服务供给侧结构性改革过程中面临的挑战

十、资管新规有利于防范系统性金融风险

2018年4月，中国人民银行、中国银行保险监督管理委员会、中国证券监督管理委员会、国家外汇管理局联合印发了《关于规范金融机构资产管理业务的指导意见》。调查结果显示，36.9%的银行家认为资管新规的颁布有利于防止金融领域非理性加杠杆，降低系统性金融风险；20.9%的银行家认为有利于去除同业之间的嵌套，缩短融资链条，降低实体融资成本；此外，资管新规将有利于提高金融体系透明度（13.2%），但可能导致市场短期内出现信用紧缩的情况（14.3%）。资管新规在打破刚兑、禁止资金池、消除多层嵌套、净值化管理等方面的规定，充分考虑了市场的需求与承受力，在规范资管行业的前提下，使得金融系统面临的系统性风险逐步下降，利于稳定市场预期。

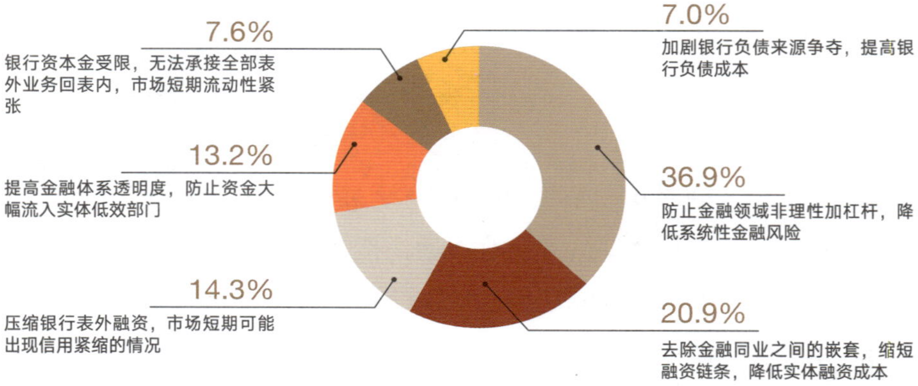

图12-1-11　银行家认为资管新规对宏观经济的影响

十一、银行家理性看待“违约潮”带来的影响

2018年以来公司违约事件频发，违约债项数量较多、金额较大，出现“违约潮”，引发了市场的关注，必然会对实体经济产生不可忽视的影响。调查结果显示，一方面，银行家积极地认为“违约潮”可以加强金融机构风险意识（59.0%），利于市场出清，推动新旧经济动能转换（50.4%），促进金融机构风险定价模型趋于理性（34.3%）。另一方

面，银行家也承认“违约潮”可能会使得债券贷款联动导致贷款缩减，风险传染容易扩散（34.2%）；地产、基建融资短期内快速受限，甚至可能诱发系统性风险（30.0%）。此前中国的债券较少出现大规模违约的现象，金融机构风险管理意识偏弱，容易由于轻视而扩大风险。未来发展趋势必然是严控各类风险，坚决守住不发生系统性金融风险底线。总的来说，银行家认为“违约潮”对实体经济的影响是积极大于消极的。

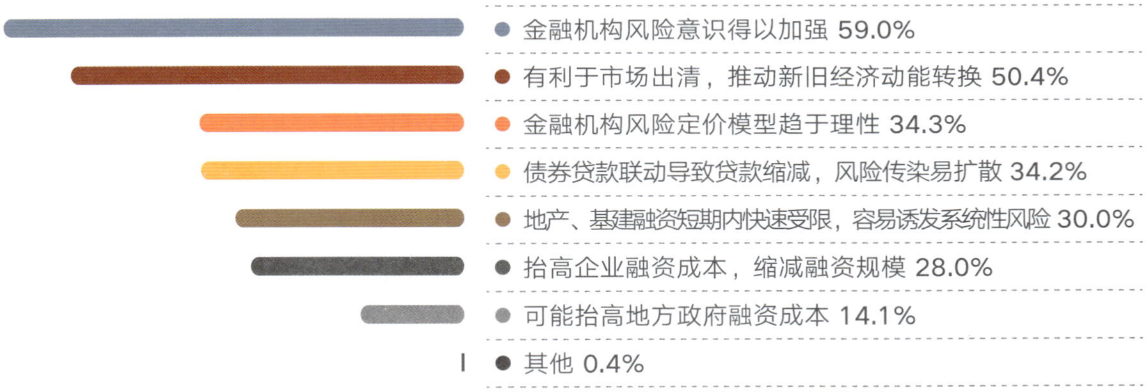

图12-1-12　银行家认为债券“违约潮”对实体经济产生的影响

同时，调查结果还显示，银行家认为民营企业信用债（74.9%）与房地产企业债券（67.4%）的违约风险较大，城投债（45.2%）与地方政府债券（21.6%）次之。民营企业债券由于缺乏可靠信用背书、股东背景不强、缺乏融资渠道等原因导致的风险很有可能高于其他债券；同时房地产市场近年来被认为是被高估的存在泡沫的市场，未来不确定性较大，因此两种债券都被认为是违约风险较大的债券。

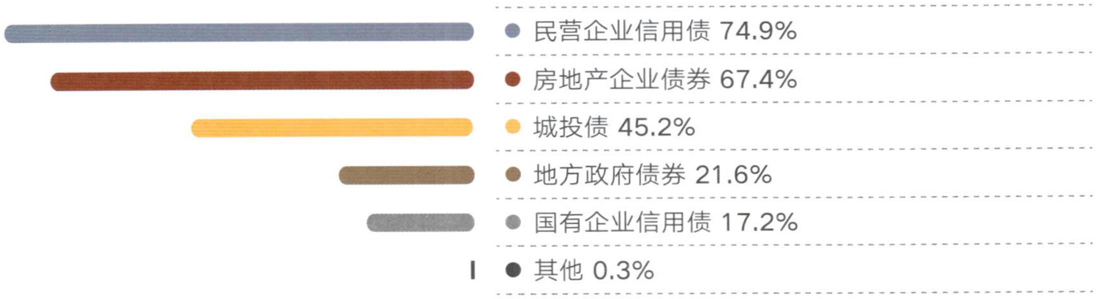

图12-1-13　银行家认为债券违约风险较大的领域

十二、超半数银行家认为中美贸易摩擦会倒逼金融改革，促进银行业对实体经济的支持

2018年以来，中美贸易摩擦持续升级，不仅影响到两国贸易以及与贸易相关的企业、产业和就业等，相应地还会对中国金融业产生影响。调查结果显示，针对中美贸易摩擦对中国银行业的影响，过半数银行家认为贸易摩擦可以倒逼中国金融改革、促进银行业开放，有利于银行业加大对国家战略的信贷支持力度。同时也有38.3%的银行家指出贸易摩擦会减少对受影响企业的信贷支持，以及会使银行业更偏好低风险资产（37.9%）。中美贸易摩擦既是挑战，更是机遇，中国相应地在贸易摩擦发生之后采取了如深化改革开放、对内减税降费扩内需等措施，对各行业都产生了重要的推动作用。

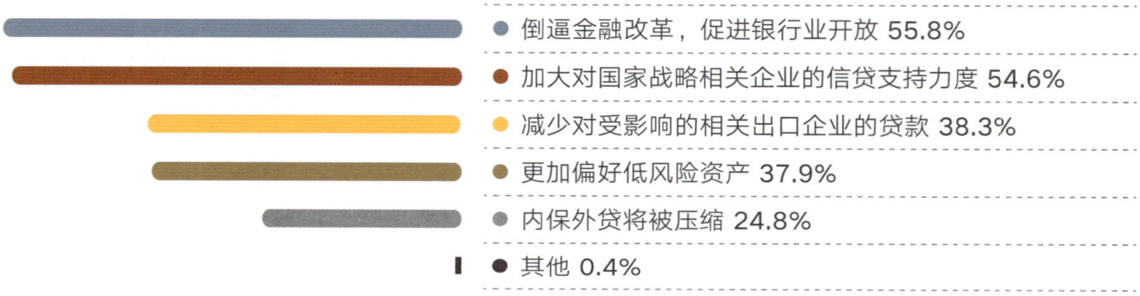

图12-1-14　中美贸易摩擦将对银行业经营产生的影响

专题二：交易银行的中国发展路径

近年来，国内外经济金融形势复杂多变，行业风险加剧、资产质量承压、产能过剩企业经营困难、金融脱媒和利差下降持续加剧、互联网金融等新型金融业态快速增长等因素都对银行业传统盈利模式形成挑战，交易银行业务日益成为新的利润增长点和银行业务转型的重要方向，超八成的银行家认为应加速或者稳步推进交易银行业务的发展。逾六成的银行家认为交易银行业务对银行获取新的业务增长点以及提高客户黏度方面有重要作用。超半数的银行家认为本行供应链金融业务初步发展，其中客户资源雄厚被认为是银行发展供应链金融业务最大的优势。现金管理业务被认为是交易银行中最受关注的细分业务，供应链金融业务紧随其后。

一、银行家对发展交易银行业务的态度整体乐观

随着互联网技术的不断发展，近年来客户的交易方式和交易习惯逐渐变化，银行业经营也逐步向深入挖掘客户需求、注重客户黏性的方向转变。交易银行业务依靠其客户黏性大、规模效应强的优点成为银行发展的关键业务。调查显示，银行家对发展交易银行业务的态度普遍乐观，有84.8%的银行家认为应加速或者稳步推进交易银行业务发展。

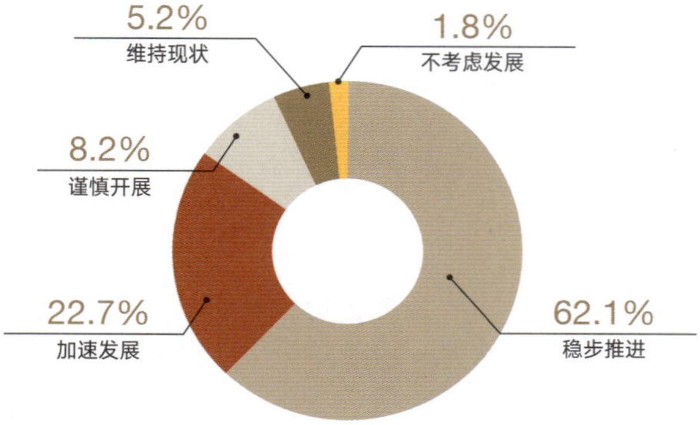

图12-2-1　银行家对交易银行的发展态度

二、获取新的业务增长点和提升客户服务黏度是发展交易银行业务的重要动因

调查显示，银行家布局交易银行主要是基于推动业绩增长与满足客户需求两方面的考虑。63.6%的银行家认为布局交易银行是为了增加新的业务增长点。交易银行业务基于先进的信息技术手段，通过提高现金管理、贸易融资等服务水平，着力提升全流程服务能力，形成更先进的产品服务体系，整合创新银行特色业务。61.5%的银行家认为交易银行业务有利于提升客户服务黏度。交易银行业务通过现金管理、贸易融资等不同业务组合深入到客户日常的经营和交易活动中去，建立起黏性银企关系。

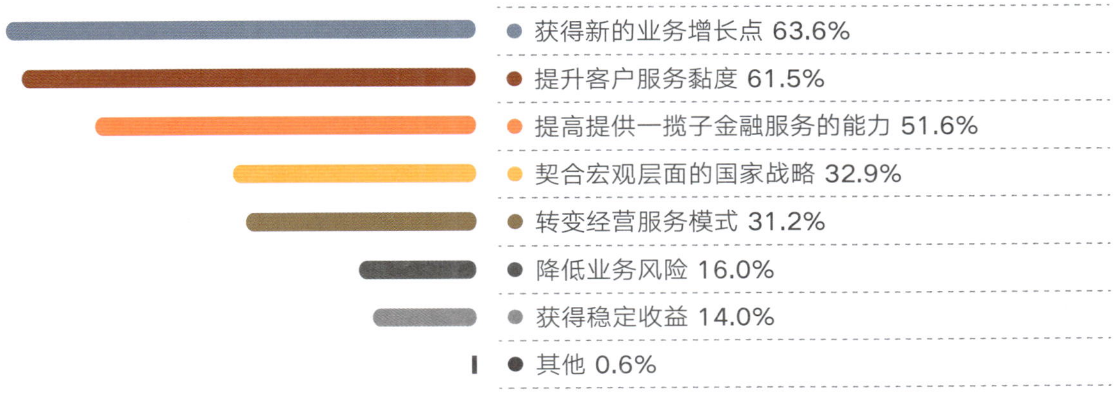

图12-2-2　当前银行业积极布局交易银行业务的主要考虑因素

三、内部整合协同能力备受重视，创新业务发展成为重点

银行家认为发展交易银行业务的主要难点是缺乏以客户为中心的整合服务和协同保障能力（50.2%），我国银行内部条块分割现象明显，而交易银行业务要求将各业务板块和操作集中起来进行“端到端”的处理，因此对银行内部的整合和协同保障能力有更高要求。同时，信息科技系统支持能力较弱、大数据应用能力欠佳（41.8%）和组织架构顶层设计缺乏统一规划，各部门职能界定和分工不够清晰（41.0%）也成为银行家认为交易银行发展的难点。

当前，我国商业银行的创新质效仍有待提高，技术支撑能力有待加强，调查显示，创新业务发展，实行差异化战略（57.5%）被银行家认为是最需要关注的发展重点。整体来看，银行现有的产品范围、服务内容趋同，缺乏差异化的服务特色。此外，拓宽服务场景，丰富线上产品（57.4%）也被认为是交易银行业务需要主要发展的方向。无论是现金管理还是贸易融资都需要强大的信息系统作为支撑，目前我国银行业务线上化程度偏低也成为银行家考虑发展线上产品，拓宽服务场景的重要原因。

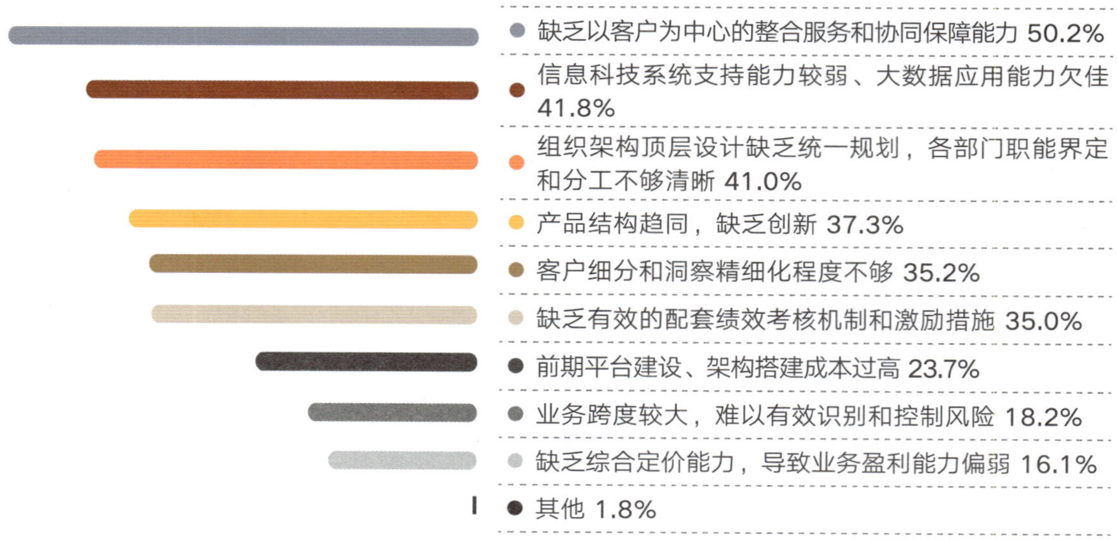

图12-2-3　银行业进一步推进交易银行发展战略的难点

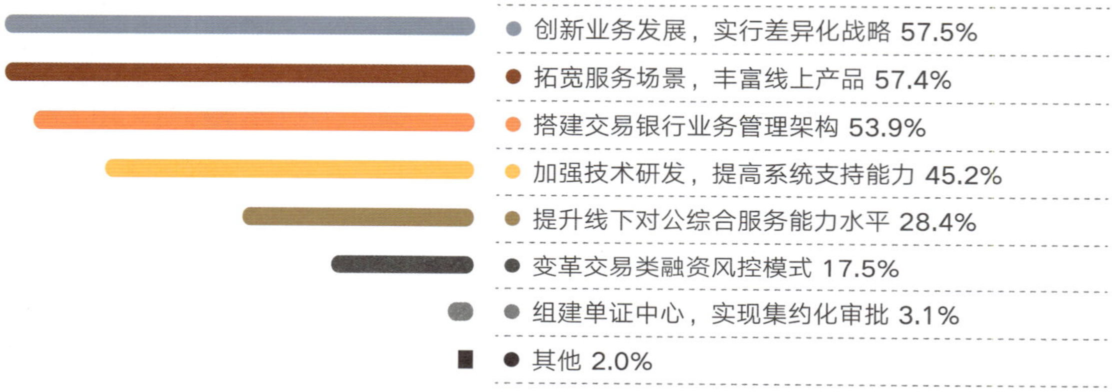

图12-2-4　推进交易银行业务发展的重点

四、不同类型银行发展交易银行业务各有侧重

本次针对不同种类银行发展交易银行业务侧重的细分业务进行调查，银行业整体将现金管理业务（69.9%）、供应链金融业务（58.3%）以及贸易融资业务（50.9%）作为发展交易银行的主要业务，其中，现金管理业务是交易银行业务的窗口，获取企业的现金管理业务就获取了管理企业唯一的结算账户的能力。供应链金融以真实贸易为依托，

使得风险得到了有效控制和降低，依托供应链的信息流和资金流服务中小企业。贸易金融由于其资本占用较低、综合收益高、风险可控的特点成为商业银行青睐的业务。但是不同银行在细分业务的比例中存在差距。具体而言，大型商业银行与股份制商业银行侧重满足企业全面需求以及非金融增值需求，中小银行则更多地倾向于提供基础业务。其中大型商业银行的银行家选择发展现金管理业务、供应链金融业务和贸易融资业务的比例分别为77.5%、69.5%和60.3%。农村中小金融机构的银行家选择发展现金管理业务、供应链金融业务和贸易融资业务的比例为67.4%、40.0%和33.7%。

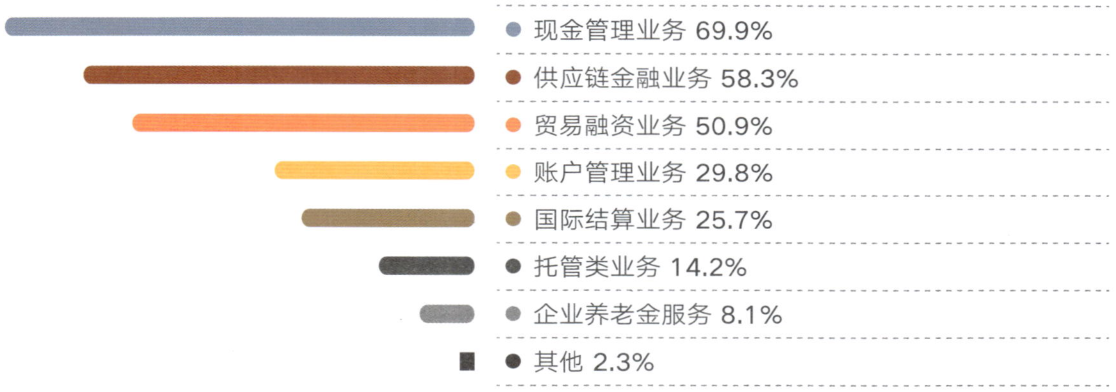

图12-2-5 银行发展交易银行业务的主要侧重业务

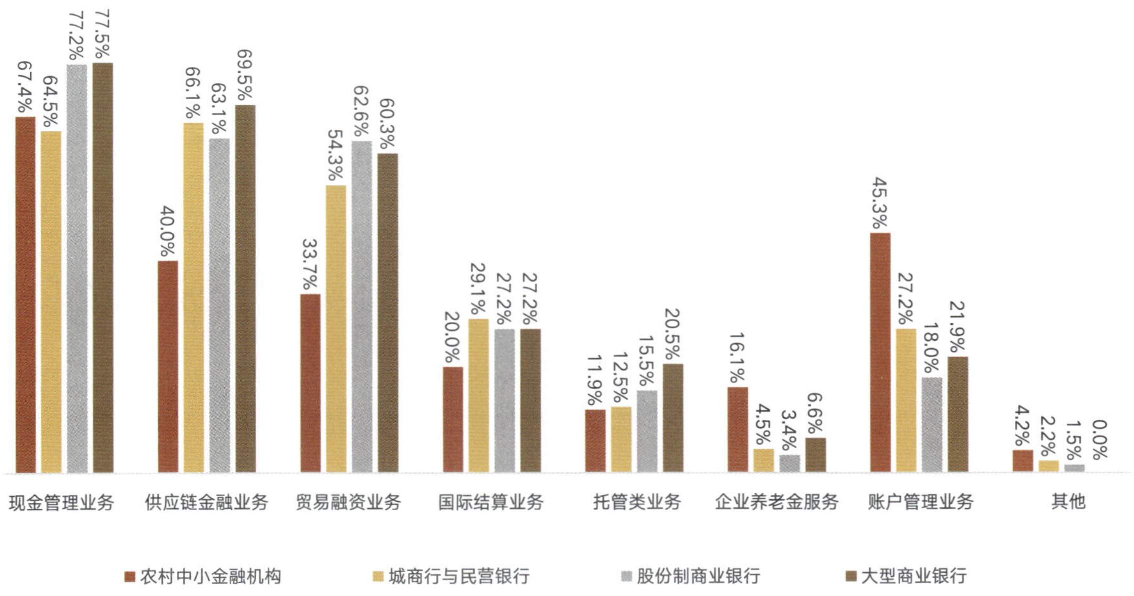

图12-2-6 不同类型银行发展交易银行业务的主要侧重业务

五、交易银行技术创新侧重IT平台建设和大数据运用

根据对交易银行业务中更加注重的技术创新方向的调查结果显示，重视IT平台建设，并将服务延伸到移动平台最受瞩目（75.1%）。移动平台拥有更好的获客能力，有利于拓展交易银行业务的自建以及合作场景。其次，提升大数据应用水平，建立自动化审核（72.7%）也被认为是银行发展交易银行业务的重要技术支撑，在“互联网+”的背景下，交易银行业务所需要审核的不仅仅是企业传统的资产情况，更多的是审核真实的交易数据。相较于传统方法，大数据等技术方法更适合交易银行业务新型风险控制需求，提高银行把控风险的能力，提升银行审核效率。

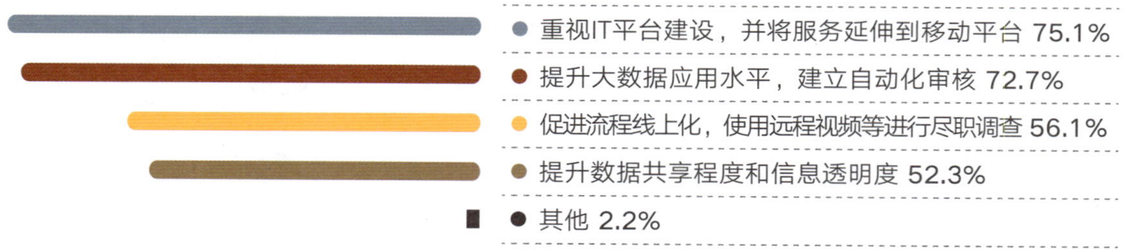

图12-2-7　银行业发展交易银行业务更加注重的技术创新领域

六、供应链金融聚焦产品创新，推动银行业务模式多方面变革

针对银行发展供应链金融业务的重点，51.5%的银行家认为应该从加强供应链金融业务产品创新的角度入手参与供应链金融建设。随着企业线上业务比例逐步增加，新兴技术的发展催生了供应链金融的变革，使得网状供应链更有助于描绘用户画像，并可以通过链条交叉延伸更多客户；同时也催生了供应链金融在流程、信息传递渠道等多方面的

产品创新。另外，45.6%的银行家认为应当将提升企业客户的长期真实数据获取能力作为发展供应链金融业务的重点。银行可以通过对资金流以及物流动态进行追踪，尽可能把握企业真实经营情况。

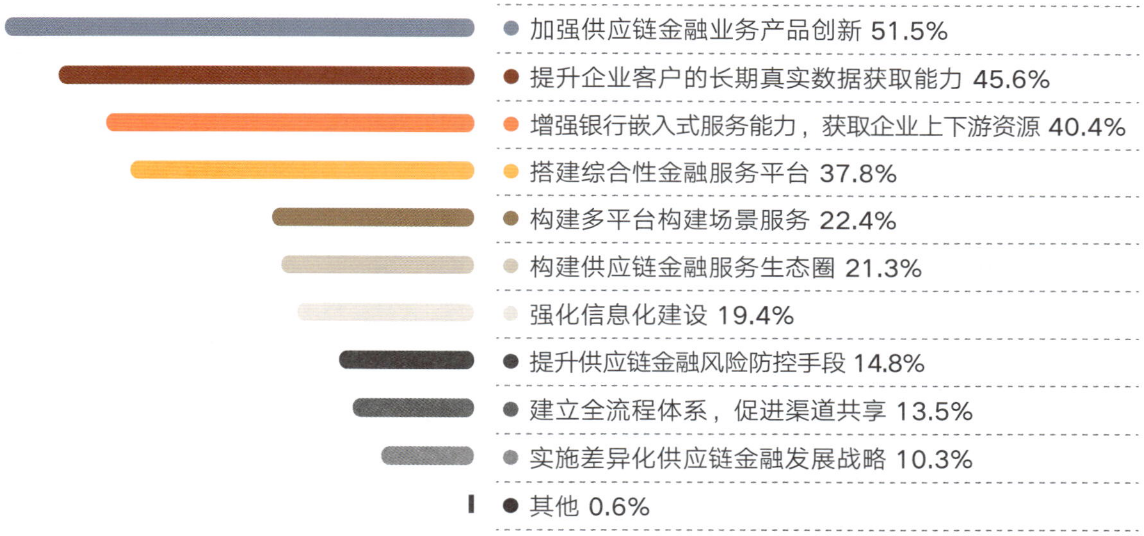

图12-2-8　目前银行业发展供应链金融业务的重点

七、商业银行供应链金融业务尚处于初步发展阶段

就供应链金融的发展阶段来看，目前中国商业银行普遍还处于初级阶段。调查结果显示，超过半数的银行家认为本行的供应链金融业务处于初步发展阶段；23.9%的银行家认为本行的供应链金融业务尚未发展；14.6%的银行家认为本行的供应链金融业务在迅速发展；仅有3.9%的银行家认为本行的供应链金融业务加速发展，成为本行利润的重要来源。

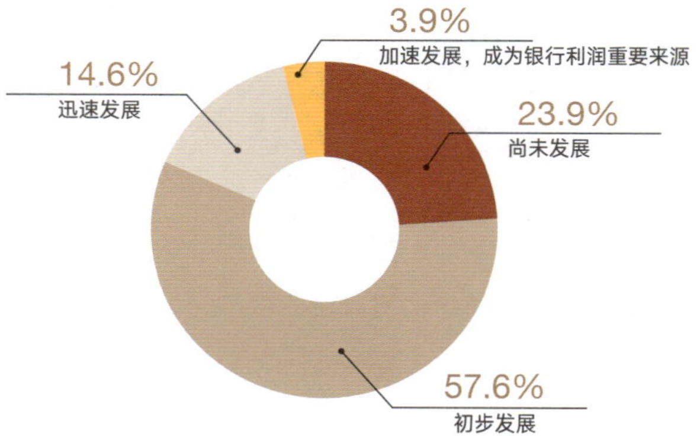

图12-2-9　供应链金融业务进展情况

从银行类型来看，大型商业银行在供应链金融业务的发展上处于较为领先的地位。调查结果显示，大型商业银行的供应链金融业务发展较为领先，38.4%的银行家认为其“业务迅速发展”，7.9%的银行家认为“已经成为本行利润的重要来源”；其次为股份制商业银行，24.8%的银行家认为其“业务迅速发展”，5.8%的银行家认为“已经成为本行利润的重要来源”，58.7%的银行家认为“仅初步发展”；再次为城商行与民营银行，认为其“业务迅速发展”或“已经成为本行利润的重要来源”的占比分别为7.3%和3.2%，高达71.3%的银行家认为还“处于初步发展阶段”。

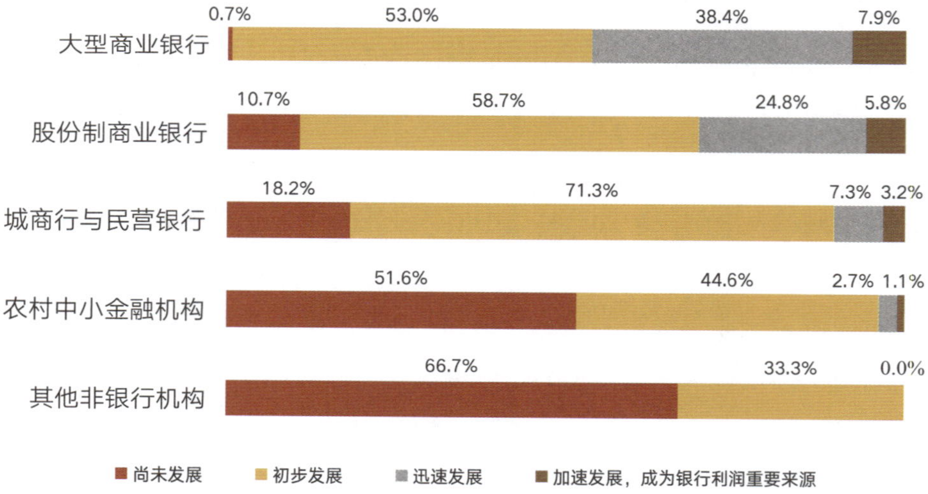

图12-2-10　不同类型银行供应链金融业务进展情况

八、不同类型银行发展供应链金融业务各有优势

就本行开展供应链金融业务的优势来看，调查结果显示，“客户基础雄厚”排名第一，35.8%的银行家赞同；其次为“较强的风险管理能力”，选择占比29.9%；再次为“充裕的资金规模”，占比14.6%。这表明，银行传统业务竞争优势在供应链金融业务上得以继续保持。

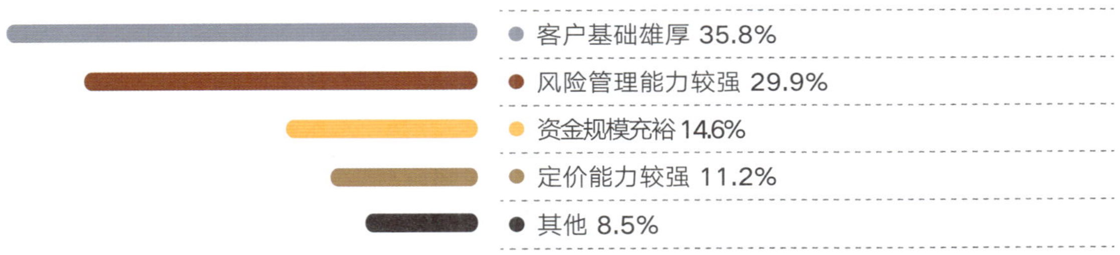

图12-2-11　本行开展供应链金融业务的优势情况

从银行类型来看，大型商业银行开展供应链金融业务的优势主要集中在雄厚的客户基础，股份制商业银行与其他非银行机构胜在较强的风控能力，这与不同类型银行供应链金融业务发展进程及其开展供应链金融业务具体情况形成呼应。

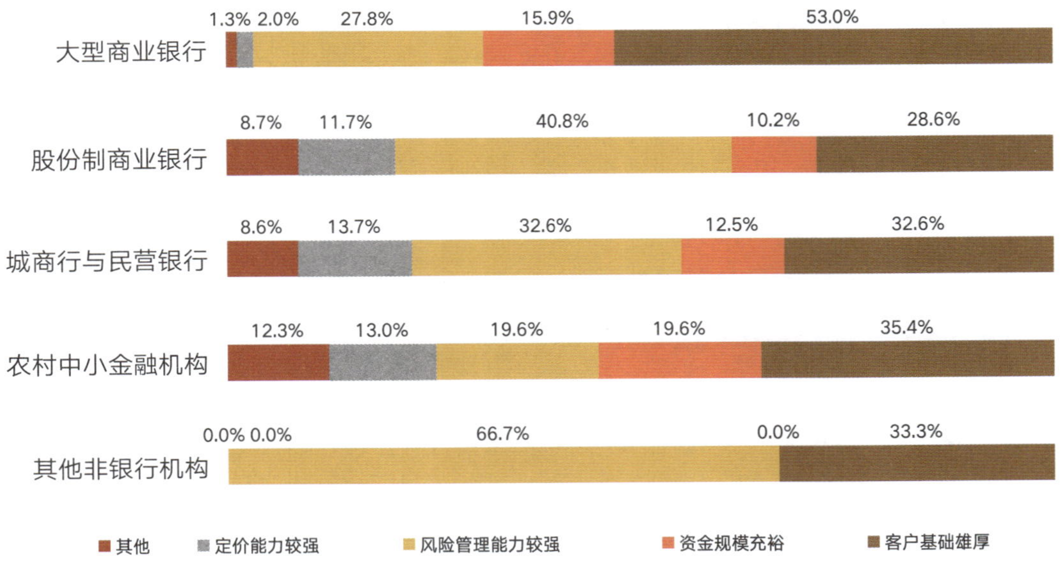

图12-2-12　不同银行类型开展供应链金融业务的优势情况

九、供应链金融健康发展面临诸多挑战，风险控制能力亟待提高

关于开展供应链金融业务面临的挑战的调查显示，63.8%的银行家认为最大的挑战在于金融产品的设计，赞同；其次为业务风险防控，52.0%的银行家选择该选项；再次为资源分配与组织形式，49.8%的银行家赞同。调查结果反映出供应链金融业务作为新兴业务，仍需在基础领域下功夫，才可能实现有序发展。

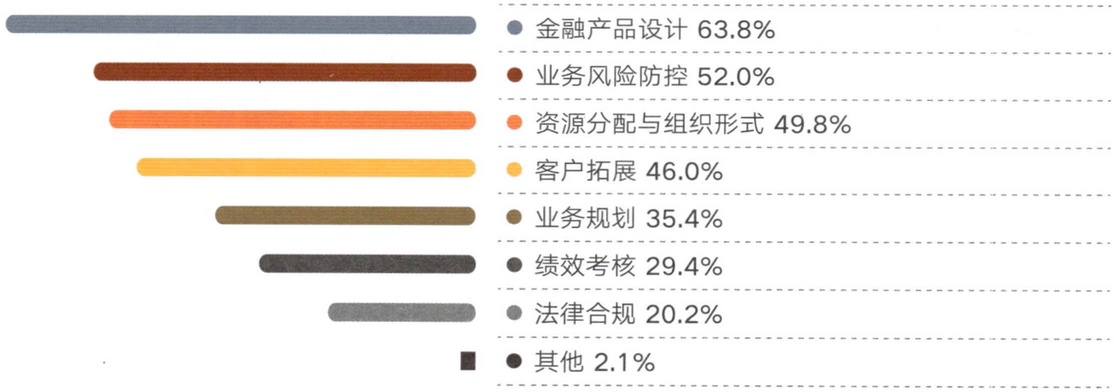

图12-2-3　开展供应链金融业务的挑战

风险管控是保障业务健康发展的关键。在供应链金融业务风险管控方面，64.0%的银行家认为首要在于创建独立的风险管控体系；紧随其后的是强化内部控制和贷后管理，占比60.8%；再次为审慎选择拟授信的供应链群占比54.1%。供应链金融的业务特征，要求银行业在风险管控方面能够相应地进行适当创新，对供应链金融的特有风险进行针对性的重点防控。

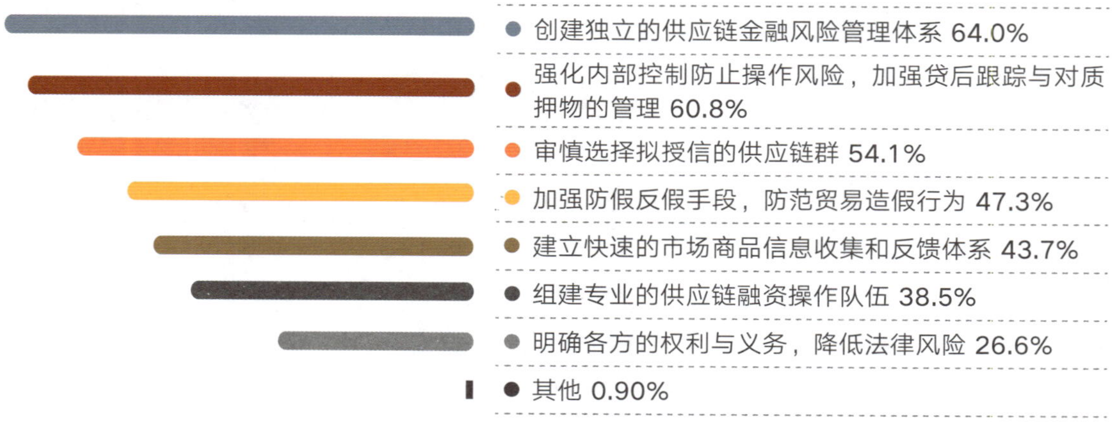

图12-2-4　供应链金融业务风险管控措施

专题三：银行业深入推进资产证券化业务

近年来，我国资产证券化市场呈现出增长迅速、运行稳健、不断创新的良好局面，有效促进了融资效率的提升。2018年前三个季度我国信贷资产证券化发行总额为5743.36亿元，同比增长78%。在监管趋严的背景下，银行在风险可控的前提下开展资产证券化业务，能优化自身的资产结构，提高资产流动性，进一步有效管理其资产负债水平。

一、超八成银行家支持银行资产证券化业务进一步发展

在政策支持和监管趋严的双重影响下，银行家对未来资产证券化业务发展的态度整体较为积极。调查结果显示，超过八成（85.9%）的银行支持资产证券化业务的进一步发展，其中30.6%的银行家持大力发展态度，55.3%的银行家持适度发展态度，仅1.0%的银行家认为应压缩规模。但值得注意的是，鉴于资产证券化业务在发行规模、交易结构设置、基础资产选择等方面受到诸多监管限制，且对银行自身风险管理的要求较高，半数以上的银行家在支持该项业务发展的同时，仍持谨慎态度，拟循序渐进、适度发展。

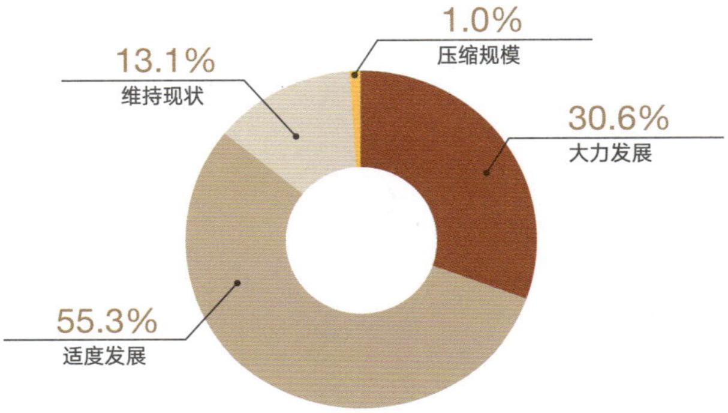

图12-3-1　银行对未来资产证券化业务发展的态度

分银行类型来看，来自大型商业银行和股份制商业银行的银行家态度更为积极，分别有51%和48%的银行家认为应大力发展资产证券化业务。大型商业银行和股份制商业银行信贷资产规模较大，盘活资产的需求较大，同时更强的风险管理能力也能为资产证券化业务提供更好的支持，因此银行家的态度也更为积极。

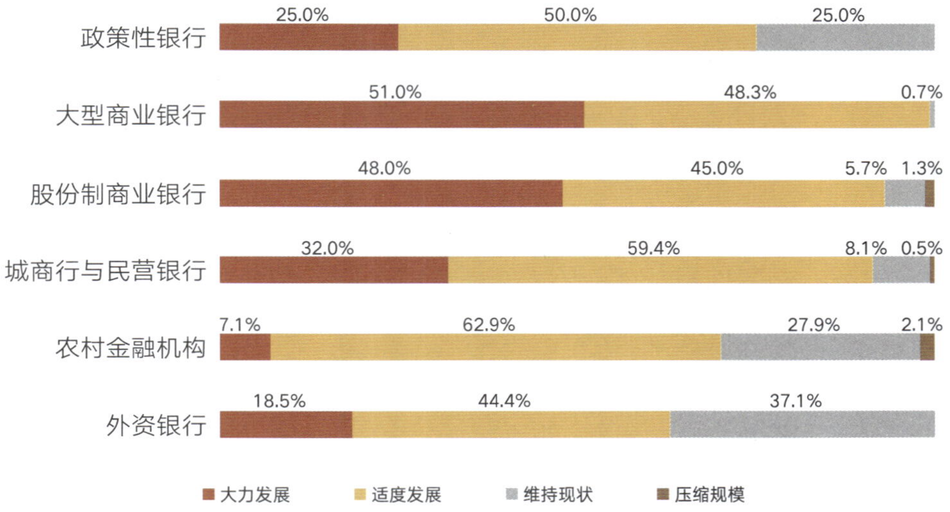

图12-3-2　不同类型银行对未来资产证券化业务发展的态度

超过九成（92.0%）的银行家认为2018年信贷资产证券化发行规模较2017年将上升或保持一致，12.9%的银行家预计发行规模将大幅上升，34.7%的银行家认为发行规模将小幅上升，44.4%的银行家认为发行规模将大体保持一致。在金融监管持续趋严的背景下，商业银行亟须对其资产负债表进行调整，同时信贷供给的压力将逐步增大。而资产证券化可以有效调节资产负债表，解决信贷市场供求矛盾，成为商业银行可选的资产出表方式。商业银行通过资产证券化把存量静态资产盘活，既可以增加银行资金流动性，腾挪银行信贷额度，又不失为一种适宜投资者投资的新方向，因此当下受到了银行家的肯定。

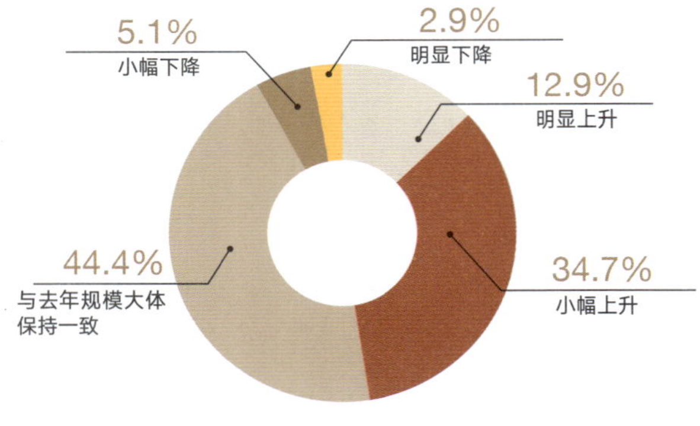

图12-3-3　2018年信贷资产证券化的发行趋势展望

二、提高资产流动性是资产证券化主要动机

信贷资产证券化是银行开展资产证券化业务的主要形式，在帮助银行更好地进行资产管理的同时，还能促进银行风险管理能力的提升，并通过引入外部约束来提升运营效率。68.1%的银行家认为银行开展信贷资产证券化业务的主要动机是提高银行资产流动性，66.5%的银行家认为是优化银行资产结构，53.7%的银行家认为是便于有效管理资产负债水平。

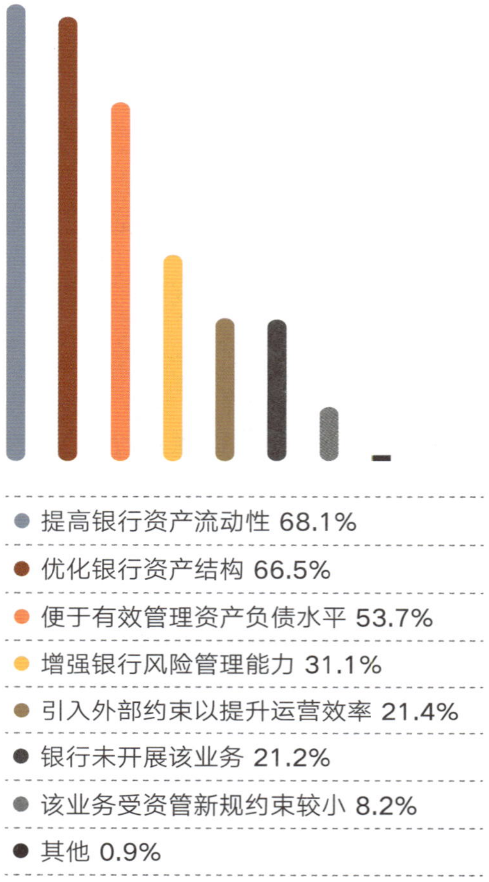

图12-3-4　银行开展信贷资产证券化的主要动机

2018年前三季度，信贷资产证券化产品发行规模为5743亿元，占全部资产证券化产品的比重为48%。调查结果显示，过去一年中，7.4%的银行成功发行的信贷资产支持证券中占比最高的评级为AAA+，32.1%的银行占比最高的评级为AAA，9.3%的银行占比最高的评级在AA以下。信贷资产证券化产品往往以优质底层资产为基础，且由信用等级较高的主体进行增信，因而信贷资产证券化一般评级较高。

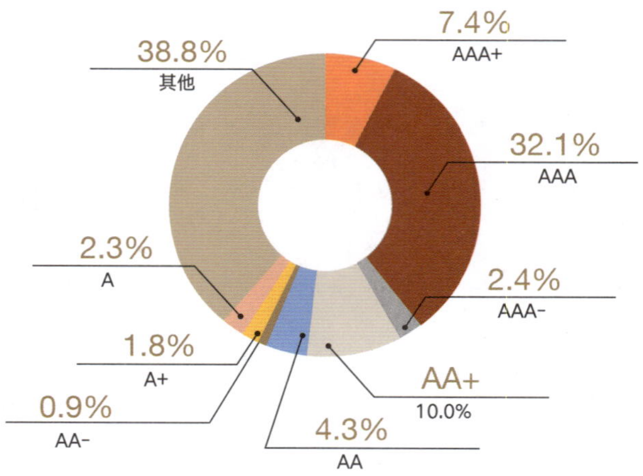

图12-3-5　2017年银行业所发行信贷资产支持证券中占比最高的评级

三、银行将优先发展住房抵押贷款资产证券化，绿色资产证券化创新存在较大发展空间

银行信贷资产证券化产品种类繁多，调查结果显示，52.1%的银行家将优先发展住房抵押贷款。2017年末，我国个人住房贷款余额为21.9万亿元，同比增长22.2%。住房抵押贷款体量大且增速快，其资产证券化产品的发行能大力帮助银行提升资产流动性。

同时还有37.8%及31.1%的银行家选择将消费性贷款和信用卡贷款等个人类贷款作为未来资产证券化优先发展标的。其原因主要是：一方面，在过去一段时间内个人类贷款增长迅速，银行的资本充足率面临着严峻的考验。通过资产证券化可以释放众多风险资产，提高资产效率；另一方面，个人类贷款作为较高质量的基础资产，容易被投资者所接受。另外，也有37.9%的银行家将大型企业贷款作为未来资产证券化发展的主要目标，反映出在金融环境趋紧的大背景下，基础资产的质量成为资产证券化产品考量的关键因素。

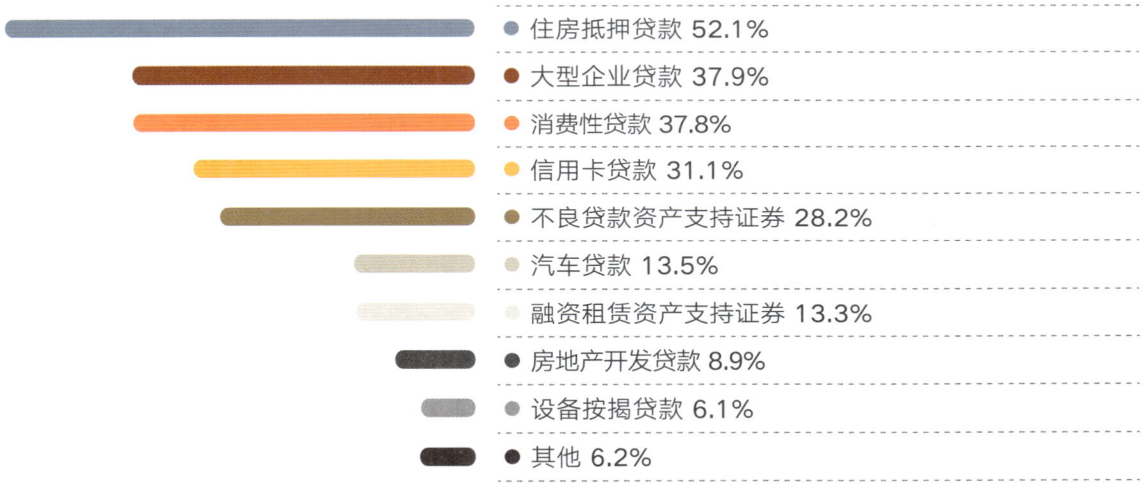

图12-3-6 银行将优先发展的资产证券化种类

近年来，我国资产证券化市场创新层出不穷，涌现出许多新兴资产证券化产品，61.7%的银行家认为绿色资产证券化存在较大发展空间。随着我国成为全球最大的绿色债券市场，国内金融机构已经越来越重视绿色资产证券化业务，以垃圾回收、污水处理、太阳能发电能为代表的绿色产业符合资产证券化产品对现金流的要求，同时监管部门也

为绿色资产证券化的发展出台了大量的扶持政策。随着绿色发展理念的普及，绿色资产证券化具有广阔的发展前景。除此以外，政府和公共资本合作（PPP）存量项目证券化（53.3%）和不良资产证券化（51.8%）未来的创新发展空间也被多数银行家看好。

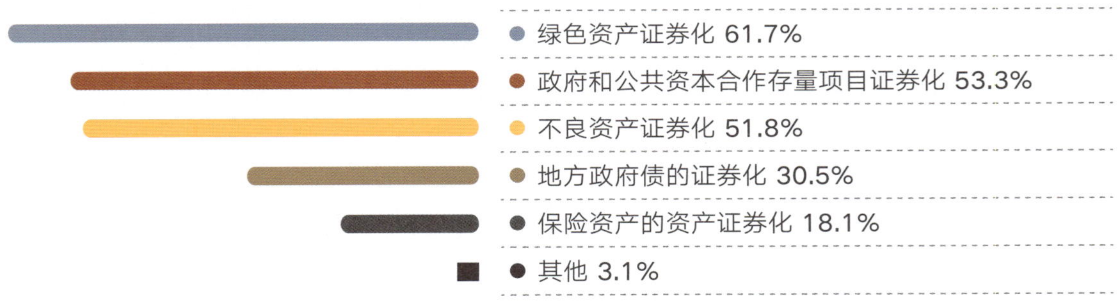

图12-3-7　存在较大发展空间的资产证券化创新

近年来，监管层陆续发布多项新规，如2016年4月中国银行间市场交易商协会发布《不良贷款资产支持证券信息披露指引（试行）》，2018年4月27日，中国人民银行、中国银行保险监督管理委员会、中国证券监督管理委员会、国家外汇管理局联合发布《关于规范金融机构资产管理业务的指导意见》。监管趋严是一把“双刃剑”，在一定程度上限制了表外业务量的同时，也有利于银行进一步加强风险管理。调查结果显示，16.1%的银行家认为现行监管政策对资产证券化的发展有明显正向刺激作用，50.3%的银行家认为存在一定的正面影响，仅5.9%的银行家认为存在不利影响。

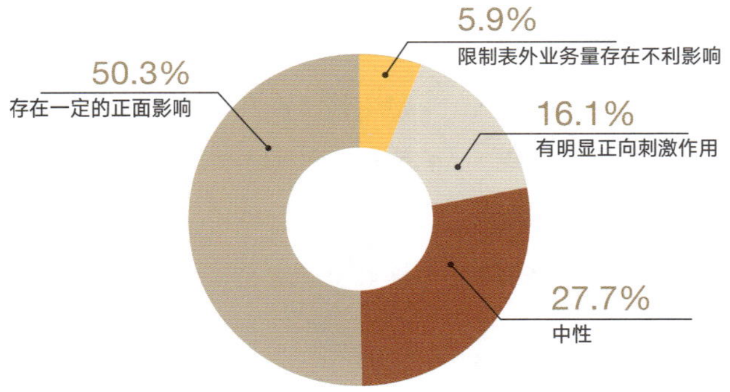

图12-3-8　现行的监管政策对资产证券化发展的影响

四、提高产品流动性和完善法律体系能促进资产证券化业务发展

调查显示，近六成（59.1%）的银行家认为法律法规体系尚不完善影响信贷资产证券化的进一步发展。我国现行资产证券化相关法规立法层次较低、覆盖面较窄、可操作性有待进一步提升，难以有效控制确定基础资产、资产转让效力及破产隔离实现等方面的法律风险。此外，基础资产类型不够丰富（46.5%），市场总体体量较小、流动性不强（43.9%）也被银行家认为是影响信贷资产化的重要因素。

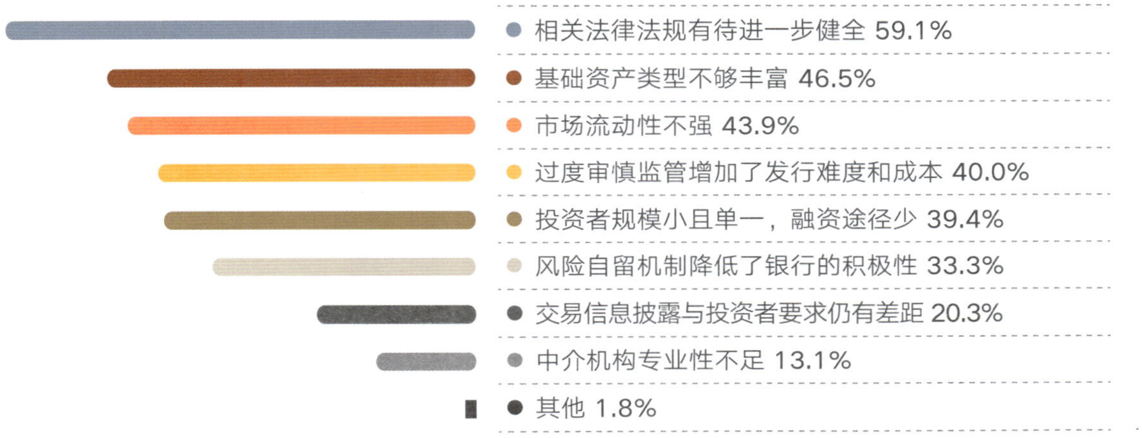

图12-3-9　当前信贷资产证券化发展存在的问题

在对影响不良资产证券化推进的因素调查中，产品流动性较低（67.5%）被认为是影响不良资产证券化全面推进的主要因素之一，目前不良资产证券化规模有限，品种较少，产品的持有者类型单一且规模较小，导致流动性较低，为一级市场发行提供定价参考的能力有限。信息披露机制不完善影响不良资产证券化估值的准确性（67.2%）、投资者群体及市场成熟度较低（59.7%）也约束了业务的发展，其他限制因素还包括配套政策不完善、综合成本较高等。

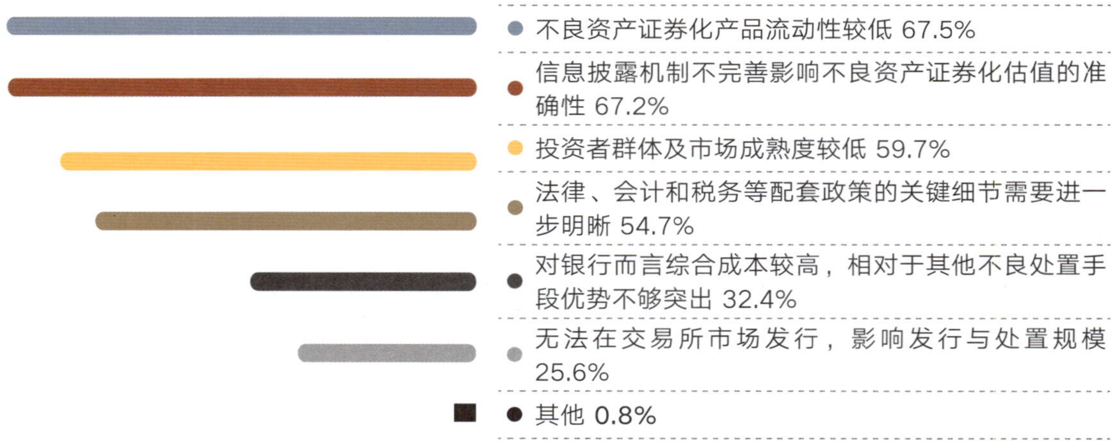

图12-3-10　影响不良资产证券化的全面推进的因素

针对影响资产证券化发展的各种问题，银行家提出了不同的建议。79.4%的银行家认为大力培育发行和交易市场能增强产品流动性，促进资产证券化的发展。良好的发行市场能给资产证券化产品提供更合理的定价，为之后的交易奠定基础，完善的交易市场则能提供公平的交易环境和良好的交易制度，从而增强产品流动性。

69.2%的银行家认为完善法律体系能提高商业银行积极性，促进资产证券化的发展。完善的法律体系可以营造公平的司法环境，提高银行发展资产证券化业务的积极性。

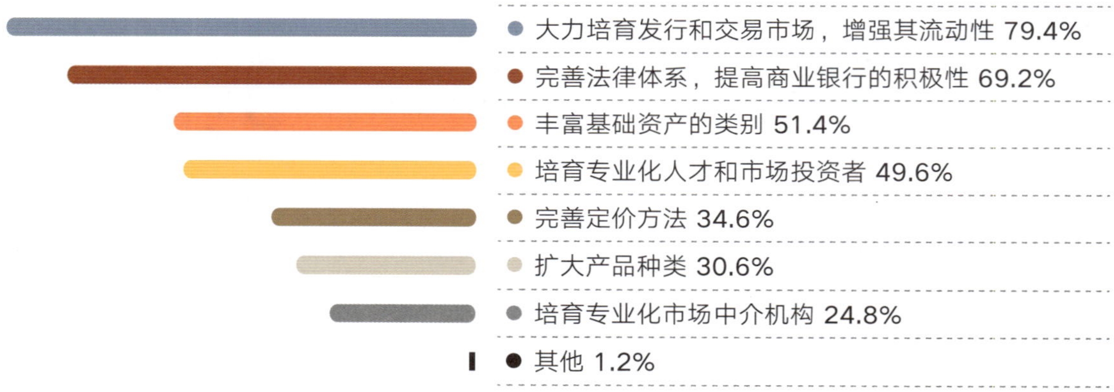

图12-3-11　促进资产证券化发展的方法

专题四：资管新规与银行理财业务转型

2018年4月27日，人民银行、银保监会、证监会、外管局联合发布《关于规范资产管理业务的指导意见》，随后2018年9月29日银保监会《商业银行理财业务监督管理办法》等监管细则逐步出台落地，各家商业银行正加快理财业务转型步伐。

一、资管新规促进银行理财业务转型，回归业务本源

资管新规作为资管行业顶层制度设计，对不同类型资管机构及产品带来广泛的市场影响。81.5%的银行家认为资管新规颁布后银行将成为受影响重大的金融机构，同时85.1%的银行家认为银行理财产品将成为受影响重大的产品。根据银行业理财登记托管中心发布的《中国银行业理财市场报告》，截至2017年末，全国存续银行理财产品存量规模达到29.54万亿元，是市场上体量最大的资管类型产品。资管新规发布后，仅2018年6月全市场非保本理财产品规模就下降了1.18万亿元。新规对银行理财的影响可见一斑。

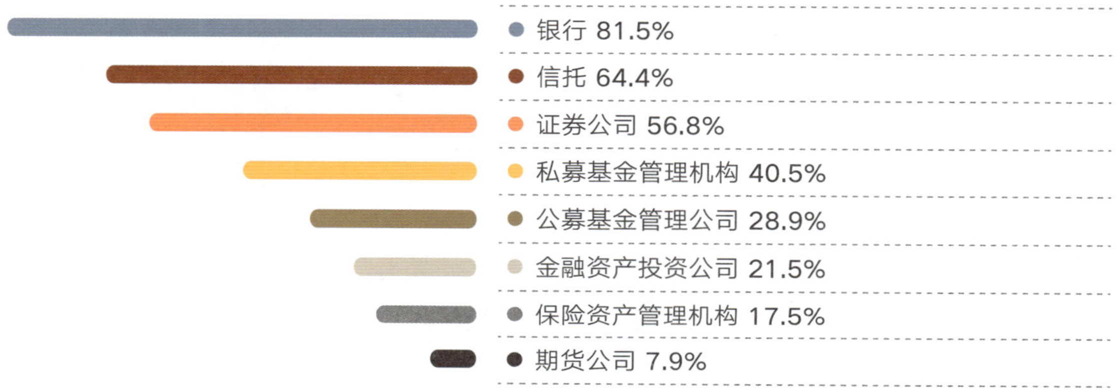

图12-4-1　受资管新规及细则影响重大的金融机构

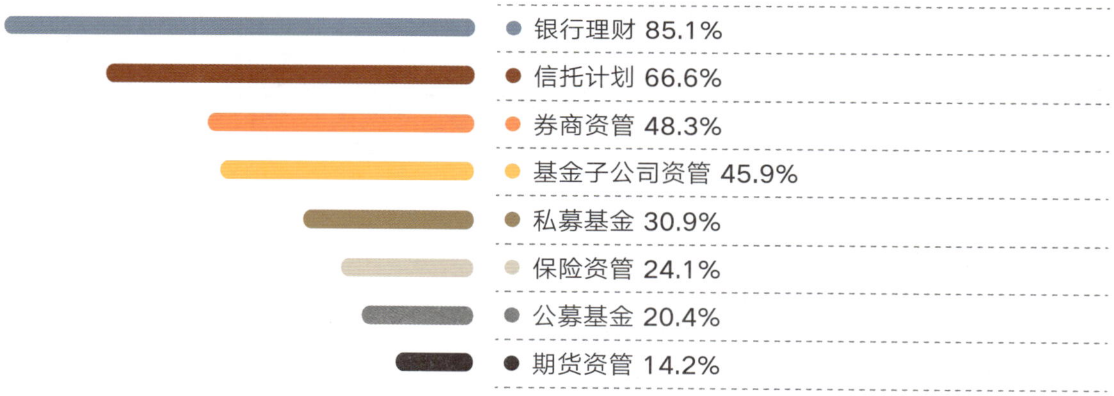

图12-4-2　受资管新规及细则影响重大的资管产品

74.9%的银行家认为资管新规落地后，资管业务将回归业务本源，降低金融体系内的风险集聚。资产管理的本质是受人之托代客理财，由客户自行承担投资带来的风险与收益。资产管理业务回归本源，可降低资管业务隐性刚兑带来的风险在银行内集聚的问题。54.4%的银行家认为资管新规将促使银行理财业务转型升级。新规落地后银行理财将从原先简单地赚取资产负债息差模式向收取管理费模式转型，这对银行理财的主动管理能力提出了更高要求，对资管业务转型升级提出了更高要求。53.8%的银行家认为资管新规将抑制监管套利，提升金融机构资源配置的效率。自2017年银行业市场乱象专项治理活动开展以来，减少监管套利一直是监管机构的重点工作之一，资管新规及细则进一步明确了对非标以及各类投资的要求，并对通道业务进行了合理限制，将有效减少监管套利，提升金融机构资源配置效率。

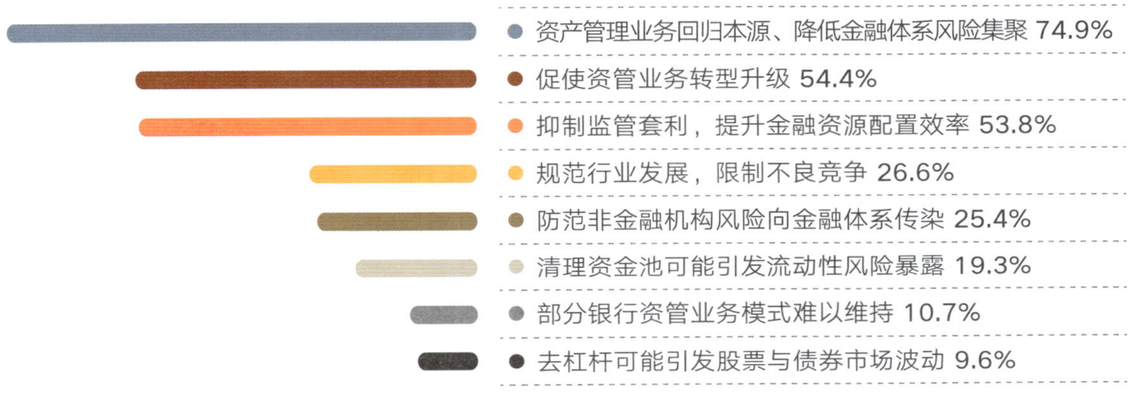

图12-4-3　资管新规的影响

二、银行家认为新规将导致理财规模下降

57.7%的银行家认为资管新规发布后银行理财余额会出现下降，24.6%的银行家认为资管新规影响不确定，而仅有4.2%的银行家明确认为理财余额会上升。资管新规要求严格控制老产品存续规模并有序压缩递减，而受投资者接受程度、资管机构产品创新能力等方面影响新产品发行则相对缓慢，可能导致理财总体规模将有所下降。

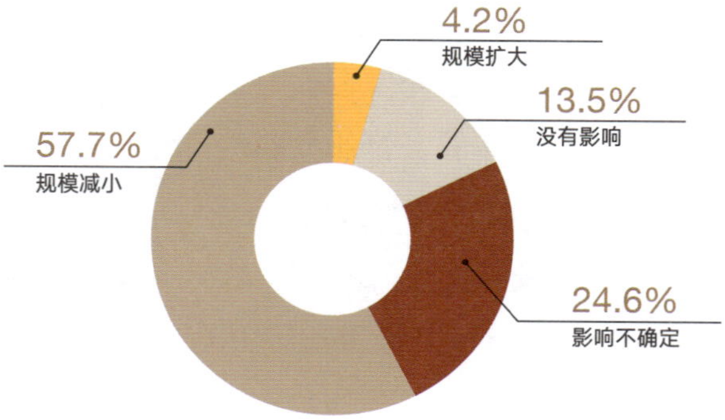

图12-4-4　新规对理财规模的影响

三、打破刚兑、净值化管理以及期限错配的限制对银行理财影响较大

资管新规的最重要的目的之一在于打破刚性兑付，使投资者自负盈亏，这也成为资管新规对银行影响最大的规定（55.7%）。打破刚兑意味着在产品形态上将从预期收益型产品向净值型产品转型，产品的净值反映基础金融资产的收益和风险，打破刚性兑付和净值化管理可以说是资管新规的一体两面，55.3%的银行家选择“净值化管理”作为影响最大的规定。此外，38.6%的银行家认为期限错配的限制是新规对银行理财影响较大的规定。

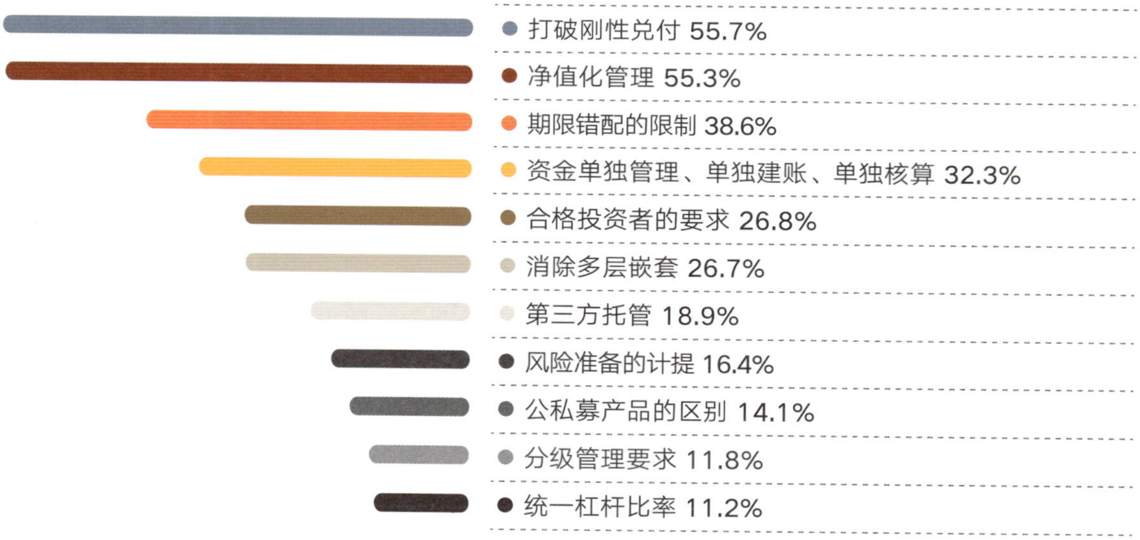

图12-4-5　资管新规中对银行理财影响重大的规定

银行家在提及未来净值型理财产品运营管理的策略时，36.9%的银行家拟对现有系统升级改造，32.5%的银行家认为需要新建业务系统支持净值化产品运作。选择外包或半外包的银行家比例仅为23.8%，整体比例较低。可以看出银行家对理财信息系统的关注度较高，普遍期望通过自建理财系统达到独立运营的目的。

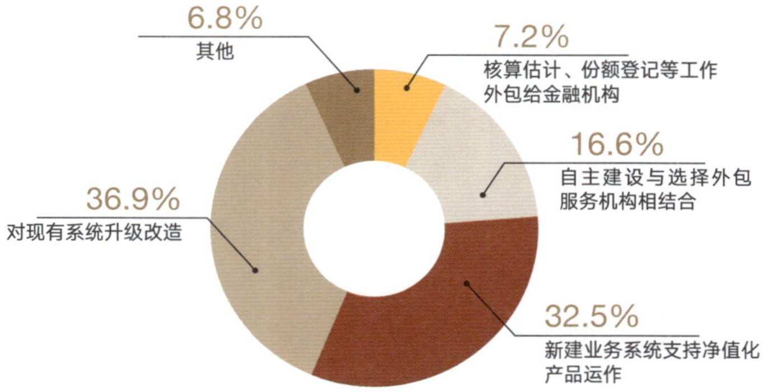

图12-4-6　如何升级改造系统以应对净值化转型

资管新规限制了非标投资产品的期限错配。非标产品投资期限往往在一年以上甚至更长，而投资者对3个月以内的短期限理财产品有更强烈的偏好。资产端倾向于长久期与负债端短久期一定程度上限制了银行资金的募集能力，导致资金匹配困难（51.1%）。

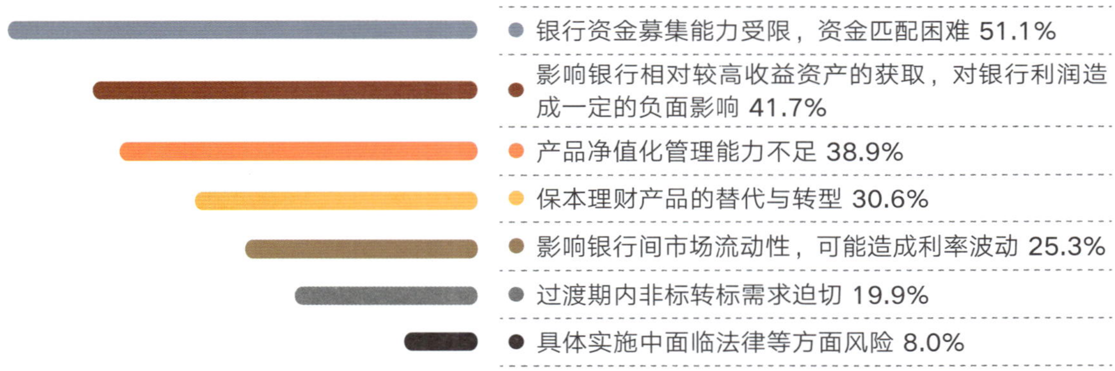

图12-4-7　资管新规给银行带来的挑战

四、产品研发、投资研究、风险管理能力成为理财转型最需要提升的能力

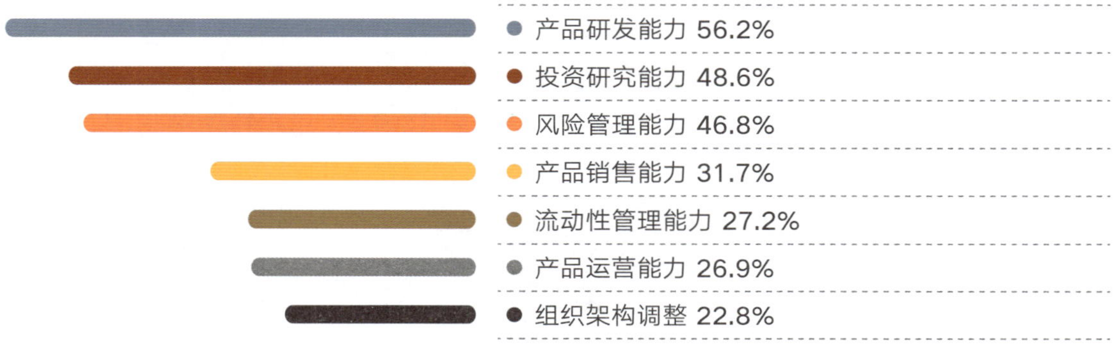

图12-4-8　未来理财业务转型需要提升的方面

在对未来理财业务转型过程中需要重点提升的能力调查中，提升产品研发能力、投资研究能力、风险管理能力成为银行家关注转型重点，三项占比分别为56.2%、48.6%和46.8%。分银行类型来看，在对大型商业银行及股份制商业银行银行家调查中，银行家最关注投资研究能力。投资研究能力直接影响产品业绩表现，成为大型商业银行竞争的焦点。而城商行与民营银行银行家最关注产品研发能力，在资管业务转型过程中，许多理财规模体量较小的银行投资能力相对较弱，往往选择通过委外投资、系统外包等模式，并不直接参与产品的投资，因此经营的重点在负债端的产品研发上。而农村中小金融机构调查中，风险管理能力成为关注的首要重点。在农村中小金融机构中，投研能力更弱，产品研发能力也欠缺，往往选择通过代销他行理财的模式开展理财业务，因此更注重把控理财业务风险、稳健经营。

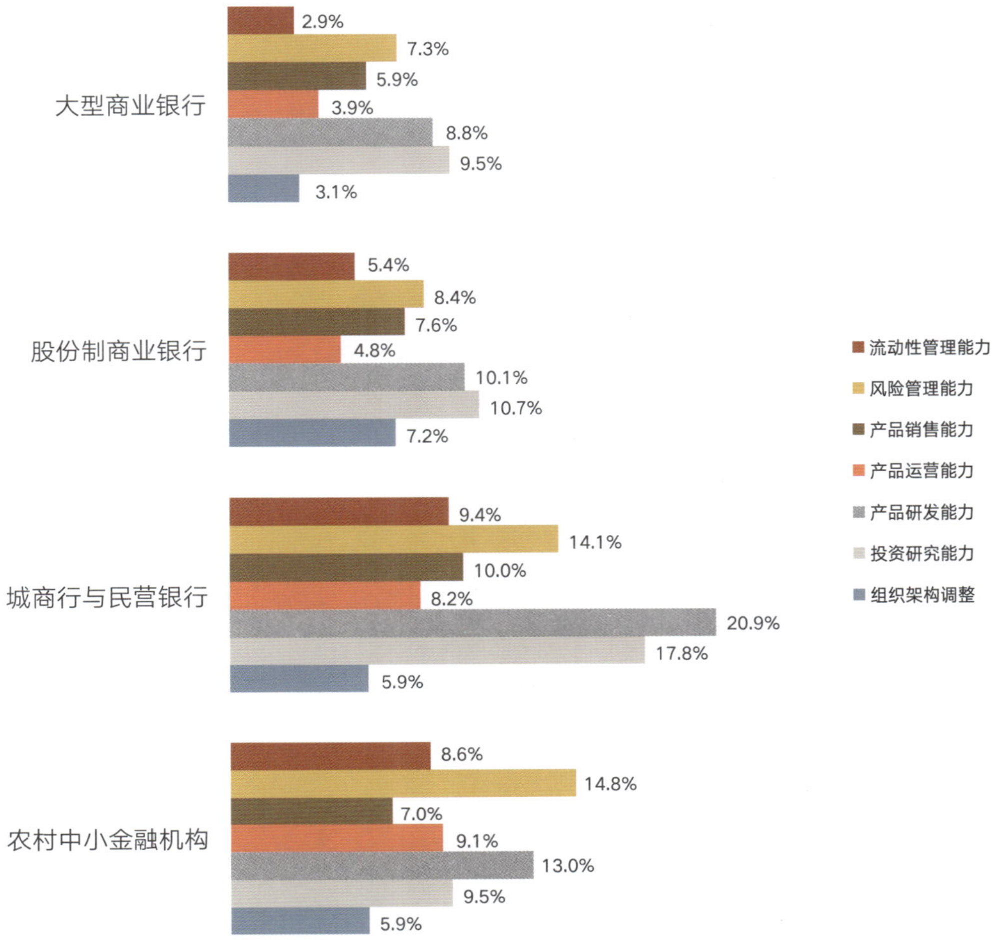

图12-4-9　不同类型银行未来理财业务的转型重点

五、大型商业银行、股份制商业银行倾向建立子公司运营理财业务

未来开展理财业务的组织架构调查中，选择独立一级部门、子公司、事业部、资管团队和二级部门的银行家比例分别为29.3%、24.5%、18.5%、17.0%和10.7%。在对不同类型银行进行交叉分析后发现，大型银行及股份制商业银行普遍倾向于成立资管子公司，城商行倾向于设立独立一级部门，农商行倾向于设立独立一级部门或仅成立资管团

队。根据资管新规要求，过渡期后，具有证券投资基金托管业务资质的商业银行应当设立具有独立法人地位的子公司开展资产管理业务，由于这类机构主要为大型及股份制商业银行，因此其更倾向于子公司运作。

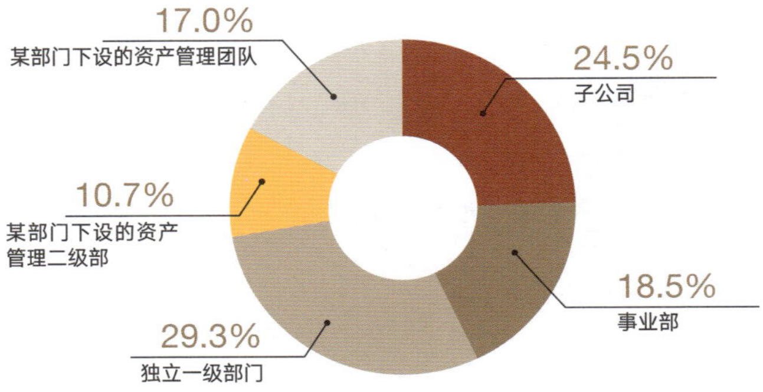

图12-4-10　未来银行业倾向开展理财业务的组织架构

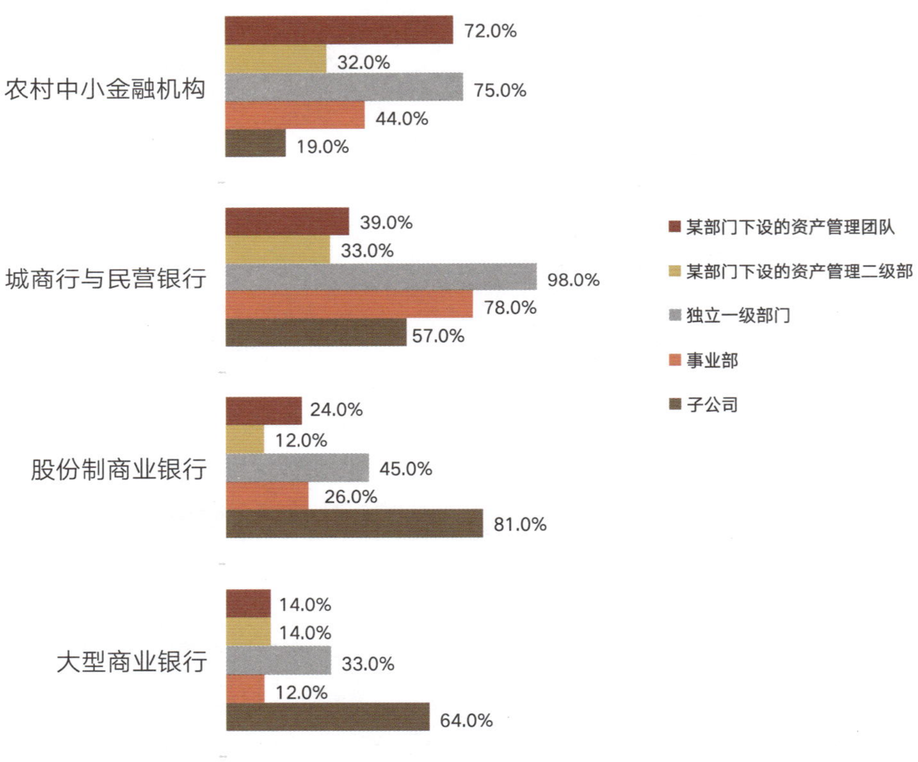

图12-4-11　不同类型银行未来开展理财业务的组织架构

六、现金及存款、债券等投资意愿较高

在对当前和未来理财业务的重点投资领域调查中，当前银行更倾向于投资现金及存款、利率债、信用债以及其他金融债，投资范围相对较窄。而在未来除了现金及存款比例有所下降外，其他各项比例均有所上升，其中理财直接融资工具、北京金融资产交易所和银行业信贷资产登记流转中心挂牌资产、股票质押融资、结构化证券投资和定向增发出现较明显增长，而贵金属、大宗商品，期货、期权和掉期等衍生品，古董字画等另类投资、海外资产等选择比例增长显著。未来理财资产配置将向着多元化、分散化方向发展，银行理财资产的配置能力将逐步增强。

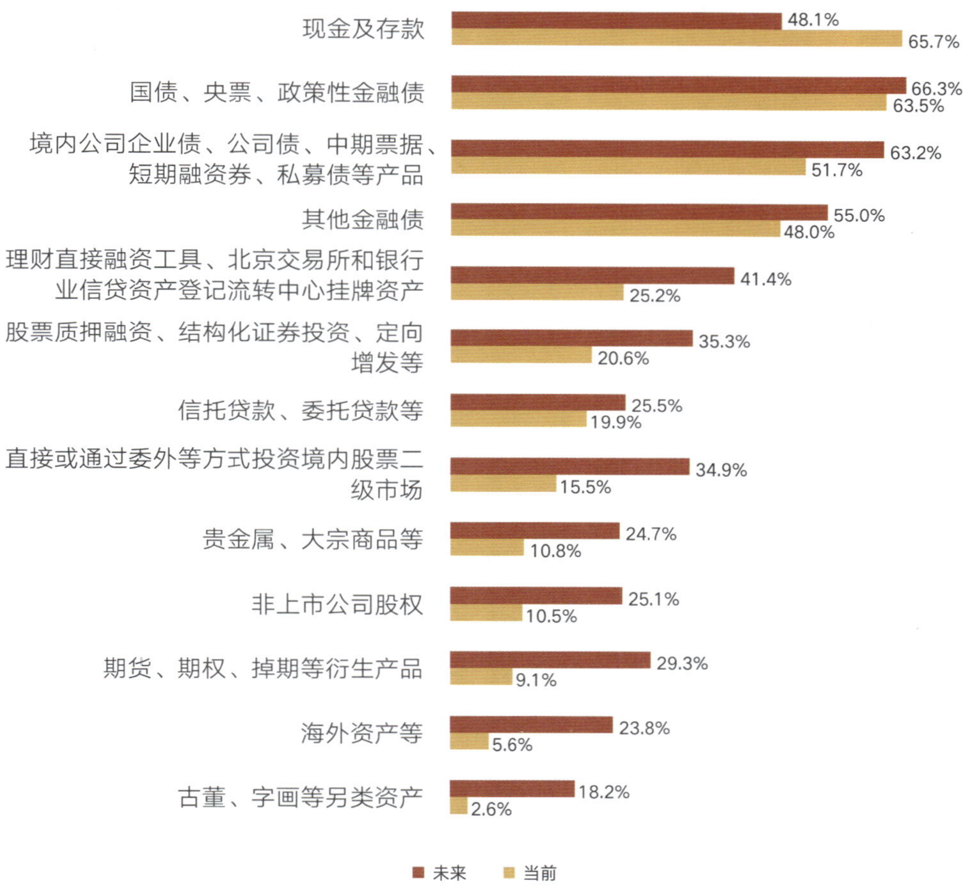

图12-4-12　当前和未来理财业务的重点投资领域

七、个人及企业客户成为未来理财业务主要目标客群

受金融去杠杆、限制同业空转等影响，同业理财需求减少，更多的银行家将目标客户定位在个人客户及企业客户。在对未来银行理财产品主要客群的调查中，分别有70.9%和66.9%的银行家选择了一般富裕阶层个人客户和高净值及私人银行客户，有57.5%的银行家选择了企业客户，而选择银行及非银同业客户仅为21.2%和10.1%。

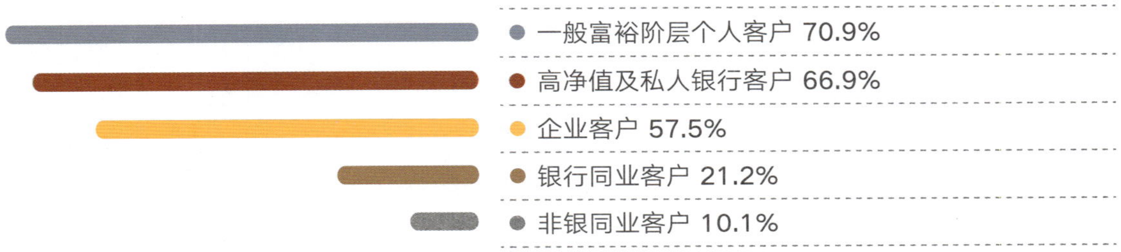

图12-4-13　理财业务主要目标客群

八、信用风险及市场风险成为银行间最关注的理财业务风险

有69.9%的银行家认为未来基础资产或交易对手违约形成的信用风险是理财业务的主要风险，66.9%的银行家认为主要风险来源于资产价格波动产生的市场风险。近年来，债券以及非标业务违约事件的增加导致银行家更加关注信用风险，而股票市场的不稳定也导致股票质押融资、结构化配资、定增风险增加，带来市场风险的同时进一步加剧信用风险。此外，仍有52.4%的银行家认为理财业务主要风险来源于期限错配的流动性风险。由于过渡期内老产品仍允许期限错配，因此期限错配的流动性风险在一段时间内仍将持续。

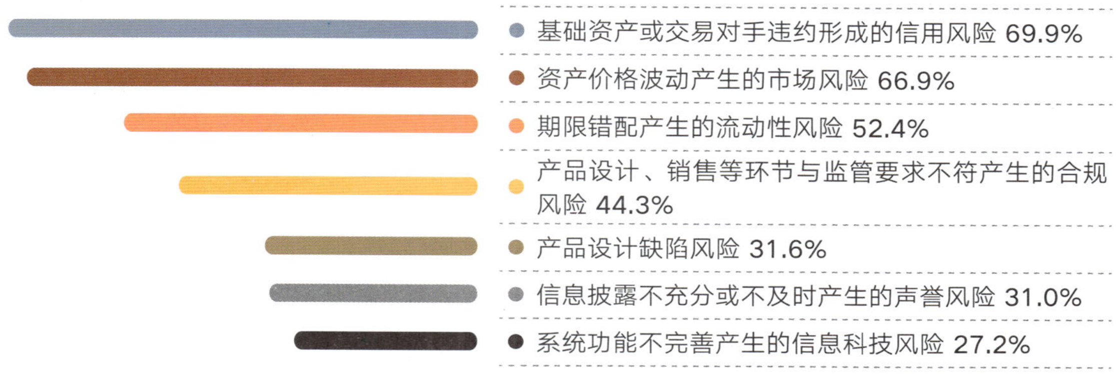

图12-4-14　理财业务主要风险

74.7%的银行家认为风险把控的重点在于做好投前、投中、投后的风险管理工作，67.7%的银行家认为应该建立明确的风险管理框架和制度，66.2%的银行家认为应该完善风险评估及管理的方法。

图12-4-15　理财业务风险管理工作重点

专题五：银行业拥抱金融科技发展浪潮

伴随金融科技的迅猛发展，中国银行业积极在大数据、云计算、区块链等领域探索金融业务发展的新路径、新模式，但在创新过程中也面临市场、技术、法律环境等方面的挑战与困难。未来中国银行业与信息科技企业将采取多样化的方式加强合作，共同协作推动金融科技发展。

一、银行家较为重视大数据技术在贷前的应用

大数据作为最早被商业化的技术之一，可广泛应用于银行信贷风险管控的全生命周期。调查结果显示，银行家对大数据技术在“信用分析评估”（71.3%）、“征信体系建立”（58.2%）、“风险分类与计量”（45.9%）到“客户尽职调查”（46.8%）等贷前环节应用大数据的重视程度较高。银行家对贷后管理环节应用大数据的关注度相对较低，有39.4%的银行家将大数据应用于贷后监控，而仅有10.1%的银行家会在逾期客户管理中应用大数据技术。

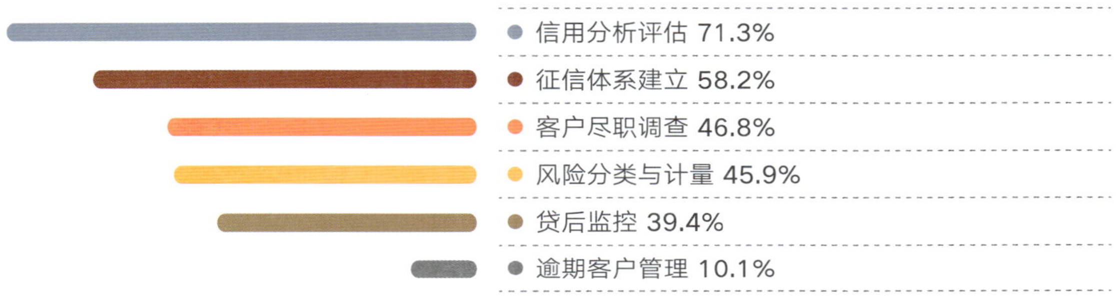

图12-5-1　大数据在银行信贷风险管控的主要应用环节

二、数据挖掘和安全最受关注，数据合规是重要发展方向

银行家不仅注重数据的覆盖面，也越来越重视数据的质量。调查数据显示，33.9%的银行家选择“数据安全”作为最重要的关注点，银行家越来越重视对数据资产的安全防护；而“数据挖掘”作为数据获取后提取数据特征、制定经营战略的环节，银行家的关注程度仅次于“数据安全”，有32.0%的银行家将其列为最应关注的方面；仅有18.2%的银行家将“数据获取”列为应用大数据技术时最应关注的点；“监管合规”被认为首要的占比仅为8.5%。另有7.0%的银行家认为“数据验证”最应被重视。

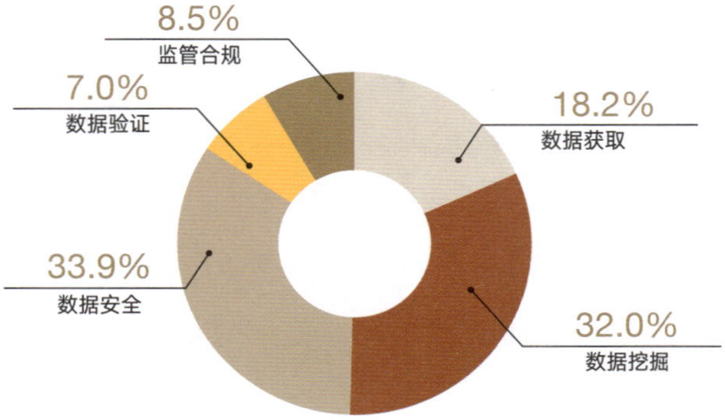

图12-5-2　银行应用大数据最应关注的方面

在银行应用大数据时面临的主要困难方面，数据使用相对数据获取在2018年更受银行家关注。具体而言，与数据挖掘相关的“数据挖掘处理技术尚不成熟”（53.4%）、“数据分析人员缺乏”（47.5%）受关注程度分别较2017年提高7.9个百分点和8.0个百分点。“实际应用效果未达预期”（8.1%）的比例相较2017年下降11.0个百分点。随着大数据应用的普及，“信息安全风险较高”（14.0%）的关注度上升了2.6个百分点，体现了银行家一贯的审慎经营原则。

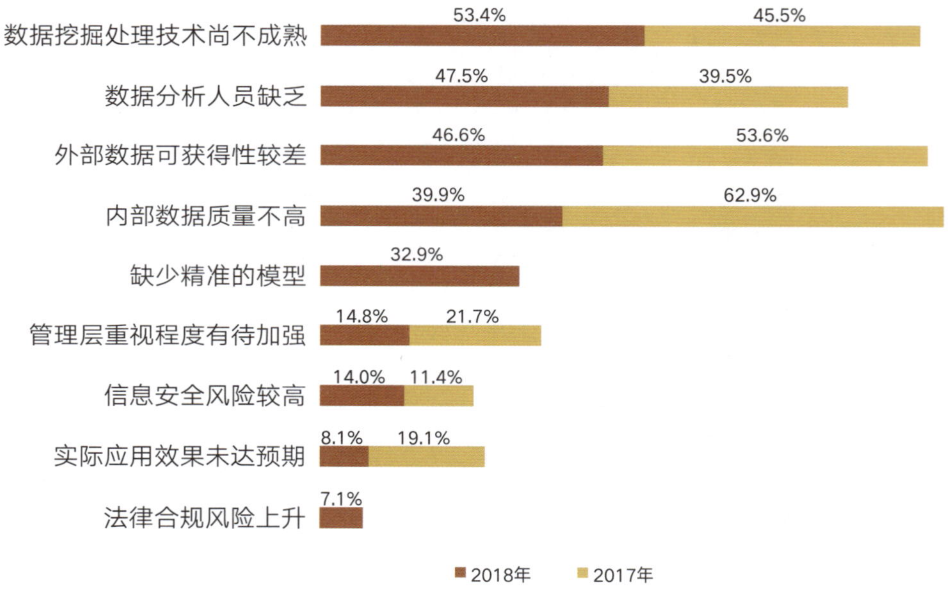

图12-5-3　银行应用大数据技术过程中面临的主要问题

2018年3月26日，银保监会起草《银行业金融机构数据治理指引（征求意见稿）》，就中国银行业应用数据的治理架构、管理周期、数据控制与价值实现等方面提出要求。调查结果显示，“培养数据治理专业人才”（73.7%）、“建立完善的数据治理架构”（65.3%）与“建立数据质量内部控制机制”（53.0%）为三大最需发展的要素。值得注意的是，银行家对数据的全周期管理与隐私保护重视程度相对较低，仅35.4%的银行家选择“完善数据管理周期，定期进行数据检查”，27.6%的银行家选择“建立第三方数据的隐私保护机制，确定数据权利”。另有25.3%的银行家选择“加强与科技公司的合作”，以高效吸收科技公司的先进技术和人才资源。

图12-5-4　银行数据治理需要完善的地方

三、银行应用云计算技术提供多样化服务

云计算为应用者提供通过Internet云服务平台进行计算、存储、使用应用程序的能力，通常可分为基础设施即服务（IaaS）、平台即服务（PaaS）和软件即服务（SaaS）三种类型，分别对应本次调查的“应用服务商提供的设备自行搭建平台以开发软件”（36.4%）、“应用服务商提供的平台自行开发软件”（33.6%）和“直接利用开发商提供的软件”（30.0%）三种途径。总体而言，银行家对以上三种应用方式无明显偏向，但通过设备开发软件的方式仍占比最高，体现现阶段银行业一定程度的自我研发能力。

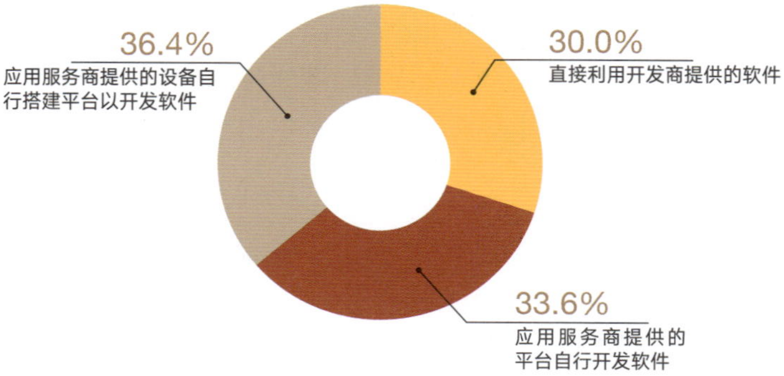

图12-5-5　银行应用云计算服务的形式

不同类型的银行选择应用云计算服务的形式则大有区别。开发银行和政策性银行主要偏好应用平台的中间方式；大型商业银行和股份制商业银行青睐自行开发的方法；农村中小金融机构、外资银行更倾向于直接利用外部软件。除外资银行外，上述特征符合这几类银行在金融科技浪潮中的现有地位和发展定位。外资银行则可能将主要的科技支出转移给国外本部，而对境内分支机构削减开支。

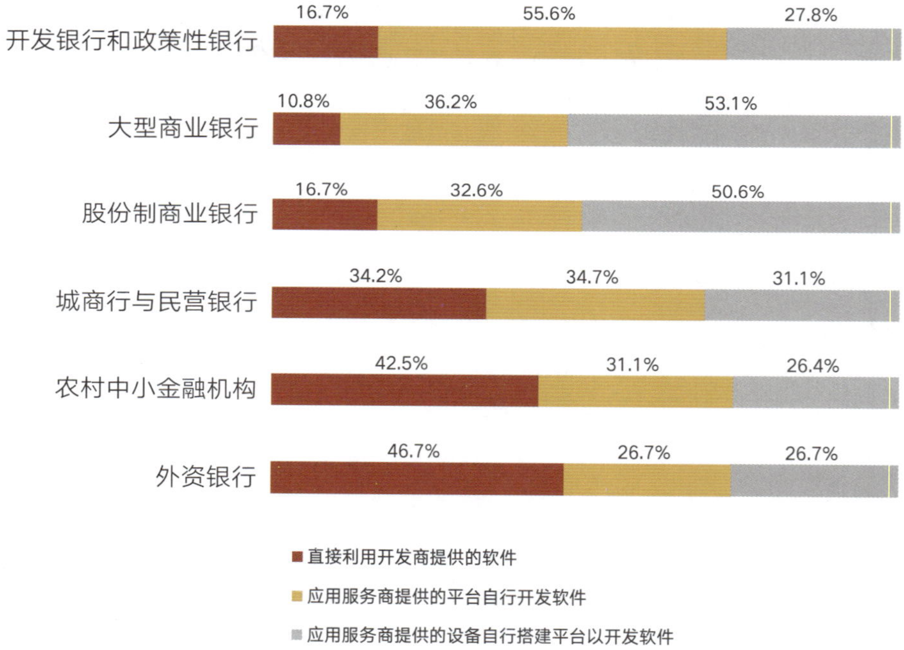

图12-5-6　不同类型银行应用云计算服务的形式

四、法定数字货币的应用面临诸多挑战

在央行对金融科技的应用中，法定数字货币是被各界广泛关注的热点之一。调查结果表明，对于法定数字货币，银行家普遍持保守和观望态度，认为推行法定数字货币面临着诸多挑战：第一，60.4%的银行家认为，推行法定数字货币所需的终端环境构建不够成熟；第二，59.3%的银行家认为，难以保证法定数字货币在流动、交易和存储等环节的安全需求；第三，56.3%的银行家认为，立即推行法定数字货币，将对现有金融管理制度形成较大冲击；第四，55.1%的银行家认为，推行法定数字货币所需应对的应用场景繁多、场景构建任务繁重。此外，27.6%的银行家认为，中央银行与商业银行的关系可能受到推行法定数字货币的影响而发生改变。

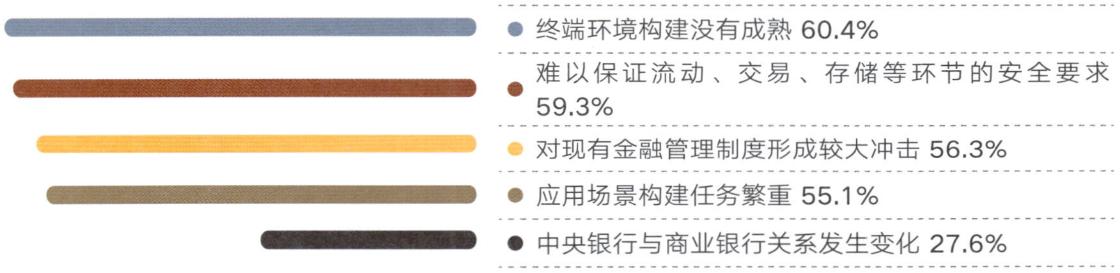

图12-5-7　法定数字货币应用面临的挑战

五、物联网技术应用方向仍在摸索，区块链技术应用领域集中于结清算、数字票据与供应链金融业务

由于物联网的应用需要大量基础设施与人员配合，它的应用方向暂未明确。最受关注的“抵押品管理”方向仅为53.1%的银行家选择，而其他方向的受重视率更是低于半数。偏向安全保障的领域，如“金库及实物管理”（39.2%）、“安保工作”（34.0%）的重要程度高于风险管理领域的“企业生产情况监测”（31.9%）和“信用卡收单风险监控”（30.1%）。

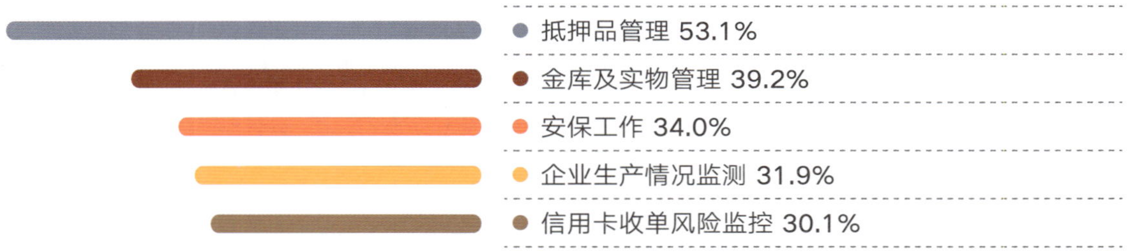

图12-5-8　银行应用物联网技术的重点领域

区块链技术可以无须第三方参与，即刻发起交易，进行资产转移和资金的清结算，也可以为上述过程存储公证数据、提供一致性证明。本次调查将区块链的应用场景区分为清结算、交割、融资及其他可应用区块链技术的创新业务。调查结果显示，“结算和清算”、“数字票据”以7.00分和6.72分的得分在被推广的可能性方面遥遥领先，近年来兴起的“供应链金融”则以5.80分紧随其后，原因可能在于供应链金融涉及的参与主体更多，贸易与融资结构更复杂，并与货物的仓储、物流等因素相关，更需要区块链技术的支持。“数字加密货币”作为区块链技术最初应用的领域，在所有业务中以3.70分排名第四。

表12-5-1　区块链技术最先可能被推广的业务（节选）

选项	平均综合得分
结算和清算	7.00
数字票据	6.72
供应链金融	5.80
数字加密货币	3.70
风险信息共享	2.93
资产证券化	2.18
贸易融资	1.96
资产评估	1.03

六、银行业与科技公司合作程度将加强

金融机构与科技企业的边界正逐渐变得模糊，部分互联网公司已将业务延伸到支付、融资、保险、征信、财富管理等领域。在选择与科技公司的合作方式时，选择“计划在未来实施，将利用科技公司技术资源，并共享己方信息资源”（41.8%）和“不确定，应根据监管需要不断调整”（41.5%）的银行家占大多数，反映银行家认为金融科技的发展具有较高的不确定性，不愿承担大量风险，并愿意适当付出成本换取双赢。“未在计划中，将自行开发”的银行家占10.2%，表明仍有部分银行具备充足的竞争能力，并更愿支出研发费用而保护已有资源。

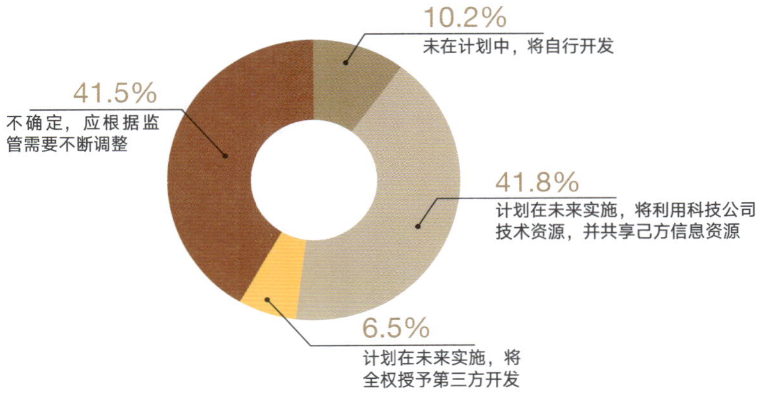

图12-5-9　银行与其他科技公司合作应用金融科技的方式

专题六：银行业助推精准脱贫与污染防治

打好脱贫攻坚战是党的十九大提出的三大攻坚战之一，在2020年如期完成脱贫攻坚任务离不开金融扶贫，它能够为扶贫带来大量资金，是实现精准扶贫的重要手段，从而保障扶贫目标的实现。坚决打赢脱贫攻坚战就是要解决“不平衡不充分发展”的问题。同时，我国“十三五”发展规划和《生态文明体制改革总体方案》明确提出要坚持绿色发展，构建绿色金融体系。发展绿色金融是实现绿色发展的重要推动力量，也是供给侧结构性改革的重要内容。2018年的政府工作报告提出，要推进污染防治取得更大成效，携手行动，建设天蓝、地绿、水清的美丽中国。

一、半数以上银行家表示将大力发展扶贫金融业务，收益与风险共存

2018年，为贯彻落实党中央国务院关于打好精准脱贫攻坚战的决策部署，银行业围绕“精准扶贫、精准脱贫”基本方略，精准对接脱贫攻坚多元化金融需求，完善精准扶贫的金融支持和保障措施，大力推进贫困地区普惠金融发展。

调查结果显示，57.7%的银行家表示将大力发展扶贫金融业务，精准助力国家打好打赢脱贫攻坚战。38.4%的银行家表示根据业务的风险收益情况，选择性推动支持业务发展。仅3.9%的银行家表示基于对风险因素的考虑，不会过多涉足扶贫金融业务。

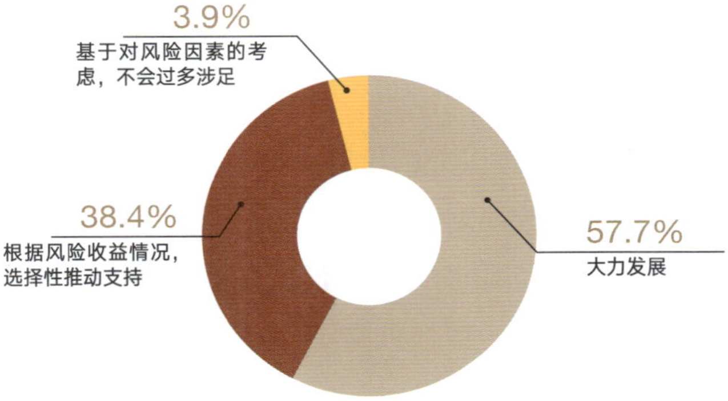

图12-6-1 银行家对开展扶贫金融的态度

从金融机构类型看，由于开发银行和政策性银行以贯彻政府的经济政策为目标，在特定领域开展金融业务，且不以盈利为目的，基本都表示会大力发展扶贫金融业务（93.5%）。大型商业银行大多数表示会大力发展扶贫金融业务（75.6 %），仅次于开发银行和政策性银行。股份制商业银行（53.8%）、城商行与民营银行（54.6%）和农村中小金融机构（57.5%）对大力发展扶贫金融业务的态度基本一致，其一方面要考虑国家政策导向，另一方面要兼顾风险与收益的均衡。而外资银行一般受我国政府的政策导向影响较小，主要以盈利为目的，所以大多数选择根据风险收益情况，选择性推动支持（60.7%）。

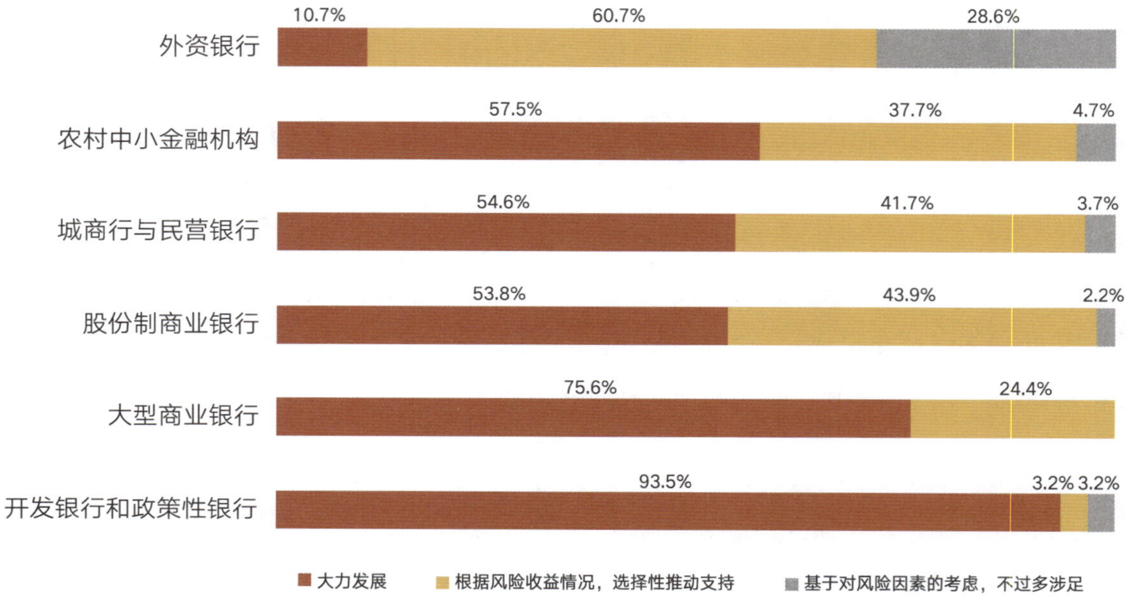

图12-6-2　不同类型金融机构对开展扶贫金融的态度

在扶贫金融的收益方面，综合考虑风险等因素之后，47.6%的银行家认为收益与风险情况相当。24.0%的银行机构认为难以准确核算，这可能是业务类型、资金成本、人工及系统成本、会计记账等方面难以精确划分所造成的。21.5%的银行机构认为收益难以覆盖风险，这可能是由于扶贫贷款的期限长、利率低，且对扶贫贷款和主体的准入条件难以把控导致的风险大于收益。仅6.9%的银行机构认为收益超额覆盖风险。

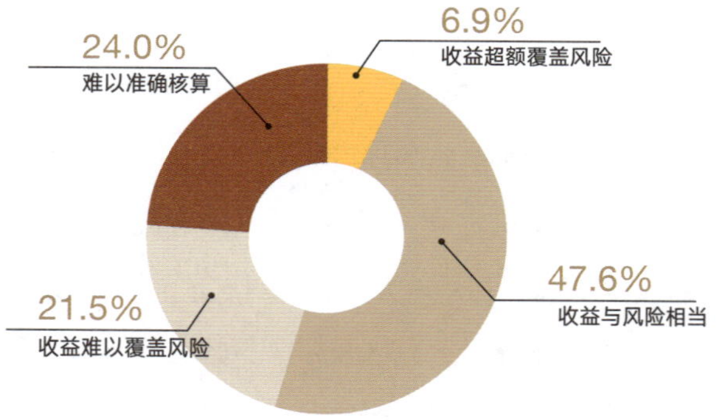

图12-6-3　银行开展扶贫业务的收益情况

二、安排专项信贷资金支持是目前对扶贫工作采取的主要措施，同时产品创新能力仍需加强

调查结果显示，目前针对贫困地区扶贫工作采取的措施中，超五成的银行机构已安排专项信贷资金支持（57.9%）和精准对接贫困户并建档立卡（52.9%），对建档立卡贫困户进行逐户调查，实行一户一档，建立金融服务档案。其次是派驻挂职扶贫干部（42.8%）到贫困地区，进一步强化协同督导作用，推动政策的有效落地；完善贫困群体信用评价体系（33.8%），加强信息收集和数据库建设；设立村镇银行（33.6%），扩大贫困地区的金融服务覆盖面等。

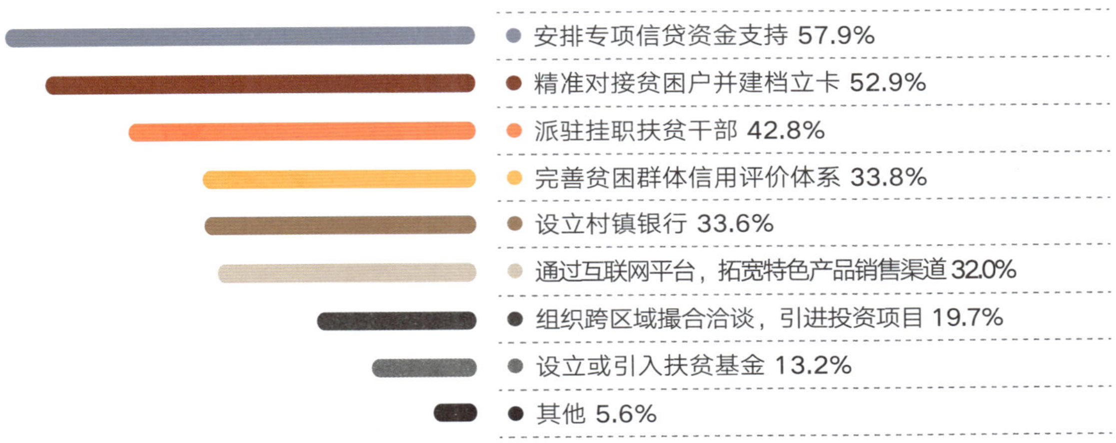

图12-6-4　银行针对贫困地区扶贫工作采取的措施

针对扶贫金融中需要加强的方面，44.9%的银行家认为产品创新能力仍有欠缺，虽然从党中央到各地金融机构都在提倡创新金融扶贫机制，确保精准扶贫见效，但是能够落地实施的创新产品却依旧不多，很大程度上影响了扶贫金融工作的成效。其次是尽职免责机制（41.7%），构建正向激励机制，进一步调动银行员工开展金融扶贫工作的积极主动性，切实履行好社会责任。再次是贷后监测分析（34.4%），有效的贷后资金用途和流向监测是保护银行资产的有效措施。

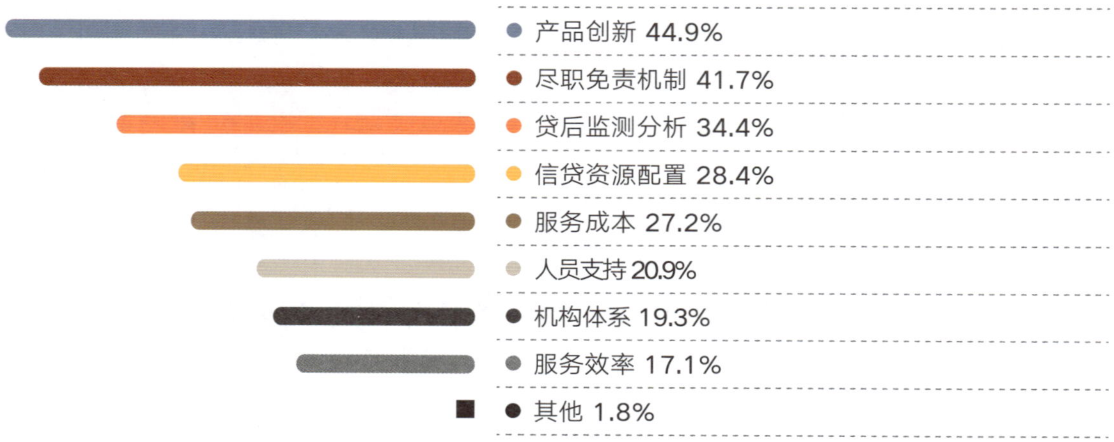

图12-6-5 银行开展扶贫金融中需要提升的方面

三、差异化贫困地区评级授信指标、健全担保金补偿机制和落实尽职免责制度是降低扶贫金融成本的有效措施

过高的扶贫金融成本已经成为精准脱贫工作中的一项较大阻碍，无法保障金融机构自身的盈利能力，就难以推动扶贫金融工作的持续性发展。

关于有效降低扶贫金融成本的措施，64.0%的银行家认为要差异化贫困地区评级授信指标、健全担保金补偿机制和落实尽职免责制度，优化考核体系，建立容错纠错机制，能够激发银行做好金融服务特别是扶贫金融服务的能动性。其次是整合内部数据资源，针对扶贫目标群建立健全专门的信贷数据库（58.0%），加强数据应用能力。再次是加强扶贫金融资金的用途和流向监督，避免错误授信（52.8%），落实贷后管理措施，提高风险管控能力。最后是通过系统优化和改造完善电子支付体系，降低交易成本（46.8%），以及在偏远贫困地区加大智能终端的铺设，推广网络化、智能化服务（41.7%）。

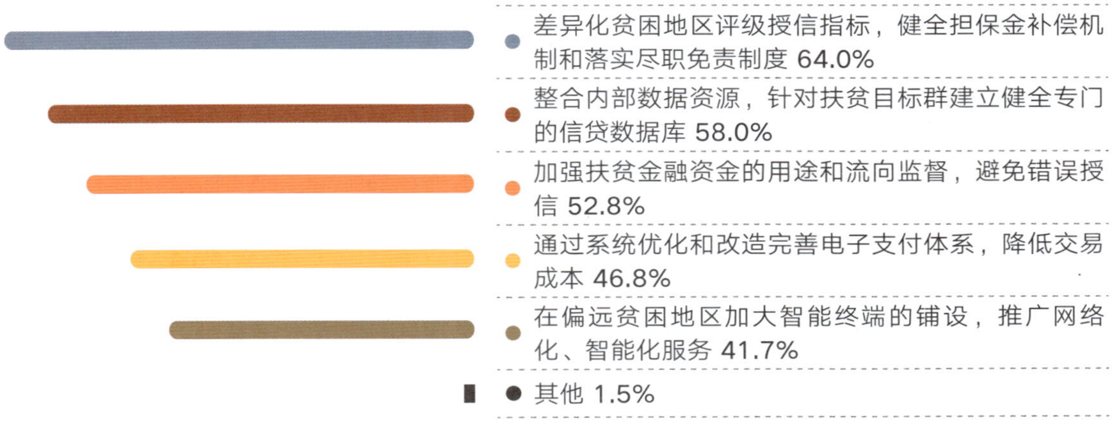

图12-6-6　降低扶贫金融成本的有效措施

四、财政贴息最能有效激发银行开展扶贫工作的积极性

金融扶贫工作最终能否落地实施，充分调动银行机构的主动性和积极性尤为重要。调查结果显示，针对开展扶贫金融工作的积极性起到有效推动作用的措施中，六成以上（62.9%）的银行家认为政府财政贴息能够提高银行收益、降低风险损失、补充扶贫金融成本。51.9%的银行家选择了“对支持扶贫项目的差异化、单独考核”，完善指标设置、根据不同地区、不同项目、不同银行的功能定位，提出有区别的具体考核指标，设置差异化的指标权重。此外，政府或龙头企业增信（43.7%），以及农业贷款保证保险或小额信贷保险（35.2%），都是在为扶贫项目增加风险补偿机制。30.8%的银行家认为税收优惠能有效降低银行扶贫金融成本，提高业务开展的积极性。

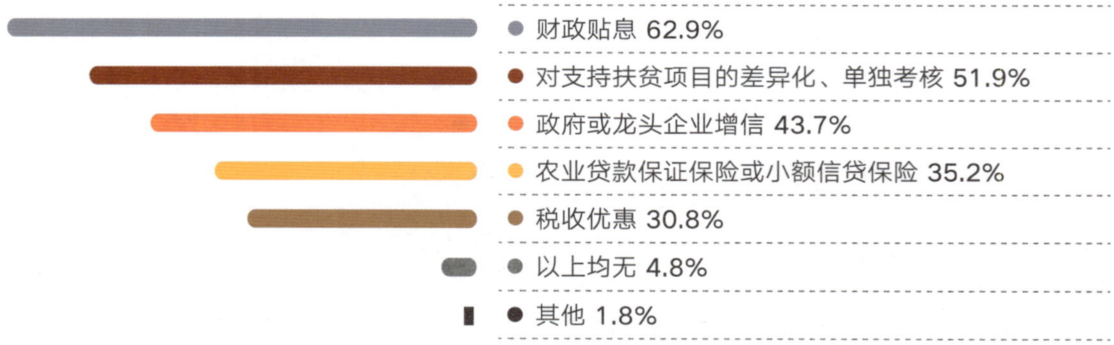

图12-6-7　有效推动银行开展扶贫工作积极性的措施

五、大多数银行开展绿色金融业务的收益与风险情况相当

银行绿色金融项目要平衡风险、成本与收益之间的关系，银行不仅要盈利，同时要履行社会责任，注重的是综合收益。

调查结果显示，综合考虑风险等因素，55.8%的银行家表示银行开展绿色金融业务收益与风险情况相当，主要由于业务开展时间短、规模相对较小、期限较长，整体风险表现与收益情况未处均衡状态。23.4%的银行家表示由于未设立绿色项目专项资金、后期衍生业务难以准确计量或银行内部环境和社会风险评估标准缺失等因素，难以准确核算绿色金融业务的收益与风险情况。10.5%的银行家认为银行绿色金融项目收益难以覆盖风险，绿色项目的公益性较强、利率低，国家层面的财政、税收、利率风险补偿机制不完善，部分企业主体规模与资金实力较小、银行调查评估、审查审批和贷后管理等成本较高。10.3%的银行家认为银行绿色金融项目收益超额覆盖风险，主要是拥有完善的制度和管理体系以及创新的绿色金融产品和服务。

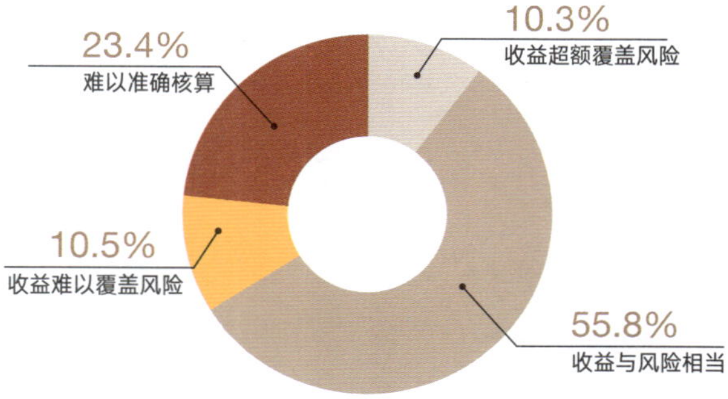

图12-6-8　银行开展绿色金融业务的收益情况

六、明确"绿色"标准，给予银行税收优惠是金融支持环保产业、实现绿色金融落地的有效保障

当前，管理当局已出台了一系列绿色信贷专项政策和标准，但金融支持环保产业、实现绿色金融落地的政策支持体系仍然有待进一步完善。

中国绿色金融标准存在不完备、不统一的问题，业务发展先于标准制定的现象依然比较突出，构建统一完备的绿色金融标准体系是绿色金融落地的有效保障。调查结果显示，61.0%的银行家认为应该明确"绿色"标准。同时，60.5%的银行家认为管理当局可通过给予银行税收优惠，以降低涉及绿色业务金融机构的业务经营成本。此外，超五成（52.5%）的银行家认为管理当局可采取给予差异化的存款准备金率的措施，释放更多的流动资金用于支持专项绿色金融业务。

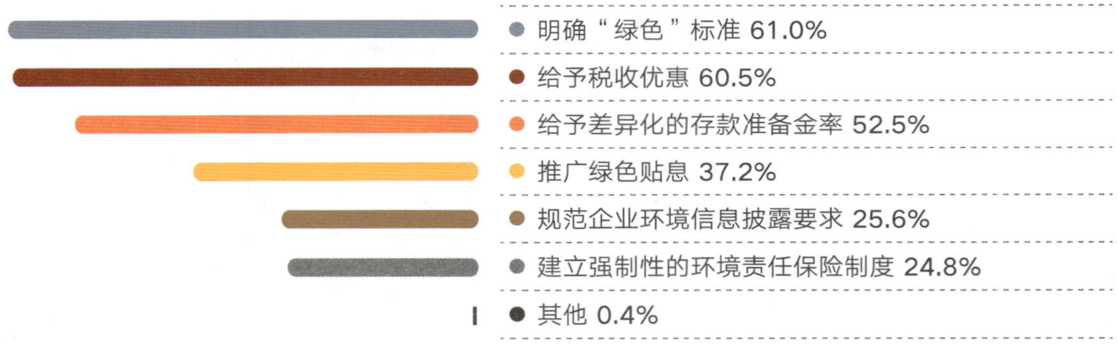

图12-6-9　管理当局对金融支持环保产业、实现绿色金融落地可采取的措施

七、多数银行家认为应从金融产品创新切入污染防治工作，目前主要涉足绿色信贷业务

与发达国家相比，中国污染防治的金融产品结构、金融服务主体单一，符合中国国情的绿色金融产品创新激励缺失。中国的污染防治金融产品主要为政策大力支持的绿色信贷，但绿色证券、绿色保险、绿色基金等发展较为缓慢。调查结果显示，近四成（39.8%）的银行家认为从金融方面倡导污染防治工作，应优先从金融产品创新方面切入，占比最多。其次，三分之一左右（34.9%）的银行家认为应优化信贷资源配置。此外，分别还有13.0%和12.1%的银行家认为运营模式创新和服务平台建设是开展污染防治工作的切入点。

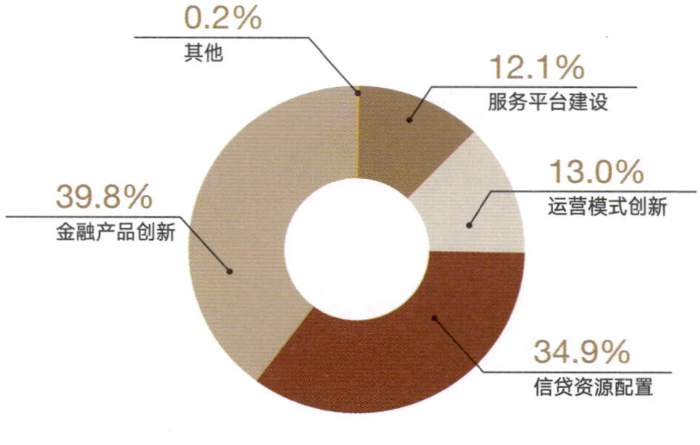

图12-6-10　银行家对于倡导污染防治工作切入点的判断

在强化绿色金融的产品与服务创新方面，银行业目前已涉足的领域主要是绿色信贷业务（92.3%），这与银行的传统业务较为匹配，开展起来较为熟悉和方便。而对比发达国家较为成熟的绿色投行、绿色发展基金以及碳金融产品等业务，中国目前创新产品较为单一、资源较为匮乏。

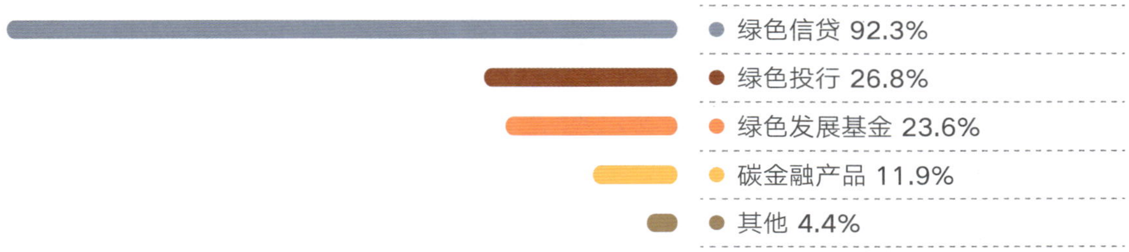

图12-6-11　银行在绿色金融产品与服务创新方面已涉足的领域

八、推行绿色信贷主要依据行业类型给予支持力度，发展绿色金融债存在绿色认证和评级制度不健全的难点

在推行绿色信贷方面，中国银行业主要围绕效率、效益、环保、资源消耗以及社会管理等指标，建立绿色信贷指标体系，并将绿色信贷指标嵌入所有“两高一剩”行业信贷政策，并且不断增加对清洁能源、绿色交通、区域污染防治、绿色建筑等领域的信贷投放力度。调查结果显示，大多数银行（82.8%）选择严控“两高一剩”行业信贷投放、加大对清洁能源项目支持力度。此外，优化绿色信贷审批流程（60.8%）、创新绿色信贷产品（58.7%）、在客户信用评级、资产配置、内部定价等方面考虑环境因素（47.9%）也是银行推行绿色信贷时主要采取的措施。运用银团贷款、资产证券化产品等提升综合化服务能力占比最低（26.2%）。

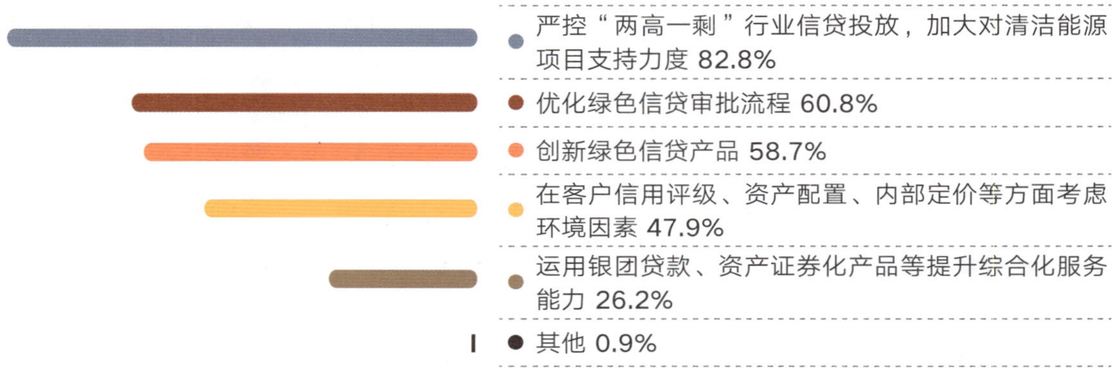

图12-6-12　银行推行绿色信贷业务采取的措施

绿色债券是近年来在国际债券市场上兴起的一个新的债券品种，所募集的资金专门为可实现缓解和适应气候变化的项目提供资金支持，成为绿色金融领域的热点。调查结果显示，对于目前发展绿色金融债存在的主要困难，多数银行家（30.6%）认为绿色认证和评级制度不健全，第三方认证缺乏统一规范认证的边界，未建立全流程评级制度。其次，绿色投资环境不够成熟，市场规模有限（28.4%），我国成熟的责任投资者队伍还未完全建立起来，大多数人投资理财主要还是关注产品本身的收益率和安全性，资金流向的指南针不是逐“绿”，而是奔向收益率更高的项目。再次，绿色项目界定缺乏统一标准（23.8%），目前人民银行《绿色债券支持项目目录》和发改委《绿色债券指引》对于绿色项目的界定不一致，具体表现在项目分类和项目范围两个方面。最后是相关激励措施无法落实（10.4%），以及多头监管、发行和信息披露要求不尽相同（6.0%）。

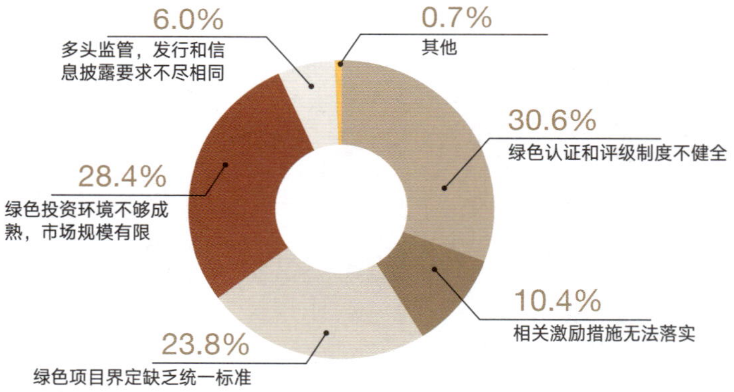

图12-6-13　银行发展绿色金融债存在的困难

九、目前近半数的银行不涉及绿色金融改革试验区业务

2017年6月14日，国务院常务会议决定在浙江、江西、广东、贵州、新疆5省（区）部分地区建设各有侧重、各具特色的绿色金融改革创新试验区。关于绿色金融改革创新试验区项目在银行绿色金融业务中所处的地位，近半数（48.7%）银行家表示目前不涉及试验区业务，他们主要来自外资银行、农村中小金融机构和城商行与民营银行，这本身受限于绿色金融改革试验区业务主要在一些特定的区域开展，这些金融机构在当地大多未建立分支机构开展业务。三分之一（33.1%）的银行家表示试验区项目是绿色金融业务的重要组成部分，主要集中于大型商业银行、开发银行和政策性银行以及股份制商业银行。

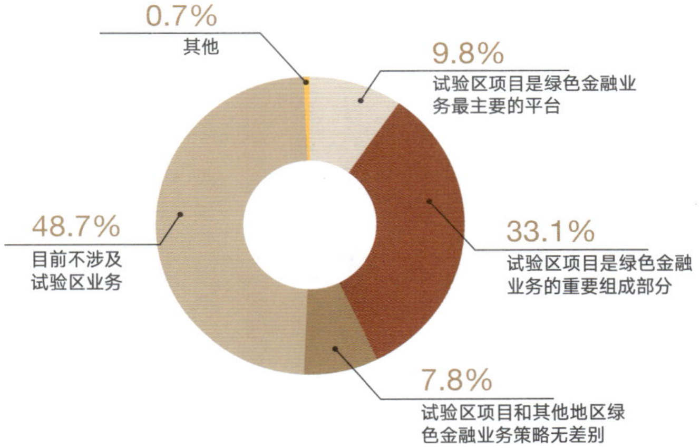

图12-6-14　绿色金融改革试验区项目在银行绿色金融业务中所处的地位

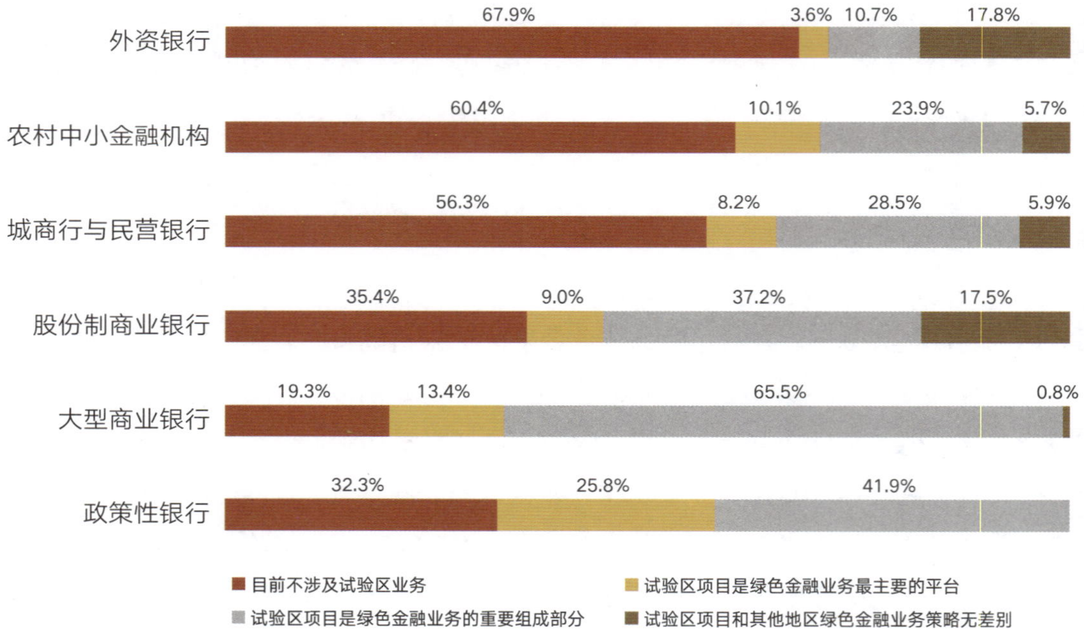

图6-15 绿色金融改革试验区项目在不同类型银行的绿色金融业务中所处的地位

十、银行家对参与碳金融业务看法不一

碳金融是以碳资产为基础和核心的金融市场活动，是绿色金融的重要组成部分。目前的国内碳金融市场已经成功实现了对温室气体排放这一类环境成本的科学量化和市场化定价，并为其提供了流转、估值和变现的便捷渠道，将其所对应的风险成本或潜在收益转化成了企业的财务绩效，成为绿色金融体系中率先实现落地生根的环节。

调查结果显示，银行家对参与碳金融业务没有形成一致意见，34.6%的银行家表示将积极参与碳金融业务，加强绿色金融体系建设。同时，34.2%的银行家对于是否参与碳金融业务尚持不确定态度，主要是目前资本市场对于碳市场仍然持观望态度，未来中国的碳市场主要还是为了减排服务，不允许过度金融化，预计全国市场放开初期也不会有大量投机行为出现。基于以上原因，另有28.1%的银行家表示将谨慎参与。3.1%的银行家表示不会参与，其中主要是开发银行和政策性银行以及农村中小金融机构。

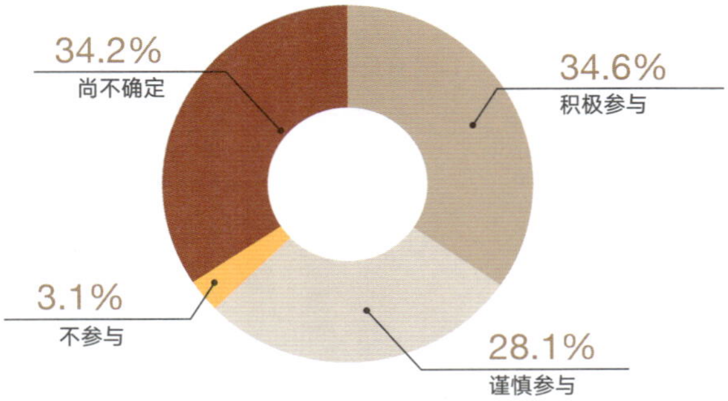

图12-6-16　银行家对参与碳金融业务的看法

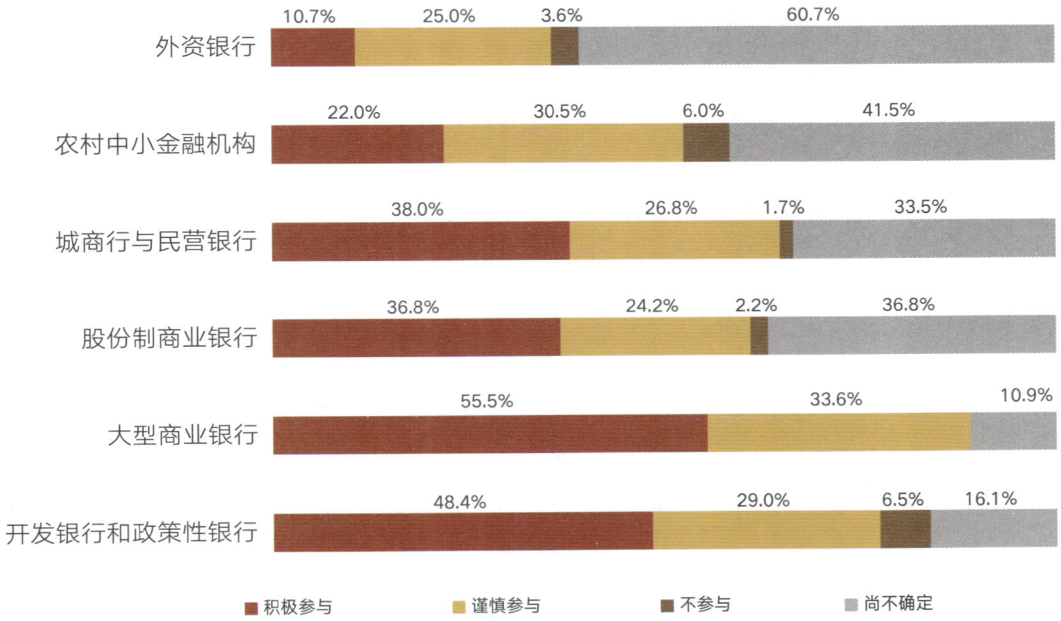

图12-6-17　不同类型银行对参与碳金融业务的看法

特别专题一：
《中国银行家调查报告》2009—2018全梳理

十年前爆发的国际金融危机，给全球经济造成了巨大冲击，国际金融体系也遭受重创。在国际金融危机后的十年间，国际银行业的格局发生了重大变化，中国银行业发展较快，银行资产规模跻身首位、盈利能力保持领先、风险管理能力不断提高、全球影响力不断提升、银行业监管制度建设取得长足发展。《中国银行家调查报告》连续十年出版发布，聚焦中国银行业宏观、战略、业务、人力、监管、风险管理等多个方面，一方面对每年发生的具有代表性的事件进行特定分析，另一方面也对一些问题进行持续性跟踪。此次特别专题专注于中国银行业近十年发展之路，集中解读十年间银行家对中国银行业的看法与思考。

一、十年来，银行家对中国经济增长率区间的预测整体趋降

2012年，约50.2%的银行家认为未来三年中国GDP增长率在7.3%，而到了2018年，39.7%的银行家认为中国GDP增长率约在6.3%。实际上，自2015年以来，由于全球经济复苏乏力，国内需求不足，中国宏观经济处于经济增速换挡期、结构调整阵痛期和前期刺激政策消化期的“三期叠加”阶段，传统行业去产能化与新兴产业成长并存，经济已进入“新常态”。中国经济增长新动力不足和旧动力减弱的结构性矛盾依然突出。在2014年以后，大多数银行家都认为未来三年中国GDP将难以实现7.0%以上的增长。

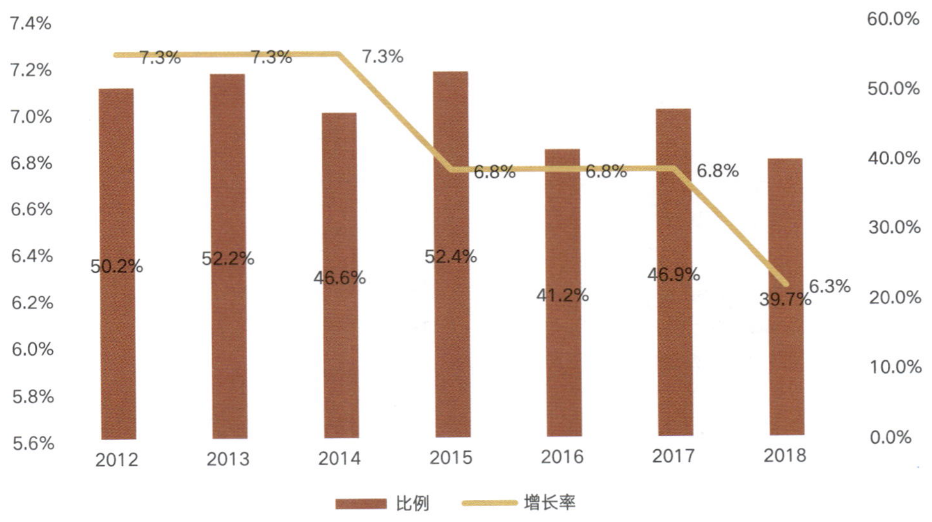

图1　2012—2018年经济增长率预测

二、十年来，产业结构调整等问题始终是银行家最关注的社会经济发展趋势

近十年来，产业结构调整、社会融资的多元化和区域经济发展格局的变化始终是银行家关心的问题。调整产业结构是促进经济增长方式转变的一个重要因素。2010—2012

年，超八成银行家最为关注产业结构调整问题。2012年以后，银行家对于产业结构调整的关注度有所下降，但仍过半数。同时自2016年以来，科技创新与技术进步也受到众多银行家的关注（2016年为44.7%，2017年为59.1%，2018年为62.0%），这与中国经济发展步入新常态要求经济发展方式从规模速度型转向质量效率型、发展动力从要素驱动转向创新驱动相对应。

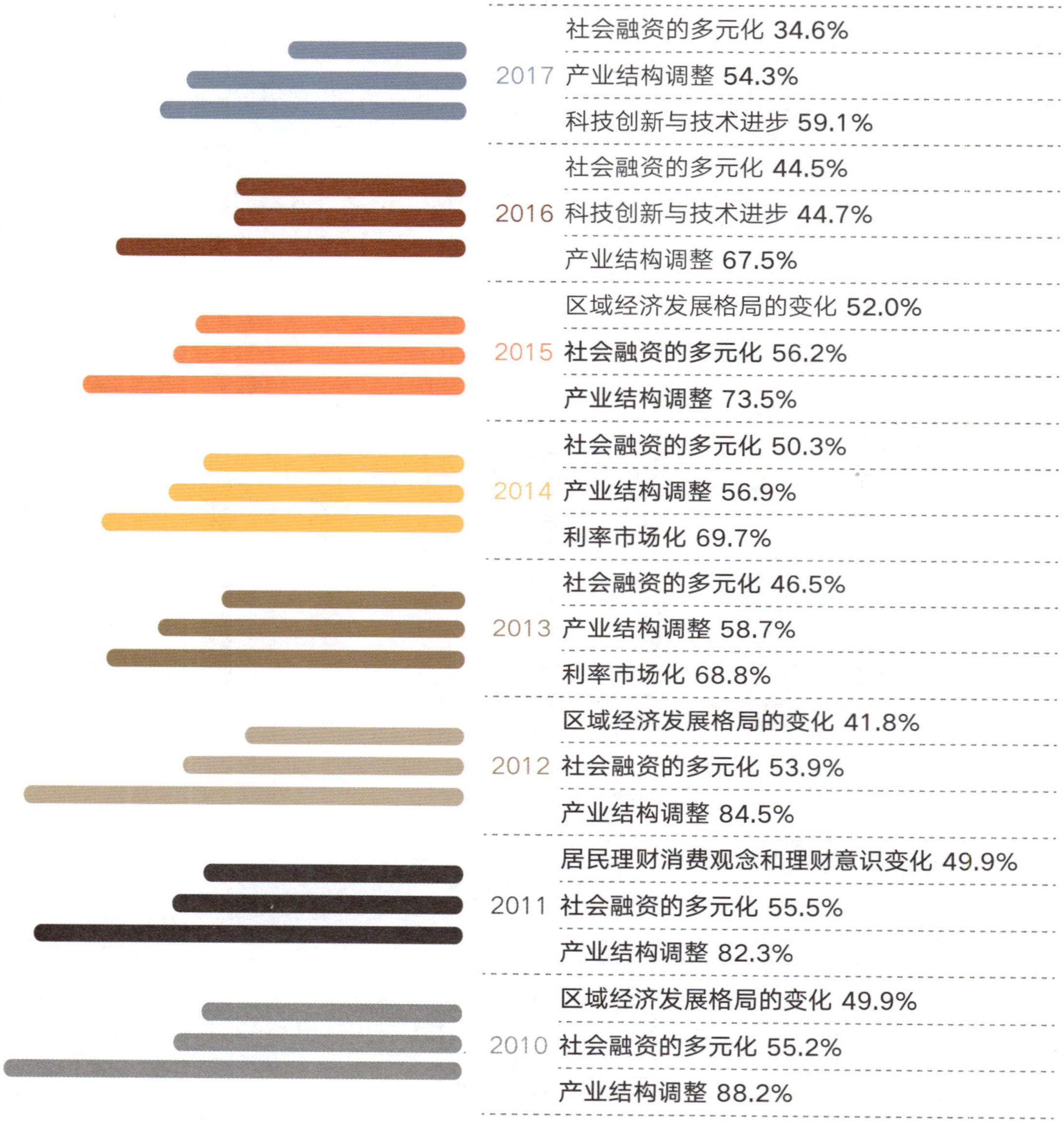

图2　近十年来银行家对社会经济发展趋势的看法

三、十年来，银行家对房地产市场的看法不断变化，行业不良率预期持续加强

近十年来，银行家对未来房地产走势的看法发生了变化。2014年超过四分之三的银行家认为各线城市的房地产无论是销量还是价格都不会上升。2015—2016年，多数银行家认为一线城市的房地产将价量齐升。2017年近九成的银行家认为二线城市房地产市场的销量和价格会上升或至少持平，二线城市房地产发展潜力较大。

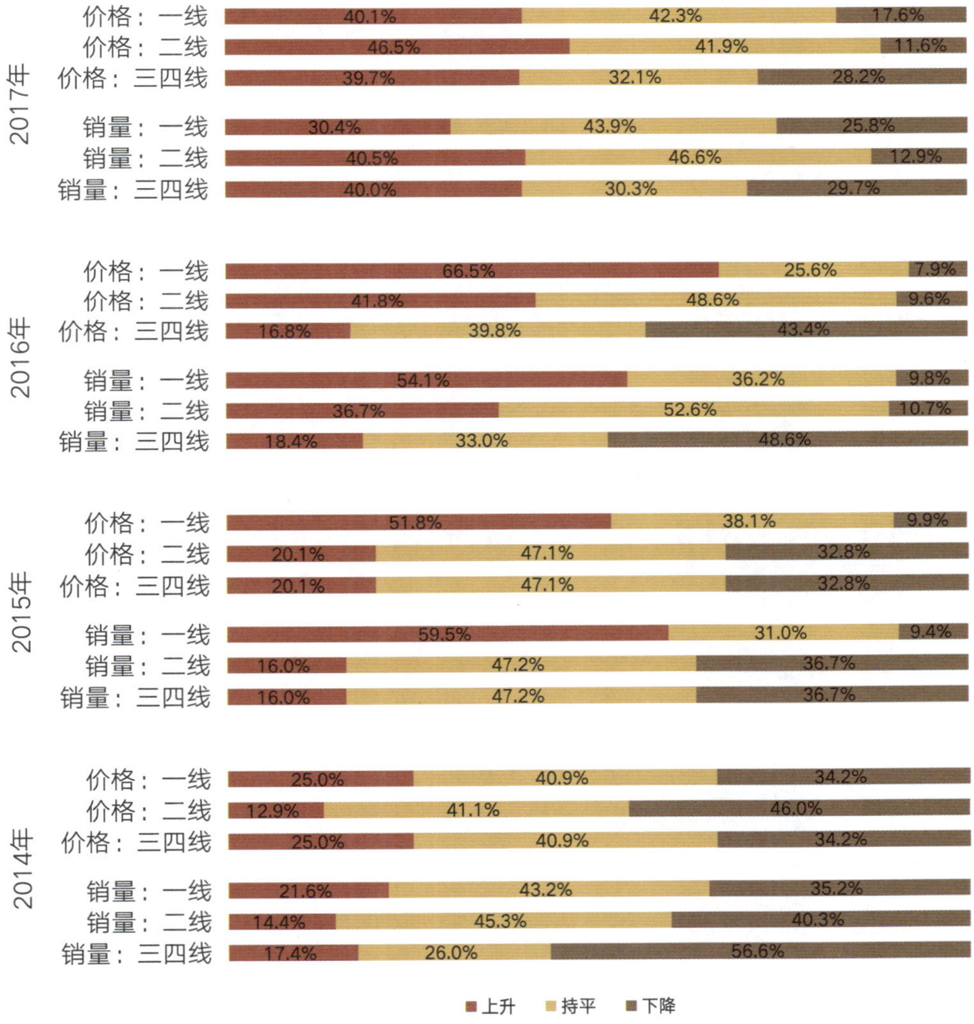

图3 近十年来银行家对未来房地产走势的看法

对比2013年以来的数据，房地产行业在银行家预期不良率上升的行业中的排名一直位列前三，在2014年首次超越冶金业成为预期不良上升最高的行业。随后几年，银行家对房地产业的信贷投放仍普遍持审慎态度，因此过去三年的调查结果显示，房地产业在预期不良率上升行业中的排名一度下滑。2018年，房地产行业重新成为预期不良上升最高的行业，尽管占比较2017年的14.2%没有出现大幅度上升（15.3%），但银行业在房地产领域风险防控的压力仍在上升，防控风险任务不容小觑。

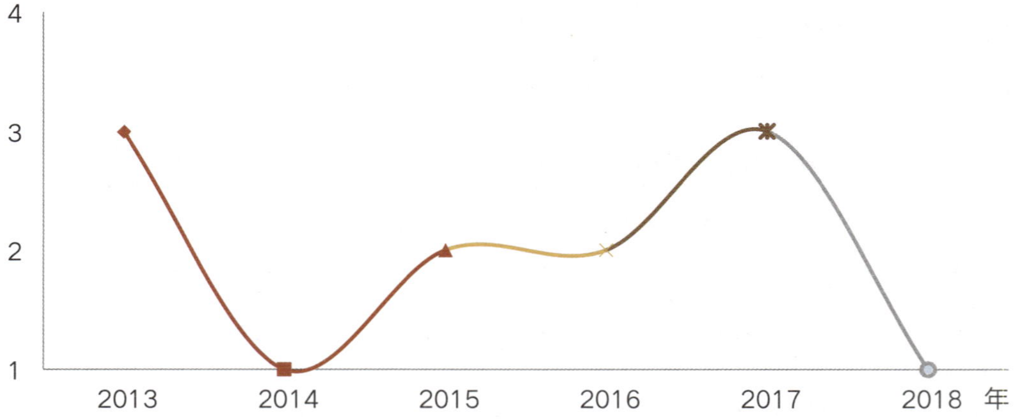

图4　房地产业在预期不良率上升的行业排名情况（2013—2018年）

四、十年来，风险管控能力的提升始终是银行战略转型的重点

近十年来“全面提升风险管控能力”（70.6%）一直是中国银行业的经营核心和战略重点。建设强大高效的风险管理体系，是商业银行守住风险底线、承担社会责任、提升服务实体经济水平的必然选择。党的十九大召开后的中央经济工作会议特别将防范化解风险列为未来三年的三大任务之首，并明确“重点是防控金融风险”。可见，在未来较长时间内银行业仍需坚持“底线”思维，深入整治市场乱象，严格规范金融市场交易行为，全面提升风险防控能力。

除此之外，“调整业务结构”和“实现特色化综合经营”也始终是2010—2017年中国银行业的战略重点。在2018年，“发展金融科技”（58.7%）成为新的战略转型重点，反映了当前新趋势。当前，大力发展金融科技、探索智能化转型正日益成为银行业的普遍共识，各类以人工智能、大数据分析为基础的智能银行网点逐渐走进民众视野，机器人、智能柜员机等智能机器不断推陈出新。金融科技在为用户提供线上线下多个场景的增值服务、满足客户多元化需求的同时，显著改善了银行的综合服务能力和服务效率。在此背景下，受访银行家对金融科技的关注度有所提升，构建虚拟化银行、数字化银行、信息化银行、智慧化银行的全新发展模式成为讨论的热点。

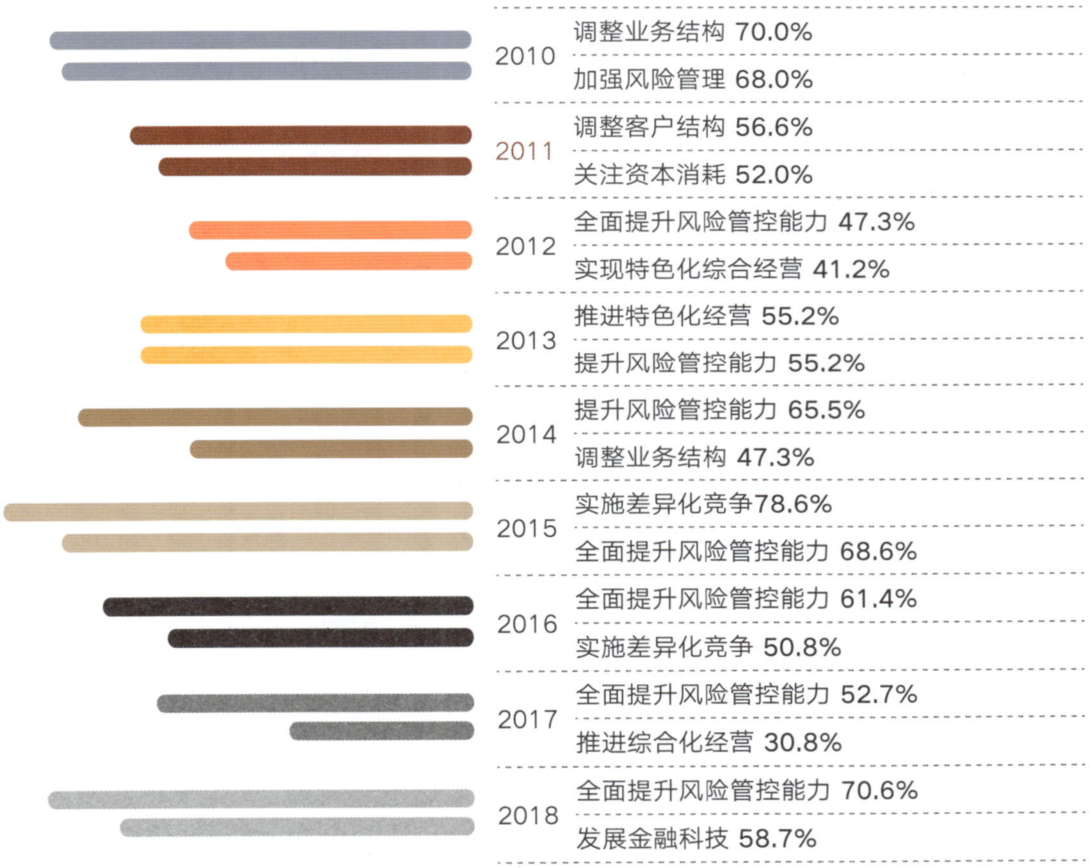

图5　2010—2018年银行战略重点的变化

五、十年来，城市基础设施业逐步成为银行信贷投向的首要支持行业

近十年来，城市基础设施业、医药业、农林牧渔业、信息技术服务业、旅游业五大行业在贷款投向重点支持行业中的排名总体上呈现上升趋势。城市基础设施业自2015年起连续四年成为银行信贷投向的最重点支持行业。2018年中国宏观经济低位徘徊，众多实体项目风险回报下降，银行信贷投放领域不断限缩，但相对于其他实体项目，城市基础设施行业类企业往往具有政府背景，一方面有财政支持和政府信誉保证，另一方面从长期看运营成本不断下降并具有稳定的现金流，风险相对较低。

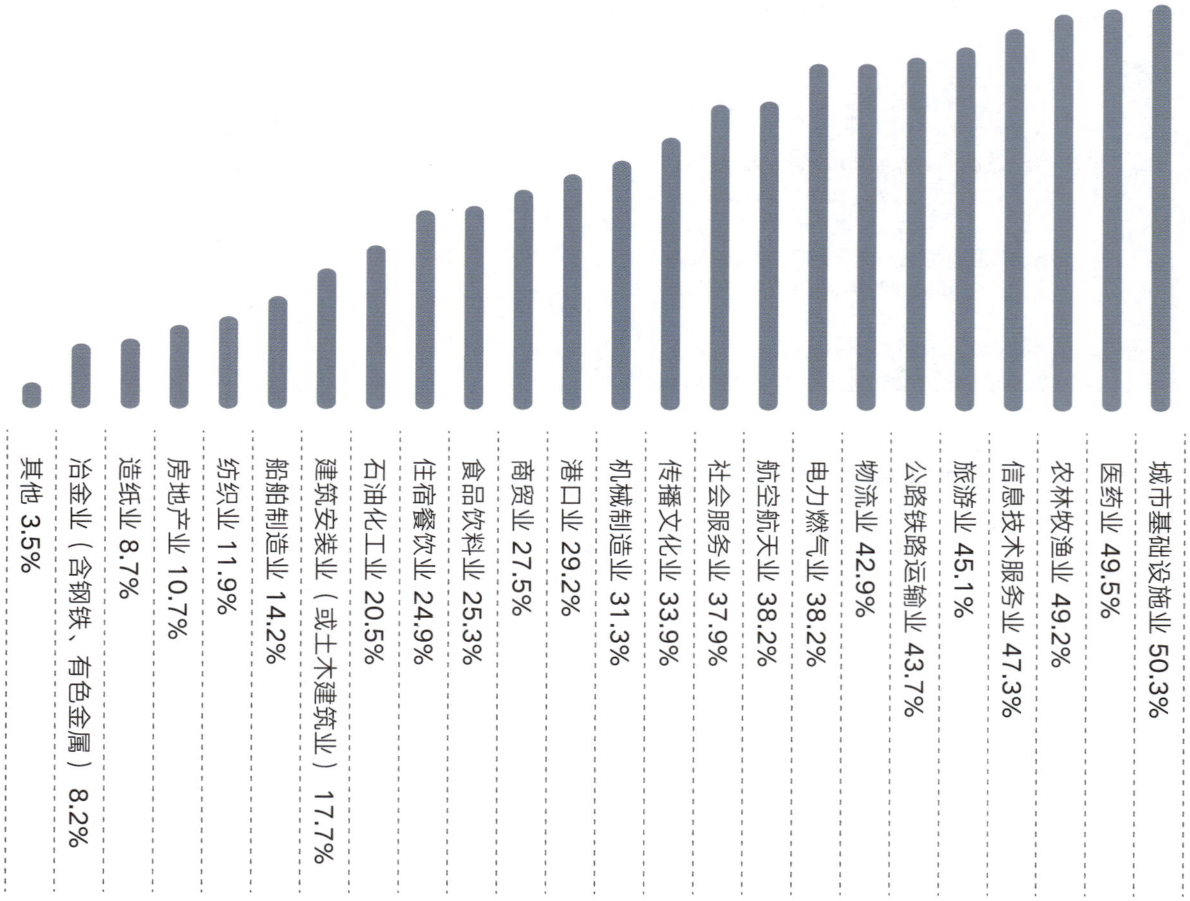

图6　2018年贷款投向重点支持的行业

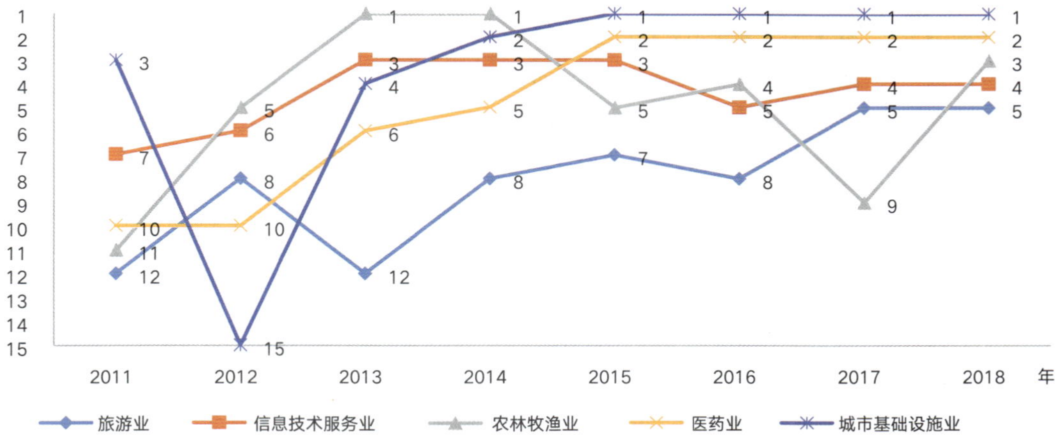

图7　五大行业贷款投向支持排名（2011—2018年）

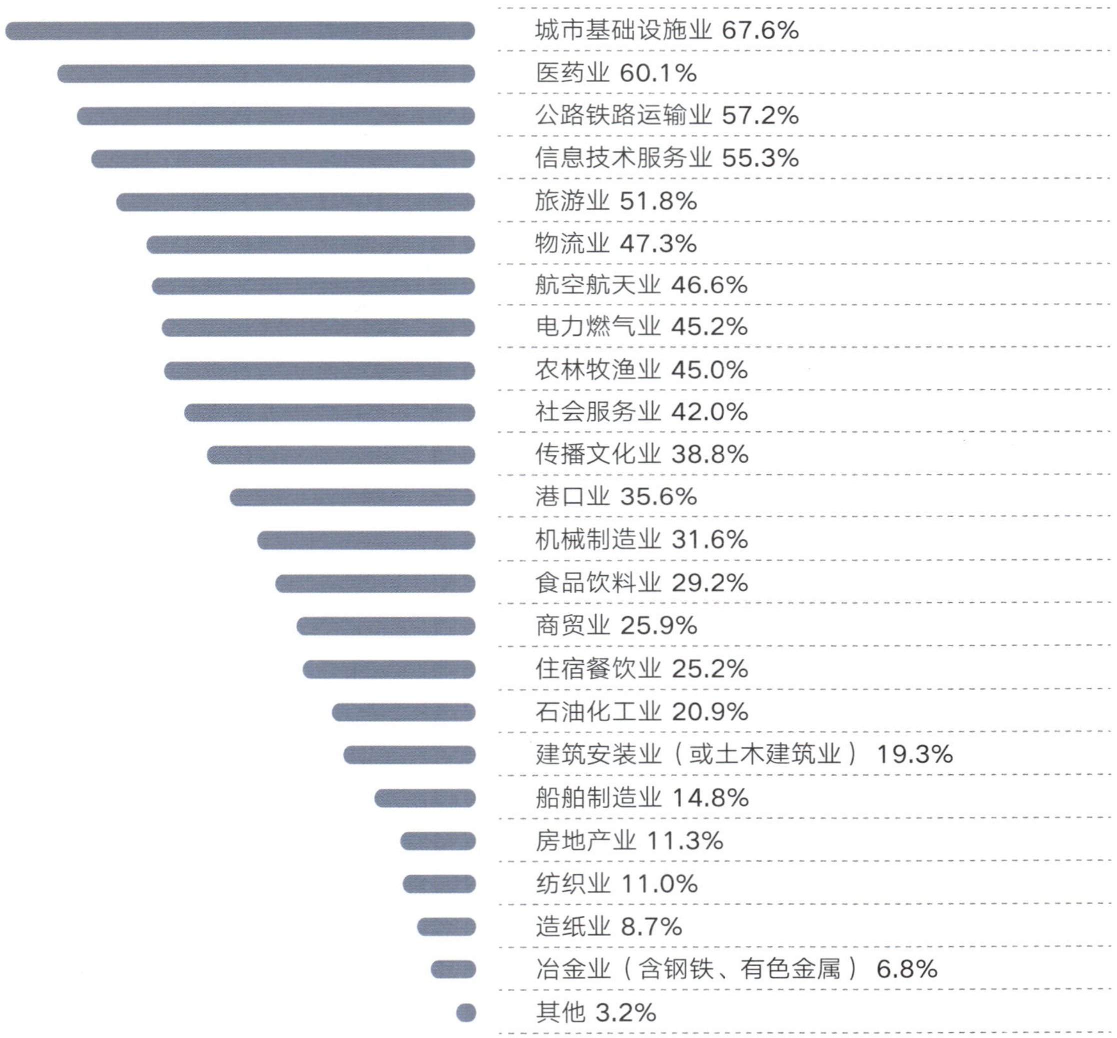

图8　2017年贷款投向重点支持的行业

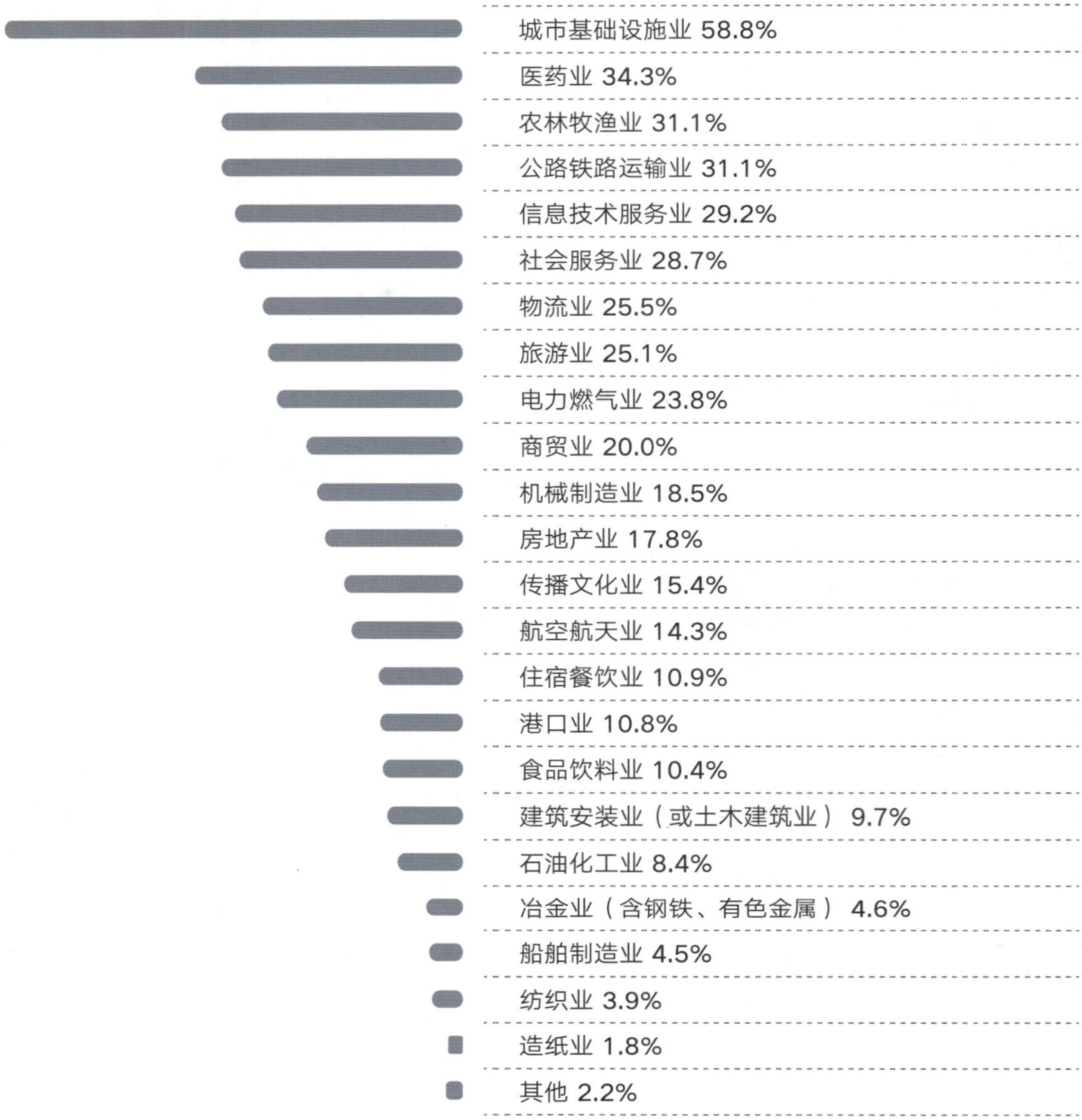

图9　2016年贷款投向重点支持的行业

六、十年来，个人消费贷款逐步成为银行个人金融业务发展重点

近十年来，个人消费贷款连续第六年成为个人金融业务发展的重中之重，选择占比达71.4%，位列首位。随着居民收入的持续提升，信用环境的不断完善，保障体系的日益健全，居民的消费能力在逐渐增强，中国银行业主动适应这一趋势，普遍加快个人金融业务转型发展步伐，创新服务方式，不断提升综合财富管理水平。

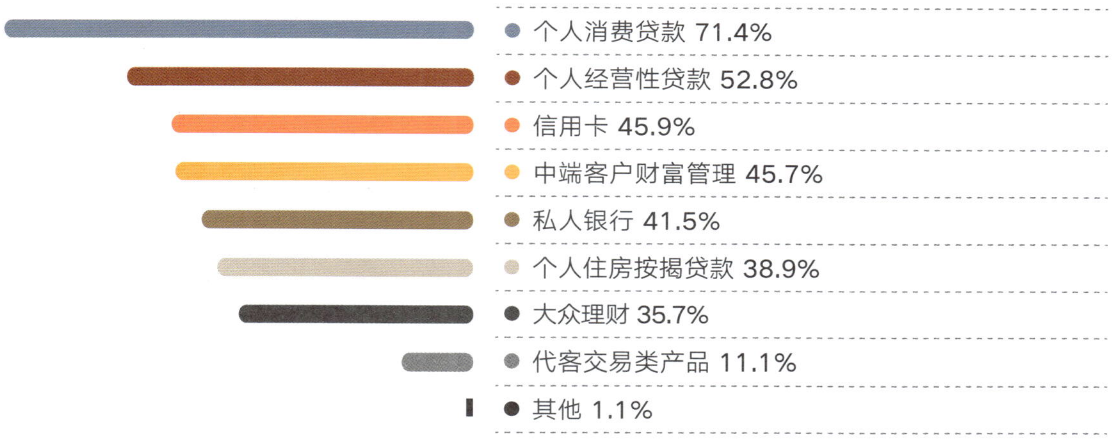

图10　2018年个人金融业务发展的重点调查

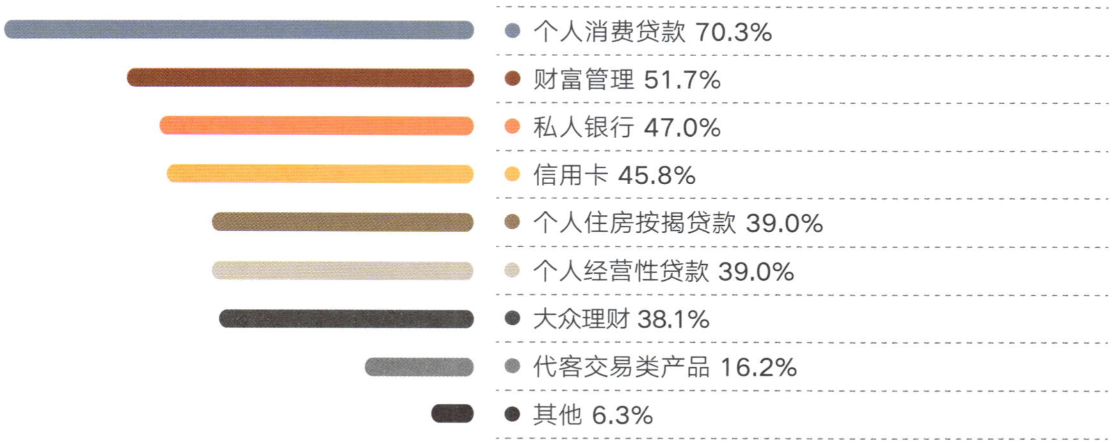

图11　2017年个人金融业务发展的重点调查

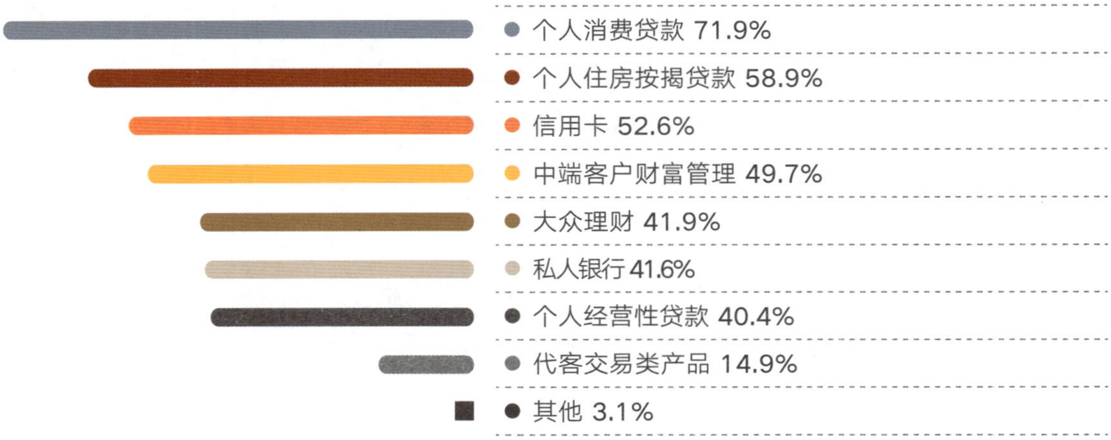

图12　2016年个人金融业务发展的重点调查

七、十年来，银行中间业务结构发生明显变化

近十年来，随着中国金融改革的不断深化，中间业务在商业银行整体业务布局中的重要性日益凸显。在对中间业务收入来源的调查中，结算类业务收入、电子银行业务收入、理财业务收入占据商业银行中间业务收入来源的前三位，分别占比51.7%、44.8%和39.6%。随着资管新规的正式出台，理财业务收入的占比由2016年最高时的56.1%下滑至2018年的39.6%，下降16.5个百分点。一方面，在“防风险、去杠杆”持续推进的背景下，监管部门持续加大理财业务的监管力度；另一方面，在强监管约束下，投资银行业务的资金端受到期限匹配和多层嵌套等多重条件的限制，使得银行的理财业务收入和投资银行业务收入在一定程度上都受到了影响。此外，由于2018年资本市场环境的转变，IPO、股权质押、发债业务等同样受到影响，也造成了投行业务的压力。未来，银行为落实资产管理业务监管新规等政策要求，财务顾问、理财和代理相关业务收入占比都将面临进一步压降的趋势。

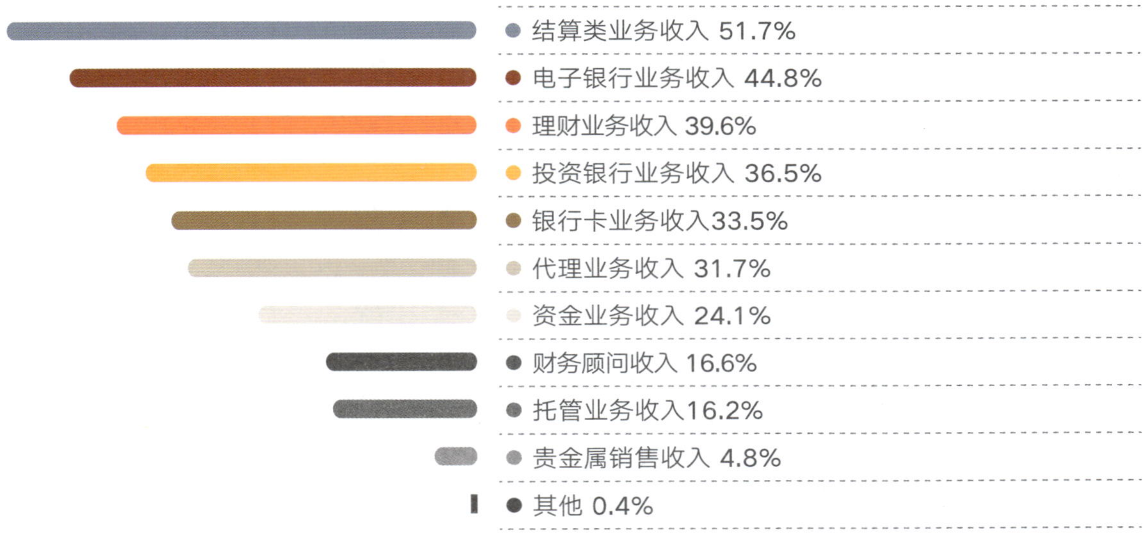

图13 2018年中间业务发展重点

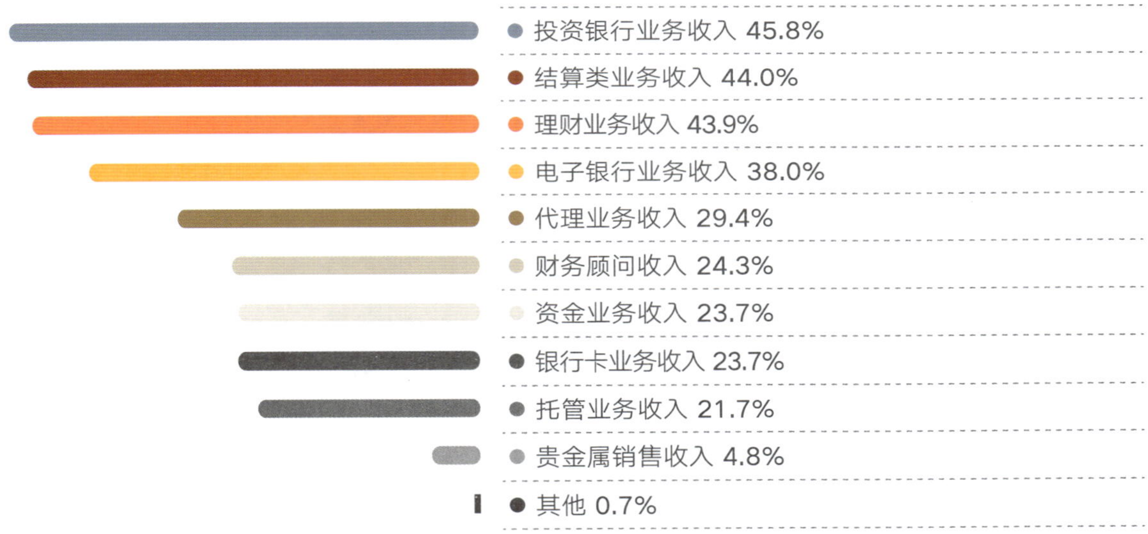

图14 2017年中间业务发展重点

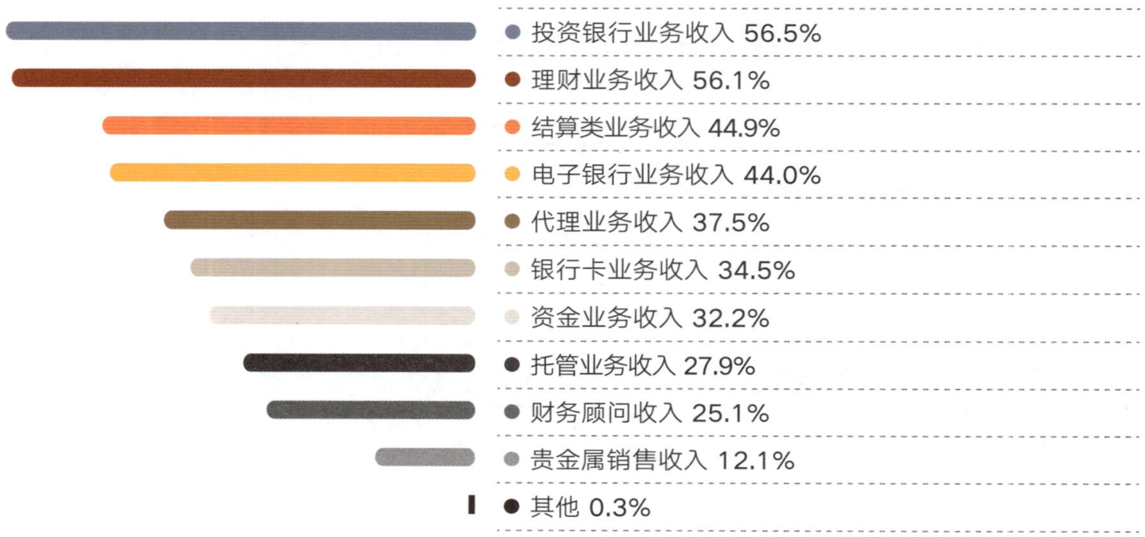

图15　2016年中间业务发展重点

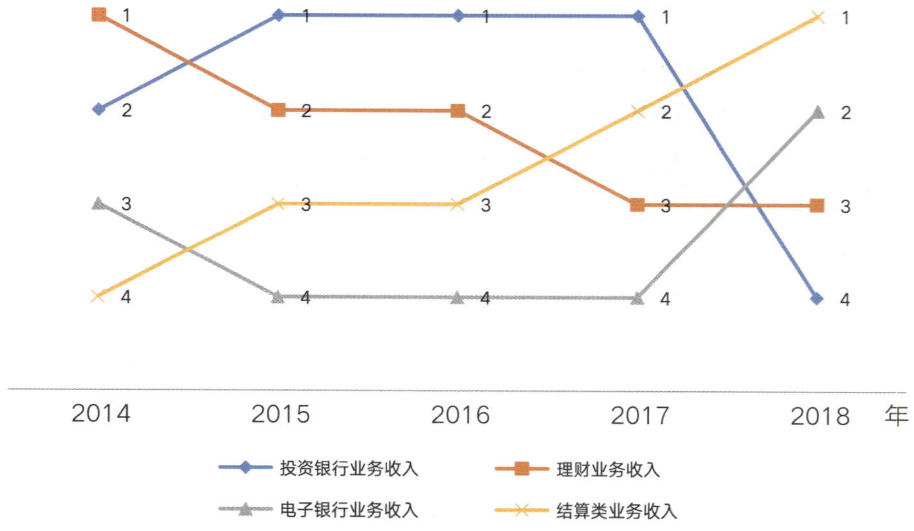

图16　2014—2018年银行主要中间业务收入排名情况

八、十年来，信用风险管理始终最受银行家关注

在对商业银行各类风险关注度的持续调查中，信用风险、操作风险、市场风险这三类主要风险始终是中国银行业风险管理工作的核心，其得分也常常位列前三。值得注意的是，第一，信用风险作为银行业最基础、最主要的风险，其关注度以及重要性在近十年中有九年（包括本年度）都占据榜首位置。在当前的宏观经济下，产业结构不断优化调整，商业银行面临的外部环境愈加复杂，加强商业银行信用风险的管理能力尤为重要；第二，在个别年份操作风险得分较高，其中在2011年还得到了最高分，这可能是由于银行业操作风险涵盖范围较广、诱发因素较多、暴露程度较高，而受到格外关注；第三，合规风险的关注度排名显著上升，在今年的调查中超过了市场风险，位列第三位，这可能意味着随着监管机制的不断完善，银行面临的合规风险也越发明显，相比之下，国家风险和策略风险的受关注程度则比较低；第四，在2015年各类风险关注度显著上升，这可能是由于受2015年不良资产压力凸显、利率市场化等因素的影响使得银行经营压力剧增所致。

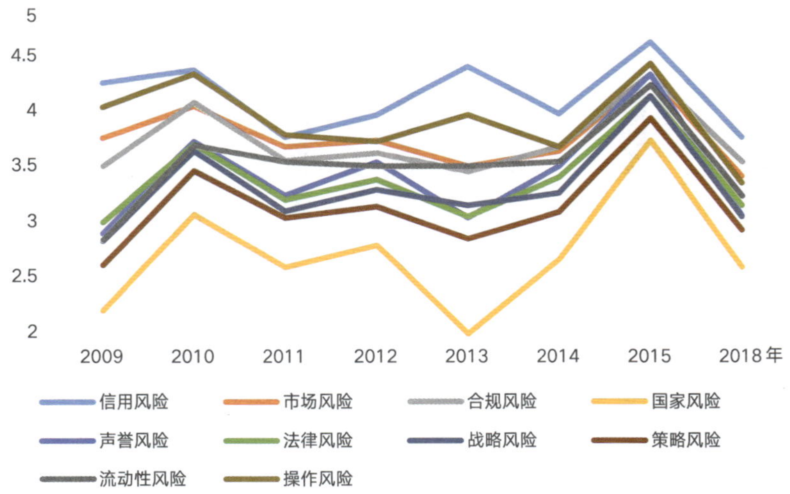

图17　2009—2018年中国银行业各类风险关注度

九、十年来，银行业员工数量增长预期持续弱化

近十年来，银行业员工数量变化情况始终是银行家关心的问题之一。员工数量变化情况也是人力资源管理中的一个重要问题。从整体来看，银行家预期员工数量增速总体呈放缓趋势，但“增长”始终大于“基本不变”和“会有减少”。从时间段来看，2009—2010年，银行家预期员工数量增速有所放缓，从88.0%降到81.5%，与这段期间银行家更加注重人力资源投入的科学性有关；2010—2014年，银行家预期员工数量增速持续上升，2014年为87.6%，其中预期增长幅度在10%以上的占比为51.1%，首次也是近十年来唯一一次超过50%的一年，也成为员工数量增速变化的拐点。这段时期，随着经济金融发展以及银行业对创新业务及转型诉求，需要更多“新鲜血液”的注入；2014—2018年，银行家预期员工数量增速持续呈现下降趋势，占比即将低于50%。一方面，面对经济结构的调整，银行业在进行业务结构调整的同时，进行人力资源的优化和降本增效。另一方面，与以往注重人员数量增长不同，随着人工智能、金融科技的发展和成熟，以及运用得越来越广泛，未来银行业技术替代人工的趋势更加明显。

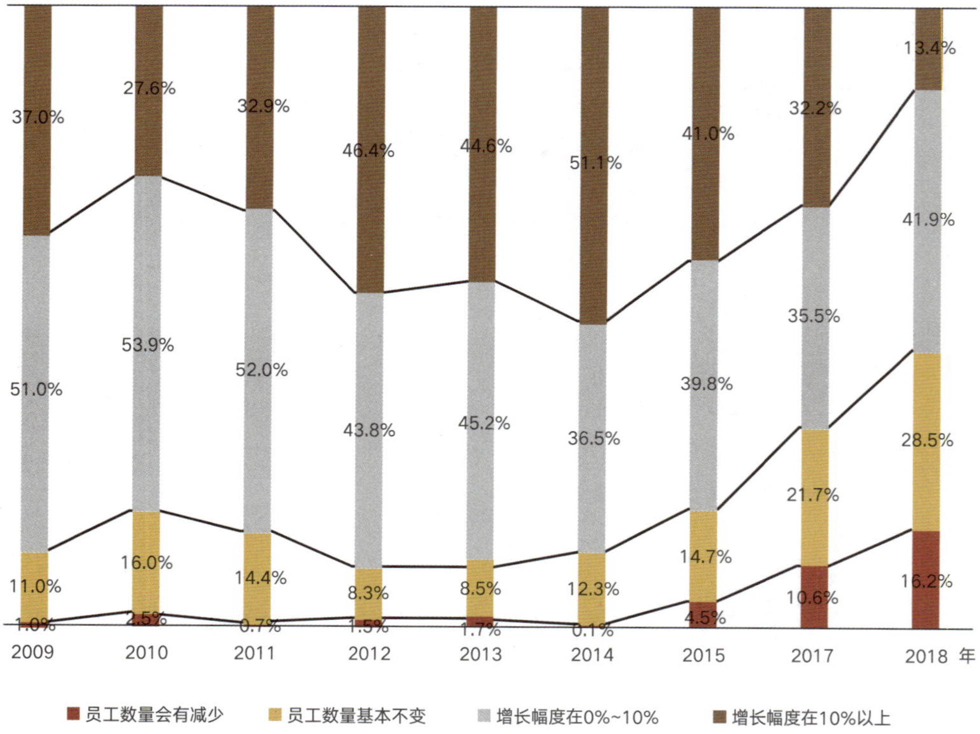

图18　2009—2018年银行家对未来三年中国银行业员工数量变化情况的看法对比

十、十年来，银行业信息科技投入逐步加大

近十年，银行业对信息科技的投入持续加大。一方面，金融危机的爆发和我国经济结构调整等宏观因素为银行的经营带来了一定的挑战；另一方面，随着以互联网技术、大数据、云计算和人工智能等为代表的科技的迅猛发展，金融科技的浪潮迅速兴起。为了寻找新的增长点、同时应对金融科技浪潮的冲击，银行业在近十年持续投资建设信息科技。一方面，即使在“后金融危机时代”，“大幅增加信息建设投入”的银行占比始终保持在3成以上，尤以2010—2012年为最，“大幅增加信息建设投入”的银行占比分别达到了49.7%、71.1%和69.1%。另一方面，在经历了2010—2012年的投入高峰后，信息科技建设于近5年进入更加成熟的阶段，投入逐步增长，并于2018年达到近5年最高水平（49.2%）。

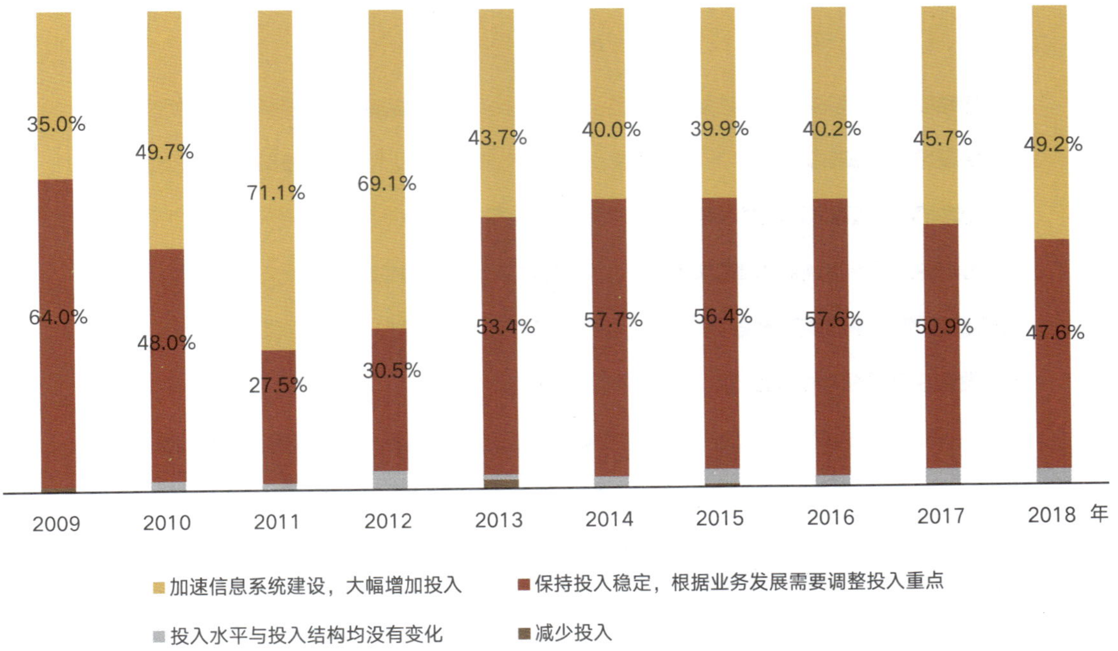

图19　银行信息技术建设投入情况

十一、十年来，银行家关注的信息技术领域持续拓展

近十年，随着信息技术的不断发展和银行业信息建设水平的持续提高，越来越多的信息技术进入了银行家的视野、不同的领域先后吸引了银行家的关注。2009—2011年，我国银行家关注的多是单一的信息技术及其实装应用，尤以“数据仓库”和“面向服务的架构”是银行家最为关注的信息技术领域，均吸引了7成银行家的关注。2011—2012年，随着信息技术的发展和普及，我国银行业的信息化建设水平逐步提高，银行家的关注重心转向各类信息系统（如信息安全系统、业务处理系统、风险管理系统等）的搭建和实装，尤以业务处理系统和信息管理系统最受银行家关注，受关注占比分别达到了77.9%和73.4%。2013年以来，随着信息系统搭建逐步完成，银行家的关注点开始转向各类信息技术和系统的应用，ABC（人工智能、大数据、云计算）和区块链等技术及其应用进入了银行家的视野；其中，尤以大数据最受关注，吸引的银行家始终不低于6成；此外，区块链诞生不久，却在近年快速吸引了银行家的注意力——2018年，关注区块链技术的银行家接近5成，接近2017年水平的2倍，是2016年水平的7.1倍。

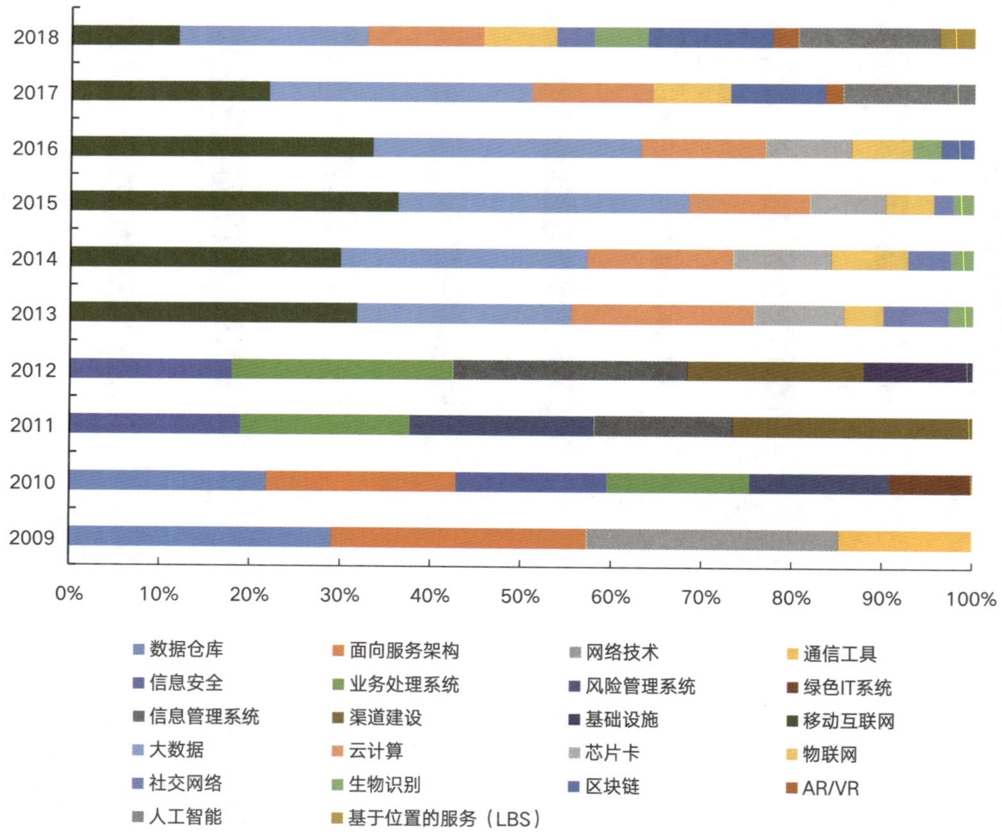

图20 银行家关注的信息技术领域及其占比

十二、十年来，银行家对公司治理水平的评价逐步提高

经过十年来的不断发展，总体而言，银行家对公司治理水平的评价逐步提高。

如图24的变化趋势，从纵向上来看，银行业公司治理的各方面均呈现出“V”形，即从2012年至2014年，银行业公司治理水平均处于下降阶段，在2014年各项目得分达到最低值；从2014年至2017年，银行家对银行公司治理水平的评价逐渐上升，在2017年各选项得分达到最高值。总体而言，除了2014年银行家对银行公司治理水平的评价处于较低水平之外，在其他年份银行家对银行公司治理水平的评价较好，对各项目的评价逐步提高。

从横向的具体项目来看，银行家对各项目的评价得分由高到低的排列依次为：“良好的社会责任”、“健全的组织框架”、“完善的信息披露制度”、“明确的决策规则和程序”、“清晰的职责边界”、“合理的激励约束机制”。可见，经过十年的不断发展和完善，银行已经基本建立了健全的组织框架、相应的决策规则和程序，在内部控制与外部监督之下，银行的信息披露制度逐渐完善，信息透明度越来越高。同时，也承担了越来越多的社会责任。

但是，建立合理的激励约束机制与明确“三会一层”、总分支行之间的职责边界仍是银行业的不足。这两个选项在各年得分低于其他选项，首先，说明目前银行业仍缺乏合理的激励机制，独立董事和监事会的监督等监督机制仍存在不足，其次，也说明“三会一层”的职责边界仍较模糊，出现包括董事长和行长权力划分不清、党委会与董事会的职能定位不清等问题。

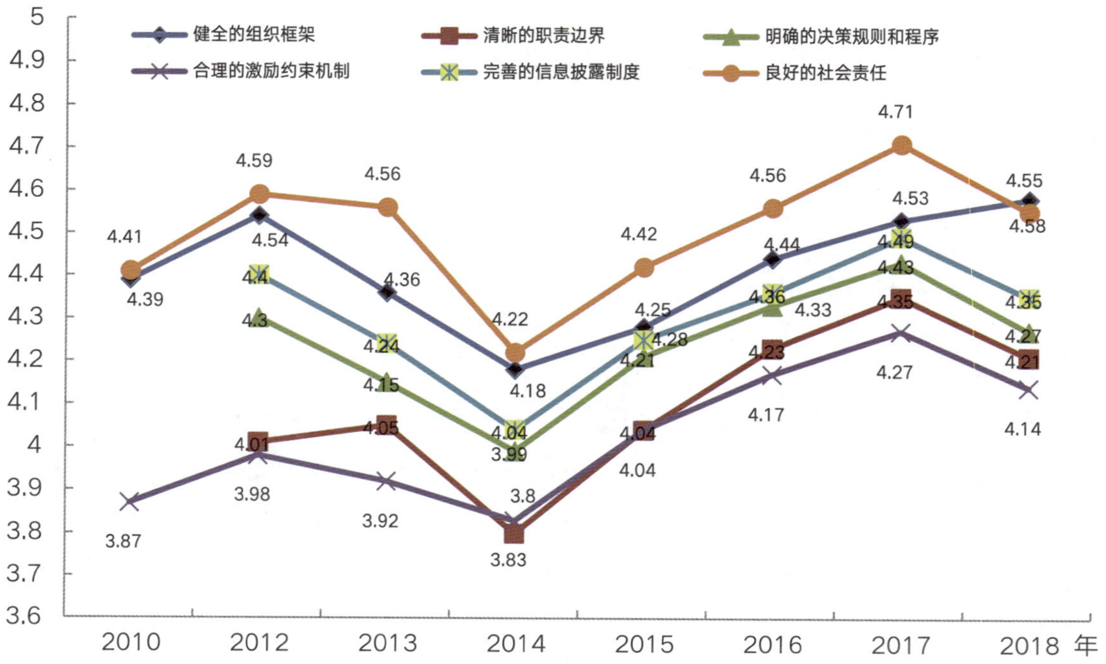

图21　近十年银行家对银行业公司治理水平评价的变化趋势（满分5分）

十三、十年来，银行履行社会责任与银行发展战略的契合度持续提升

近十年来，银行业响应国家号召、合理引导社会资源再分配，逐渐将履行社会责任的重点与自身发展战略相结合，从而推动金融经济和谐发展。2012年，银行履行社会责任的重点是发展低碳金融、推行绿色信贷（37.3%）和满足基本金融需求的低附加值服务（17.6%）。2012年以后，银行业履行社会责任的重点始终包含小微金融服务，而且占比在同期最高，其他重点方向则从员工权益、涉农金融、社区金融到扶贫工作，与银行当时的发展战略的契合度保持持续提升。这与区域经济结构的变化、银行创新发展方式，以及盈利模式的改变相适应。

表1　近十年银行履行社会责任重点的变化

年份	履行社会责任重点方向	占比
2012	发展低碳金融、推行绿色信贷	37.3%
	满足基本金融需求的低附加值服务	17.6%
2013	小微金融服务（评分）	4.41
	保障员工权益（评分）	4.32
2014	小微金融服务	76.8%
	涉农金融服务	42.0%
2015	小微金融服务	50.3%
	发展社区金融	15.4%
2016	小微金融服务	73.6%
	扶贫工作	60.4%
2017	小微金融服务	66.2%
	扶贫工作	61.7%
2018	小微金融服务	82.1%
	扶贫工作	66.7%

十四、十年来，银行家的整体满意度水平在波动中提升

在过去的十年中，银行家面临的竞争环境发生了较大变化，银行业增速也从两位数下降至个位数，在银行家的工作与生活方面产生了深刻而复杂的影响。从不同方面评价的排名来看，近年来工作与生活各方面满意度相对位置保持稳定。而从发展趋势看，自2013年以来，银行家的整体满意度水平缓慢走低，2016年到达低点后，或由于经济增长超出市场预期，银行业盈利保持稳健，资产质量趋稳向好等积极变化，2017年出现明显提升，2018年则重新向下调整。

具体来看，从工作方面，整体上工作环境和成就感一直是银行家最满意的方面，薪酬水平和工作压力则长期满意程度垫底。2017年之前，工作环境和成就感满意度年年走低，其他方面则在波动中略有下降。2016年，除满意度评价最高的两项略高于4分以外，其他方面均在4分以下。2017年，银行家对工作各方面满意度的评价出现明显的提高，上升至新的台阶，所有方面均达到4分以上，2018年仅略向下调整，仍然保持在4分以上。与期初相比，工作各方面满意度都更高了。

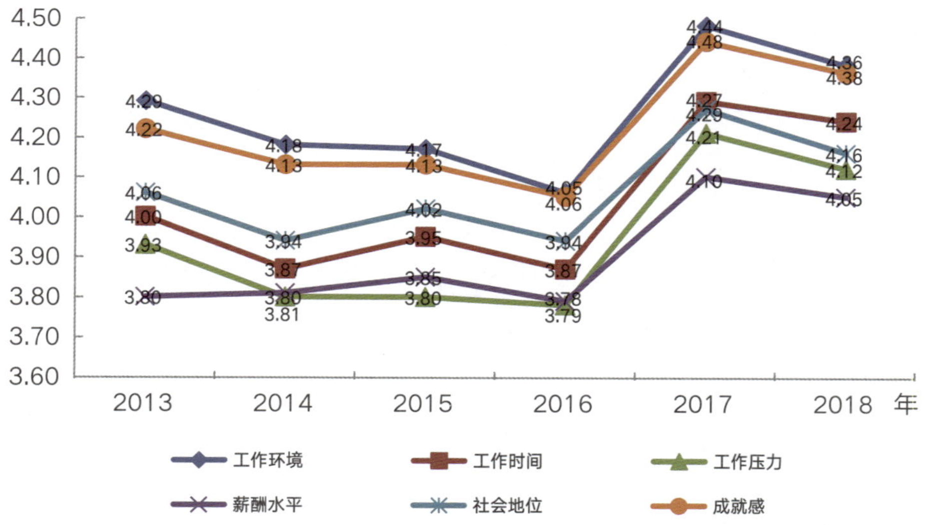

图22　2013—2018年银行家工作方面的满意度评价

生活方面，家庭婚姻长年以来高居满意度最高的位置，业余生活则始终保持满意度最低。与工作方面一样，总体生活满意度最高的家庭婚姻评价逐年下降，其他方面则随每年上下波动。到2016年，除家庭婚姻以外，其他方面评价均低于4分。最近两年，生活各方面的满意度也经历了显著提高进而回调的过程。与期初相比，虽然各方面的相对位置没有发生改变，但满意度的差别已经大大缩小了。

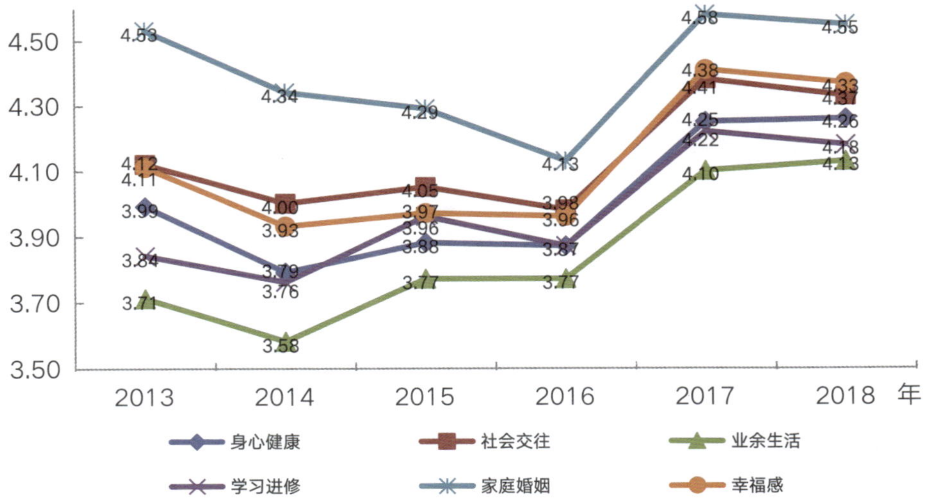

图23　2013—2018年银行家生活方面的满意度评价

十五、十年来，监管评价整体较高

近年来，银行家对主要监管指标的评价整体较高。银行家对资本充足率、拨备覆盖率、拨贷比、流动性覆盖率等监管指标的总体评价维持在较高水平，特别是资本充足率指标连续六年评价最高，表明银行家对现行监管机制设计和监管成效的认可。纵向比较来看，2017年、2018年银行家对监管指标体系和监管方式的评分整体较高，反映在经济下行区间，在强监管环境下，银行家对于各项监管指标设定及监管实际运用方面依然充满信心。

表2 主要监管指标评价（单项满分为5分）

指标＼时间	2018	2017	2016	2015	2014
资本充足率	4.39	4.46	3.93	4.3	4.08
拨备覆盖率	4.33	4.4	3.87	4.18	4.03
拨贷比	4.25	4.34	3.88	4.04	3.91
流动性覆盖率	4.22	4.37	3.81	4.16	3.97
净稳定资金比例	4.19	4.32	3.81	4.07	3.9
杠杆率	4.12	4.25	3.76	4.01	3.91
存款偏离度	4	4.11	3.66	3.65	—
平均得分	**4.21**	**4.32**	**3.82**	**4.06**	**3.97**

在对主要监管手段的评价中，银行家对“监管问责”“现场检查”“监管政策制定”等的评价连续六年维持在较高水平，且均高于平均值。表明银行家对于维护金融稳定、规范银行业发展的监管工作的整体认可。与2017年纵向比较，“监管政策制定”评分略有下滑，表明在强监管检查的背后，银行业主动对标监管政策、监管制度查缺补漏，提升风险管理能力和水平，对于更加先进、正确的监管理念和严格的执行产生诉求。“跨业跨境监管交流合作”评价排名最末，在一定程度上反映出中国监管机构在国际监管合作以及跨业监管交流力度方面有待提升。

表3　主要监管手段评价（单项满分为5分）

手段＼时间	2018	2017	2016	2015	2014
监管问责	4.29	4.29	3.85	4.04	4.01
现场检查	4.28	4.27	3.84	4.05	4.02
市场准入	4.28	4.32	—	—	—
监管政策制定	4.26	4.31	3.87	4.11	4.02
行政处罚	4.26	4.24	—	—	—
非现场监管	4.24	4.3	3.85	4.07	4
金融风险处置	4.19	4.27	3.82	4.01	3.95
主动信息公开	4.13	4.24	3.8	3.92	3.84
跨业跨境监管交流合作	4.07	4.15	3.75	3.89	3.74
平均得分	**4.21**	**4.27**	**3.83**	**4.03**	**3.96**

特别专题二：
《中国银行家调查报告》十周年精华观点回顾

《中国银行家调查报告》（以下简称《报告》）自2009年开始，连续发布十年。一方面，《报告》体例相对固定，基本可以较为全面地展示银行家对中国银行业各个方面的观点和认知，另一方面，《报告》也与时俱进，跟踪调查银行家对每年中国银行业的热点问题的思考和看法。因此，回顾连续十年《报告》每年的精华观点，能够从银行家的视角了解中国银行业的发展变迁情况。

2009年

宏观环境

2008年以来，世界金融形势复杂多变，美国次贷危机引发的国际金融危机对全球金融业产生了巨大的冲击，中国银行业的经营因此受到巨大影响。总体来看，因为在危机之前卓有成效的改革，中国银行业在危机中保持了基本健康，银行家对中国经济的长期发展充满信心，并认为在及时有效的危机应对政策推动下，中国经济和社会发展中的众多变革机遇仍将支持中国银行业的发展。

发展战略

银行家认为高速放贷的行为迫使不同类型的银行业加速差异化定位以避免同质化竞争，并在政策和银行发展要求的推动下，更加关注中小企业业务；银行家普遍认为应该继续鼓励和支持银行在风险可控前提下的创新活动；多数银行家认为中国银行业仍然应该坚持综合经营的方向，在模式选择上，以金融控股公司模式和银行主导模式为主。

业务发展

中国政府在2008年末推行的一揽子经济刺激计划得到中国银行业的热烈响应。银行家们表示2009年信贷投放的重点集中在基础设施行业，中小企业业务是其所在银行未来业务发展的重点，名列公司金融各项业务之首。

风险管理与内部控制

2008年下半年以来，国际金融危机不断蔓延和深化，全球经济增长明显放缓，中国经济出现了减速趋势，银行业信用风险管理压力前所未有，对中国银行业风险管理造成巨大压力。

人力资源

2009年，伴随中国经济的日益发展壮大，社会对金融服务的需求也将不断增加。中国银行业在本轮金融危机中受到的影响较小，业务扩张意愿仍然较强，对金融人才的潜在需求较多。在提升人才竞争力方面，本年度人力资源建设和变革方面的重点主要集中在完善绩效考核机制和员工培训机制。

金融科技

国际金融危机背景下，中资银行业对IT建设的重视程度不减、纷纷制定个性化蓝图和战略，力图利用IT建设提升服务水平、管理能力和行业竞争力，难点在于如何提高IT系统的随需应变能力。

公司治理

随着中国商业银行股份制改革及上市，中国银行业公司治理水平得到较大提升。大多数中资商业银行建立了董事会对高级管理层的考核和激励机制并取得积极效果。但是，也有部分受访银行认为银行公司治理水平与目标仍然存在距离。主要表现为党委会与董事会的职能定位不清、董事长和行长权利划分不清、激励也以传统薪酬激励方式为主，存在股权激励不足等问题。

社会责任

中国银行业注重履行社会责任，积极配合国家战略的实现，履行社会责任已经成为中国银行业企业文化建设的重要内容。

监管评价

银行家们对中国2003年设立专业银行业监管机构——银监会的工作成效给予了肯定。绝大多数银行家认为其监管理念“非常科学有效”或“比较科学有效”，其持续监管思路也得到了绝大多数银行家的正面评价。监管的有效性、专业性和独立性也得到了较高的评价。但与此同时，银行家建议监管依然要鼓励和引导金融创新、监管前瞻性需要进一步提升、对不同规模银行应该实施区分监管以及完善各监管部门之间的协调机制。

2010 年

宏观环境

由于经济走势存在不确定性，中国的宏观政策正面临诸多“两难”。银行家对2009 年以来的宏观调控政策总体评价较高，其中对货币政策力度认同较高，对财政政策的前瞻性和政策效果认同较高。相对而言，产业政策获得的综合评价相对较低，可视为银行家对于中国产业政策频繁变动给银行经营带来不便的一种反馈。银行家认为中国银行业税收设计思想偏重保证财政收入，未能充分考虑银行业发展需要，当前银行业税种结构过于依靠营业税，不利于促进金融服务发展和资本流动。

发展战略

银行家提出客户结构需由主要服务大企业客户的“堆大户”方式转向服务于与自己的业务优势相匹配的客户群体，中小企业得到更多的重视；业务结构由注重传统信贷业务转向更加注重中间业务和高端零售业务的发展；经营范围由传统银行业务向综合化经营方式迈进；业务空间由城市向县域农村金融布局以及向国际化方向拓展。

业务发展

在 2010 年信贷投向重点支持的行业中，新能源、装备制造等中国政府倡导的战略性新兴产业位于前列，银行家表示会“限制对‘两高一剩’企业的信贷支持”。个人金融业务中，注重挖掘高贡献度客户的价值成为趋势。

风险管理与内部控制

风险管理与业务增长间的平衡成为中国银行家的共识，密切关注并克服房地产市场与地方政府融资平台的风险，适时推进巴塞尔新资本协议的实施，以此提升全面风险管理能力。

人力资源

2010 年，银行家预期员工数量增幅放缓，表明银行家更加注重人力资源投入的科学性。加强人才梯队建设、完善薪酬体系和培训机制、有计划增加员工数量成为银行人力资源规划的重点。

金融科技

IT 建设继续受到银行家的高度重视。不同银行的 IT 建设水平不同，尤以大型商业银行的 IT 建设水平较高。不同银行的 IT 建设投资重点亦不尽相同，但随着业务模式向“以客户为中心”转型，挖掘信息价值、整合信息系统成为未来方向。

公司治理

银行公司治理水平有很大的提升，大型商业银行股改上市全面开展，改善了公司治理和组织体制，提高了银行竞争力。但是激励和监督机制存在较大改进空间。

银行家群体

银行家认为管理及业务开拓能力与风险控制能力是银行家最应该具备的素质。中国银行家认为创新能力、国际视野和发掘金融服务需求的能力是银行家最需要提升的素质。同时，多数银行家认为是全方位的人才竞争机制才能培养银行家素质。

监管评价

2010 年，银行家对近年来的银行业监管政策普遍表示认同，并对全球金融监管改革进展表示出一定的关注。他们认为，探索逆周期资本监管要求、引入杠杆率监管标准等创新措施对于中国银行业最具有借鉴意义。

2011年

宏观环境

在增长放缓、债务危机、通货膨胀和突发性事件的交织冲击之下，2011 年全球经济复苏进程显得异常脆弱和不平衡。银行家对全球经济走势的看法并不乐观。他们认为全球经济面临的主要挑战依次是：量化宽松政策导致的流动性泛滥、艰难的复苏前景、新兴市场经济体的通胀风险和欧债危机等。银行家对国内实体经济的运行也表示了一定的担心。同时，银行家认为东部地区的企业景气度较中西部地区差。

发展战略

优化资本配置、调整业务结构、降低单位资产的资本占用量、建立资本节约型银行，是 2011 年以来银行发展战略的重中之重；对于利率市场化，银行家持冷静客观态度，并没有想象中的抗拒或抵制，普遍将未来 3~5 年作为推行利率市场化的时间窗口。

业务发展

发展财务顾问、财富管理和私人银行业务等成为银行家应对紧缩政策和经营压力的主要举措。先进制造业与现代服务业在银行信贷投放中的重视程度居首。

风险管理与内部控制

伴随着中国银行业的改革进程，特别是有关国际监管指引在中国的落地实施，内部控制建设始终得到持续推进，但受到银行家的如此重视还尚属首次。在当前政策紧缩和风险隐忧上升的背景下，多头监管、重复检查的问题得到了绝大多数银行家的理解。

人力资源

2011 年，银行家对于员工数量预期较上一年出现反弹，城市商业银行和股份制商业银行等中小商业银行的员工需求强劲。随着商业银行业务的快速扩张以及竞争的日趋激烈，核心人才队伍的建设成为一些商业银行应对挑战的战略性选择。银行家认为，人才梯队建设不合理以及绩效考核不完善是中国银行业人力资源管理中存在的主要问题，总行更多关注薪酬结构问题，而分支机构高管更多关注人才梯队建设的问题。绩效考核方面，银行家认为有效考核综合贡献及平衡长短期激励是考核体系改进重点。

金融科技

IT 建设投入持续增加，支撑“以客户为中心”的业务流程再造成为建设重点，人才短缺成为主要难点。此外，新技术的发展和应用带来的潜在风险引起了银行家的关注。

公司治理

银行家对总分行之间的管理层次划分及职责权限界定认同度提升。大部分银行家认为提升公司治理水平的关键是加强内控建设、建立全面风险管理体系以及有效的管理层激励。

银行家群体

银行家群体对工作岗位的满意度较高。但是对于大部分银行家而言，节假日时间并不意味着休息和放松，学习与加班是银行家节假日时间的主要安排。

监管评价

2011 年以来，中国监管机构紧随国际步伐，根据宏观调控需要和金融稳定性原则推出了一系列监管政策。作为巴塞尔新资本协议、巴塞尔Ⅲ在中国银行业落地的具体措施，中国银监会从资本充足、贷款损失准备、流动性和杠杆率等四个方面明确提出了中国银行业稳健经营的标准，并构建了一整套维护银行体系长期稳健运行的审慎监管制度安排。银行家对此普遍给予认可，特别是对于四大监管工具与中国实际情况的结合性和适用性，以及适用机构的范围给予了较高评价。

2012年

宏观环境

银行家普遍调低了对2012年中国经济增长的预期。银行家对于中国中长期经济增长的前景依然保持信心。面对经济下滑，中国政府开始提出“稳增长”的政策基调，调查显示，当前银行家最关注的宏观因素分别为“宏观调控政策的变化”、“金融监管政策的变化”和“全球经济增速放缓”。银行家对当前的贷款需求萎缩现象进行了客观分析。除了经济形势低迷、企业投资意愿下降之外，房地产和政府平台贷款等政策限制也导致了贷款增量的下降。虽然整体经济下行给行业景气度普遍带来影响，但是分行业看，不同行业之间仍然存在较大的差异。

发展战略

银行家认为，加大对战略性新兴产业、科技创新、现代服务业、文化产业的支持力度，是当前银行业服务实体经济最有效的措施；半数银行家认为应该加大银行业向民间资本开放力度，同时应关注民间资本发起设立村镇银行所衍生的风险；提升风险管控能力、实现特色化综合经营成为推进银行业战略转型的首要内容。

业务发展

2011年下半年以来，小微企业呈现出经营困难、信贷需求下滑、风险程度上升等新特点，但银行家依然认为小微企业贷款仍是公司金融业务发展的重点。

风险管理与内部控制

随着经济下行压力的加大，中国银行业面临的风险因素逐渐增多，房地产、地方政府融资平台风险尤为突出。中国银行业加快推动新资本协议的落地实施，并将“制定全面风险管理流程”、“加快实施整改达标”和“制定资本占补平衡办法”等作为目前的首要工作。

人力资源

2012年，银行家预期银行员工数量明显上升，股份制商业银行及城市商业银行的需求仍然强劲。绩效管理方面，近半数银行家认为目标短期化倾向是存在的主要问题；在人才选拔中，银行家首要考虑的是“绩效结果表现”。随着银行业的快速发展，银行间的竞争已不仅局限于市场和客户领域，对优秀人才的争夺同样愈演愈烈，员工个人发展选择及薪酬水平偏低成为人才流失的主要原因。高管薪酬一直是备受关注的话题，银行家普遍认为，高管薪酬市场化程度需要进一步提升。

金融科技

IT建设持续受到重视，信息管理系统和银行主导的移动支付的关注度较高。至此，中国银行业 IT 建设取得了长足进步，对业务形成了良好支撑，银行业务的信息化基本完成。未来，IT 将成为银行业发展和创新的新动力之一。

公司治理

中国银行业公司治理制度不断完善，水平逐步提高，但是激励约束机制仍有待完善。中国银行业实行总分行制的组织形式，银行家对总分行管理架构的满意度连续两年提升，但是城商行总行下放权力过小。

银行家群体

银行家普遍认为自身工作并轻松，业绩压力大，尤其是分行层面最显著。在付出与回报匹配度调查中，股份制商业银行家对回报与付出的匹配程度最为认同。

监管评价

对于银行家而言，《商业银行资本管理办法（试行）》（以下简称《办法》）的出台是 2012 年最值得关注的监管动态之一，对于几经调整后出台的《办法》，银行家给予了较为正面的评价，并表示将通过加强资本管理水平、发展资本节约型业务等方式应对《办法》实施后银行经营管理面临的挑战。此外，银行家希望监管层能够对存贷比指标的监管应用和数值设定进行适度调整，并加强对影子银行的监管力度。

发展前瞻

约七成银行家预期未来三年其所在银行的收入及利润增长率将低于 20%，并且扩大生息资产规模是未来利润增长的最有力推动因素，而对未来的资产质量则表示乐观。

2013年

宏观环境

中国经济已经保持了三十年的高速增长，为中国银行业的持续发展提供良好的宏观环境。新一届政府更为强调“调结构、促改革与稳增长”之间的均衡，对经济增长速度的追求有所下降。过半数的银行家认为中国经济增长中枢下移，未来每年GDP增长合意区间为7%~7.5%。新一届政府宏观调控思路上的调整备受银行家关注，银行家最关注的宏观因素是“宏观调控政策”，而且银行家对最近一年来宏观经济政策效果的总体评价为五年来最高，显示了对当前宏观政策的肯定。银行家对2013年7月国务院发布的“金十条”非常认可，并认为“发挥货币政策的政策工具的引导作用”和“逐步推进信贷资产证券化常规化发展”是最为有效的措施。

发展战略

银行家普遍认为，目前中国利率市场化进度适中，不过普遍担忧中国银行业对传统净息差盈利模式的依赖以及内部定价机制、自身风险管理水平以及产品创新能力方面还有所不足；银行家对城镇化建设推进的关注度也显著提高，并更多地选择了向“经济发达地区的中小城市”拓展业务；重视小微企业客户也已成为银行家的共识。

业务发展

在银行信贷重点支持的行业中，农林牧渔业首次位列首位，房地产仍是最受限制的行业。公司金融业务出现新亮点，银行家对供应链金融的重视程度明显提高，投资银行业务已超过传统结算业务成为最重要的中间业务收入来源。

风险管理与内部控制

在经济下行的环境中，银行经营风险加大，不良率出现反弹，尤其是经过年中流动性紧张的考验后，银行家对自身风险管理能力的评估出现一定程度的下滑。淘汰落后产能造成的信贷风险加速注风险。

人力资源

2013年，从员工数量来看，中国银行业仍处于扩张时期，完善后备人才库成为银行管理人才梯队建设的重点工作。但在绩效管理方面存在不少问题，目标短期化倾向成为主要问题。银行家认为人力资源管理改善的最主要方面是："建立竞争性的内部岗位及人才选用机制"、"以价值为导向的绩效管理体系"和"有市场竞争力的薪酬管理体系"。

金融科技

IT建设投资持续增长、成果获得普遍认可。互联网金融的异军突起，给中国银行业带来一定冲击，促使银行家反思银行业自身发展以及IT建设的未来之路。

公司治理

银行家对公司治理现状总体比较满意，上市银行公司治理水平较高。半数银行家认为高管选聘、信贷投放过程仍存在一定行政干预，同时，绩效考核存在目标短期化问题，激励约束机制有效性有待提高。银行家认为绩效考核与资源配置是总分行管理中最需要改进之处。

企业社会责任

四成银行家认为"提升声誉"是银行业加大社会责任投入的重要原因。银行家认为中国银行业履行社会责任的投入和效果基本成正比，投入较大的领域也收到了较好的成效。公众是银行履行社会责任的受益主体，金融产品创新、网点服务效率是公众金融服务最需要改进之处。

银行家群体

银行家沟通协调能力强，具有良好的社会关系，但国际视野不够开阔。银行家认为市场化管理机制的缺位是其成长的主要障碍。银行家对薪酬激励的满意度不高，而对股权激励的有效性认可度较高。

监管评价

2018年，银行家普遍认为监管指标本身的科学性和合理性较高，对中国银行业的适用性也较强，但在监管的弹性和灵活性方面仍有进一步改进空间。就个别指标而言，银行家评价最高的是"资本充足率"，评价最低的是"存贷比"。此外，《商业银行资本管理办法》正式实施，为了能更好地开展资本补充工具创新，“尽快出台新型资本补充工具的操作性制度”成为银行家最为迫切的需求。

发展前瞻

银行家预期中国银行业增速将放缓。不过生息资产规模扩大、中间业务增长仍是未来利润增长的最有力推动因素。此外，银行家对未来的资产质量担忧上升。

2014年

宏观环境

2014年中国经济进入了经济增速趋向潜在水平、物价涨幅趋于适度、新增就业趋于稳定、经济结构趋于优化的“新常态”。七成银行家认为未来三年中国GDP增长率将低于7.5%，而经济增长的动力将主要依赖于内需消费和技术创新。2014年是中央成立全面深化改革领导小组的第一年，银行家认为对中国未来3~5年的宏观经济增长影响最大的是金融体制改革和财税体制改革。而在金融体制改革中，最受银行家关注的是利率市场化。银行家对最近一年的宏观经济政策效果评价依然较高。

发展战略

2014年，多家主要商业银行都对自身组织架构进行了调整，并将其作为促进银行转型发展的一项战略举措，将明确划分前中后台作为改革的主要方向，将经营管理效率的提升作为主要目标；银行家普遍认为应稳步推进中国银行业的国际化战略，要跟随客户走出去，向国际市场学习，自主新设机构，不过人才储备不足是制约中国商业银行海外业务拓展的最主要因素。

业务发展

在银行信贷重点支持的行业中，农林牧渔业依然位列首位，房地产也仍是最受限制的行业。小微企业贷款连续三年居于公司金融发展重点首位；个人金融业务中个人消费贷款受到最多银行家的重视；资产证券化业务成为投资银行业务的发展重点。

风险管理与内部控制

从2014年上市银行的半年报来看，银行信贷资产质量下行趋势明显，不良贷款额及不良贷款率出现双升，而且逾期率增速明显快于不良率，两者差距的扩大，揭示未来银行信贷资产质量令人担忧。银行家认为加强贷前调查、贷后监测是应对不良贷款反弹的最主要措施。

人力资源

2014年，从员工数量来看，中国银行业扩张有所下降，但仍需更多创新业务方面的人才。绩效管理仍然是商业银行的主要集中问题。教育培训成为商业银行人力资源管理改进的主要集中方面，培训主要集中于销售技能培训、管理技能培训和组织协调/沟通方面培训。本年度新修订的《劳动合同法》，四成银行家认为，新劳务派遣用工规定执行情况良好，但部分银行表示存在执行困难。

金融科技

随着科技的发展，金融创新给中国银行业带来了巨大的冲击，银行现有IT建设水平已经无法满足当前的市场需求，IT建设有了新的方向——由粗放投资向精耕细作发展，尤其是建设核心交易、风险管理和信贷管理系统，并跟进互联网、大数据和云计算技术。

公司治理

银行家对中国银行业公司治理水平总体评价较高，但较之去年有所下降，尤其是股权结构有待改善。银行业公司治理存在的问题主要集中在独立董事和外部监事制度有效性不高。

企业社会责任

出于提升声誉、回馈社会等需要，中国银行业越来越重视履行社会责任。银行家履行社会责任时首选领域是服务小微。对于公众金融服务，金融产品创新不足仍是软肋。

银行家群体

经过多年市场化改革，中国银行家职业经理人市场日趋成熟，但是激励机制仍较缺乏。银行家拥有良好的社会关系和协调能力，但国际视野和创新能力仍有提升空间。银行家对工作生活的满意度高，有成就感与幸福感。

监管评价

经历过2013年的两次“钱荒”后，监管机构发布了《商业银行流动性风险管理办法（试行）》。银行家对这一办法中列示的流动性覆盖率和流动性比例等指标认同度最高。并建议通过“完善市场流动性风险预警及应急处理机制”来完善商业银行的流动性监管。此外，《商业银行资本管理办法》的实施进入第二年，监管层也出台了多项配套措施。对此，银行家对此评价积极，显示出银行家对资本管理新途径、新措施的肯定。

发展前瞻

银行家对未来三年的收入及利润增长预期有明显下调，中间业务增长成为未来利润增长的最有力推动因素，且银行家对资产质量提高的重视程度明显提高。

2015 年

宏观环境

银行家认为经济增速放缓是当前中国经济发展面临的最主要问题。银行家认为未来三年中国 GDP 增长率将处于 6.5%~7.5% 的区间。在各项社会经济发展趋势中，产业结构调整最受银行家关注。而在金融体制改革中，最受银行家关注的依然是利率市场化。银行家更看好一线城市房地产市场的发展。过半的银行家认为未来一年一线城市的房地产市场将会量价齐升，而有八成左右的银行家认为未来一年二三线城市的房地产市场基本持平或略有下滑。

发展战略

银行家普遍认为，“信用风险防范，控制不良资产”是 2015 年银行业面临的最大压力，而“深化经营特色，实施差异化竞争”是战略调整的重点方向；商业银行的综合化经营仍面临着风险管控能力欠缺与综合化人才缺乏的制约。此外，配合“一带一路”等国家战略成为银行业国际化最主要的驱动力。

业务发展

城市基础设施业成为信贷支持的首选行业。同业业务重点则回归到传统的同业存拆放业务，投行业务与资产管理业务日益成为推动银行业务转型的重点。

风险管理与内部控制

2015 年，中国银行业资产质量面临的形势更加严峻。大部分上市银行第三季度不良贷款余额和不良贷款率仍然延续了“双升”局面，产能过剩行业及小微企业贷款风险成为银行家关注的首要信用风险。

人力资源

2015 年，中国银行业面临着经济增速放缓、利率市场化改革加速等诸多新挑战，银行家对银行业发展持审慎态度，预期员工数量增长下降，招聘以业务类员工为主。员工培训仍然是银行家在人力资源管理方面关注的重要内容之一，销售技能是员工培训内容的最主要方面，中层管理人员是最需要重点培养的对象；绩效管理方面，目标短期化倾向依然明显，绩效考核侧重利润类和风控类指标；薪酬管理方面，长期激励以延期支付为主，“限薪令”对薪酬福利的总体影响不大。

金融科技

IT 建设逐渐超越银行业务信息化手段，成为银行转型升级的动力之一。同时，信息安全的地位日趋重要。随着互联网金融的蓬勃发展，银行纷纷试水，逐渐成为互联网金融领域的重要力量之一。

公司治理

银行公司治理水平有所改善，上市银行优于非上市银行。多数银行家认为混合所有制改革给治理机制带来正面效应，但是对限薪政策看法不一。外部监管机构是对银行业最有效的外部约束，风险内控与激励机制是公司治理中亟待解决的问题。

社会责任

受多种因素影响，多数银行履行企业社会责任缺乏专职部门。外资银行履行社会责任考虑的主要问题是公司战略规划和社会热点。银行家认为履行社会责任的重点是小微企业金融服务和公益事业，但是金融产品亟须创新。

银行家群体

银行家能力素质稳步提升,但不同类型银行家对本群体能力素质的评价存在差异。激烈的市场竞争与高压力职业特性造成银行家对业余生活和工作压力满意度较低。近年来陆续有银行业高管因违法违规行为被调查，对此，银行家认为个别高管违规源于个人思想偏差而非薪酬市场化水平低。

监管评价

2015 年，银行家对主要监管指标的评价总体仍然较好。2015 年初，银监会实行了监管部门组织架构的重大改革。银行家对此次改革的总体效果普遍给予了肯定的评价。2015 年 8 月，全国人大通过决议将存贷比由法定监管指标转变为流动性风险监测指标，但绝大多数银行家表示仍会使用存贷比作为流动性管理指标。

发展前瞻

随着经济增速的放缓和同业竞争的加剧，银行家们对未来三年的营业收入与税后利润增长预期有明显下滑。银行家对未来的资产质量担忧与前些年相比也有所上升。

2016年

宏观环境

2016年中国GDP增速为6.7%，经济增长缓中趋稳、稳中向好。与上年相比，银行家对中国经济增长预期又下了一个台阶，银行家认为未来三年中国GDP增长率区间为6.0%~7.0%。关于中国经济发展面临的主要问题，银行家认为经济增速放缓和经济结构失衡尤为突出。超过半数的银行家认为，经济下行对银行业经营造成的最大困境是风险暴露增加。关于中国人民银行2016年新实施的“宏观审慎评估体系”对银行业产生影响，银行家认为资本金将成为核心约束，高资本消耗业务面临较大的压力。银行家认为人民币加入SDR货币篮子将加速人民币国际化进程。

发展战略

“资产质量承压，风险管控难度增大”已成为中国银行业发展面临的最大挑战。面对宏观经济环境和微观经营环境的挑战和障碍，银行家普遍认为应合理定位，实施特色化、差异化发展。在深化改革方面，银行业需要分类进行，“量体裁衣”，并在海外发展时加强关注境外运营风险。

业务发展

为有效防范和化解企业债务风险，切实降低企业杠杆率，推进供给侧改革，中国政府启动了新一轮“债转股”。绝大多数银行家认为应将此项业务委托给资产管理公司、子公司或其他第三方机构等进行专业化管理。

风险管理与内部控制

2016年，中国银行业面临更加复杂的外部环境，资产质量持续承压。银行家普遍认为“提高不良资产现金清收能力，加快不良资产核销和押品处置”是中国银行业风险防控的首要工作。

人力资源

2016年，随着中国经济进入新常态，银行业面临净息差不断收窄、传统经营模式难以为继。银行家普遍预期银行业人才引进大于流出，经营管理人才多引进，基层管理人员多流出。大多数银行业人才流出的主要去向仍然是金融机构。如何引进并留住人才是人力资源管理面临的一个紧迫问题，个人晋升空间的大小成为银行业能否留住人才的关键因素。

金融科技

中国银行业IT建设完成转型升级，再次获得银行家普遍认可，且未来投入稳中有增。移动互联网和大数据技术受重视，区块链技术前景不明。同时，信息技术风险受到广泛关注。对于互联网金融监管，银行家普遍认为重在完善法规建设。

公司治理

银行公司治理水平整体提升，但是激励监督方式仍显不足。员工持股计划受到肯定，但推广存在持股架构难以设计、股权估值及财务税务处理困难、监管政策限制等问题。超过七成银行家认为商业银行最有效的外部约束为政府部门和监管机构。同时，高管限薪政策给银行公司治理带来一定挑战。

社会责任

商业银行履行社会责任的领域主要受社会需求、政府引导和战略目标的影响。经济金融领域的重点方向是小微金融服务，同时部分银行也选择了承担社区金融服务、提升涉农金融服务水平、维护消费者权益以及绿色金融服务等方面的社会责任。社会领域的重点方向是扶贫工作，加强扶贫金融发展首要任务是完善服务机制。

银行家群体

在银行家职业化过程中，仍然面临着缺乏有效激励约束机制、行政力量干预、限薪令等因素影响。在多重因素的共同作用下，越来越多的银行家离职，去往其他银行业金融机构或新型金融业态。

监管评价

2016年，银行家对主要监管指标的评价总体维持在较高水平，但对监管指标体系和监管方式的评分均有所下降，反映出在经济下行期，银行家对已有监管政策调整和监管方式创新更为期待，有近半数受访银行家认为现行的“一行三会”金融监管架构需要调整。此外，随着境外监管机构监管强度和检查力度的增加，中资银行面临的监管合规压力与日俱增。

发展前瞻

伴随经济增速放缓和同业竞争加剧的现状，银行家对未来三年的营业收入与税后利润增长的预期延续了近年来不断下滑的趋势，对未来资产质量的担忧也依旧上升。

2017年

宏观环境

2017年中国经济新常态持续推进，金融去杠杆进一步深化，处于经济发展关注点由速度向质量转型的关键时期。超八成银行家认为未来三年中国GDP增长率将稳定在6.0%~7.0%，超半数银行家认为中国经济增速应该是L形走势。在去杠杆的大背景下，金融监管政策成为日常经营中银行家最关注的外部环境。央行以“去杠杆”和“防风险”为目标的稳健中性的货币政策仍得到大部分银行家的认可。近九成银行家认为美国总统特朗普的新政会对中美贸易造成不利影响，近半数银行家认为英国脱欧会加剧外汇市场波动。

发展战略

过半数银行家认为全面提升风险管控能力是银行战略转型的首要选择。在经济增速放缓、金融脱媒加速、监管趋严等多重因素影响下，特色化、差异化发展继续成为银行业首要发展方向与目标，而完善金融监管体制是推进银行综合化经营的关键所在。此外，促进资产证券化业务的发展、践行大投行战略、发展交易银行成为大部分银行的关注点。

业务发展

城市基础设施业连续三年成为信贷支持的首选行业；冶金业位居银行重点限制行业榜首。在公司金融业务中小微企业贷款受到银行家的广泛重视；同业投资业务开始得到重视。

风险管理与内部控制

受益于银行业股改上市、国内外宏观经济金融大环境和政策的强力推动，我国银行业经历了爆发式增长。但高增长的背后隐藏的是发展速度和质量的失衡，这种失衡会暴露出诸多风险。2017年，银行业面临的最主要风险仍然是信用风险，部分地区经济和行业经营下行，不良贷款压缩受阻。

人力资源

2017 年，银行家在面对新的经济环境及转型升级背景下，认为员工数量增长持续下降，大型商业银行尤为明显。同时，人才不断流失问题较为突出，互联网金融的迅速发展和薪酬问题是主要诱因。银行家为留住人才采取多种措施，主要体现在为员工搭建广阔的职业平台等。在银行业转型的同时，人力资源管理也在不断转型升级，“完善人才储备机制，加强员工培训”成为主要措施。人员结构调整方面主要偏向专业型和营销型岗位。

金融科技

金融科技受热捧。一方面，金融科技成为银行 IT 建设新热点，尤以支付结算、直销银行等最受关注。另一方面，金融科技风险受到重视，尤其是 IT 建设的技术风险和金融创新带来的交叉风险。

公司治理

银行业公司治理水平呈现持续改善的好势头。超八成银行家认为员工持股计划能够改善公司治理水平，但限薪令造成人才流失等问题。超三成银行家表示本行股权管理比较完善，但部分银行仍存在一定问题。同时，完善激励监督机制与独立董事制度是公司治理中亟待解决的问题。

社会责任

银行业的社会责任意识逐步增强，但也存在落实宏观调控措施有待加强、金融服务有待提升、消费者金融服务满意度不高和员工权益保护有待加强等诸多不足。

银行家群体

银行家对其工作与生活的满意度回升，在当前较高的职业化程度下，个人的管理能力能够通过银行绩效指标得到部分体现，然而银行家在激励约束机制和经营自主权方面面临更多困扰。虽然业界认为银行高管离职趋势将趋于稳定，但是若考虑到其他机构发展，多数银行家倾向于传统优势银行和互联网金融机构。

监管评价

2017 年，银行家对主要监管指标和主要监管手段的评价较 2016 年有所提升，反映出银行家对目前各项监管指标的设定及合规运用具有更强的信心。2017 年是严监管的一年，银行家普遍对监管强度的增加感受明显，面临不断加大的监管行政处罚力度，大多数银行家对此评价正面。与此同时，金融发展稳定委员会设立的提议被提出，银行家普遍看好。

发展前瞻

2017 年以来，中国经济持续稳中向好，银行家对未来三年的中国银行业经营情况预期出现积极信号。

2018 年

宏观环境

中美贸易摩擦将对宏观经济产生一定影响。虽然2018年中国外部宏观经济形势充满不确定性，但银行家对整体经济增长较有信心。关于中国经济金融领域的热点问题，近六成银行家最关注科技创新与技术进步。2018年中央定调“坚决抑制房价上涨”，银行家最为看好二线城市房地产市场。防范化解重大风险，被放在了三大攻坚战的首要位置，防风险、去杠杆仍是主旋律。

发展战略

全面提升风险管控能力依然是银行战略转型的首要选择。多数银行家认为应稳步推进综合化经营发展战略，并依托金融科技深化银行轻型化发展。此外，大多数银行家认为海南自贸区及自贸港的设立更是给商业银行国际贸易金融、离岸金融等业务带来发展机遇。

业务发展

大型商业银行各项业务发展较为均衡，传统的资产业务和负债业务被认为是未来三年的核心业务；股份制商业银行表外业务和中间业务被认为是其未来竞争力提升最快的两类业务。城市基础设施业连续四年成为信贷支持的首选行业；房地产业成为银行重点限制行业榜首。

风险管理与内部控制

2018年，产能过剩行业与小微企业信贷、不良贷款反弹和地方政府债务风险等问题受银行家广泛关注，同时银行面临的合规风险亦显著上升。银行家更注重风险的识别与监测，加强贷前审查和贷中监控。此外，受资管新规以及《商业银行流动性风险管理办法》的影响，银行流动性承压，开始逐步回归传统存贷业务。

人力资源

2018年，在中国经济进入新常态的背景下，随着银行业的转型发展和金融科技的蓬勃兴起，银行家认为未来中国银行业员工数量增长预期持续弱化，不同类型银行分化明显。银行业人力资源管理更为注重人才结构的调整和专业人才的培养。专业技术序列建设受到各类银行的普遍重视，且广泛应用于各业务条线。但是专业技术序列和过程中仍存在较多问题，需将进一步完善，以吸引和留住人才。

金融科技

2018年，金融科技（FinTech）概念全面普及。通过降低成本、提高效率、增强用户体验，金融科技为银行业带来了巨大的机遇；同时，科技使金融风险及其传播更加复杂，为银行经营管理带来了挑战。总体而言，银行家对发展金融科技与信息化建设的态度积极、普遍认为金融科技浪潮中的机会多于挑战，对金融科技与信息化建设的期望逐渐提高、投入持续增加。

公司治理

银行公司治理水平总体较高，银行业在数据治理、党组织建设等方面取得了一些成绩，但是股份代持、超比例持股、利益输送等股权管理问题分散存在于各家银行，激励和监督机制以及独立董事的运行等方面仍存在不足。银行家认为完善党委决策机制、内部控制制度与提高风险管理能力是提高公司治理水平的关键。

社会责任

银行履行社会责任的领域受社会需求、战略目标和政府引导的综合影响，小微金融服务、扶贫工作分别是经济金融领域和社会领域履行社会责任的重点方向，同时，部分银行家选择了承担提高涉农金融服务水平、绿色金融服务和维护消费者权益等方面的社会责任。但是产品创新能力不足是银行履行社会责任中的短板。

银行家群体

银行家对工作方面的满意程度有所降低，生活方面不同指标的满意程度差异较小，家庭婚姻、幸福感、社会交往和学习进修仍然是银行家满意程度最高的几项，同时，银行家对业余生活和身心健康的评价有提高。虽然监管机构下发了“限薪令”，但是银行家对相关机构银行高管薪酬水平的增长持肯定的态度。绩效指标情况对银行家管理能力的体现略有弱化，而学习交流培训和考核评价对银行家成长的重要性显现。近六成银行家判断高管离职趋势将继续保持平稳，近四成银行家具有到其他金融机构发展的意愿。

监管评价

2018 年，银保监会成立，银行家认为此举可有效防范化解系统性金融风险。同时，银行家认可强监管措施对治理金融乱象和去杠杆等取得的初步成效，并对放宽外资准入限制评价积极。同时，银行家感受到不良贷款率压力显现，“资产质量恶化”被认为是银行业经营与发展中潜在的风险。另外，金融控股公司亟待加强监管，超六成银行家认为首要是把好准入关口。

发展前瞻

2018 年以来，银行家对未来三年银行业经营状况更加乐观，拨备覆盖率预期有所好转，然而，银行业资产质量依旧是改善银行资产状况的关键点。

附录

项目背景及执行情况介绍

项目背景及执行情况介绍

“中国银行家调查报告 2018”项目由中国银行业协会和普华永道会计师事务所共同发起，中国银行业协会首席经济学家巴曙松研究员主持并负责项目的执行与实施。

本调查项目的基本背景、数据采集方式、样本量、配额分布等情况列示如下：

一、调查基本背景

《中国银行家调查报告》连续十年出版发布，聚焦中国银行业多个方面，一方面对每年发生的具有代表性的事件进行特定分析，另一方面也对一些问题进行持续性跟踪。2018年国际环境和中国国内条件持续变化，在稳增长、促改革、调结构、惠民生、防风险的大背景下，银行业主动适应新的发展常态。本调查项目，旨在了解中国银行家应对这一局面时的判断与思考，以及对市场发展和监管体系等的意见和建议，以促进海内外金融界与监管当局、金融机构与公众之间的相互沟通了解，共同推动中国银行业的改革发展。

本次调查采取点面结合的方式，一是由中国银行业协会负责组织面向银行家的问卷调查，通过对问卷回收数据的处理，从面上形成中国银行业发展状况的基本判断，并为整个调查提供数据支撑；二是选择有代表性的金融机构，由巴曙松研究员和课题组成员通过面对面访问、电话访问、书面访问等形式，与其高管人员进行访谈，直接听取中国银行家的思考和探索。

二、调查数据采集方式

本次调查的数据主要通过《中国银行家调查问卷 2018》面向全国各级银行业金融机构的高管进行采集。调查问卷包括主问卷和子问卷两组。其中，主问卷涵盖十二个部分，包括宏观环境、发展战略、业务发展、风险管理与内部控制、人力资源与财务管理、互联网金融与信息技术、公司治理、社会责任、监管评价、银行家群体、发展前瞻和同行评价等，总计136 题。子问卷共六份，分别针对银行业支持实体经济高质量发展、交易银行的中国发展路径、银行业深入推进资产证券化业务、资管新规与银行理财业务转型、银行业助推精准脱贫与污染防治、银行业拥抱金融科技发展浪潮进行专题调查，题目数量分别为 14 题、12 题、10 题、15 题、14 题、23 题。

课题组希望通过这次调查把握中国特定结构环境下银行业的发展状况，为此，我们特别添加了一些与调研对象特征有关的指标，包括所属区域、机构级别、机构注册类型和是否上市等。其中，区域包括东部、中部、西部和东北等。

三、调查样本量和配额分布

问卷调查在全国 31 个省级行政区域展开（不包括港澳台），本年度继续完全采用电子形式进行发放和回收，其中，主问卷共回收有效问卷 2380 份。

（一）主问卷调查样本的配额分布

从区域[①]来看，东部 925 份，中部 478 份，西部 533 份，东北 444 份；从机构级别来看，总部 501 份，分支机构 1879 份；从机构注册类型来看，大型商业银行 343 份，股份制商业银行 474 份，城市商业银行 732 份，农村金融机构 675 份，政策性银行 75 份，外资银行 74 份，其他 7 份；从上市与否来看，上市银行 953 份，未上市银行 1427 份。

课题组充分考虑不同地区、不同级别、不同注册类型和上市与非上市的银行业金融机构的数量，采取系统抽样法，向各类金融机构发出问卷，而问卷返回比例与配额分布基本一致。

访谈方面，共有 36 位受访对象接受了巴曙松研究员和课题组成员的访谈，覆盖公司业务、个人业务、投资银行、普惠金融、金融科技、风险管理、战略规划等多个条线。

（二）主问卷调查和访谈样本的具体名单

参与课题组主问卷调查与访谈的中国银行业金融机构有 127 家（排名不分先后）：

1. 开发银行和政策性银行（3 家）

国家开发银行	中国农业发展银行	中国进出口银行

2. 大型商业银行（6 家）

中国工商银行	中国农业银行	中国银行
中国建设银行	交通银行	中国邮政储蓄银行

3. 股份制商业银行（12 家）

中信银行	招商银行	中国民生银行
中国光大银行	上海浦东发展银行	华夏银行

① 根据国家统计局的统计口径，东北地区包括辽宁、吉林、黑龙江；东部地区包括北京、天津、河北、上海、江苏、浙江、福建、山东、广东、海南；中部地区包括山西、安徽、江西、河南、湖北、湖南；西部地区包括内蒙古、广西、重庆、四川、贵州、云南、西藏、陕西、甘肃、青海、宁夏、新疆。

兴业银行	平安银行	广发银行
恒丰银行	浙商银行	渤海银行

4. 外资银行（21 家）

澳大利亚和新西兰银行	创兴银行	大华银行
德意志银行	东亚银行	法国巴黎银行
富邦华一银行	韩国产业银行	韩亚银行
恒生银行	花旗银行	华侨永亨银行
汇丰银行	加拿大丰业银行	南洋商业银行
三菱东京日联银行	星展银行	永丰银行
友利银行	玉山银行	渣打银行

5. 城商行与民营银行（65 家）

包商银行	北京银行	本溪银行
朝阳银行	重庆银行	长沙银行
达州银行	大连银行	丹东银行
鄂尔多斯银行	抚顺银行	阜新银行
广西北部湾银行	广州银行	贵州银行
桂林银行	哈尔滨银行	海南银行
邯郸银行	汉口银行	杭州银行
河北银行	徽商银行	吉林亿联银行
吉林银行	江苏银行	江西银行
焦作中旅银行	锦州银行	晋城银行
晋商银行	九江银行	昆仑银行
兰州银行	辽阳银行	龙江银行
泸州市商业银行	绵阳市商业银行	南京银行
内蒙古银行	宁波银行	攀枝花市商业银行
盘锦银行	平顶山银行	齐鲁银行
齐商银行	上海银行	上饶银行
绍兴银行	深圳前海微众银行	盛京银行
遂宁银行	台州银行	天津银行
铁岭银行	温州银行	乌海银行

乌鲁木齐银行	新网银行	营口银行
浙江稠州商业银行	浙江民泰商业银行	浙江泰隆商业银行
郑州银行	珠海华润银行	

6. 农村金融机构（20 家）

广东省农村信用社联合社	贵州省农村信用社联合社
甘肃省农村信用社联合社	河南省农村信用社联合社
湖北省农村信用社联合社	湖南省农村信用社联合社
海南省农村信用社联合社	江苏省农村信用社联合社
江西省农村信用社联合社	辽宁省农村信用社联合社
四川省农村信用社联合社	山西省农村信用社联合社
陕西省农村信用社联合社	云南省农村信用社联合社
浙江省农村信用社联合社	内蒙古自治区农村信用社联合社
广西壮族自治区农村信用社联合社	北京农村商业银行
深圳农村商业银行	天津农村商业银行

四、课题组成员

中国银行业协会：

潘光伟、胡忠福、张芳、白瑞明、张亮、古瑞、周更强、郭三野、赵濛、金淑英、卜祥瑞、艾亚萍、高连宝、李健、王芳、周飞、薛芸皓

普华永道：

李丹、梁国威、朱宇、何淑贞、叶少宽、张立钧、武屹、王玮、叶骏、周章、甘莉莉、莫文彪、岑学锋、李燕、邹彦、宋琼、郝琪、张亚涵、曹钟天

中国银行业协会首席经济学家巴曙松及其团队：

华中炜、丁波、谢国良、张晓亮、任杰、陈强、刘雅祺、王月香、金玲玲、丁涛、李羽翔、倪鑫、陈晋元、慈庆琪、尹海晨、胡北、范小洁、高嵩、刘晓依、郑铭、方立、徐亮、彭佳婕、侯志伟、吴过、任静、蒋峰、云佳祺、杨春波、张兢、邓青青、陈雨桦、付秀艳、黄尚平、薛瑶、张蒙、周冠南

五、致谢

在本报告的撰写过程中得到了中国银保监会及中国银行业协会领导的大力支持和指导。中国银行业协会周更强副秘书长带领课题组对华夏银行李民吉董事长、中国建设银行战略规划部总经理吴建杭、中信银行公司银行部/投资银行部总经理金喜年、平安银行公司银行部总经理李中文、平安银行交易银行部副总裁许红辉、平安银行信用卡事业部资产出表总监刘羿、招商银行研究院总经理孙怀宇等进行了面对面的访谈；同时，对广发银行刘家德行长、中国农业银行战略规划部总经理曾学文、广州农商银行王继康董事长等进行了书面访谈，感谢银行高管们在百忙之中接受课题组的访谈，为报告的撰写提供了翔实的资料。对于各位银行家给予的大力支持和协助，我们在此表示衷心的感谢！

携手合作　共创成功

中国银行业协会简介

普华永道简介

巴曙松简介

中国银行业协会
CHINA BANKING ASSOCIATION

中国银行业协会是2000年5月经中国人民银行和民政部批准成立的全国性非营利社会团体，是中国银行业自律组织，自2003年由中国银监会主管。2018年3月，中国银行保险监督管理委员会成立后，中国银行业协会主管单位由中国银监会变更为中国银行保险监督管理委员会。截至2019年2月，中国银行业协会共有705家会员单位和32个专业委员会，其日常办事机构为秘书处，秘书处共有18个部门。

中国银行业协会责任使命及事业情怀表达于会歌《行者无疆》：“冠名中国银行业，我们无上荣光。银行业造就，银行业需要，自律维权协调服务，责任无量。冠名中国银行业，我们事业兴旺。热衷协会工作，提升职业生涯，敬业规范专业高端，放飞理想。冠名中国银行业，平台纽带桥梁。银行家之家，银行家舞台，行业水涨我们船高，扬帆远航。中国银行业协会，一切为了会员单位，为了行业科学发展，在中国银行业大海上，行者无疆。”

中国银行业协会以促进会员单位实现共同利益为宗旨，履行“自律、维权、协调、服务”职能， 维护银行业合法权益，维护银行业市场秩序，提高银行业从业人员素质，提高为会员服务的水平，促进银行业的健康发展。

自律：强化自律规范，推动银行业服务品质提升，支持实体经济发展。推进自律合规体系建设，不断补充完善各类行业规范和标准，保障银行业规范、有序、健康发展。制定行业公约规范标准，引导银行业规范经营行为，推进协会标准向行业标准和国家标准转换。连续11年发布《中国银行业服务报告》和《中国银行业社会责任报告》，引领银行业金融机构积极履行社会责任，为社会提供优质金融服务。树立文明规范服务示范典型，推进中国银行业营业网点文明规范服务评估工作，打造“百佳”“千佳”文明规范服务金字招牌。开展绿色金融、普惠金融，持续提升薄弱领域金融服务水平。贯彻落实国家宏观经济政策，发挥行业引领作用，助力解决民营企业融资难融资贵问题，推进银行业发展转型，不断提升服务实体经济能力。

维权：着眼风险防范及诚信社会建设，构筑银行业资产权益基本防线，秉承“大维权”思路，全力协调公安、司法等部门，多样形式、多种渠道全力维护银行业合法权益，勇做银行业权益的“守护人”。成立联合授信工作领导小组及办公室（筹），有序推动联合授信相关工作。举办全国银行业联合授信管理工作会议，有力宣传贯彻了联合授信监管政策。界定托管银行责任，规避外部机构冲击传染效应。厘清网贷资金存管职责边界，维护正常金融秩序。通过制定实施“中银协依法保护银行债权、打击逃废银行债务”专项活动计划，全面开展“四个一批”专项活动，助力社会诚信体系建设。加强行业个案维权，为会员单位法律案件诉求提供专业化服务，有效化解金融纠纷。研究失信人惩戒机制，助推涉金融行业信用体系建设。积极推进金融积案执行工作，有效维护会员单位合法权益。

协调：充分发挥各专业委员会作用，加大行业政策协调，引领银行业各项业务协调、稳健、科学发展。制定贸易金融、资金托管、银团贷款等多领域行业规范公约，发布《中国银行业发展报告》《中国银行家调查报告》《中国银行业社会责任报告》《中国农村金融发展报告》《中国普惠金融发展报告》《银行业支持文化产业发展报告（2018）》《在华外资银行发展报告》《大陆台资银行发展报告》《村镇银行十年发展报告》等多项行业研究成果，推动银行业务稳健合规发展。举办城商行年会、中国普惠金融国际论坛等系列高端论坛，推动行业经验交流与共享。搭建会员单位与政府监管机构之间的沟通桥梁，加强行业政策协调，为行业发展营造良好政策环境。

服务：提升服务质效，引领银行业科学发展，满足行业高端公共需求。开展银行业专业人员资格认证和行业培训工作，为银行业培养合格专业人才。研究国内外行业发展动态，定期编发研阅资料、行业发展报告及银行家调查报告等，打造高端资讯品牌。推出商业银行稳健发展能力“陀螺”（GYROSCOPE）评价体系，有效推动商业银行可持续稳健发展，该体系是具有中国特色的、符合中国银行业发展现状的首份行业综合评价体系。创办首份带有全行业性质的公开刊物《中国银行业》杂志，并以“业界信息窗口、业者风采展现、专家研究集成、行业发展智库”为办刊宗旨，加强行业信息交流、品牌宣传及发展研究。

2014 年，荣获国务院残疾人工作委员会“全国助残先进集体”称号，成为唯一获此荣誉的全国性行业协会；2010 年，被国家民政部授予“全国先进社会组织”荣誉称号；继 2009 年，在民政部组织的全国性行业协会商会等级评估活动中，中国银行业协会以总分第一的成绩获得 5A 最高等级后，在 2015 年，连续第二次在该项评估中获评 5A 最高等级。

联系人

潘光伟

中国银行业协会专职副会长

李健

中国银行业协会研究部主任

+86（10）66291286

jianli@china-cba.net

pwc | 普华永道

普华永道秉承「解决重要问题，营造社会诚信」的企业使命。我们各成员机构组成的网络遍及 158 个国家和地区，有超过 23.6 万名合伙人及员工，致力于在审计、咨询及税务领域提供高质量的服务。

普华永道中国大陆、香港、澳门、台湾及新加坡成员机构根据各地适用的法律协作运营。整体而言，员工总数约 22000 人，其中包括约 1021 名合伙人及总监。

无论客户身在何处，普华永道均能提供所需的专业意见。我们实务经验丰富、高素质的专业团队能聆听各种意见，帮助客户解决业务问题，发掘并把握机遇。我们的行业专业化有助于就客户关注的领域共创解决方案。

我们分布于以下城市：北京、上海、香港、沈阳、天津、大连、济南、青岛、郑州、西安、南京、合肥、苏州、武汉、成都、杭州、宁波、重庆、长沙、昆明、厦门、广州、深圳、澳门、海口、台北、中坜、新竹、台中、台南、高雄和新加坡。

普华永道在中国的金融业服务经验

普华永道在中国拥有一支最具实力的金融服务领域的专业化队伍。我们的金融服务团队一直与中国银行业携手合作，无论在审计、税务还是咨询领域，都走在行业的最前沿。我们的战略是通过遍布全球的专业团队为客户打造卓越的业务优势，利用整合的行业知识和专业技能，为客户带来全球最佳的行业解决方案。

在中国，普华永道金融服务团队为国内各种金融机构提供全方位的服务，包括商业银行、保险公司、基金及基金管理公司、财务公司、证券公司和租赁公司等。同时，我们还服务于中国金融业和证券业的监管机构。普华永道多年来一直积极配合、参与财政部、中国人民银行、中国银行业监督管理委员会、中国证券监督管理委员会等政府部门、监管机构的多项工作与活动，赢得了相关机构的高度评价和认可。

普华永道金融服务团队的专业性使我们善于创新，敢为行业之先。我们秉承战略性的视野和独立开放的原则，向客户提供具有前瞻性的专业服务和独到的见解。

普华永道近期出版的一些相关行业报告和期刊如下：

- 人才政策决胜粤港澳大湾区未来（2018 年 12 月）
- 人工智能和相关技术对中国就业的净影响（2018 年 12 月）
- 深度为本，速度制胜：第 21 期全球 CEO 调研——金融业调研结果摘要（2018 年 12 月）
- 全面提升系统性风险管理能力，由“大而不倒”到“好而不倒”——解读三部委《关于完善系统重要性金融机构监管的指导意见》（2018 年 12 月）
- 银行业快讯：2018 年第三季度中国银行业回顾与展望（2018 年 11 月）
- 2019 年世界纳税报告（2018 年 11 月）
- 2018 年亿万富豪报告：愿景家和中国世纪（2018 年 10 月）
- 构筑打击金融犯罪的统一防线（2018 年 10 月）
- 2018 中国金融科技调查报告（2018 年 9 月）
- 银行业快讯：2018 年上半年中国银行业回顾与展望（2018 年 9 月）
- 普华永道 2018 年全球区块链调研（2018 年 9 月）
- 中美贸易摩擦对中国经济和企业影响几何（2018 年 8 月）
- 不忘初心，回归传统——《商业银行流动性风险管理办法》的影响（2018 年 8 月）
- 科技赋能 B 端新趋势（2018 年 7 月）
- 普华永道独角兽 CEO 调研 2018（2018 年 6 月）
- 以勤为径，变无不通：第 21 期全球 CEO 调研——银行业及资本市场调研结果摘要（2018 年 5 月）
- 新时代的扩大开放将释放新一轮商机（2018 年 4 月）
- 背水一战：数字化时代下的财富管理（2018 年 4 月）
- 满怀信心，迎接未来：人类与机器人协作审计（2018 年 3 月）
- 第 21 期全球 CEO 调研中国报告（2018 年 2 月）
- 银行业存款类金融机构 CRS 细则发布（2018 年 1 月）

普华永道服务一览

审计及鉴证服务

- 精算
- 工程造价
- 财务报表审计
- 内部审计
- 资本市场
- 风险管理

资本市场与会计咨询服务

- IPO及资本市场服务
- 企业财资服务
- 出售资产和分拆
- 财务报告准则转换
- 执行复杂的会计准则
- 并购或私募股权投资的会计服务
- 收入准则 – IFRS 15 / ASC 606
- 结构性融资及财务工具
- 企业资金管理解决方案

风险及控制服务

- 内部审计战略和咨询
- 内部审计分包和外包服务
- 内部控制咨询
- 舞弊风险和内控
- 企业风险管理服务（业务持续性和风险管理）
- 董事会治理服务（包括董事会成员培训）
- IT 风险和治理
- 控制、安全和项目保障
- 信息安全和网络持续性服务
- 数据管理和保障
- 第三方鉴证
- IT尽职调查
- 整合报告
- C-SOX和S404（Sarbanes-Oxley法案第404条列）合规咨询
- XBRL（可扩展商业报告语言）合规
- FATCA（外国账户税务合规法案）合规服务
- PN21（联交所上市规则应用指引第21条）合规咨询
- 可持续发展与气候变化服务
- 业务连续性管理

税务服务

- 中国企业税务
- 中国流转税
- 中国研发税务服务
- 中国税务分歧协调
- 中国转让定价
- 价值链转型
- 中国企业并购税务
- 递延所得税及其他税务会计
- 海关和国际贸易
- 个人所得税及人力资源咨询
- 人力和变革管理咨询
- 海外雇员咨询及个人所得税

交易咨询

- 企业融资
- 尽职调查
- 估值服务
- 购并交易增值服务
- 私募股权投资资金咨询
- 企业购并税务架构咨询
- 项目融资
- 海外投资服务
- 上市服务
- 企业重整服务

战略咨询

- 企业和BU策略
- 销售和营销策略
- 市场准入和市场评估
- 战略转型

运营管理咨询

- 企业资产管理
- 产品创新及开发
- 供应链及核心运营流程
- 运营战略及价值链转型

人才和变革管理咨询

- 战略执行与平衡计分卡
- 人力资源规划
- 薪酬激励
- Saratoga评估
- 人力资源并购服务

财务管理咨询

- 快捷关账
- 管理报告
- 财务系统
- 预算与预测
- 司库与资金管理
- 财务人才管理
- 财务组织构架
- 成本管理
- 共享服务中心
- 流程标准化与简化
- 企业绩效管理
- 财务专业培训

信息技术咨询

- 信息技术服务转型
- 企业IT架构
- 应用系统
- 数据治理
- IT采购
- 交易支持

风险管理咨询

- 巴塞尔新资本协议合规规划及实施
- 信用风险管理
- 市场风险管理
- 操作风险管理
- 资产负债管理
- 内部资本充足评估(ICAAP)
- 资本充足率系统

法务会计服务

- 经济犯罪审查
- 计算机鉴证技术服务
- 合规审阅服务
- 舞弊风险管理和舞弊防范
- 背景审查服务
- 纠纷分析和诉讼支援
- 保险索赔服务
- 知识产权及授权管理服务

数据及分析

- 客户分析及市场细分
- 需求预估
- 衡量客户体验
- 社会聆听
- 忠诚项目设计与CRM
- 分析框架设计
- 商业智能决策分析
- 产品定价及盈利能力
- 行为经济学
- 仿真建模
- 网络分析
- 营销效益

普华永道联系人

若对本调查报告有任何问题或者需要我们提供专业服务，欢迎与以下人士联系：

金融业

费理斯

- 中国内地及香港金融业主管合伙人
- +852 2289 2303
- matthew.phillips@hk.pwc.com

张立钧

- 中国金融业管理咨询主管合伙人
- +86 (10) 6533 2755
- james.chang@cn.pwc.com

梁国威

- 中国金融业主管合伙人
- +86 (21) 2323 3355
- jimmy.leung@cn.pwc.com

叶招桂芳

- 中国内地及香港金融服务业税务主管合伙人
- +852 2289 1833
- florence.kf.yip@hk.pwc.com

银行及资本市场

朱宇

- 中国北方区金融业主管合伙人
- +86 (10) 6533 2236
- Richard.y.zhu@cn.pwc.com

何淑贞

- 中国银行业主管合伙人
- +86 (10) 6533 2368
- margarita.ho@cn.pwc.com

叶少宽

- 中国金融业市场主管合伙人
- +86 (10) 6533 2300
- linda.yip@cn.pwc.com

李宝亭

- 香港银行业主管合伙人
- +852 2289 2982
- peter.pt.li@hk.pwc.com

陈宣统

- 并购交易合伙人
- +852 2289 2824
- chris.st.chan@hk.pwc.com

季瑞华

- 中国金融科技合伙人
- +86 (10) 6533 2269
- william.gee@cn.pwc.com

保险业

周星

- 中国保险业主管合伙人
- +86 (10) 6533 7986
- xing.zhou@cn.pwc.com

Lars Nielsen

- 香港保险业主管合伙人
- +852 2289 2722
- lars.c.nielsen@hk.pwc.com

蒋华华

- 精算服务合伙人
- +86 (10) 6533 2881
- grace.jiang@cn.pwc.com

Chris Hancorn

- 精算服务合伙人
- +852 2289 1177
- chris.a.hancorn@hk.pwc.com

黄小戎

- 中国保险业管理咨询主管合伙人
- +86 (21) 2323 3799
- xiaorong.huang@cn.pwc.com

资产和财富管理

薛竞

- 中国资产和财富管理主管合伙人
- +86 (21) 2323 3277
- jane.xue@cn.pwc.com

江秀云

- 香港资产和财富管理主管合伙人
- +852 2289 2707
- marie-anne.kong@hk.pwc.com

巴曙松

巴曙松博士，金融学教授，博士生导师，中国银行业协会首席经济学家，香港交易所首席中国经济学家，北京大学汇丰金融研究院执行院长。兼任中国宏观经济学会副会长、商务部经贸政策咨询委员会委员、中国银监会中国银行业实施巴塞尔新资本协议专家指导委员会委员、中国证监会并购重组专家咨询委员会委员、香港特别行政区政府经济发展委员会委员、中国“十三五”国家发展规划专家委员会委员等。

巴曙松教授为享受国务院特殊津贴专家，先后担任中国银行杭州市分行副行长、中银香港助理总经理、中国证券业协会发展战略委员会主任、国务院发展研究中心金融研究所副所长、中央人民政府驻香港联络办公室经济部副部长等职务。曾在北京大学中国经济研究中心从事博士后研究，以及在哥伦比亚大学商学院担任高级访问学者。

巴曙松教授曾担任中共中央政治局集体学习主讲专家，在巴塞尔资本协议与风险管理、资产管理行业研究、银行业发展与银行家调查报告等领域积累了丰富的研究成果与实践经验。主要著作有：《巴塞尔新资本协议研究》《金融危机中的巴塞尔新资本协议：挑战与改进》《巴塞尔资本协议 III 研究》《巴塞尔 III 与金融监管大变革》《中国资产管理行业发展报告》年度报告等。

责任编辑：董　飞
责任校对：李俊英
责任印制：程　颖

图书在版编目(CIP)数据

中国银行家调查报告. 2018 / 中国银行业协会，普华永道编. — 北京：中国金融出版社，2019.4

ISBN 978-7-5220-0000-8

Ⅰ. ①中… Ⅱ. ①中… ②普… Ⅲ. ①银行 — 调查报告 — 中国 — 2018 Ⅳ. ①F832.3

中国版本图书馆CIP数据核字 (2019) 第035109号

中国银行家调查报告（2018）
Zhongguo Yinhangjia Diaocha Baogao (2018)

出版
发行 中国金融出版社

社址 北京市丰台区益泽路2号
市场开发部 (010) 63266347，63805472，63439533 (传真)
网 上 书 店 http://www.chinafph.com
(010) 63286832，63365686 (传真)
读者服务部 (010) 66070833，62568380
邮编 100071
经销 新华书店
印刷 北京市松源印刷有限公司
尺寸 210毫米×285毫米
印张 20
字数 400千
版次 2019年4月第1版
印次 2019年4月第1次印刷
定价 150.00元
ISBN 978-7-5220-0000-8